普通高等院校经济管理类"十二五"应用型规划教材
市场营销系列

ENTERPRISE RESOURCE PLANNING (ERP)
PRINCIPLE AND SIMULATION

企业资源计划（ERP）原理与沙盘模拟

基于中小企业与ITMC软件

主编 刘常宝
副主编 包国华 张慧
参编 李小芳

机械工业出版社
CHINA MACHINE PRESS

图书在版编目（CIP）数据

企业资源计划（ERP）原理与沙盘模拟：基于中小企业与ITMC软件 / 刘常宝主编 . —北京：机械工业出版社，2016.1（2025.11重印）

（普通高等院校经济管理类"十二五"应用型规划教材·市场营销系列）

ISBN 978-7-111-52423-6

I. 企… II. 刘… III. 企业管理 - 计算机管理系统 - 高等学校 - 教材 IV. F270.7

中国版本图书馆CIP数据核字（2015）第295732号

本书立足于服务中小企业，尤其是电子商务型企业，本着行业与专业对接的原则，分别设置了ERP概念与基本原理介绍、企业经营管理分析模块、中小企业战略模块、线上网络店铺经营模块、线下第三方物流企业经营模块、ITMC电子商务沙盘模拟、ITMC物流沙盘模拟等。本书以专业核心课程建设为根本基础，借助技术与管理创新，根据全程电子商务的业务运作特点，按照专业——课程——素材三层框架，形成具有线上线下商务活动平台课程的教学设计、教学案例、教学评价与考核、职业标准、企业案例、教学演示文稿和习题等教学资源，实现了专业性与实战性相整合的目标。

本书既可作为高等院校营销、管理专业的沙盘实训教材，也可作为网店从业人员、网站管理者、经理人、研究人员、沙盘培训师的培训教材和指导工具。

出版发行：机械工业出版社（北京市西城区百万庄大街22号 邮政编码：100037）
责任编辑：左　萌　　　　　　　　　　　　　责任校对：董纪丽
印　　刷：河北虎彩印刷有限公司
版　　次：2025年11月第1版第8次印刷
开　　本：185mm×260mm　1/16
印　　张：20.75
书　　号：ISBN 978-7-111-52423-6
定　　价：59.00元

客服电话：（010）88361066　68326294

版权所有·侵权必究
封底无防伪标均为盗版

Preface 前言

高校培养技能型复合型人才与"大众创业，万众创新"紧密相关，为适应高校"创新、创业、创意"三创精神的全面贯彻，高校培养目标转型已经成为必然，这其中实训跟进与课程体系构建是转型中面临的首要问题。目前，许多院校都在利用数字技术构建有自己特色的实训教学课程体系，让学生在虚拟环境下，对企业的经营过程进行有效的管理，这是提高课堂教学质量，实现工学结合的有效形式，也是高校转型后课程改革的趋势。

本着"专业与产业对接，学业与企业对接"的人才培养原则，尊重学科、专业及课程之间逐渐相互融合、相互嵌套的现实情况，在不断整合原有ERP课程体系的基础上，针对当下教学沙盘课程内容向综合性、融合性发展的态势，本书以TIMC系列教学软件为范本编写而成。

本书体现了"做学教"一体化的全新实训教学模式，能最大限度地提升学生的能力，使学生在学和做中重构自己的技能知识体系，引导学生将专业知识用于解决实际工作。本书重视对优质教学资源和网络信息资源的利用，把现代信息技术作为提高教学质量的重要手段，不断推进教学资源的共建共享，提高优质教学资源的使用效率，扩大受益面，并充分利用现代信息技术，在核心课程平台上，拓展课程边界，提升课程价值，开发跨专业的横向教学虚拟教学模拟课程尤为关键。

本书以ERP核心知识系统诠释为先导，其后将ITMC三个管理类软件依据其存在的客观逻辑关系加以优化融合，并为各具体教学软件沙盘演练提供带有普适性的方法论指导。本书力图体现出ERP知识与生产经营知识的对接融合，ERP原理与服务业态管理实践相结合，以此拓展ERP理论的价值空间，提升ERP知识的应用价值。

本书侧重于软件教学与实际工作岗位任务要求的关联性，遵循学生职业能力培养的基本规律，把ERP理论渗透在教学活动中，并辅助相关创新创业案例，以此科学地设计项目型沙盘的工作任务，保证教学做结合到位，真正实现理论与实践一体化。在实训具体教学中，经济与管理相关专业会以不同的实训教学活动来实现本专业课程的学生技能与技术的培养目标，需要不同的实训教学资源和教学工具，本书与此并无冲突，并与各专业实训课程具有相互友好和包容的关系，通过ERP沙盘操作技法推演与总结，支持各专业体系和实训体系的技能型课程设计。

目前，诸多教学软件公司已经开发出适合管理学科下各专业使用的教学模拟软件。这些教学资源库平台以行业企业用人需求为教学依据，以新技术及产业升级为学习热点，以打通行业企业与高校教育间的无形知识壁垒为指向，以形成职业教学（知识点）与企业典型工作任务（技能点）

匹配、校企"双主体"育人机制为目标，可以实现工学结合、全方位一体化的实训教学。教学资源库平台利用"云计算"技术手段，建成满足"教学做测"一体化教学，具有完全开放、可扩充的共享型专业教学资源管理平台以及信息多元互动且提供个性化定制服务的技术支撑平台。

本书以总分式逻辑线条展开，总说中主要阐述ERP的概念与基本原理，ERP与ITMC各专业沙盘之间的逻辑关系，分说中将ERP的基本逻辑流程以及ERP原理渗透在市场营销、电子商务、物流管理业务活动中加以具体应用。

本书共11章，其中第1章由包国华、刘常宝编写，第2章由安阳师范学院张慧编写，第3～5章由华东交通大学李小芳编写，第6～11章由刘常宝编写。刘常宝负责全书的组织、统稿和协调，对全书进行最后专业勘正。

本书在编写过程中，严琦、余浙东等同学做了大量的材料收集和文字整理工作，在此编者向他们表示衷心的感谢；我们查阅了大量网上资料、专著、教材以及专业期刊，在此也向相关作者表示深深的谢意。

由于编写时间仓促，书中难免有疏漏、不妥之处，恳请广大读者批评指正。

Suggestion 教学建议

一、教学目的

本书是应用型高校经济管理类专业开设的一门专业技能培养课程，是适应复合型、技能型人才培养目标要求而设的实训课程，它已经成为经济管理类专业课程体系中的重要组成部分。本书立足于ERP管理思想在现代中小企业生产经营过程中的实际运用以及ITMC沙盘实训与学生创业能力的对接，以支持"创新、创业、创意"活动全面实施，促使从核心概念、一般原理到模拟训练三个环节上的逻辑紧密衔接。教学中，教师应在建立总分总式的体系模式基础上，对沙盘模拟实训原理与实战进行全面的阐释，应借助案例导入、问题引领、技法诠释讲解相关知识难点，并通过项目任务梳理、实训流程分析、实战情境对接以体现本书的技能性和实战性。学生通过学习，不仅深刻理解ERP管理思想方法论的意义，而且能够通过熟练的沙盘技法操练，在趣味性和挑战性实训活动中，感受ERP原理的魅力和ITMC相关教学软件的功能价值，掌握商业ERP基本知识、基本技能和企业模拟实战能力。

二、先修、后续课程及关系

本书的先修课程为企业运作管理、财务管理、电子商务概论、市场营销学、物流管理概论，市场营销沙盘与企业ERP沙盘在部分训练内容上有交叉，处理的原则是：将生产运作管理的内容渗透在沙盘知识讲解中，凡是涉及财务管理、质量管理等知识点时，应结合本书重点章节以及相关专业教材配合教学；在电子商务与物流管理的课程知识教授中，专业教师应以跨专业的指导方式为主，以此实现高等教育实训资源的共享。

三、教学方式方法及手段建议

本书是一门实践性和技能性很强的课程。因此，为确保教学效果，教师应采用灵活多样的教学方法。

1. 课堂讲授法

在教学中，应立足于ERP管理思想在企业发展过程中的实际运用，把握从一般原理、模拟推演到实战训练三个环节上的逻辑衔接，在建立总分总式的体系模式基础上，对商业ERP原理在市场营销、电子商务、物流管理中的具体运用，并对训练结果及时进行全面的分析。由主讲教师根据教学大纲的要求系统地进行课堂全面详尽演示，目的是帮助学生尽快掌握该沙盘专业知识和操作技法。

2. 模拟实战法

教师通过使用相关教学沙盘软件，反复演练并把重要的操作环节所涉及的专业知识向学生进行必要的讲解。就演练中反映出来的问题及时分析解决，使学生更清楚地理解沙盘演练核心点以及与实际企业运营之间的关联。教学中力求对沙盘案例解释角度新颖，操作流程讲解清晰，分析讲评具有创新性、针对性和实用性。学生通过学习，理解沙盘演练的实际意义，并能够在沙盘演练中全面掌握企业运营知识和管理技能。

教师可根据沙盘教学的课程要求制作电子讲稿，利用多媒体、幻灯片、网络等现代教育技术手段对实训中的重点、难点问题进行讲解和说明。对本书中不同沙盘演练后的难点剖析以及学生的实训报告，教师应科学使用并结合自己的沙盘教学实际情况，帮助学生提高分析问题和解决问题的能力，使沙盘教学能够在知识综合的基础上，全面提高学生理论与实践的结合能力，实现应用型高校技能型复合型人才的培养目标。

四、学时安排

实训课程教学的课时因不同专业的课程权重要求而有所差异，一般安排在最后一个学期展开，课时数控制在 40 个课时左右比较合适。

Contents 目录

前言

教学建议

第1章 企业ERP概述 / 1
【本章要点】/ 1
【引导案例】 电商ERP市场，高开低走后的再出发 / 1
1.1 ERP原理概述 / 2
1.2 ERP与中小企业管理 / 8
1.3 中小企业管理的信息技术环境 / 10
1.4 ERP管理给中小企业带来的收益 / 13
1.5 中小企业选择ERP的原则 / 14
1.6 ITMC沙盘模拟教学活动中的关系处理 / 16
1.7 ERP与其他管理模块的管理 / 18
本章小结 / 20
习题与实训 / 20
案例分析 爱鲜蜂：如何做到一小时配送 / 21

第2章 企业沙盘模拟概述 / 23
【本章要点】/ 23
2.1 企业经营管理沙盘概述 / 23
2.2 沙盘课程教学的价值 / 25
2.3 沙盘模拟对学生实现工学结合的价值 / 30

2.4 沙盘对企业人员的培训意义 / 34
本章小结 / 38
习题与实训 / 39
案例分析 尿布师：母婴电商的商业逻辑 / 39

第3章 企业的运营管理基础知识 / 41
【本章要点】/ 41
【引导案例】 义乌电商发展势头迅猛 / 41
3.1 企业管理的基本概念 / 42
3.2 中小企业管理组织 / 46
3.3 中小企业组织管理的性质和要求 / 51
3.4 电子商务环境下企业管理主要环节 / 52
本章小结 / 64
习题与实训 / 65
案例分析 优衣库未将电商与线下门店做区别 / 66

第4章 企业财务管理基础知识 / 68
【本章要点】/ 68
【引导案例】 阿里巴巴推B2B版支付宝欲打破外贸电商发展瓶颈 / 68
4.1 企业的财务管理概述 / 69

4.2 资产负债表 / 72
4.3 利润表 / 76
4.4 现金流量表 / 78
4.5 三种报表之间的比较分析 / 80
4.6 电子商务环境下的企业财务管理 / 83
4.7 沙盘对提高财务管理能力的价值 / 86
本章小结 / 87
习题与实训 / 88
案例分析 "花呗"PK"白条"电商信贷支付好戏上演 / 88

第5章 基于ERP环境下的企业战略管理 / 90
【本章要点】/ 90
【引导案例】 传统企业如何玩转电商运营 / 90
5.1 企业战略管理概述 / 91
5.2 中小微企业战略制定 / 96
5.3 企业战略的层次与类型 / 98
5.4 典型的企业竞争战略 / 100
5.5 中小微企业经营策略 / 106
本章小结 / 111
习题与实训 / 112
案例分析 三只松鼠：核心战略揭秘 / 113

第6章 基于ERP的沙盘实训知识基础 / 115
【本章要点】/ 115
【引导案例】 中国电视电商为何不火 / 115
6.1 营销渠道 / 116
6.2 营销方式 / 119
6.3 生产运作 / 122

6.4 数据魔方 / 124
6.5 搜索引擎优化 SEO / 127
6.6 SEM 工具 / 132
6.7 竞标知识 / 134
本章小结 / 137
习题与实训 / 137
案例分析 "小而美"的时尚电商 / 138

第7章 电子商务沙盘模拟实战 / 140
【本章要点】/ 140
【引导案例】 用友软件拥抱互联网 / 140
7.1 ITMC 电子商务综合实训与竞赛系统 / 141
7.2 教师端操作 / 143
7.3 学生端操作 / 151
7.4 模拟电商企业创业的关键步骤 / 177
本章小结 / 185
习题与实训 / 186
案例分析 连锁超市高效的原因 / 186

第8章 第三方物流企业模拟实训 / 188
【本章要点】/ 188
【引导案例】/ 188
8.1 物流管理沙盘模拟系统 / 189
8.2 ITMC 物流管理模拟沙盘操作 / 191
8.3 物流管理沙盘操作流程 / 195
8.4 第三方物流企业运营角色分工 / 196
8.5 物流沙盘经营效果的分析点评 / 202
本章小结 / 206

习题与实训 / 207

案例分析　顺丰速运借助强大物流网络　旗下电商平台主打冷鲜食品 / 207

第9章　ITMC市场营销沙盘模拟实战 / 209

【本章要点】/ 209

【引导案例】　广州市英特曼电子贸易商行渠道建设的解决方案 / 209

9.1　市场营销综合实训课程概述 / 210

9.2　ITMC市场营销模拟沙盘概述 / 213

9.3　基于ERP的市场营销沙盘操作 / 220

9.4　经营效果的分析点评 / 245

9.5　基于ERP的市场营销沙盘实操体会 / 249

本章小结 / 251

习题与实训 / 251

案例分析　汽车行业生态再造中 / 252

第10章　ITMC全国大学生沙盘模拟大赛方案（含规则）/ 253

【本章要点】/ 253

【引导案例】　2011大学生全程电子商务沙盘模拟经营大赛举行 / 253

10.1　ITMC2015年全国职业院校技能大赛高职组"电子商务技能"赛项规程 / 254

10.2　省级ITMC电子商务沙盘大赛规则 / 263

10.3　ITMC物流沙盘大赛方案与规则 / 267

10.4　ITMC2015年全国职业院校技能大赛高职组"市场营销技能"赛项规程 / 278

本章小结 / 289

习题与实训 / 290

第11章　ITMC电商营销物流企业实训报告与测试题 / 292

11.1　ITMC第三方物流企业沙盘模拟实训报告 / 292

11.2　ITMC电子商务企业沙盘模拟实训报告 / 296

11.3　ITMC市场营销沙盘模拟实训报告 / 300

11.4　ITMC物流企业沙盘模拟测试题 / 304

11.5　ITMC电子商务沙盘模拟测试题 / 308

11.6　ITMC市场营销沙盘模拟实训测试题 / 313

参考文献 / 320

Chapter 1

第 1 章

企业 ERP 概述

【本章要点】

1. 理解企业 ERP 的基本原理，了解企业 ERP 的发展历史和适用范围以及目前推广使用的现状及未来趋势。

2. 了解 ERP 与中小企业管理之间的依存关系，掌握 ERP 基本理念与相关企业软件。

3. 掌握企业 ERP 与 ITMC 的逻辑关联，深层次理解 ITMC 的核心思想及演练技巧、方法。

【引导案例】

电商 ERP 市场，高开低走后的再出发①

天下网商注：近几年，ERP 软件市场因电子商务的迫切需要迅速拔高。但本该欣欣向荣的行业却不时传出"资金链断裂""公司抛售"等新闻。是什么原因造成了电商 ERP 市场的困境？ERP 企业未来该何去何从？

2012 年双"11"产生交易额 191 亿元，同年 12 月 3 日阿里巴巴集团宣布旗下淘宝、天猫年总交易额突破 1 万亿元。随着网购时代来临，电子商务发展也迎来井喷式发展，越来越多的企业进入这一领域，大量企业向电子商务领域发展、开拓，这促使了 ERP 软件市场被迅速催热，当这快速、野蛮生长的背后，ERP 企业又是几家欢喜几家愁呢？电商 ERP 市场的未来走向如何呢？

近几年，因为市场环境的紊乱，曾经辉煌一时的软件第三方，如今变得亦步亦趋。笔者曾做过针对卖家软件系统使用情况调查，其中以第三方工具设置活动限制款数等，不够合理；以及第三方设置的活动与淘宝等官方优惠券活动不兼容，需求提出后难以得到改善等此类问题最为突出。

如今 ERP 市场的状况，呈现前后台分离，各大软件都是只针对其中一块，没有整合前后端软件，不能满足卖家的需求。这样的市场困境也让行业中像 E 店宝、管易等 ERP 企业"资金链断裂""公司抛售"等新闻频出。可见，曾经辉煌的软件第三方，如今的日子并不好过，主要表现为：

其一，在整个急剧变化的电商大环境中落伍。

管易 500 多人的团队，商派则有 1 000 多人，难道没有技术骨干吗？当然不是。上海宏巍软件创始人徐志宏就认为主要原因还是电商市场井喷，网店卖家需求不断进阶，导致 ERP 软件需

---

① 资料来源：2013 年 11 月 04 日，天下网商，吴蚊米。

要不断升级，衍生出越来越多的个性化需求。卖软件不像卖数码产品一蹴而就，而是需要不断推陈出新、修复 BUG，这需要漫长周期和反复测试，保持与卖家需求的对接。卖家不懂技术，不能清晰地表达自己技术层面的需求；ERP 企业又不懂电商网店实际运营，才会造成这样的局面。

其二，线上线下系统脱节。

很多电商卖家，最关心的问题不外乎是否能将线上前端销售和后端配送，两端的信息流合为一体，促进网店最大程度的整合实现利益最大化。例如，将网店销售价格、库存、交易记录、信誉度，以及订单、物流、员工管理以及其他更多的市场信息有效整合，从而致使商流、物流、资金流和信息流合为一体。

而目前，信息整合度不够，使得网店销售的交易信息和企业内部传统线下的 ERP 系统获得信息是脱节的。网店不能通过软件掌握市场信息，导致很多资源白白被浪费，投入成本不断增加，数据无法充分共享，反馈不及时，根本不能为网店带来实际性效益。

网络平台交易是现代企业运营管理的现代信息手段，企业管理活动在信息时代离不开电子商务活动，ERP 正是借助现代信息技术对企业进行全流程、全方位的智能化管理。ERP 理论借助于电子商务技术其作用范围不仅仅在生产领域，而且扩展到商业流通流域甚至政务活动之中。ERP 与电子商务本身就是相互依托，相互包容，具有内容与形式、过程与结果的辩证关系。同时，市场营销、电子商务、物流管理等沙盘都是企业资源计划 ERP 沙盘模拟实训的组成部分，是 ERP 基本原理在不同行业方面的逻辑延伸和功能拓展。了解 ERP 相关理论是熟练掌握这类综合性实训沙盘原理的基础和前提，所以，在实施电子商务沙盘以及电商背景下的物流管理与市场营销沙盘实训之前，学生有必要全面详尽地了解 ERP 的基本知识。

1.1 ERP 原理概述

ERP——Enterprise Resource Planning 企业资源计划系统，是指建立在信息技术基础上，以系统化的管理思想，为企业决策层及员工提供决策运行手段的管理平台。因其原理逐渐体现出普适性特点，已经在不同经济组织甚至社会服务机构中得到广泛的应用。

1.1.1 管理思想

ERP 最初是由美国著名的计算机技术咨询和评估集团（Garter Group Inc.）提出的一整套企业管理系统体系标准，其实质是在 MRP II（Manufacturing Resources Planning，"制造资源计划"）基础上进一步发展而成的面向供应链（Supply Chain）的管理思想，其主要思想包括以下三个方面。

1. 体现对整个供应链资源进行管理的思想

在知识经济时代企业仅依赖自己的有形资源不可能有效地参与市场竞争，企业还必须把经营过程中的有关各方（如供应商、制造工厂、分销网络、客户等）纳入一个紧密的供应链，才能有效地安排企业的产、供、销活动，才能满足企业利用全社会一切市场资源快速高效地进行生产经营的需求，才能保证进一步提高效率和在市场上获得竞争优势。换言之，现代企业竞争不是单一企业与单一企业间的竞争，而是一个企业供应链与另一个企业供应链之间的竞争。ERP 系统就是为实现对整个企业供应链管理，以使企业适应在知识经济时代市场竞争的特定需要（见图1-1）。

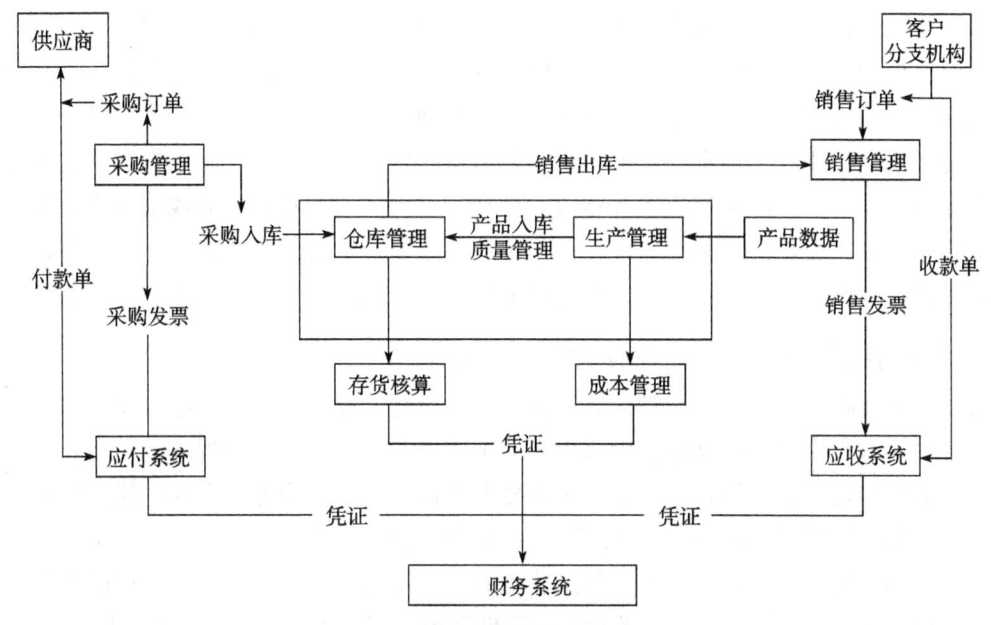

图 1-1 ERP 管理思想流程图

2. 体现精益生产、同步工程和敏捷制造的思想

现代 ERP 系统支持对混合型生产方式的管理，其管理思想表现在两个方面：

第一是"精益生产"（Lean Production）的思想，它是由美国麻省理工学院（MIT）提出的一种企业经营战略体系。即企业按大批量生产方式组织生产时，把客户、销售代理商、供应商、协作单位纳入生产体系，企业同其销售代理、客户和供应商的关系，已不再简单地是业务往来关系，而是利益共享、信息共享、风险共担的战略合作伙伴关系，这种合作伙伴关系组成了一个企业的供应链，这即是精益生产的核心思想。显然这一思想也适合在第三产业中使用，可以促使第三产业相关企业重新整合资源，优化流程，实现服务业供应链管理新模式。

第二是"敏捷制造"（Agile Manufacturing）的思想。当市场发生变化，企业遇有特定的市场和产品需求时，企业的现有合作伙伴不一定能满足新产品开发生产的要求，这时，企业会组织一个由特定供应商和销售渠道组成的短期或一次性供应链，形成"虚拟工厂"，把供应和协作单位看成企业的一个组成部分，运用"同步工程"（SE），组织生产，用最短的时间将新产品打入市场，时刻保持产品的高质量、多样化和灵活性，这即是"敏捷制造"的核心思想。从敏捷制造到敏捷销售或敏捷服务，期间没有应用的门槛和障碍，关键是对这一思想的有效迁移和对接。如商业零售企业自身也具有物流加工功能，一些具有前店后厂功能的企业，也会借助敏捷制造的理念，实现绩效的提升。

3. 体现事先计划与事中控制的思想

ERP 系统中的计划体系主要包括主生产计划、物料需求计划、能力计划、采购计划、销售执行计划、利润计划、财务预算和人力资源计划等，而且这些计划功能与价值控制功能已完全集成进整个供应链系统。

另一方面，ERP 系统通过定义事务处理（Transaction）相关的会计核算科目与核算方式，以便在事务处理发生的同时自动生成会计核算分录，保证了资金流与物流的同步记录和数据的一致性，从而实现了根据财务资金现状，可以追溯资金的来龙去脉，并进一步追溯所发生的相关业务活动，改变了资金信息滞后于物料信息的状况，便于实现事中控制和实时做出决策。在商务活动中，同样的流程也有相似的存在。对大多数的营销企业或服务企业而言，体系—流程—活动三大系统要素依然存在，流程的控制模式也逐渐引起关注，事前计划与事中控制基于实际情况进行选择的实施。在模拟实训活动中，这些问题都应给予一定考虑。

4. 体现组织变革中人力资源有效整合的要求

计划、事务处理、控制与决策功能都在整个供应链的业务处理流程中实现，要求在每个流程业务处理过程中最大限度地发挥每个人的工作潜能与责任心，流程与流程之间则强调人与人之间的合作精神，以便在有机组织中充分发挥每个人的主观能动性与潜能。在实现企业管理从"高耸式"组织结构向"扁平式"组织机构转变的过程中，无形中提高了企业对市场动态变化的响应速度。总之，借助计算机技术的飞速发展与应用，ERP 系统得以将很多先进的管理思想变成现实中可实施应用的计算机软件系统，实现了理念与实务的对接。

1.1.2 ERP 发展的历史

行为是思想的直接体现，而现实的需要则是思想产生客观基础。ERP 理论思想以相关的管理软件为载体，在不同的经济社会发展阶段由简单到复杂，逐步表现出自身的价值。ERP 管理涉及企业财务、物流、供应链、生产计划、人力资源、设备、质量管理等各方面，而相关资源管理的软件操作系统可以统称为 ERP 软件。

ERP 发展的历史与其管理软件的功能提升与范围的拓展相互对应，其中也包括电子商务模块。目前，从 ERP 软件的功能来看，国内外有很多 ERP 软件，国外最顶端的 ERP 软件当属 SAP 公司的 SAP ERP 软件了，它以功能强大、开放性强、设计思路与流程严谨居于全球 ERP 软件之首；其次，德国的 ORACLE-ERP、丹麦的 AxaptaERP、中国台湾的方天 ERP 等都是世界顶尖级 ERP 产品。近几年国产 ERP 软件也在蓬勃发展之中，其中用友的 ERP 软件位居国内 ERP 软件之首，另外金蝶、启航软件、天思、蓝灵通等 ERP 软件也各自占据着一小部分市场。以财务管理模块见长的用友 ERP 软件，在企业管理中扮演重要角色，而用友财务软件只是用友 ERP 产品的其中一个模块而已，有关企业各项管理（如生产计划、物资管理、质量管理、设备管理、人力资源管理等）均有其相应的模块可供使用。

可见，ERP 软件同 ERP 思想发展历史基本同步，从简单到复杂，从狭窄管理范围到综合管理内容，在不断的辩证否定之中，实现其权变过程。从最简单的物料管理到企业所有的内外部资源管理，ERP 发展至今经历了四个发展阶段。

1. 20 世纪 60 年代的 MRP 系统

同电子商务发展的基础一样，信息技术的广泛应用是 ERP 发展的触发器，而 ERP 最初是在制造业找到自己应用的价值点，这符合产业经济发展的逻辑。MRP 全称是 Material Requirements Planning，意为物料需求计划在制造业，MRP 是根据主生产计划（master production schedule，MPS）、物料清单（bill of material，BOM）、存货单（库存信息）等资料，经过计算而制订的物料生产与采购计划，同时提出各种订单补充的建议，并对已开工订单进行修正的一种技术。

ERP 最初的应用领域比较狭窄，但是在工业企业中，由于产品大多结构复杂，品种繁多，编制它们的物料需求计划是十分复杂、繁重、困难的工作，ERP 的工具性价值得到很好体现。IBM 的 Joseph A. Irlicky 于 1965 年提出了"独立需求"和"非独立需求"概念，并且随着计算机技术的发展以及在企业管理中的广泛推广与应用，在计算机上实现了用于装配型产品生产与控制的 MRP 系统，这一设计思想对后续的包括服务业在内的大多数管理模块的设计都具有一定的借鉴意义。

2. 20 世纪 70 年代的闭环 MRP 系统

MRP 与能力需求计划（CRP）一起形成计划管理的闭环系统，称为闭环 MRP 系统。

开环 MRP 系统是为产品零部件配套服务的库存控制系统，主要功能是解决产品订货所需要的物料项目、物料数量和物料供货时间等问题。

与开环 MRP 系统的不同是，闭环 MRP 系统在生成物料需求计划（MRP）后，依据生产工艺，推算出生产这些物料所需的生产能力。然后与现有的生产能力进行对比，检查该计划的可行性。若不可行，则返回修改物料需求计划或主生产计划，直至达到满意平衡。随后进入车间作业控制子系统，监控计划的实施情况。闭环 MRP 系统的扩展功能系统包括能力需求计划（capacity requirement planning，CRP）子系统；车间作业控制子系统。这一系统的设计充分考虑到企业经营活动中资源约束问题，是基于能力来设计流程，使计划更加符合企业实际，保证了计划的落实。在实际的沙盘演练中，学员必须在实施生产计划之前，对企业的能力进行辩证分析，处理好理想产量与现实能力之间的关系。

3. 20 世纪 80 年代的 MRP II 系统

MRP II 是对企业的制造资源进行计划、控制和管理的系统，MRP II 是制造业企业计划的称谓，"M"由物料变成制造，概念的内涵和外延都发生了变化，而"R"由需求变成了资源，含义也大不相同。MRP II 是对闭环 MRP 的改进，MRP II 实现物流与资金流的信息集成，并增加了模拟功能。MRP II 中的制造资源分四类：一是生产资源，包括物料、人、设备等；二是市场资源，包括销售资源、供应资源等；三是财务资源，包括资金来源和支出；四是工程制造资源，如工艺路线和产品结构等。

MRP II 的特点包括计划的一贯性和可靠性；管理的系统性；数据的共享性；动态应变性；

模拟预见性；物流、资金流的统一。

4. 20 世纪 90 年代的 ERP 系统

进入 20 世纪 90 年代，随着市场竞争的进一步加剧，企业竞争空间与范围进一步扩大。如果说 20 世纪 80 年代 MRP II 主要面向企业内部制造资源，到了 20 世纪 90 年代，在竞争范围日益扩大的现实情境下显然其适用性有所减损。全面计划管理的思想将逐步发展为 20 世纪 90 年代怎样有效利用和管理企业整体资源的管理思想，ERP 也就随之产生。ERP 是在 MRP II 的基础上扩展了管理范围，给出了新的结构，构建了更加复杂的管理系统。ERP 是将企业所有资源进行整合为集成化体系，把包括市场需求信息、企业知识产权、品牌价值等都纳入管理范畴之内。简单说是将企业的三大流：物流、资金流、信息流进行全面一体化管理的管理信息系统。ERP 对于 MRP II 在生产管理方式上、管理功能方面、财务系统功能、事务处理控制方面、计算机信息处理方面等进行了彻底改进。这一系统的功能扩张，为 ERP 管理跨界融合，由第二产业向第三产业跨业搭建了平台。

5. 21 世纪 AIO7

ERP 集成融合思想其逻辑发展就是内部整合与外部融合，在业态方面的表现就是产业间的融合，在地域方面是跨界的融合，这就为 SCM 的实现奠定坚实的理论基础和实践典范。AIO7 就是将 ERP、HR、OA、BI 等功能集成在一起，帮助企业管理者优化工作流程，提高工作效率的信息化系统。管理系统的整合与拓展是其价值提升的关键，人、财、物、产、供、销等管理的有形要素与其他逐渐进入 ERP 管理范围的无形要素，使得 ERP 呈现出的内涵无限缩小，而其外延无限扩大的趋势。

1.1.3　ERP 管理软件的分类

ERP 管理理念现实化的标志是其管理软件的不断更新换代，在不断超越以往功能的前提下，提升了市场对 ERP 功能的心理预期和价值期待。

1. 按软件性质分类

（1）通用型 ERP。一般只包括简单通用功能：买入卖出、仓库管理、产品分类、客户关系等。这些功能只是简单的记录，没有充分考虑企业的性质和一些特殊需求，这类软件在非技术类中小企业有一定的应用空间。

（2）专业的 ERP。按照所应用到的行业不同，其功能进行特别定制，例如，灵创软件专业服装 ERP，它就要考虑服装的特点，用通用型 ERP 就会带来很多的不便，专业的服装 ERP 考虑服装多色、多款、多号、季节性等的特点，管理方面的设计会更细致化。如灵创服装 ERP 包括服装生产管理、仓库管理、供应链管理、企业资源管理、移动订货会等。显然对科技型、创新型的小微企业，该类软件实用价值比较高。

2. 按技术架构分类

（1）C/S 架构 ERP。C/S 又称 Client/Server 或客户 / 服务器模式或胖客户端。服务器通常采用高性能的 PC、工作站或小型机，客户端需要安装专用的客户端软件。

（2）B/S 架构 ERP。B/S 是 Browser/Server 的缩写，也可称为瘦客户端，客户机上只要安装一个浏览器（Browser），如 IE 浏览器就可以通过 Web Server 同数据库进行数据交互。

由于高校使用的 ERP 系列沙盘软件是企业实用软件的简化版和模拟版，所以对 ERP 管理软件方面的知识也应有所了解，以帮助对沙盘实训作用及意义的认识，提高实训与实战的对接程度，实现沙盘模拟实训的预期效果。

1.1.4 ERP 管理的特点

ERP 管理与传统的管理模式有本质区别，这种管理思想不仅仅表现为对实体物的管理，也包括对整个生产过程所有介入的无形资源要素的管理，体现出管理活动的系统性。

1. 适用性

ERP 系统在实际应用中更应该体现其管理工具的本质。管理是计划、组织、指挥、协调、控制等活动的集合，ERP 恰恰实现了管理整个活动的所有功能，表现出不同于以往传统工具管理的功能局限性，无论在何种性质、何种规模企业，都具有一定的适用性。

2. 整合性

ERP 的最大特色是将整个企业信息系统进行有效整合，比传统单一的系统更具功能性。系统性强调整体最优，这也是 ERP 管理的目标所在。借助信息技术，ERP 系统通过不断开发，整合能力不断增强，保证了企业信息系统之间最大的耦合性和融合性。

3. 弹性

ERP 系统采用模块化的设计方式，使系统本身可因应企业需要新增模块来支持并整合，提升企业的应变能力。通过预留一定的模块对接接口，实现功能模块的随机性增加，这也符合企业应对市场需求变化的情境。

4. 集中的数据储存

ERP 系统将原先分散在企业各角落的数据整合起来，使数据得以一致性，并提升其精确性。这一功能的实现符合大数据时代分布式处理数据的要求，即，将企业分散的数据集中分析、处理之后，再输出到各生产经营单位。实时传输的有价值数据，使企业战略策略的制定更加科学、准确、有效。

5. 便利性

在整合的环境下，企业内部所产生的信息通过系统将可在企业任一地方取得与应用。企业获得信息的渠道增加了，相对于传统企业部门间的信息孤岛现象，企业各部门随时随地可以获取信息。在沙盘演练中，参训的各队可以随时了解对手的策略变化，以此调整自己的策略。

6. 提升管理绩效

ERP 系统将使企业部门间横向的联系有效且紧密，使得管理绩效提升。部门间的紧密合作，在ERP管理环境下得到最完美的实现，系统将各个管理模块、各个管理单元有信息集成的方式，保证各部分实现各自效率的最大化，实现整体绩效最优。

总之，ERP管理的优点十分明显，在高校实训教学活动中，学生通过沙盘实训，会逐步感受这种管理思想所带来的收益。尽管教学软件与实际管理软件有功能上的差异，但是基于同样的管理理念设计的沙盘，会使操作者感受到ERP思想的魅力和价值。

1.2 ERP与中小企业管理

从中国中小企业国际合作协会发布的《中国中小微企业健康发展报告（2012）》获悉，截至2011年年底，全国工商登记实有企业1 253.1万户，个体工商户3 756.5万户，其中中小微企业占全国企业总数的99.7%。2008年的金融危机，使得众多中小企业深受冲击，生存面临困境，发展前景也令人十分担忧。为了能够适应新的生存环境，中小企业应该练好内功，管理规范化操作，寻找最优的方式来管理自己的企业。而ERP管理思想作为先进科学的管理理念，其作用对中国小企业而言不容低估。目前网店以及大多数实体店在规模上属于中小企业范畴，沙盘模拟背景设计时也充分考虑到这一现实进行演练。

1.2.1 中小企业管理现状及理念突破

据了解，目前我国中小微企业规模已近5 000万家，这些企业为国家解决了大量的就业问题，在国民经济中的支撑作用越来越大。然而，由于受到资金、管理、技术、人才等方面的影响，中小微企业现代化管理水平普遍较低，仍然面临管理理念不能与时俱进、管理体系不健全、基础管理薄弱、现场管理无序、生产经营不精细化等一系列问题，严重制约了中小微企业发展壮大。面对这一系列问题，中小微企业又该如何积极应对，这是极为现实的问题。

ERP管理模式在欧美企业管理中已经被广泛应用，ERP管理系统除在整合资源方面的优势外，系统还可以通过定义事务处理相关的会计核算科目与核算方式，自动生成会计核算分录，保证了资金流与物流的同步记录和数据的一致性，改变了资金信息滞后于物料信息的状况，实现事中控制和实时做出决策。此外，ERP系统最大限度地发挥每个人的工作潜能与责任心，发挥每个人的主观能动性与潜能。ERP系统构架如图1-2所示。

据了解，20世纪90年代初期，随着我国实体经济的高速发展，ERP管理模式被快速引进国内。2000年以前，ERP应用更多的是政府机关、国企，2000年以后，ERP开始受到了越来越多的中小微企业青睐。在国内，国产ERP软件逐渐替代国外同类软件牢固占据需求市场，许多最近几年开发的ERP软件实现了从企业日常运营、人力

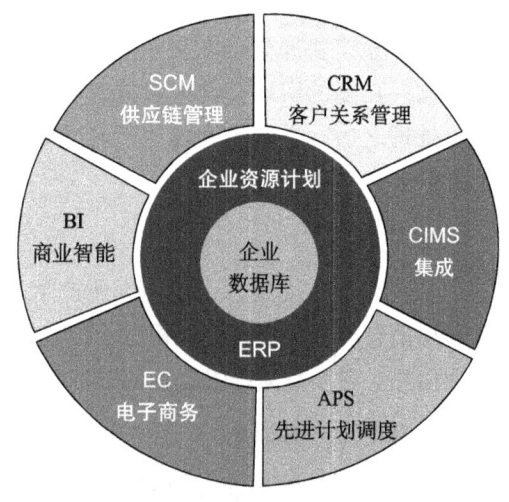

图1-2 ERP系统构架

资源管理到办公事务处理等全方位的产品解决方案，帮助企业实现"优化资源，提升管理"，也为中国中小企业的发展提供科学管理工具。目前，ITMC在实训软件方面逐渐努力贴近实用的ERP软件，使其在培训企业管理人员领域逐步体现其价值。

1.2.2 运用技术手段解决问题的基本思路

2011年10月12日，国务院出台了九条支持小微企业发展的金融财税政策，被称为"国九条"，2012年中小微企业迎来了企业ERP管理时代。目前国内中小微企业的管理已经告别传统的粗放模式，全面进入到ERP管理时代，为此，中小微企业要尽早准备迎接ERP管理时代的到来。

1. 软件提供商需面对现实，强化服务意识

目前，以杭州为例，各类中小微企业已有数万家，分布于城区、城郊，经过多年发展，很多企业开始向现代化管理发展，但由于不熟悉和没接触到ERP管理模式，很多中小微企业依然是层层安排人进行管理，对管理者的要求越来越高。同时由于管理不到位，员工们经常无所适从，企业效率低下，管理成本逐年增多。市中小企业服务中心有关人士说，目前国家大力普及推广ERP管理，实现企业的现代化管理，帮助企业更好的发展，但现在中小企业在ERP管理方面依然推广较慢，绝大多数中小微企业没接触过ERP管理系统，还有一部分企业无力投资建设ERP管理系统。虽然它们组织了多次的ERP管理系统培训，但很多企业依然认识不足，为此迫切需要企业改变传统的管理思维，积极跟上现代化的企业管理理念，只有这样，中小微企业才能迎来真正意义上的高速发展。

权威部门通过对全国数万家企业深度研究，发现中型企业具备一定技术与资金积累，在主营产业链中具备一定市场竞争力，它们更关注如何摆脱运营管理瓶颈，拓展多种业务实现企业整体实力突破。

2. 为区域经济发展服务，面向未来

ERP软件开发必须注重经济发展的地域特点，坚持面向中型商贸流通企业、以及小规模生产制造企业的多部门应用，采用先进线上部署与科学规范的互联网嵌套管控机制，将物理逻辑相对独立的各组织主体无缝连接。按需配置特征可将企业财务与业务管理，通过对企业财、税、产、供、销等各环节核算进行闭环管理，有效实现数据流的传递与信息集成，基于大数据独特的分布式架构将跨地区各分支机构形成无缝连接，建立统一高效的业务运转与信息共享体系，彻底解决了企业信息系统的深层应用。

据了解，目前很多企业对ERP软件服务商知之甚少。有ERP软件服务商坦言，他们现在主要靠口碑传播来推广，为此很多企业并不熟悉ERP软件。现在继续成熟的经营商和培训机构是提供ERP软件服务及相关服务，利用其在市场开发的经验，为中小企业实施ERP管理提供全方位的服务，促使中小企业把应用ERP管理，作为企业管理未来的方向。

3. 以实践推动系统完善，强调动态性

在中小企业的管理实践中，ERP系统可以使企业与原物料供货商之间紧密结合，增加其对市场需求的快速反应能力。而客户关系管理模式则使企业充分掌握市场需要的导向，两者皆有助于促进企业与上下游的互动发展关系。中小企业与市场的关系更加紧密，其管理的实时性与动态管理特点十分明显。而 ERP 是对整个企业信息的整合管理，重在整体性，而整体性的关键就体现在"实时和动态管理"上，所谓"兵马未动，粮草先行"，强调的就是不同部门的"实时动态配合"，现实工作中的管理问题，也是部门协调与岗位配合的问题。沙盘演练的阶段性总结中，团队协作问题是分析的重点所在。

理论的基础是实践，高校教学软件的设计也是以企业的实战为参照样板，企业对软件的接受程度和使用效果，决定高校教学成果的价值转化程度。在电子沙盘模拟教学实训过程中，为真正实现工学结合、校企合作，教师、学生都要密切关注企业 ERP 使用的情况，以保证实训的成果服务于中小企业管理实际。

1.3 中小企业管理的信息技术环境

ERP 管理的关键是"流程信息化"，即把现实中的工作内容与工作方式，通过信息化的手段来表现。因为人的精力和能力是有限的，现实事务达到一定的繁杂程度后，手工操作难免会出错。如果将工作内容与工作方式信息化，形成 ERP 管理的信息化体系，拥有可靠的信息化管理工具，就能很好整合企业管理理念、业务流程、基础数据、人力物力、计算机硬件和软件于一体，真正实现企业资源管理的系统化。

1.3.1 信息化管理

成功实施管理信息化项目是企业博弈未来市场的关键。如何保障实施的成功率已经成为国内各大中小型企业的核心课题。对此，许多专家认为：保障企业 ERP 实施成功，应用落地的核心在于依照企业所处的发展阶段进行相应的管理转型升级。

企业成长涉及自身能力、规模、业务范围三个方面，成长基础在于持续的价值创新，即多元化的协同性、企业能力、市场结构、行业前景、业务关联性等组合因素决定企业成长路线的选择，许多公司软件产品都开始面向中小企业。在整合"企业信息处理系统"的基础上，为企业提供的全程管理信息平台，除了承载传统的企业财务及成本、人事、采购库存、生产计划、销售分销、服务管理以外，涉及整个企业供应链的客户关系、营销管理、跨企业物流网络管理等许多环节也被纳入 ERP 范畴，构建了以客户为中心的完整商务供应链管理系统。这一系统在运用中的优势主要是：

（1）及时便利。网络信息化把客户经营管理提升到更高层级，无论针对终端客户、分支机构，还是异地化协同办公，都可利用互联网的快捷在软件 ERP 系统进行直接对话，并及时解决客户经营难题，增加企业自身核心竞争能力，而网上系统随时随地给予客户的支持，让客户亲身体验服务的便利性，最终增进企业间达成长期合作的共识。

（2）准确安全。网络数据传导需要精细准确，并涉及企业内部资料隐蔽和安全，ERP 软件厂商提供的信息系统安全拥有高级别防护措施，具备高精度身份验证及用户识别功能，不同客户进入系统都可获取不同功能权限、数据权限所对应的职责信息，或者根据使用者身份等级不同，得到人机对话差异性授权。这些都是对互联网应用系统的深层期望，也更受广大客户的垂青。

（3）低廉成本。高成本日常应用与本地化服务一直是困扰众多企业的问题，企业因在ERP系统中的各种操作不当，或者对升级换代的ERP产品不熟悉，经常需要技术支持人员上门解决，为此每年都要支付一定的服务费用。ERP通过网上系统进行远程控制与操作访问成本非常低廉，企业异地人员、软件厂商客服人员都可进行网络实时操作及发生问题的解决，凸显了优质的ERP产品的性价比优势。

由于ERP软件是先进管理思想的物质载体，所以对软件接受程度决定先进科学思想的推广力度。高校教学软件的开发商众多，与企业ERP软件提供上一样，都面临不断改进软件功能、不断提供优质的服务，以保证实训的效果和培训的质量。基于电子商务的ERP业务系统构成如图1-3所示。

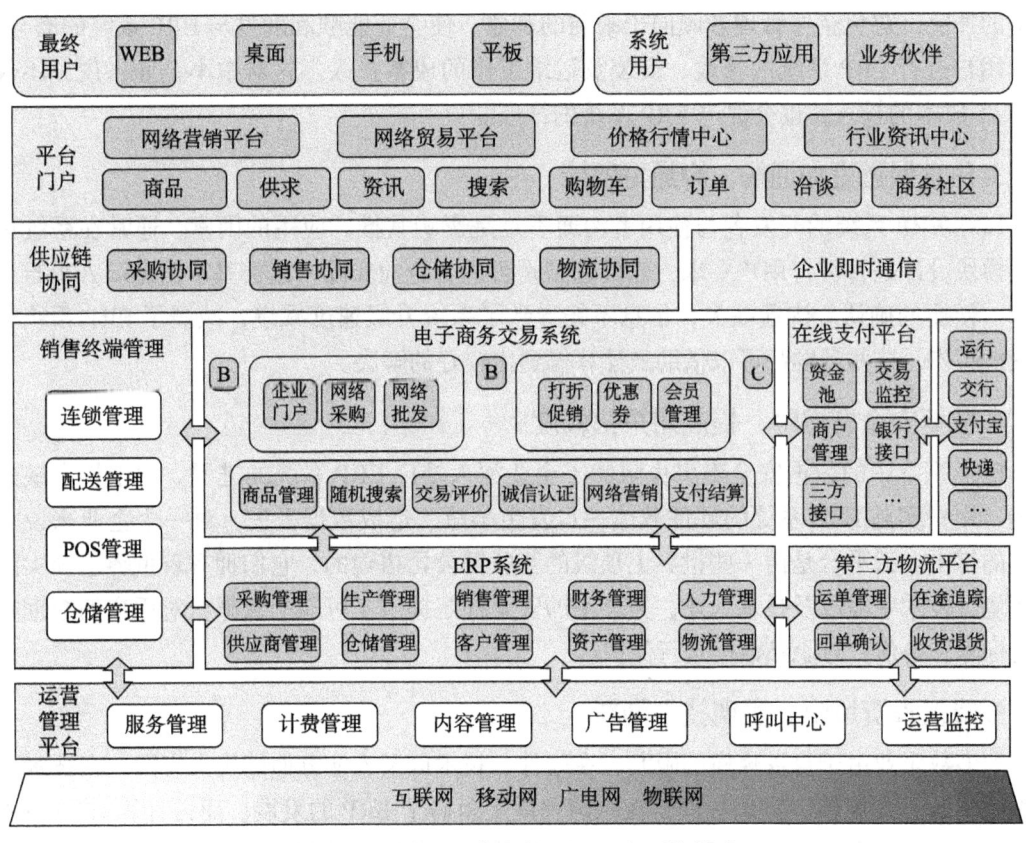

图1-3　基于电子商务的ERP业务系统构成

1.3.2　云计算

当前，云计算正在成为IT业的重要发展趋势，云技术逐渐渗透进整个产业以及不同企业和社会用户。一些技术公司打破公有云发展瓶颈，通过研究基于满足中小企业用户需求，打造符合中小企业需求的公有云平台，提供适合中小企业应用特色的产品和服务。云计算对中小企业 ERP 推广的贡献体现在以下几个方面。

1. 构建新架构，适应新需求

传统的 ERP 系统是由不同功能模块组成的单机系统，随着网络的普及，系统开发商在新一代 ERP 系统中利用公有云平台搭建了 C/S 架构以及 B/S 架构等方式，使得新一代的 ERP 系统更加便捷与灵活。由于 ERP 系统架构的不断改进，破除了推广应用中存在的制约因素，促进了 ERP 的普及。

2. 缩短磨合时间，降低成本投入

由于 ERP 系统并不是简单的应用软件，企业往往需要一段时间去修改、适应，才能将其更好地融入日常业务的运作。具体对每个企业来说，其需要的时间是不一样的，短则需要两三个月，长则需要两三年甚至更久。云计算可以化解 ERP 系统的应用与企业的实际利益产生的冲突，避免企业管理者倾向于眼前的利益，使企业能顺利度过与 ERP 系统的磨合期，减少用户进行 ERP 系统的修改、安装及运维工作的成本投入。这对中小企业来说，不仅降低了 IT 成本的投入，也会促进 ERP 系统的推广。

3. 信息渠道更加通畅，沟通更便捷

以往 ERP 系统的开发者与使用者沟通不足是影响其推广应用的因素。通常在系统售出后，模块设计是否符合用户要求，软件选型是否适合企业实际，这类基本信息双方很难得到快速、便捷的确认。沟通缺失，信息不畅导致了系统升级速度减慢，减缓了 ERP 系统自身发展的脚步，这些问题都可以借助云计算得到比较好的解决。

4. 数据安全有保障，提高用户信赖度

ERP 系统中的数据安全隐患也阻碍了企业深入推广 ERP 系统的进程。由于技术缺失等问题，用户实施 ERP 系统的硬件载体一旦发生事故，造成数据丢失，对一个企业来说将是沉重的打击。云平台是由一些世界上顶级的互联网公司搭建的，它们拥有着世界上顶尖的硬件环境、技术手段以及技术人才，为环境的安全稳定提供了可靠的保障，对用户的数据安全进行保障和备份，对隐私数据进行保护。

5. 降低投资风险，实现技术创新

大多数企业由于自身规模的限制，在硬件、技术以及人才方面的投入有限，在技术上无法做到实时、大规模、异地备份，在一定程度上阻碍了 ERP 的发展。而云计算 ERP 一方面能够减少企业在硬件方面的投资，它们只需要从平台服务商那里租用部分 ERP 所需要的硬件和网络资源即可，这大大减少了企业投资的费用；另一方面，因此，无论从减少投资还是技术稳定方面来看，云计算必将是 ERP 的发展方向。

实训软件作为企业 ERP 管理软件的简化版，其在使用中也要借助现代信息技术，如第三方运营服务商的介入，提高了沙盘软件的运作效能，在远程访问的基础上实现功能上的跨越和教学成本的降低。

1.3.3 大数据

大数据在中国互联网最典型的应用就是电子商务，大数据应用已成为电子商务网站提高运营效率、提升营销效果的重要手段。大数据时代，产品设计顺应互联网发展趋势，紧密对接行业标准，体现产业前沿技术，数据处理快捷，可以在实训中提高学生利用大数据实现精准营销能力。

1. 利用集成化提高软件效能

管理信息化其核心要素是数据平台的建设和数据的深度挖掘，通过信息管理系统把企业的设计、采购、生产、制造、财务、营销、经营、管理等各个环节集成起来，共享信息和资源，同时利用现代的技术手段来寻找自己的潜在客户，有效地支撑企业的决策系统，达到降低库存、提高生产效能和质量、快速应变的目的，增强企业的市场竞争力。

2. 充分运用 ERP 特点实现流程优化

ERP 软件是一个可在全公司范围内应用的、高度集成的系统。数据在各业务系统之间高度共享，所有源数据只需在某一个系统中输入一次，保证了数据的一致性。其对公司内部业务流程和管理过程进行了优化，主要业务流程实现了自动化，采用了计算机最新的主流技术和体系结构：B/S、Internet 体系结构，Windows 界面。在能通信的地方都可以方便地接入系统。该系统具有集成性、先进性、统一性、完整性和开放性等特点。

3. 模块化管理促进方法创新

企业内部管理所需的业务应用系统，主要是指财务、物流、人力资源等核心模块，物流管理系统采用了制造业的 MRP 管理思想；FMIS 有效地实现可预算管理、业务评估、管理会计、ABC 成本归集方法等现代基本财务管理方法；人力资源管理系统在组织机构设计、岗位管理、薪酬体系以及人力资源开发等方面同样集成了先进的理念。信息技术飞速发展改变着我国传统经济结构和社会秩序，企业所面对的不仅仅是物质经济环境，而是以网络为媒介、客户为中心，将企业组织结构、技术研发、生产制造、市场营销、售后服务紧密相连在一起的信息经济环境。

总之，信息技术带动管理思想的转变对企业成长产生了全方位影响，它将彻底改变企业原有经营思想、经营方法、经营模式，通过业务模式创新、产品技术创新，或对各种资源加大投入，借助信息化提供强有力的方法和手段进行实现，其成功的关键是企业不同成长阶段与信息化工具地有机结合。在沙盘实训过程中，学生可逐渐体会到信息技术的巨大魅力。

1.4 ERP 管理给中小企业带来的收益

中小企业成长路径会随着组织规模不断扩大、业务模式不断转变、市场环境不断变化，导致对信息管理的要求从局部向整体、从总部向基层、从简单向复合进行演变，企业信息化从初始建设到不断优化、升级、扩展和升迁来完成整个信息化建设工作，体现了企业信息管理由窄到宽、由浅至深、由简变繁的需求变化。

ERP 软件系统对推动企业管理变革、提高绩效管理、增强企业核心竞争力等方面发挥出越来越重要的作用。对中小企业而言，尽管在应用 ERP 方面面临诸多困难，但渐入佳境之后，ERP 管理的效益会逐渐显现。企业应用 ERP 后效益的提高。这一方面是来自 ERP 软件本身，另一方面就是得益于业务流程重组。据美国生产与库存控制学会（APICS）统计，使用一个 ERP 系统之后，平均可以为企业带来如下经济效益：

（1）库存下降 30%~50%。这是人们最为关注的效益。因为它可使一般用户的库存投资降低 1.4~1.5 倍，库存周转率提高 50%。这一指标的实现无论是对制造业还是对流通企业都是利好。

（2）延期交货减少 80%。当库存减少并稳定的时候，用户服务的水平提高了，让使用 ERP/MRP II 企业的准时交货率平均提高 55%，误期率平均降低 35%，这就使销售部门的信誉大大提高。市场需求导向型生产经营策略在 ERP 技术应用的背景下，得到比较理想的实现。

（3）采购提前期缩短 50%。采购人员有了及时准确的生产计划信息，就能集中精力进行价值分析，货源选择，研究谈判策略，了解生产问题，缩短了采购时间和节省了采购费用。

（4）停工待料减少 60%。由于零件需求的透明度提高，计划也做了改进，能够做到及时与准确，零件也能以更合理的速度准时到达，因此，生产线上的停工待料现象将会大大减少。

（5）制造成本降低 12%。由于库存费用下降，人力成本的节约，采购费用节省等一系列人、财、物的效应，必然会引起生产成本的降低。采购成本在整个产品成本中比例将近 4 成，降低的空间较大。

（6）管理水平提高。使用 ERP 管理软件之后，大大降低了管理人员的劳动强度，管理人员的数量也减少 10%，尽管如此生产能力提高 10%~15%。在我国劳动力成本逐年提高的背景下，这一效果的产生更加具有现实意义，也化解了企业经营中成本难以降低的窘境。

1.5 中小企业选择 ERP 的原则

ERP 系统的实施是充满挑战与风险的。我们可以看到的一个事实就是，许多公司投入巨额资金上马 ERP 项目却收效甚微。ERP 的应用，不仅是引入一套现代化的管理软件，使企业的日常经营管理活动自动化，它更重要的是要对企业传统的经营方式进行根本性的变革，使其更加合理化、科学化，从而大幅度地提高企业的经营效益。

1.5.1 价格因素

价格因素是企业选择中需要考虑的首要问题，ERP 市场上的产品多种多样。千差万别，有高、中、低三个档次，对应三种价位，企业需要考察 ERP 系统的成熟性和通用性，了解其所属档次及对应价格。一般来讲，高端 ERP 软件，它们功能强大，软件适合多种环境，但实施难度较大，周期长，软件和服务费用高，适合跨国集团、国内大型企业和企业集团；中小企业在选择中端产品较多，因为这一产品不是太复杂，具有 ERP 的基本功能，各自具有一定的专业面，实施较容易，软件和服务费用适中，适合中小企业；低端产品，这类产品的功能不够完善，价格低，适用面窄，业务单一型企业比较适用，运行环境多为微机服务器。企业在选择ERP软件时，要坚持"实用才是硬道理"的原则，要选择适合自己的产品。

1.5.2 功能因素

中小企业必须要明确自己的需求，尽量选择功能完善的ERP系统。即使用户暂时不使用某些功能，但从长远来讲，随着企业发展，规模不断扩大，功能上面也会有新的要求，ERP系统应该可以具有很强的兼容性来满足这些要求。ERP系统作为企业管理的工具，可以整合所有部门的信息，严密控制企业的运作。完善的功能是基本要求，真正实现ERP系统代替传统管理模式，还要选择支持OA、财务一体化的ERP系统，真正实现现代化管理和信息化管理。

1.5.3 流程灵活

不同的企业有不同的需求，但都要尽量选择流程、界面、报表等能够自定义的ERP系统，这些特点是满足企业需求的保证。因为随着系统的深入运用，这些特点是企业能否长期使用的基本保证。每个企业都有属于自己的行业划分，因此流程有所不同，界面是人机交互的媒介，报表是输出打印的文档等，这些方面的自定义是实现企业以人为本的基础，是实现让人控制企业，而不是让企业或者系统控制人的重要手段。

1.5.4 高实施成功率

中小企业尽量选择实施成功率高的ERP系统，实施成功率高，意味着这个ERP系统具有实用价值，这是客观真理。如果市场上大部分企业都在应用某个ERP系统，那也说明大多数企业比较认可这个系统，也说明了该系统的成熟性和实用性。但各个企业实际情况不同，不能盲目地完全照搬别人的选择，只有"知己知彼"，才能"百战不殆"。

1.5.5 多种企业解决方案

从性价比角度讲，尽量选择能提供多种企业方案的ERP系统，是企业理性考量。多种方案是指实现企业流程、物料管理的方案，系统必须能够支持多种方案，才能够保证管理软件具有使用价值的基础。市场变幻莫测，企业需要有相应的部门和人员时刻关注市场动向，及时对企业计划、生产等进行调整。因此，ERP软件提供商应该具有应付这种变化的能力，提出多种方案以备企业选择。

1.5.6 先进的技术基础

先进的技术是用户能够长期受益的基础。那些没有技术基础作为保证的软件，往往只有两三年的使用寿命。如使用 VB、PB 编写的软件，基本上已进入淘汰的晚期了，由于这些软件没有基础的语言，厂家和未来的系统不再支持。先进的语言，首先是 C/C++，这是绝对的优势，所有的操作系统、所有的大型软件、所有的数据库，无一例外地使用 C/C++ 开发。用户采用具备先进技术基础的 ERP 系统的益处是，不需要在硬件上追加更多的投资。

1.5.7 易操作

界面是人与机器交互的媒介，所以要尽量选择界面比较美观的 ERP 系统，从而提高工作效率。界面美观、简洁、易用，是提高效率的基础。试想如果系统的界面花而不实，操作不方便，不符合正常人的习惯，就可能会对系统的实施进程产生很大影响。因此，这方面的要求也是必不可少的。

1.5.8 售后服务好

ERP 系统的购买成本可观，因此在前期需要认真调研，了解提供商的服务水平，并且在系统购买之后，应该有相应的售后保证，包括维修、续约、咨询等方面，要有条文形式的文字材料，且双方签字盖章产生法律效力。一般而言，产品的售前服务水平，不能决定其售后服务水平，为了避免以后的分歧和纠纷，需要有相应的保证。另外，尽量选择后期服务量少的 ERP 系统，这是真正具有实用价值、技术成熟的标志，同时也是降低用户成本的基本保证。上面给出了 8 项 ERP 系统选型时的注意事项，可以结合 10 大测评指标供企业参考。

这 10 大测评指标分别是：产品品牌定位、产品投入成本、产品功能完善、产品服务保障、产品的扩展性、系统界面和操作、产品技术结构、产品的成熟性、产品解决方案和产品的兼容性。

以上企业选择 ERP 软件的标准，对高校选用相关教学软件，实施沙盘模拟实训教学也有一定的借鉴意义。实训既要面向企业的实际管理需求，又要考虑高校教学成本承受能力，两个方面不能偏废。

1.6 ITMC 沙盘模拟教学活动中的关系处理

管理思想的变革是企业管理手段更新的前奏，金融危机形成的外在压力，迫使中小企业积极寻求不依赖于自然资源的发展模式，这种模式能够促进企业找到可持续成长的新路。ITMC 沙盘模拟沙盘就是根据高校实训的实际要求以及中小企业管理的现实需要，设计出多款有实用价值的管理软件。这些软件的核心思想就是 ERP，也是科学与技术的完美结合，实际需求与现场模拟相结合。

ITMC 相关软件设计充分注重高校实训虚拟化教学环境构建与企业实际工作岗位需求的有机结合，以"提升学生专业技能与创新素质，推动就业与教学方式改进"为基本理念，预留了软件充足拓展空间，满足不断发展的职业技能教育需求。

1.6.1 ERP 与 ITMC 沙盘模拟的逻辑关联

ERP 与 ITMC 的逻辑关系反映了具有同类性质的软件的关联性。

（1）具有相同的管理目标与方式。目前，作为科学实用的企业 ERP 管理技术，借助信息技术和供应链思想，将企业的人、财、物、产、供、销等活动有效的整合在不同模块，并相互融合，分布式展开，以面向客户为目标，共享信息、共享利益、共担风险的方式，将企业内部不同利益部门和企业外部上下游联系在一起，共同完成相关生产经营活动，ITMC 软件模拟沙盘也具有同样机理与功能。

（2）应用经济价值与模拟教学价值。教学高校沙盘软件的设计思想也是来自企业 ERP 管理软件设计理念，在实训过程中，教师与学生在模拟的管理环境和条件下，通过模块流程操作，可以体会企业全面管理的系统化的过程与要求。如其中的 ITMC 电子商务模拟软件、ITMC 物流沙盘模拟、ITMC 市场营销电子沙盘等软件已经在高校实训活动中展示其价值，有比较好的成熟度和可操作性。

（3）具有共性与个性的统一，ERP 的管理理念对企业的所有管理活动具有普适意义，而在其理念涵盖之下模块扩张的教学软件，则是个性化的完整管理流程表现，两者是共性与个性的统一。

1.6.2 ITMC 相关软件与高校课程体系的关系

ITMC 物模拟沙盘演练软件作为 ERP 的浓缩版和转型版，不仅为电子商务专业、物流管理专业、市场营销专业、工商管理专业教学创设了实训物质条件，而且为其他专业的学生接触 ERP 知识提供了初级模拟范本。模拟沙盘主要是电子沙盘即模拟软件，其功能模块主要包括财务管理、物流管理、电子商务、市场营销、生产运营管理、项目运营管理、人力资源管理、金融会计等。各模块功能设计基本满足实训目标要求，但背景知识对高校学生来说十分重要。所以，沙盘训练活动，通过教师对原理的讲解，适应实训教学的需要。在部分关键模块中加入提示性的知识元素，使学生对企业管理有一定感性理解，并且能够在关键步骤中了解专业知识运用的模块。

1.6.3 TMC 相关软件与高校实训教学培训目标取向关系

目前，因各高校教学目标人才培养口径、教学体系设计、教学转型程度等差异，在沙盘模拟实训中，教学内容侧重点不同。高校在 ERP 管理模拟教学实训以及相关沙盘模拟实训中，凸显各种专业的技能取向与知识侧重。但是，作为高校教学客观需要是教学内容设计的重要依据，无论使用何种软件，都必须考虑是否与企业尤其是中小企业的实际需求相互吻合。许多应用型院校将学院人才培养的方向定位于中小微企业，这是应用型高校教学的风向标，各应用型院校在教学活动积极需积极贯彻自身的人才培养方针，本着"管用、实用、够用"的实训理念，创新性的实施沙盘模拟实训活动。

1.7 ERP 与其他管理模块的管理

进入 21 世纪以来,随着互联网的深入发展,网络经济时代已经到来,这就要求企业能够利用信息技术来获得新的价值、新的增长、新的商机、新的管理模式。传统的 ERP 要应对这些挑战,就必须构建一种新型的管理模式,这种管理模式要求除了进一步丰富原有 ERP 和供应链管理的功能之外,还需要与客户关系管理(customel relationship management, CRM)、商务智能(business intelligence,BI)、电子商务、现代物流一体化管理、市场营销渠道管理等思想有机融合,这是目前 ERP 发展的新趋势,这种趋势在教学沙盘功能拓展方面也有明显体现。

1.7.1 ERP 与 CRM 的集成

CRM 是一种旨在改善企业与客户之间关系的新型管理机制,它实施于企业的市场营销、销售、服务与技术支持等与客户有关的领域。

1. 市场导向型目标设定

在竞争激励的市场经济时代,企业经营的理念已经由原来的以"产品为中心"转为"以客户为中心",于是产生了关系营销、服务营销等新型营销理念。CRM 的出现促进企业从"以产品为中心"的模式向"以客户为中心"的模式转移,把企业的注意力从企业内部运作上转移到客户关系,使企业为客户提供更加个性化的产品和服务。

2. 凸显企业经营的终极目的

CRM 的目标是:一方面通过提供更快速和更周到的优质服务吸引和保持更多的客户;另一方面通过对业务流程的全面管理降低企业成本。CRM 既是一种管理理念,又是一种新的管理软件与技术。CRM 实质上是对供应链管理的进一步发展,它使企业供应链下游,即销售市场的管理更加细化,CRM 把与客户打交道的一切功能进一步集成起来,突出了以客户为中心的思想。

3. 实现供应链管理的核心理念

与此同时,近年来信息技术的飞速发展也为企业加强客户关系管理提供了有力的技术支撑。ERP 在以供应链为核心的管理基础上,集成客户关系管理后,可以改进优化销售、市场营销、客户服务等与客户直接接触的领域业务流程。客户关系管理可以帮助企业最大限度地挖掘客户资源,将有限的资源应用于企业现有(或潜在)的客户,从而降低营销成本和缩短销售周期,提升企业客户的满意度与忠诚度,增强企业的盈利能力。

CRM 与 ITMC 的对接主要表现在沙盘实训的逻辑起点方法,系列型的 ITMC 沙盘软件设计,都是以市场预测及订单获取为业务活动的起点,市场考察的详尽程度,决定模拟运营企业的运行质量和企业经营业绩。

1.7.2 ERP 与 BI 的集成

ERP 系统几乎集成了企业的所有资源,包含了一段时期内大量的经营数据,在这些数据背后隐含着大量有用的信息。而 BI 则是在大量的、杂乱无章的数据中发现规律的信息技术，目前，ERP 的发展趋势之一便是与 BI 的集成。商务智能是一套完整的解决方案，用来将企业现有的数据进行有效的整合，快速准确地提供报表并提出决策依据，帮助企业做出明智的业务经营决策。而在沙盘实训中的数据处理功能，直接帮助模拟操作者理性分析市场情况，确定企业的经营策略和战略方向。

传统的 ERP 集成了大量的信息，这些信息用人工是难以处理的，为了加强信息的利用程度，在新的模式中必须增强智能化处理功能，才能帮助企业完成各项管理工作，新一代 ERP 软件中的 BI 功能主要体现在以下几个方面。

（1）智能化业务过滤和处理功能：管理系统自动识别什么是普通业务，什么是特例业务，对普通业务能按事先设定好的方法进行处理，过滤出的特例留给人来处理，还能够通过用户的设置不断地学习新的普通业务特征及其处理方法。

（2）智能化计划优化功能：管理工作实际上就是不断寻找各项工作的平衡点。随着企业外部环境的复杂化，企业的计划工作就变得日趋困难，以往的管理系统中制订的计划往往都是单约束条件的，新型管理系统在制订计划时必须考虑多维约束条件和多种目标任务同时并存，实现智能化的计划优化功能。

（3）智能化数据分析功能：所谓智能化数据分析就是管理系统能够自动对大量数据信息的分析结果做出判断，对于超出正常值范围的异常状况给出解释说明，并分析异常情况将会产生的影响，给出应对措施。

BI 还以 ERP 中的数据库为基础资源，应用决策分析工具，进行财务分析、市场预测及销售分析、采购决策分析、质量分析、投资分析等经营决策分析。

1.7.3　ERP 与 EB 的集成

电子商务 EB 是一种基于网络的、以银行支付和结算为手段的、处理交易双方业务的新的商业模式。电子商务相对传统的商务模式而言有着巨大的优势，充分体现了计算机网络的时空优势，具体来说，ERP 新的发展趋势是与 Internet 及 EB 电子商务技术相结合，从而进一步提高企业的竞争力，主要表现在以下三个方面。

1. 以企业客户为服务重点

通过 Internet 进行高效的市场运作，从而达到吸引潜在客户和提高客户满意度的目的。目前，企业间的电子商务是主流，至少占电子商务总量的 80%，说明当今电子商务的发展重点仍在企业，而不是个人消费。电子商务系统可以促使企业提高运营效率，减少中间大量的交易环节，缩短交易周期，降低了交易成本，同时可以密切企业与客户之间的关系。

2. 实现企业的自动化与智能化

EB 使企业商业流程自动化，并连接其供应商和事业伙伴，从而减少企业运营成本，提高运作效率，加快实现企业管理自动化程度。近年来，由于纯粹的电子商务企业发展迅速，这些企业依靠低廉的运营成本，掌握大量客户信息等优势，在激烈的竞争环境中开辟了一块全新的领域，也加速企业走向智能化。电子商务不仅仅关注于企业的前端，它更应是一个贯穿企业内外、连接前后端的集成应用系统，全程自动化与智能化得以实现。

3. 供应链思想的实现

企业间的电子商务重构了企业的供应链，使企业供应链管理真正成为可能，如何把现有的 ERP 系统与电子商务系统集成在一起也是目前的核心问题。电子商务使企业的供应链、制造、采购系统更为畅通，保证企业在最短的时间里将优秀的产品和服务提供给客户；获取并分析客户、供应商、雇员以及合作伙伴的相关信息，并通过共享商业智能系统来帮助企业做出更好的商业决策。

但是，目前，ERP 系统仍有一些局限性。例如，ERP 源于制造行业，主要应用于制造型企业，对于其他类型的企业（金融业、服务业）则难以实现价值。在知识经济时代，知识资本成为凌驾于物质资本、金融资本之上的首要资本，越来越多的企业开始关注知识管理。然而，目前 ERP 如何融入知识管理尚未给出明确答案。此外，信息技术发展推动了许多新思想的出现，如客户关系管理、电子商务、营销渠道、项目管理、质量管理等，如何融入这些新思想也是 ERP 面临的挑战。

本章小结

1. ERP 是整合了企业管理理念、业务流程、基础数据、人力物力、计算机硬件和软件于一体的企业资源管理系统。ERP 发展至今，经历了四个发展阶段：20 世纪 60 年代的 MRP 系统；20 世纪 70 年代的闭环 MRP 系统；20 世纪 80 年代的 MRP II 系统；20 世纪 90 年代的 ERP 系统。

2. ERP 思想包括以下三个方面：体现对整个供应链资源进行管理的思想；体现精益生产、同步工程和敏捷制造的思想；体现事先计划与事中控制的思想。这些管理思想在沙盘设置中有所体现。

3. 中小企业选择 ERP 的原则：价格因素；ERP 的主要功能流程灵活高实施成功率；多种企业解决方案先进的技术基础；易操作；售后服务好。

4. ERP 试图构建一种新型的管理模式，这种管理模式要求除了进一步丰富原有 ERP 自身功能和供应链管理的功能之外，还需要与客户关系管理（CRM）、商业智能（BI）、电子商务、项目管理、质量管理等思想有机融合，这是目前 ERP 发展的新趋势。

5. ERP 与 ITMC 包容关系，ITMC 逻辑上遵循了 ERP 的基本理念，是 ERP 的拓展和延伸。目前开发的电子商务综合实训系统与物流沙盘实训系统是 ERP 面向经营一线的模拟软件范本。

习题与实训

习题 企业内部管理所需的业务应用系统，主要包括哪些核心模块？市场营销、电子商务、物流管理系统采用了制造业的 MRP 管理思想。这种思想所体现的方法和技术手段是什么？

实训 1　举例说明 1.人力资源管理系统在组织机构设计、岗位管理、薪酬体系以及人力资源开发等方面为何也可以同样集成先进的 ERP 的管理理念？

实训 2　ERP 新的发展趋势是与 Internet 及电子商务技术相结合，从而进一步提高企业的竞争力，主要表现在哪几个方面？以浙江义乌电商企业为案例进行说明。

实训 3　BI 可以以 ERP 中的数据库为基础资源，应用决策分析工具，进行财务分析、市场预测及销售分析、采购决策分析、质量分析、投资分析等经营决策分析。传统的 ERP 集成了大量的信息，这些信息用人工是难以处理的，为了加强信息的利用程度，在新的模式中必须增强智能化处理功能，才能帮助企业完成各项管理工作。新一代 ERP 软件中的 BI 功能主要体现在哪几个方面？请结合实际谈谈。

案例分析

爱鲜蜂：如何做到一小时配送

爱鲜蜂，主要提供的服务是有机蔬菜、零食小吃及生活用品的一小时配送，覆盖范围主要是生活住宅区及办公区域。这是一个典型的利用闲置资源（小卖部店主），组建最后 1 千米配送能力的案例。

1. 运营概况

2014 年 7 月爱鲜蜂公布的几个主要数据：在北京发展了 1 000 多个销售点（小卖部，便利店），日订单 1 000 多单，微信和微博各占一半，客单价 80～90 元，二次购买率 13%。目前已经扩张到上海市场，已完成千万美元级别 A 轮融资。

2. 产品逻辑

爱鲜蜂是一个典型的利用闲置资源组建最后 1 千米配送能力的案例。爱鲜蜂的"鲜蜂侠"（送货员）基本是各住宅区及办公区周边的小卖部店主。这个人群的特点是闲暇时间多，同时距离用户近。后台将订单分发到距离用户最近的小卖部店主那里，再由店主完成最后环节的配送。按照目前的实际体验，理想状态下配送速度能达到 30 分钟以内。简单说，爱鲜蜂搭建了一个平台，连接了上游的供应商，下游有送货时间的小卖部店主，以及有需求的用户。

爱鲜蜂模式图：爱鲜蜂负责向供应商采购，同时在各行政区自建仓储，向行政区内的小卖部供货。用户下单后，距离最近的店主负责送货，同时完成支付。

3. 用户需求

爱鲜蜂分别解决了用户、供应商、小卖部店主这三个群体的什么需求？

（1）小卖部：这个群体受电商、连锁便利店的挤压最大，最直接的动力是利用闲暇时间赚配送收入。目前爱鲜蜂每送出一单，配送员（也就是小卖部店主）收取用户 5 元配送费。

同时，这些小卖部也可以通过爱鲜蜂平台搭售一部分自己店内的商品，以生活用品为主，因此也可以提高店内的销售额。

（2）供应商：品牌供应商进入爱鲜蜂的平台，直接好处是增加销售渠道，降低销售成本。在传统的销售模式下，这些品牌供应商进入卖场的成本较高。供应商选择上，爱鲜蜂合作方包括中

资料来源：http://www.ebrun.com/20141111/114958.shtml。

粮（生鲜）、鲜食客（小龙虾）、哈哈镜、万得妙（乳品）等，根据季节会选择不同供应商提供时令商品；

（3）用户：主要解决有机蔬菜、非正餐时间零食小吃的配送需求，可以在最短时间内（30～60分钟），买到和一般便利店有差异的商品，包括有机蔬菜、冰淇淋、乳品等。目前年轻女性用户居多。

4. 行业背景 & 竞争对手

最后1千米配送，在传统电商那里一直就是一个难题，目前很火的快递箱就为电商的最后1千米配送提供了一种新的解决方案。而有能力配送生鲜、保证配送时间（2小时内）的最后1千米配送，目前比较成规模的有社区001，这个团队可以概括为"超市的搬运工"。用户在线下单后，由社区001的员工（内部叫做"雷锋"）完成从超市的取货及配送。另外，以京东为代表的巨头们也开始注意到这个市场，最近上线的"京东快点"玩法也类似社区001。相对来说，社区001的好处在于，能够保证对配送团队的培训和管理。目前这支创业团队也在进行比较快速的市场扩张。

问题：线上线下如何无缝对接是电商企业时刻考虑的问题，本案例中的两线结合是如何实现的？这一对接模式对其他企业有何借鉴意义？

第 2 章
企业沙盘模拟概述

【本章要点】

1. 了解沙盘的发展历史与演进过程，掌握ERP沙盘模拟的思想基础与技术方法，理解ERP沙盘模拟应用范围的扩展与延伸。

2. 认识沙盘模拟教学的理论价值与社会价值，明确沙盘演练对提高学生进行虚拟化管理能力的重要性。从实战角度出发，掌握沙盘演练活动的精髓。

3. 从工学结合、校企结合的角度认识沙盘演练的价值，通过结合实际电子商务企业运营情况与沙盘演练流程对接，感受企业经营的复杂性。

2.1 企业经营管理沙盘概述

沙盘模拟训练是一种最初源于西方军事决策的战争管理艺术，在近几个世纪的大大小小战争中得以广泛应用。普鲁士军事理论家卡尔·冯·克劳塞维茨在他的巨著《战争论》中总结到："军事是政治关系的延续"，简言之，政治在军事上得以延续。列宁的"政治是经济的集中表现"一语也道出了政治、经济之间必然的逻辑关系。战场在商场上得以延续，而商场则在沙盘模拟训练中得以升华。

2.1.1 沙盘的含义

源自西方军事上的战争沙盘模拟推演的企业沙盘模拟培训一进入企业培训和高校教学环节，就显示出魅力和价值，本身的含义也与其特定的功能相互衔接。

1. 沙盘的原初含义

沙盘英文名sandbox，也叫沙箱，顾名思义可以看作一种容器，里面所做的一切都可以推倒重来，就像沙子一样，不用了可以把沙子推平重来，类似于当下十分流行的沙画。

沙盘在信息技术方面的含义是指一种安全软件，可以将一个程序放入沙盘运行，这样它所创建修改删除的所有文件和注册表都会被虚拟化重定向，也就是说所有操作都是虚拟的，真实的文件和注册表不会被改动,这样可以确保病毒无法对系统关键部位进行改动。另外,现在沙盘一般都有部分或完整的类似 HIPS 的程序控制功能,程序的一些高危活动会被禁止,如安装驱动程序、底层磁盘操作等。

我们常见的沙盘则是一种用于展示的模型、道具,作为一种重要的仿真手段,沙盘在人们日常生活、工作中扮演了越来越重要的角色。例如,我们非常熟悉的房地产公司售楼处的楼房及小区的沙盘,房地产开发商为了推销商品房,在房子建成前通过沙盘向消费者展示房屋结构及小区环境,使消费者有一个较为直观的印象,从而吸引消费者购买房子。

由于沙盘的含义因应用语境不同而有所差别,所以成为众多初次参加沙盘训练的学生心中的谜团,许多学习者也是带着这个问题走进教室的。依前所述,沙盘模拟训练的概念最初来自"作战指挥"。作战中,在敌我双方开始攻伐之前,许多指挥员都模拟战场的地形、地貌,制作一个与之完全一样的沙盘模型。按照科学比例,立体化制作出道路、山川、河流、房屋、甚至装备、人员、标示等,他们在这个模型上进行战略部署,包括兵力部署、火力部署、防御部署和进攻部署等。军队指挥官在战争沙盘模拟中推演通过红、蓝两军在战场上的对抗与较量,及时发现双方战略战术上存在的问题,借此提高指挥员的作战能力。20 世纪许多重大战役进行,都是预先在军事沙盘模拟演练之后实施的,而在战役进行过程中,沙盘也起到依据战场实情,进行随机战略决策调整的作用。

2. 企业经营模拟沙盘

企业经营沙盘的使用得到推广和流行始于欧美,英美知名商学院和管理咨询机构很快意识到这种方法同样适合企业对中、高层经理的培养和锻炼,随即对军事沙盘模拟推演进行广泛的借鉴与研究,最终开发出了企业沙盘实战模拟培训这一新型现代教学模式。

商场如战场,但是商场上所面临的问题与战场有一定区别,一个企业的经营管理要比作战指挥复杂得多。教学或培训中,如果只是凭借想象去描绘企业应当如何管理,这无疑是"空穴来风"。而高校或培训单位仅仅是在每一门课程中展现企业的一个局部现状,也会让学习者感到有"只见树木,不见森林"的片面性和孤立性。如果把一个企业各个部门的运作,提炼成一个实物模拟,让学习者在这个模型上进行实际演练,无疑可以避免前面的缺憾,这就是企业经营模拟沙盘的价值所在。

2.1.2 沙盘模拟训练的发展

沙盘模拟训练的发展与完善是伴随现代企业管理的客观需要而渐次推进的,最初主要是哈佛商学院——全球最知名的商学院,在 20 世纪 70 年代借鉴沙盘推演的理念,逐渐完善了其享誉世界的"哈佛情景教学"模式,企业沙盘模拟训练的雏形应运而生。其后,随着这种体验式培训教学方式的不断发展,角色扮演、情景模拟、工具软件和点评分析等不断完善,沙盘教学逐渐也在软件工具、实训教学、知识渗透、赛事推进等方面得到不断提升与完善。

沙盘模拟训练在 20 世纪八九十年代,风靡欧美和日本的的企业管理培训界和高等教育界,并已成为世界 500 强中 80% 的企业中高层管理人员首选的企业经营管理培训课程。目前,沙盘模拟演练课程已经成为欧美工商管理硕士的核心课程之一,也是英、美、日等发达国家众多大中型企业中高层的常设必修课程。当下，沙盘模拟培训日趋完善，成为国内众多优秀企业中高层管理人员经营管理能力培训的首选课，也成为高等院校专业课程实践教学的重要组成部分。

21世纪，在国内教学软件提供商和高等学校的共同努力下，包括实用型本专科院校在内，在经济与管理类专业课程教学活动中，逐步引入沙盘模拟教学，拟补专业课程实训环节的不足，提高工学结合的水平，开掘了小企业合作的深度，推进了教学活动与企业经营实际的对接程度。

2.2 沙盘课程教学的价值

沙盘模拟课程教学软件是根据代表先进的现代企业经营方法与管理技术 ERP（企业资源计划）的管理理念设计而成，并以此为设计原初思想，逐步将其中相对独立的管理模块从体系中分离出来，成为各自独立的管理子系统而形成不同沙盘模拟教学软件，这种新的模拟管理系统产品种类逐渐增加。如物流管理沙盘实训、电子商务沙盘实训、国际贸易沙盘模拟、财务会计沙盘模拟等。由于 ERP 沙盘基本原理涵盖了企业整个管理过程所有模块，同时又代表了典型生产经营的制造业流程，所以，高等学校通常都是以 ERP 沙盘为研究起点和重点。

2.2.1 沙盘课程教学对师资的要求

沙盘课程模拟经营实战涉及经营管理的方方面面，模拟场景充满变数和不确定性，其实训的综合性、系统性和流程性很强。沙盘课程指导老师的综合素质必须满足实训教学的需要，才能保证课程教学目的的实现。教师应有完善丰富的知识并且富有实战管理经验；要有敏锐的洞察力，灵敏的思考能力、缜密的逻辑能力、快速应变能力、准确表达能力、深刻归纳分析能力以及高超控场能力。

有经验的教师授课中会将管理知识和经验融于"做游戏"之中，按照流程规则操作电子沙盘，在学员有趣的模拟实战中淘金，提高课程知识含量，从根本上发挥"沙盘课"的优势。富有经验的沙盘教师也会为学生做出典范，关注各家公司经营过程并给予及时的回应，不但能结合各公司经营实际，深入分析经营中的成败得失，而且带领学员共同分析进攻和防守策略，使之形成战略纵深思维、获得持续改进的管理思想，从而更好地规范经营行为，达成企业经营目标。这些都对保证课程的针对性和实战效果是非常重要的。

2.2.2 企业沙盘培训原理与特色

以 ERP 沙盘模拟实训沙盘为例，ERP 沙盘模拟是针对代表先进的现代企业经营与管理技术（ERP）设计的角色体验的实验平台，学习者在这个实验平台上，通过自己动手，进行实际推演，连续完成5年或6年的企业经营操作。

训练把企业运营所处的内外环境抽象为一系列的规则,由受训者组成六个相互竞争的模拟企业,模拟企业五六年的经营,通过学生参与→沙盘载体→模拟经营→对抗演练→教师评析→学生感悟等一系列的实验环节,其融理论与实践一体、集角色扮演与岗位体验于一身的设计思想,使受训者在分析市场、制定战略、营销策划、组织生产、财务管理等一系列活动中,感知企业管理活动中的各种现象,总结管理过程的科学规律,同时也对企业资源的管理过程有一个实际深刻的体验。学员在游戏般的训练中体验完整的企业经营过程,感悟正确的经营思路和管理理念。

实战模拟培训课程完全不同于传统的灌输式被动学习,它通过引领学员进入一个高度竞争的模拟行业,学员分组成立的若干"公司",在竞争激烈的市场环境下,进行若干年度的模拟经营活动,学员在主导各自"企业沙盘的系统经营管理活动中完成体验式学习。根据培训主题的不同,系列课程的设置不同,侧重的管理活动不同,练习内容也不同。无论何种性质的课程,都是在流程设计方面按照不同性质企业的经营特点,实施模拟经营,最后经过培训师高屋建瓴的点评解析,进一步领悟科学管理规律,提高经营管理能力。所以,沙盘培训具有极强的体验性、互动性、实战性、竞争性、综合性和有效性等特点。

2.2.3 商务沙盘操作的基本过程

无论何种沙盘,都是以对抗性演练、战略性、策略性抉择为操盘前提,组织架构、战略制定、运营管理都有很多共性。

1. 管理层模拟公司

首先,学员将以小组为单位建立模拟公司,注册公司名称,参与模拟竞争。每组一般为5或6人,全部学员组成了6个相互竞争的模拟企业。小组要根据每个成员的不同特点进行职能的分工,选举产生模拟企业的第一届总经理,组建管理团队,确立组织愿景和使命目标。企业组织内的职能岗位一般分为CEO、营销总监、人力资源总监、采购总监、财务总监、研发部总监等主要角色,视人数多少,还可以适当增加商业间谍、总经理助理等辅助角色。

2. 经营环境分析

沙盘培训课程为模拟企业预先设置了外部经营环境、内部运营参数和市场竞争规则。模拟公司对环境进行分析的目的就是要发现环境中蕴藏着的有利机会和主要威胁。

3. 召开经营会议

当学员对模拟企业所处的经济环境和所在行业特性基本了解之后,各公司总经理组织召开经营会议,本着长期利润最大化的原则,制定和调整企业大战略框架。

4. 制定竞争策略

各虚拟公司根据市场预测和市场调研,依据公司战略安排,做出本期经营决策和各项经营计划,如融资计划、网站建设计划、投资计划、采购计划、市场开发计划。

5. 年度财务结算

周期性经营、阶段性点评是沙盘模拟共同之处。商务模拟公司一轮或一年经营结束之后，学员自己动手填报财务报表，盘点经营业绩，进行财务分析，通过数字化管理，提高经营管理的科学性和准确性，理解经营结果和经营行为的逻辑关系。

6. 经营业绩汇报

各虚拟公司在盘点经营业绩之后，围绕经营结果召开期末总结会议，由各虚拟公司总经理进行工作述职，认真反思本期各个经营环节的管理工作和策略安排，以及团队协作和计划执行的情况。总结经验，吸取教训，改进管理，提高学员对市场竞争的把握和对企业系统运营的认识。

7. 教师分析点评

在汇总各虚拟公司期末经营业绩之后，教师对各虚拟公司经营中的成败因素进行深入剖析提出指导性的改进意见，并针对本期存在的共性问题，进行高屋建瓴的案例分析与讲解，使以往存在的管理策略误区得以暴露，管理理念得到梳理与更新，提高了洞察市场、理性决策的能力。

2.2.4 沙盘模拟教学的关键环节

沙盘模拟企业经营的实际过程，逻辑化设计流程环节。首先沙盘就像军队作战之前用的推演模型一样，虽然是一个静态的模型，其版面和布局设计在合理、直观的前提下，发挥教具丰富，有界面和视觉冲击力的特点，使学员尽快融入实战环境中；更重要的是因为流程设计上更加贴近实际，使各模拟环节衔接紧凑、逻辑严密、系统完整，有助于学生形成对企业经营活动的整体性和系统性认识。

1. 组织准备工作

组织准备工作是沙盘模拟的首要环节。主要内容包括三项：商务沙盘模拟系统通过对商务环境下企业经营的逼真模拟，将学员被分成若干个团队，每个团队各自经营一个虚拟公司，每个团队由5人组成，每队成员将分别担任虚拟公司中的重要职位：总裁、财务经理、市场经理、采购经理、运营经理、财务经理等角色。每个公司将依据市场信息决定自己的定位和市场策略，决定自建仓储、运输、生产线还是实施外包或租赁，自建物流配送网络还是采用第三方物流，是开B店还是C店，是采取进攻性战略引领市场还是防御型战略跟随市场主力。每个公司以一定的启动资金，在同一市场环境下进入选定的目标市场，采用自己设定的广告、提高企业综合指数、搜索引擎优化、微信邮件等营销方式获取订单；决定何时扩大自己的仓储能力，还要决定如何融资、如何平衡资金；招聘人员，增加企业竞争力。在几年或几轮的经营过程中，可以进行角色互换，从而体验角色转换后考虑问题的出发点的相应变化也就是学会换位思考。

特别需要提醒的是：诚信和亲历亲为。诚信是企业的生命，是企业生存之本。在企业经营模拟过程中，不要怕犯错误，学习的目的就是为了发现问题，努力寻求解决问题的手段。

在学习过程中，往往是谁犯的错误越多，谁的收获也就越大。

这一阶段教师与学员在模拟中的角色分工也是关键工作之一。在沙盘模拟的各个不同阶段，结合具体任务，教师与学员扮演着不同的角色，表 2-1 列出了这些角色的不同。

表 2-1 沙盘演练中的角色分工

课程阶段	具体任务	教师角色	学生角色
组织准备工作		引导者	认领角色
基本情况描述		企业担任管理层	新任管理层
企业运营规则		企业担任管理层	新任管理层
初始状态设定		引导者	新任管理层
企业经营竞争模拟	战略制定	商务、媒体信息发布	角色扮演
现场案例解析	融资	股东、银行家、高利贷者	角色扮演
现场案例解析	订单争取、交货	客户	角色扮演
现场案例解析	购买原料、下订单	供应商	角色扮演
现场案例解析	流程监督	审计	角色扮演
现场案例解析	规则确认	咨询顾问	角色扮演
现场案例解析		评论家、分析家	角色扮演

2. 基本情况分析与描述

对企业经营者来说，接手一个企业时，需要对企业有一个基本的了解，包括股东期望、企业目前的财务状况、市场占有率、产品、生产设施、盈利能力、网络平台等。基本情况描述以企业起始年的 3 张主要财务报表（资产负债表、利润表和现金流量表）为基本索引，逐项描述了企业目前的财务状况和经营成果，并对其他相关方面进行补充说明。目前，沙盘演练大多对权益金的变化给予高度关注，这也体现出在现代企业中经营目标的变化。

3. 市场规则与企业运营规则

企业在一个开放的市场环境中生存，企业之间的竞争需要遵循一定的规则。综合考虑市场竞争及企业运营所涉及的方方面面，简化为以下 7 个方面的约定：

（1）市场划分与市场准入；
（2）经营会议与订单争取；
（3）经营与生产设施的购买、出售与租赁；
（4）商品以及原料的采购；
（5）广告营销或网络营销方式运用；
（6）市场与产品开发与 ISO 认证；
（7）融资贷款与贴现。

4. 初始状态

许多沙盘模拟不是从创建企业开始，而是接手了一个已经运营了几年的企业。虽然已经从盘面的基本情况描述中获得了企业运营的原初信息，但还需要把这些枯燥的数字活生生地再现到沙盘盘面上，由此为下一步的企业运营做好铺垫。初始状态设定，可以使学员深刻地感觉到财务数据与企业业务的直接相关性,理解财务数据是对企业运营情况的一种总结提炼,为今后"透过财务看经营"做好观念上的准备。

5. 企业经营竞争模拟

企业经营竞争模拟是沙盘模拟的主体部分,按企业经营年度展开。经营伊始,借助商务媒体发布的市场预测资料,对每个市场每个产品的总体需求量、单价、发展趋势做出有效预测。每一个企业组织在市场预测的基础上讨论企业战略和业务策略,在 CEO 的领导下按一定程序开展经营,做出所有重要事项的经营决策,决策的结果会从企业经营结果中得到直接体现。

6. 现场案例解析

现场案例解析是沙盘模拟课程的精华所在。每一年经营下来,企业管理者都要对企业的经营结果进行分析,深刻反思成在哪里?败在哪里?竞争对手情况如何?是否需要对企业战略进行调整?教师要结合课堂整体情况,找出大家普遍困惑的情况,对现场出现的典型案例进行深层剖析,用数字说话,可以让学员感悟管理知识与管理实践之间的距离。

2.2.5 注意的事项

尽管商务模拟过程带有一定的虚拟性,但与企业的实际营运过程有很大的相似度和吻合性,实训过程中所遇到的问题往往也是现实营销过程中所面临的问题。这些问题的有效解决可以帮助学生更好地理解认识未来企业经营活动的困难和挑战。

(1)财务问题的重要性。现代企业制度是公司制,公司制企业的经营目标是股东利益最大化,这一目标的实现必须以高度关注企业财务状况为重点。企业的经营活动、破产危险都取决于企业的现金流活动,要最大限度地提高企业效益同时避免断流危险,就必须有准确的财务分析和预测。

(2)竞争的不确定性。竞争是一种互动关系,竞争参与者的决策往往取决于环境的变化和对竞争对手分析的结果。与竞争对手之间的竞争活动是智慧与勇气的对决,由于环境的不断变化,企业就必须不断地根据条件的变化来调整战略与策略。

(3)经营环境的分析。SWOT 分析有很强的科学性和有效性,4 种分析要素一定要清晰的列出来,知彼知己,方能百战百胜。从客观与主观,刚性与柔性等角度来全方位地分析企业面临的经营环境。

(4)经营过程剖析。经营是一个非常复杂的过程,往往从经营计划到前提条件进行梳理分析,之后再修订计划,再了解前提条件,经过从销售部门—采购部门—推广—人力部门—财务部门,至少两次以上的循环讨论和互动过程。辅之一系列缜密的分析和计算,对不同战略方案深入探讨,做出取舍,才能确保经营决策的科学性和可执行性。

(5)系统化思考。通过企业沙盘操作,很多学生会发现企业整体运作的思路和管理工具方面的缺点和短板。在不断的学习过程中,在了解各种管理工作具体方法和内容的同时,学生也要注意思考部分工作在企业整体运作中的位置和影响,培养站在全局的高度思考具体工作方向的良好思维习惯。

（6）产品与原料采购的侧重点。采购市场需要的产品是采购出发点，对市场占有率的科学考量，会形成打擦边球的策略，所进货物不一定是市场占有率最高的商品，往往市场占有率低，竞争就会小反而企业会获得较好的效益。

（7）关注企业经营瓶颈。对企业运作的瓶颈部分，在资源投入上要特别关注，为保证企业运营商的整体最优，即使只是保证刚好完成任务，也会对企业具有很大贡献。

（8）工作中定性与定量的统一，工作内容与工作形式的统一。一个部门在完成相同的工作量前提下，采用不同的运作方式的选择会对企业整体效益有不同影响，如完成50%交付与全部完成一次性交付，对企业整体绩效影响很大。

（9）人员要培训才能达到企业要求。一些沙盘中专门设置了新招聘员工必须一定时间以后才能上岗的规则，我们发现，企业有时会忽视新员工培训。

（10）跟随型公司策略。市场或品牌领先者地位的取得需要付出非常大的成本，尽管这个地位可以给企业营销带来很大效益，但巨大的成本也可能把企业拖垮，有些沙盘设计就因为高估这个领先地位能给企业带来的营销便利，同时忽略了企业财务状况实际，导致失败。因此，有时候，采用跟随者战略，往往企业投入的性价比可能更好。

（11）重视订单谈判艺术。合作谈判一定要与对方企业的关键人物（能够保证决策权和合作进程的人）排他性地进行，避免合作达成的时候以为对方已经与自己实现真正的合作。

（12）强化对信息资源重视。市场竞争中，企业相互间信息情报的沟通非常重要，了解了对手的财务状况，对于了解对手的竞争实力和决策倾向，实现差异化竞争，保证企业在竞争中生存发展，具有极大帮助。

2.3 沙盘模拟对学生实现工学结合的价值

沙盘模拟作为一种体验式的教学方式，是继传统教学及案例教学之后的一种教学创新模式。借助沙盘模拟，可以整合学员的管理知识、训练管理技能、全面提高学员的综合素质。沙盘模拟教学融理论与实践于一体、集角色扮演与岗位体验于一身，可以使学员在参与、体验中完成从知识到技能地转化，学业向职业地转化，同时在跨界融合理念下实现多方位拓展的管理知识体系构建。

2.3.1 沙盘模拟在课程教学中的价值

沙盘模拟课程是一门综合性较强的课程，融合各个专业的知识，适用于经管类各个专业，由于经管类各个教学专业的侧重点是不一样的，各个专业的学生在参与沙盘模拟时，应当带着与本专业相关的思考投入模拟中，这样才能取得更大的收获，下面简要介绍几个相关专业建议思考的问题，以期对参与沙盘模拟的学生有所帮助。

1. 对会计、财务管理专业学生的价值

根据会计、财务管理专业的特点，围绕沙盘模拟中有关会计、财务的内容，要求学生不但能顺利编制本企业的资产负债表、利润表、现金流量表，而且能够对财务报表进行深入的专业分析，能够运用专业课程中的知识使用企业固定资产的分摊、盈亏平衡预测、毛利润、销售回报率、资产周转率、投资回报率、企业运营能力、企业盈利能力、企业发展能力和杜邦分析等工具，分析企业的经营状况。

对于新职业经理人来说，通过沙盘模拟培训的实际演练，深刻认识企业运行的竞争态势，使原有的理论知识与管理实践更好地融会贯通，对今后的经营管理有很好的指导意义。

在进行前，会计、财务专业的学生可以重点思考以下问题：沙盘模拟中如何筹措企业发展所需的资金？如何制订商业计划？如何监控企业的现金流，保证企业现金不断流（这也是企业生存的前提条件）？如何制订投资方案？如何分析企业的财务状况？如何调整企业的经营预算？如何计算各种财务指标？如何体现会计、财务在企业经营中的监控与指导？

2. 对市场营销、国际贸易专业学生的价值

市场是企业盈利的源头，市场营销的核心任务是利用消费者的需求和市场所提供的机会，调动企业内外一切可以利用的资源为消费者提供产品或者服务，从而获得利润，进而实现企业发展、壮大的目标。在激烈的市场竞争中，哪家企业能够选择最适合自己的目标市场并为该市场提供合适的市场营销组合，哪家企业就是竞争中的赢家。根据市场营销、国际贸易的专业特点，在沙盘模拟中可以把市场营销、国际贸易中的贸易知识应用到实际中。

在进行沙盘模拟前，市场营销、国际贸易专业的学生可以重点思考以下问题：企业的目标市场是哪些？如何进行市场的细分？如何制订企业的营销计划？如何有效运用企业的资源占领目标市场？如何同其他的企业展开跨域合作，构成跨域合作伙伴从而共同发展，避免不必要的竞争，实现双赢？

3. 工商管理、企业管理专业学生的价值

沙盘模拟课程体验了情景教学的新方式，企业经营的各个方面均在沙盘中得以体现，经营决策的制定—实施—检验—反馈的整个过程得以体现。在瞬息万变的复杂环境中，学生需要制定战略，做出产品的市场决策、生产决策、采购决策、人力资源、网络推广和订单招投标决策，充分锻炼学生的沟通能力与团结协作能力。

在进行沙盘模拟前，工商管理、企业管理专业的学生可以重点思考以下问题：如何制定企业的战略？如何进行战略分析？如何进行企业内部、外部环境的分析，从而做到知己知彼？如何实现企业各个部门的协作，体现团队精神？

4. 信息管理、电子商务等专业学生的价值

信息、物资、资金、人力是目前企业经营中的重要资源。在经济全球化、网络化的今天，信息大量涌现，然而对决策者有用的信息却湮没其中。如何甄别信息、掌握信息进而利用信息是困扰企业经营者的重要问题。商场如战场，战场上取得情报的一方往往占得先机，商场上取得准确情报的企业则更容易取得经营上的成功。在世界500强企业中，90%以上的企业已经建立了较为完善的情报系统，根据资料统计，美国企业情报的贡献率：微软为17%，摩托罗拉为11%，IBM为9%，而我国真正完善的情报系统不多，情报对企业的贡献率就更低了。

在进行沙盘模拟前，信息管理、电子商务等专业的学生可以重点思考以下问题：企业经营需要做出大量的决策，如何为决策者提供有价值的信息？如何实现生产、供应、销售的协调？有些学校 ERP 沙盘模拟主要是手工模拟企业的经营，如何把手工作业转变为计算机运作？如何利用信息系统这种先进的管理手段实现管理水平的提升？如何利用电子商务、ERP 系统等为企业取得竞争优势？

5. 人力资源专业学生的价值

人力资源是企业最为宝贵的资源，人力资源管理是企业管理的又一项重要内容。过去，我国常称人力资源部门为人事部门，其主要职责是维护人事档案、进行员工考核、调整工资福利等。而人力资源管理的范围要比过去广泛得多，除了以上职能外还包括人员的招聘、雇佣，岗位设置，员工绩效考评，工作分析，员工的培养与发展，员工健康等。实际上，人力资源管理贯穿了人员雇佣的整个生命周期。沙盘模拟课程，同样体现了人力资源管理的各个方面。

在进行沙盘模拟前，人力资源管理专业的学生可以重点思考以下问题：沙盘模拟企业经营需要设置哪些职位？每一个职位的任务是什么？每一个职位需要招聘什么样的员工？如何进行员工的绩效评价？

6. 物流管理专业的价值

供应链是 ERP 重要的理论来源和组成部分，而 ERP 理论是以物流管理为滥觞。随着全球市场竞争的加剧，只能管理企业内部制造资源的 MRP II 系统已不适应新的形势。ERP 突破了企业界限，把销售市场的资源、供应市场的资源与企业内部的制造资源结合在一起。通过供应链管理把企业的各个合作伙伴有机地结合在一起，在供应链中建立相关业务协调的动态联盟，使每个企业发挥自己的优势，共享联盟资源，共同创造财富。

在进行沙盘模拟前，物流管理专业的学生可以重点思考以下问题：如何保证生产所需的物料的供应？如何降低整个供应链上企业生产的成本，从而获得更多的竞争优势？如何开展企业间物料供应的协作？如何降低整个采购过程的成本？

以上是 ERP 系列沙盘模拟课程中，根据几个专业学生的实际情况与目标定位进行的专业方面的思考，当然还有很多其他专业的并未提及，这些专业的学生进行沙盘模拟前也可以根据自己所学的专业进行一些思考。总之，每个参与沙盘模拟的学生都要带着自己的专业或工作中的问题投入沙盘模拟，这样才能有更多的收获。

2.3.2　学生在工作与管理能力方面获得的收益

沙盘模拟通过对企业经营管理的全方位展现和模拟体验，可以使学员在以下几个方面获益。

1. 战略管理

成功的企业一定有着明确的企业战略，包括产品战略、市场战略、竞争战略及资金运用战略等。从最初的战略制定到最后的战略目标达成分析，经过几年或几轮的模拟，经历迷茫、挫折、探索，学员将学会用战略的眼光看待企业的业务和经营，保证业务与战略的一致，在未来的工作中更多地获取战略性成功而非机会性成功。

2. 营销管理

市场营销就是企业用价值不断来满足客户需求的过程，是企业运营的起点。企业所有的行为、所有资源，无非是要满足客户的需求。模拟企业几年中的市场竞争对抗，学员将学会如何分析市场、关注竞争对手、把握消费者需求、制定营销战略、定位目标市场，制订并有效实施销售计划，最终达成企业战略目标。

3. 生产与物流管理

在模拟中，把企业的采购管理、物流规划设计、生产管理、质量管理统一纳入生产管理领域，则新产品研发、物资采购与配送、生产运作管理、品牌建设等一系列问题背后的一系列决策问题就自然地呈现在学员面前，它跨越了专业分隔、部门壁垒。学员将充分运用所学知识、积极思考，在不断的成功与失败中获取新知。

4. 财务管理

在沙盘模拟过程中，团队成员将清晰掌握资产负债表、利润表的结构；掌握资本流转如何影响损益；解读企业经营的全局；预估长短期资金需求，以最佳方式筹资，控制融资成本，提高资金使用效率；理解现金流对企业经营的影响。

5. 人力资源管理

从岗位分工、职位定义、沟通协作、工作流程到绩效考评，沙盘模拟中每个团队经过初期组建、短暂磨合、逐渐形成团队默契，完全进入协作状态。在这个过程中，各自为战导致的效率低下、无效沟通引起的争论不休、职责不清导致的秩序混乱等情况，可以使学员深刻理解局部最优不等于总体最优的道理，学会换位思考。明确只有在组织的全体成员有着共同愿景、朝着共同的绩效目标、遵守相应的工作规范、彼此信任和支持的氛围下，企业才能取得成功。

6. 基于信息管理的思维方式

通过沙盘模拟，学员真切地体会到构建企业信息系统的紧迫性。企业信息系统如同飞行器上的仪表盘，能够时刻跟踪企业运行状况，对企业业务运行过程进行控制和监督，及时为企业管理者提供丰富的可用信息。通过沙盘信息化体验，学员可以感受到企业信息化的实施过程及关键点，从而合理规划企业信息管理系统，为企业信息化做好观念和能力上的铺垫，全面提高学员综合素质。

2.3.3 学生在管理观念方面获得的收益

沙盘模拟设计的核心理念在学员运营中，逐渐被消化掌握。沙盘模拟作为企业经营管理仿真教学系统还可以用于综合素质训练，使学员在以下方面获益。

1. 树立共赢理念

市场竞争是激烈的也是不可避免的，但竞争并不意味着你死我活。寻求与合作伙伴之间的双赢、共赢才是企业发展的长久之道。这就要求企业知彼知己，在市场分析、竞争对手分析上做足文章，在竞争中寻求合作，企业才会有无限的发展机遇。

2. 全局观念与团队合作

通过沙盘模拟对抗课程的学习，学员可以深刻体会到团队协作精神的重要性。在企业运营这样一艘大船上，CEO 是舵手，CFO 保驾护航，营销总监审时度势。在这里，每一个角色都要以企业总体最优为出发点，各司其职，相互协作，才能赢得竞争，实现目标。

3. 保持诚信

诚信是一个企业立足之本，发展之本。诚信原则在 ERP 沙模模拟课程中则体现为对"游戏规则"的遵守，如市场竞争规则、产能计算规则、生产设备购置以及转产等具体业务的处理。保持诚信是学员立足社会、发展自我的基本素质。

4. 个性与职业定位

每个个体因为拥有不同的个性而存在，这种个性在沙盘模拟对抗中会显露无遗。在分组对抗中，有的小组轰轰烈烈，有的小组稳扎稳打，还有的小组则不知所措。虽然，个性特点与胜任角色有一定关联度，但在现实生活中，很多人并不是因为"爱一行"才"干一行"的。更多情况是需要大家"干一行，爱一行"。

5. 感悟人生

在市场的残酷与企业经营风险面前，是"轻言放弃"还是"坚持到底"，这不仅是一个企业可能面临的问题，更是在人生中不断需要抉择的问题，经营自己的人生与经营一个企业具有一定的相通性。在沙盘模拟中，学员经历了一个从理论到实践再到理论的上升过程，把自己亲身经历的宝贵实践经验转化为全面的理论模型。学员借助沙盘推演自己的企业经营管理思路，每一次基于现场的案例分析及基于数据分析的企业诊断，都会使学员受益匪浅，达到磨炼商业决策敏感度，提升决策能力及长期规划能力的目的。

2.4 沙盘对企业人员的培训意义

沙盘模拟已经成为世界 500 强企业经营管理培训的主选课程，而"沙盘模拟"也在我国的企业管理课程教学改革中发挥出巨大的作用。

2.4.1 对企业人员培训的作用

有企业家认为："商战沙盘模拟是企业内训的绝佳工具，效果非常好，员工的综合素质得到了显著提高，企业的绩效有了稳步的提高，最直接的例子，就是销售部的回款加快了，因为销售人员意识到了现金流的重要意义，企业缺少现金就会面临窘境。"

"赢在中国" 108 将入围选手潘琨认为：事业部 / 分公司的核心管理层若能组队参加，构成模拟经营中一家公司的领导班子，"抱团打天下"，将更有利于提高中高级经理的群体决策水平和战略管理意识。

"这是一场智慧、眼光、魄力和协作的比赛,这也是我第一次进行如此周密的布局,真切地感受到商战的紧张气氛。"

"赢在中国"108 将入围选手吕东东认为:"整个比赛规则设计异常严谨,从产品研发、投入战略、产能决策、销售抢单、资源配备到现金流环节,环环相扣,互相制约;四个产品市场情况瞬息万变,开发时间和投入强度需要极强的判断能力。我相信我们所有的参赛选手对这场经历都将是终生难忘的!"

"运筹帷幄就是要将眼光聚焦在'企业'这个层面,关注组织的战略规划与执行的匹配状况。先有清醒和准确的认知,接下来才有正确的引导和变革。"

"有着卓越的战略却没有很好执行的企业将会导致失败。企业的成功是基于长期地,不断地做好许多事情。对于公司里要做什么事以及如何设定事情的优先权,布置任务,找人来做并让他们有此成就,这就是 CEO 的工作。"

1. 对企业的培训效果

利用沙盘可以推演检验决策思路是否正确,以此重新认识本企业的经营规划、经营方针;培养统观全局的系统思考能力,来提高决策水平和管理效率;帮助管理者利用大数据进行细致的数据分析,变直觉决策为理性决策;理解战略管理和财务管理,认识各种决策和投资后的结果;课程体验转化为实际的管理理论模型工具和方法,有效制定战略决策;学会使用各种分析工具,诊断企业经营状态;树立全局观念,重视增进沟通交流,培养协作精神。

通过沙盘训练,构建企业文化符号——语言,打造积极向上的组织文化,创造具有共同心智模式的团队。体验企业的系统运营流程,重新认识本企业的经营目标、经营方针等。树立全局观念,突破部门分割,拓展管理视角,增进沟通交流,培养协作精神。塑造复合型管理人才,提高员工的执行力,如果能固化培训效果,企业将获得持续创新能力。

2. 对各级管理者的培训效果

企业高层决策者包括公司总经理、副总经理;分公司总经理、事业部总经理及副总经理;关键部门经理及部门副经理等。对企业决策者来说,企业的一切效益来自管理。沙盘实战模拟培训能提高企业中高层管理者的战略思考能力,提高整体经营的效率。对各部门经理来说,执行力是训练的关键,沙盘实训可以打破部门界限,树立全局意识。沙盘模拟培训"见木又见林",使各部门经理充分认识企业经营的本质,对企业整体经营状况达成共识,增进部门间的沟通与合作。

3. 对员工的培训效果

对全体员工来说,沙盘模拟培训是企业全员培训的最佳教学方式,使员工通过亲身体验,体会市场竞争的精彩与残酷,增强员工的归属感和企业凝聚力,提高员工素质,提升公司形象,减少企业运营管理成本,提高企业工作效率。

2.4.2 企业沙盘实训的内容拓展

1. 丰富筹资方式

为适应企业管理人员培训重点要求，沙盘模拟中筹资模块内容的拓展方面主要是通过企业财务管理特别是筹资策略运营，实现企业股东收益最大化的最终目标，并通过筹资窗口，适时对企业的财务状况进行有效分析，找出企业成功与失败的原因。

在沙盘模拟中，运营企业没有上市，因此其融资渠道只能是银行借款、高利贷及应收账款贴现，融资的方式比较单调。单靠举债融资加大了企业的财务风险，并且难以使运营企业资本结构合理化。现实生活中，企业可供选择的融资方式很多，吸收直接投资、金融机构贷款、发行股票和债券、租赁、留存收益、商业信用等。

如果在沙盘模拟中丰富运营企业的筹资方式，虽然会增加制定筹资决策的难度，但同时会使参与者对资金的管理能力得到有效锻炼。比如企业需要进行外部融资时，不仅考虑银行贷款，而且商业信用、租赁等都可作为企业的外部融资来源，通过对企业偿债能力的分析，来确定企业是否适合举债融资；企业也可以通过应付账款等负债性资产来进行商业信用融资；企业在生产过程中，如果需要购进设备，可以考虑租赁融资。

2. 充分体现影响运营企业融资能力的非量化因素

在沙盘模拟中，长短期贷款累计金额分别不能超过权益的两倍，当企业资金短缺时，其可以根据权益金额及负债情况安排资金筹集。可以看出，在 ERP 沙盘模拟中，权益情况是影响运营企业筹资最关键的因素。但是，现实企业筹资方案的制定受一些非量化的因素影响。

（1）企业经营者与所有者的态度。从经营者的角度看，一旦发生财务危机，其职务和利益，将受到重大影响，故经营者倾向于较少地使用财务杠杆，尽量降低债务资金的比例。相反企业的所有者往往不愿分散其控制权，故不愿增发新股而要求经营者举债。虽然企业对如何适当运用财务杠杆都有自己的分析，但企业经营者与所有者的态度实际上往往成为决定资本结构的关键因素。

（2）企业信用等级与债权人的态度。企业能否以借债的方式筹资和能筹集到多少资金不仅取决于企业经营者和所有者的态度，而且还取决于企业的信用等级。企业通常都会与信用评级机构商讨其资本结构，并且对他们提出的意见予以充分重视。如果企业的信用等级不高，债权人将不愿意向企业提供信用从而使企业无法筹措到它希望达到的负债水平。

（3）企业行业归属。由于许多不同行业的资本结构具有行业性特点，如医药、食品行业一般具有较低的财务杠杆，而造纸、钢铁、航空等行业拥有高的财务杠杆。因此融资方案的制定必然受企业所处行业的影响。

现实中企业筹资方案的制定复杂很多，需要考虑上述在内的众多影响因素。因此，只有不断完善沙盘筹资模块 ERP 的运营规则，比如分设多个行业进行经营模拟、进行运营企业信用测评以此为依据决定企业的贷款额度等，才能使虚拟企业的筹资环境与现实最大限度地吻合，虚拟企业的资金管理会更加真实化。这样在领会管理思想的同时，ERP 管理能力才能得到切实的锻炼。

3. 在企业管理教学中沙盘课程的特点

企业管理人员都来自一线，往往都是经验有余，知识相对不足。如果采用学校的教学模式进行培训，显然会事倍功半。而沙盘培训可以克服课堂教学的不足，最大限度地实现培训实效。

（1）生动有趣。传统的企业管理课程一般比较枯燥，通过沙盘模拟实际企业环境进行教学非常生动有趣。过去的企业管理课程大多是由教师照本宣科地讲，学员边听边记，再结合一点企业实际案例。而在沙盘模拟教学中，学生能亲自动手模拟企业运营，体验企业经营管理过程，生动有趣。

（2）体验实战。"沙盘模拟"课程是让学生通过"做"来"学"，每位学生以实际参与的方式亲自体验企业商业运作的方式。这种体验式教学能使学生学会收集信息并在将来应用于实践。

（3）团队合作。"沙盘模拟"课程将学生分成4~6组，每组代表一个虚拟公司，每组4或5人，分别担任公司的重要职位（CEO、CFO、市场总监、生产总监等）。当学生在模拟企业实际运营过程中，要经常进行沟通、协商，这样能培养学生的沟通协调能力，并能学会团队合作。

（4）看得见，摸得着。"沙盘模拟"课程将企业结构和管理操作全部展示在模拟沙盘上，把复杂、抽象的经营管理理论以最直观的方式让学生体验、学习，能使学生对所学内容理解更透，记忆更深。

（5）想得到，做得到。传统的企业管理教学中学生的一些想法和理念只能是想想而已，而"ERP沙盘模拟"课程却能让学生把自己的想法和经营理念在4或5天的企业模拟经营中来充分体验，并能看到自己的经营决策产生的实际效果，从而充分发挥学生的聪明才智。

2.4.3 沙盘实训课程的效果

目前，考核指标的设计对经营管理者的行为具有引导作用，有什么样的业绩考核就有什么样的经营行为，合理的业绩考核指标是沙盘课程的内在灵魂（见图2-1）。

（1）改变了传统的教学模式。"沙盘模拟"课程将理论与实践融为一体、将角色扮演与岗位体验集于一身的设计思路，使学生在参与、体验中完成了从知识到技能的转化，这种体验式教学方式完全不同于传统理论教学及案例教学，是教学方式的一大创新。

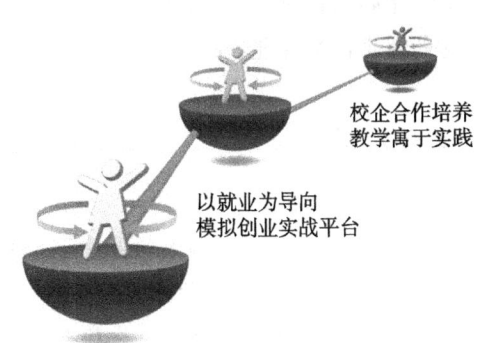

图2-1 业绩考核指标

（2）拓展知识体系，提升管理技能。传统教学划分了多个专业方向，学生只能择其一而修，专业壁垒禁锢了学生的发展空间和思维方式。

ERP 沙盘模拟是对企业经营管理的全方位展示，模拟实训可以使学生在战略管理、营销管理、生产管理、财务管理、人力资源管理和信息管理等方面得到实际锻炼。

（3）全面提高学员的综合素质。沙盘模拟作为企业经营管理仿真教学系统能全面提高学生的综合素质。沙盘模拟经营使学生亲自感受到树立共赢理念、全局观念与团队合作、保持诚信、个性与职业定位等综合素质的重要性。

（4）实现从感性到理性的飞跃。在沙盘模拟过程中，学生经历了一次从理论到实践再到理论的上升过程，能全面深刻理解战略管理、市场营销策略、生产计划与物料需求计划管理、现金流预测与财务管理的含义及全面经营管理的重要性；学会对财务报表的分析与运用，调动资金、控制成本及效益，认识变现计划与部门成本控制的重要性；学会掌握企业最佳采购模式、企业合理库存的管理，配合市场需求与产能从事全盘生产流程规划及策划生产的产能与弹性；会构建有效的市场体系与销售体系，准确把握最佳盈利机会，从而实现效益最大化。

（5）全面提高了学生的决策能力、沟通能力和企业经营管理经验。沙盘模拟课程能提高中高级经理人员的决策能力及长期规划能力，进一步理解决策对企业经营的影响力；加强各部门之间的沟通技能，增强与其他部门的沟通能力，理解并学会培养团队协作效应，从而提高学生的经营管理经验。

（6）在大学生创业培训方面作用。为让学生理解实际企业运作特点并丰富就业教育形式，管理咨询公司以长期在企业管理咨询中的经验为依托，面对大学生社会实习、就业求职、职业发展等实际问题，用一批多年从事企业管理实践的专家，有针对性地开发出适合院校就业指导教学的系列沙盘。沙盘模拟教学的全面展示，为大学生呈现一个生动、立体的企业运营全貌，让大学生深入其中模拟企业各个重要职能岗位，通过自己的运作实践体会实际企业工作特点，并发现适宜自己的工作方向。

目前，人们期待"就业创业系列沙盘"的研发与广大待就业学子分享，为不断寻求理论与实践相结合的高校教育模式做出不懈努力和探索，成为莘莘学子在未来更好的踏入企业和社会的一座桥梁。阿基米德在《平面图形的平衡》中论述杠杆原理时说："给我一个支点，我就能撬动地球！"沙盘模拟通过虚拟化的企业经营过程，可以成就大学生的创业梦想，这也是创业者实现理想的前奏。

本章小结

1. 沙盘模拟是针对代表先进的现代企业经营与管理技术——ERP（企业资源计划系统）的完美结合，以此设计不同的角色来进行管理活动体验的实验平台。

2. 沙盘模拟企业经营的实际过程，逻辑化设计企业经营的环节。沙盘流程就像军队打仗前用的推演模型一样，虽然是一个静态的模型，但沙盘的版面和布局设计要合理，要直观，教具丰富，有视觉冲击力，让学员尽快融入实战环境；更重要的在流程设计上要贴近实际，各环节衔接紧凑，逻辑严密，系统完整。

3. 学生在管理能力方面获得的收益：战略管理，生产管理，营销管理，财务管理，基于信息化的思维能力。课程的效果：改变了传统的教学模式；拓展了知识体系，提升了管理技能；全面提高学员的综合素质；实现从感性到理性的飞跃；全面提高了学生的决策能力、沟通能力和企业经营管理经验。

习题与实训

习题 教师与学员在模拟中的角色分工及所担任的任务，画出一个表格。

实训1 电子商务实训（网店设立与推广）的基本流程是：通过租赁办公场所，建立配送中心，装修网店，采购商品设立网上商店；根据运营数据进行搜索引擎优化（SEO）操作、获取尽可能多的自然流量，进行关键词竞价（SEM）推广、获取尽可能多的付费流量；针对消费人群开展促销活动，制定商品价格，提升转化率；处理订单，配送商品，结算资金；规划资金需求，控制成本，分析财务指标，调整经营策略，创造最大利润。

请学生根据沙盘训练的特点，画出流程图，根据自己了解到的网店经营情况，设计沙盘训练核心模块。

实训2 企业筹资是指企业根据其生产经营、对外投资和调整资本结构等需要通过金融市场等筹资渠道，运用一定的筹资方式经济有效地筹措和集中资金的活动。筹集资金是企业的基本财务活动，是资金运动的起点，是决定资产规模和生产经营发展程度的重要环节。资金的筹集必须遵循一定的原则，按照一定的步骤进行。

请结合实际企业案例说明企业筹资的重要性以及沙盘模拟实训中企业筹资的方式和筹资渠道。

案例分析

尿布师：母婴电商的商业逻辑[①]

母婴市场从2014年开始就备受关注，人口结构变化、消费形态升级、二胎政策放开、安全事件频发，加上Zulily上市的刺激，一系列外部条件的改变，让这个两万亿的市场浮出水面。仅以电商而言，蜜芽宝贝、辣妈帮、贝贝网、小荷特卖等创业公司已先后完成融资，最近更加细分的一些玩家，例如"尿布师"也进入了我们视线。

从常识的角度，高度垂直于某个细分品类的电商经常是反直觉的：用户需要一站式购买，平台希望通过尽可能多的品类提高客单和复购来摊薄成本——过去几年各种垂直电商的失败和转型，多少印证了这种方式的不成功。但也有例外情况，比如化妆品和母婴领域，一些垂直电商正做得风生水起，而且十个里面总有九个跟特卖模式沾边。

"尿布师"在所有母婴电商中也算是个异类，这家平台上你几乎找不到奶粉、辅食、孕童装和玩具等常见品类，满眼看上去全部是各种尿布的特卖。而且你会发现，这家平台上提供的尿布品牌，数下来不超过10个。

"尿布师"创始人文俊在电商领域也摸索多年了。创业之前，曾经在轻奢品电商"优众网"负责产品，随后加入创新工场投资的红酒特卖电商"品味汇"担任COO。准备转型做母婴之前，文俊对市场做了一番调研，调研的结果落在两个重点：

---

① 资料来源：http://www.100ec.cn/detail—6216230.html。

（1）母婴用品的供应链水很深。在几大品类中，奶粉和纸尿裤无疑是大头，而相比奶粉而言，纸尿裤的供应链相对简单一些，易于新创团队的切入。

（2）针对妈妈群体，婴儿用品（尤其是消耗品）的正品、安全只是基础，大家最大的痛点在于缺乏稳定、可靠的购买渠道。

所以"尿布师"的策略，是先在纸尿裤这一单一品类上做深做透，争取做到供应链最短，同时依靠买手、国外经销商、国内进口商等多种渠道保障商品供应稳定。依靠在垂直品类创造的体验感，尿布师希望打造一个可靠的渠道品牌，逐步向其他品类渗透。

体验感来自细节的极致。比如在纸尿裤仓储流通中有很多控制点，而尿布师几乎针对每点都进行了专门优化，比如：

（1）入库环节。搭建整套质检体系，每一包都需要拆包检验。

（2）温湿度控制。纸制品比较怕湿，遇到阴雨天要进行全天除湿作业。

（3）仓储搬运全程不沾地，隔绝污染物。

（4）专门定做五层瓦楞纸箱（避免破损），包装中使用空气缓冲袋。尿布师每单包装成本据说在10元左右，而一般淘宝店，仓储＋包装合计也仅在三四元而已。

为什么如此强调品牌感？

文俊认为，中国年轻父母的育儿知识处于断层状态，育儿的理念、方式与上一代迥然不同，正需要一些新的媒体来实施教育。这正是母婴创业公司塑造品牌的绝佳窗口期，精选商品、教育即营销、重视细节体验，以此来尽快打入用户心智。

为什么采用特卖模式？

文俊表示，特卖电商玩得转，通常需要两个前提：一是用户复购要高。二是人群定位精准，营销效率足够高，获客成本足够低。以上两点与母婴行业高度吻合。而且从用户消费习惯来说，一般是单次大额购买进行囤货，而不是随买随用，符合特卖模式价格优惠、成批销货的特点。尿布师网站2014年10月上线，目前二次以上购买用户下单已到500多，七成用户有重复购买行为，月销售额百万以上。购买频次方面，基本是一月一购。

问题：如果把本案例放入沙盘模拟实训，在商品营销阶段，本案例中所采取的策略是否可以在实训中得到体现？这一营销策略从理论上讲属于哪种方式？是否对所有的网络经营都有效？

Chapter 3
第 3 章

企业的运营管理基础知识

【本章要点】

1. 掌握企业管理的基本概念、管理的不同阶段以及管理思想产生与发展的过程,了解中小企业管理的主要特点和管理现状,清楚管理中的主要节点和可能存在问题。

2. 中小企业管理活动的价值、经验、对象以及组织架构,为沙盘经营确立现代组织架构的概念。

3. 了解中小企业管理重组与团队建设的意义,理解信息化建设对中小企业战略转型的重要性。尤其是ERP管理理念及相关应用软件在中小企业推广中遇到的问题及解决方案。

4. 掌握在电子商务平台下信息共享的商务管理基本原理和实际过程,了解商务共享平台下实现产业链整体业务模式创新的技术环节。

【引导案例】

义乌电商发展势头迅猛⊖

2014年上半年,浙江义乌市电子商务实现交易额472亿元,同比增长35%。其中,外贸零售交易额60亿元,同比增长56%,外贸B2B交易额138亿元,同比增长15%。跨境快递日均出货30万票,同比增长45%。全市经工商登记电子商务经营主体达16 405家,同比增长154%;上半年新增5 557家,同比增长133%。作为全国最大的小商品集散地,义乌电子商务集聚集群发展势头十分迅猛。

全国网商集聚中心地位凸显

根据"阿里巴巴电子商务发展指数",阿里研究院分析发布中国内贸网商密度最高的25个城市,金华市居首位。报告还特别以金华市的义乌为例,指出义乌是全国小企业发展最活跃的城市之一,2013年注册地在义乌的网店超过11万家,完成交易额超过380亿元,居全国县级城市之首,超过众多的地级城市。义乌入围"2013年全国电子商务发展百佳县"并名列榜首,作为贸易引领型电子商务的代表,义乌成为了中国县域电子商务经济体的领头羊。

据不完全统计,在阿里巴巴等电子商务平台上的在线产业带,已经超过了250个,以义乌产业带、义乌服装服饰批发商圈、义乌家居批发商圈、义乌围巾批发商圈、义乌小商品批发商圈、

⊖ 资料来源:中国质量新闻网,2014-09-03,吴丹丹。

义乌国际小商品城等产业带领跑全国,已成为同步实体产业发展的网络大军。

近年来,伴随网购市场的兴起,依托义乌市实体市场货源优势,从淘宝村起步,政府不断优化服务,电子商务快速发展,吸引了越来越多的网商在义乌市集聚。目前,义乌卖家在各平台的账号数超 21 万个,义乌市全国网商集聚中心的地位已凸显。

电商园区呈现集群化态势

如今,义乌市的网商正逐渐从个体网商向电商企业转型,对场地和服务的需求不断扩大,一些电商企业向工业存量厂房寻找场地。与此同时,电子商务园区的发展也趋向集群化,根据场地、周边配套、物流组织等各方面的园区运营需求,目前有 6 个电子商务园区集中在北苑的春华路、秋实路两侧,形成了共享资源、共创氛围、共同发展的良好格局。企业向园区集聚、园区向片区集聚已成为电子商务物理形态的发展趋势。

此外,各大银行积极与电子商务园区对接,依托园区平台,帮助电商企业融资。例如,幸福里国际电子商务产业园与工商银行合作推出"小企业乐租贷",已向园区企业放贷 450 万元;真爱网商与银行合作推出"租赁贷""货物贷",已向园区企业放贷 500 万元;E 电园直接拿到 3 家银行授信 5 000 万元,已向园区企业放贷 1 300 万元;网商服务区引进义乌电商金融服务有限公司,该公司 6 月份上线,推出"信用贷",已向企业放贷 700 万元。"银行—园区—企业"模式已成为电商企业融资的有效途径。

专业培训从理论走向实战

2014 年以来,义乌市电子商务培训逐渐从理论型向实战型转变。根据对义乌工商学院等 8 家培训机构的统计,上半年全市实战能力提升方面的收费培训达 1 万人次,有店铺的网商基本上都参加业务技能学习。上半年有 5 个园区开展人才培训,培训人才 3 000 多人次,有就业需求的 100% 给予推荐。

根据对义乌 100 家电子商务企业做的问卷调查,排名前三的紧缺电商人才是运营、美工、摄影,80% 的企业注重运营、管理能力的培训。它们希望政府和培训机构多组织"菜单式"的培训课程,有针对性地帮助企业培训各类人才,适应电子商务市场需要。

3.1 企业管理的基本概念

3.1.1 企业管理的产生与发展

沙盘模拟设定的企业背景通常都是中小企业,训练者浸润在这样的企业环境之下,必须首先明确管理也是竞争力的理念深意,把先进的管理思想融入沙盘模拟管理实战,靠管理出效益。管理科学在 19 世纪末 20 世纪初产生,随后在泰勒、法约尔、韦伯等人的努力研究下,逐渐形成科学体系,尽管对管理概念的理解见仁见智,但是人们在实践中逐渐验证了学者提出的不同观点。

1. 企业管理的产生

企业管理是社会化大生产发展的客观要求和必然产物,是由人们在从事交换过程中的共同劳动所引起的。

企业形式经历了个体手工业、家庭工场制、机器大工业等阶段，而中小企业的称谓不仅意味着企业的形式与规模，更多的是对其产业、行业地位的界定和科学管理水平的衡量。在社会生产发展的一定阶段，一切规模较大的共同劳动，都或多或少需要进行指挥，以协调个人的活动；通过对整个劳动过程的监督和调节，使单个劳动服从生产总体的要求，以保证整个劳动过程按人们预定的目的正常进行。尤其是在科学技术高度发达、产品日新月异、市场瞬息万变的现代社会中，企业管理就显得愈益重要。无论是实体店还是网店，都有一个由小到大的发展过程，管理思想方法的跟进也跟企业的规模呈正相关。

2. 对企业管理的理解

企业管理（business management），是对企业的生产经营活动进行计划、组织、指挥、协调和控制等一系列职能的总称，企业管理的内容包括了企业发展过程的全部工作内容。

（1）第一层含义。说明了企业管理采用的措施是计划、组织、控制、激励和领导这五项基本活动。这项活动又被称为管理的五大基本职能。沙盘演练团队中，CEO应当系统掌控管理活动的全过程。

（2）第二层含义是第一层含义的目的，即企业利用上述措施来协调人力、物力和财力方面的资源。所谓协调是指同步化与和谐化。一个组织要有成效，必须使组织中的各个部门、各个单位，直到各个人的活动同步与和谐；组织中人力、物力和财力的配备也同样要同步、和谐。

（3）第三层含义又是第二层含义的目的。协调企业人力、物力和财力资源是为使整个组织活动更加富有成效，这也是管理活动的根本目的。

从企业管理对象来分，可以将管理分成业务管理和行为管理。业务管理更侧重于对组织的各种资源的管理，比如财务、材料、产品等相关的管理。而行为管理则更侧重于对组织成员行为的管理，以此而产生了组织的设计、机制的变革、激励、工作计划、个人与团队的协作、文化等的管理。沙盘模拟训练本身也会包含这两方面的对象与范畴。

企业的业务管理和行为管理应该是相辅相成的，就像人的两只手一样，要配合起来才能更好地发挥管理的作用。其中任何一只手出了问题，都会对管理的整体性带来损失，甚至让企业管理停滞不前，受到严重的阻力。

3. 企业管理的发展阶段

企业实施科学有效的管理可以使企业的运作效率大大增强，可以使企业有明确的发展方向，使每个员工都充分发挥他们的潜能。管理到位可是促使企业财务清晰、资本结构合理、投融资恰当，最终是企业能够向顾客提供满意的产品和服务。演练中，团队合作努力的终极目标正在于此。

从历史上看，企业管理所面临的条件在不断变化，经历了不同的经营环境，其自身的发展大体经历了3个阶段。

（1）18世纪末至19世纪末的传统管理阶段。这一阶段出现了管理职能同体力劳动的分离，管理工作由资本家个人执行，其特点是一切凭个人经验办事。

（2）20世纪20~40年代的科学管理阶段。这一阶段出现了资本家同管理人员的分离，管理人员总结管理经验，使之系统化并加以发展，逐步形成了一套科学管理理论。

（3）20世纪50年代以后的现代管理阶段。这一阶段的特点是，从经济的定性概念发展为定量分析，采用数理决策方法，并在各项管理中广泛采用电子计算机进行控制。

量化管理是现代科学管理的主要工具和手段，沙盘在运营的全过程中都是各种数量指标的积累过程，在这个过程中，操盘者必须善于收集信息、分析信息、利用信息数据，为决策提供夯实的基础。

3.1.2 企业管理形式的演变

企业管理形式的演变是指企业在发展过程中的管理方法和手段的变化必经的过程，通常演变由四个阶段构成：经验管理阶段、科学管理阶段、信息化管理阶段和文化管理阶段。

1. 经验管理阶段

企业规模比较小，员工在企业管理者的视野监视之内，所以企业管理靠人才就能够实现。在经验管理阶段，对员工的管理前提是经济人假设，认为人性本恶，天生懒惰，不喜欢承担责任，被动，所以有这种看法的管理者采用的激励方式是以外激为主，激励方式是"胡萝卜加大棒"，对员工的控制也是外部控制，主要是控制人的行为。对我国而言，改革开放初期，许多私营小型企业主要采取此类管理模式。我们在管理中要克服这一阶段所形成的负面影响，通过有效精神激励，保证团队成员能够齐心协力完成任务。

2. 科学管理阶段

企业规模比较大，靠人治则鞭长莫及，所以要把人治变为法治，但对人性的认识还是以经济人假设为前提，靠规章制度来管理企业。其对员工的激励和控制还是外部的，通过惩罚与奖励来促使员工工作，员工因为期望得到奖赏或害怕惩罚而工作，员工按企业的规章制度去行事，在管理者的指挥下行动，管理的内容是管理员工的行为。随着改革的不断深入，对国外先进管理思想的借鉴，科学管理逐渐进入人们的视野，其手段与方式在现代信息技术的推动下，水平层次得到不断提升。

3. 信息化管理阶段

现代信息技术搭起企业战略和执行之间的桥梁，以超强的执行力保证战略目标得以快速实现，信息技术实现管理从艺术到科学的进化，保证企业以科学的管理体系而非个人能力来驾驭大型组织。同时信息技术让管理变得简单而有效，以简单制胜和中层制胜的思想来解决管理上的根本问题。

现代科技将先进的管理理念和办公方式，通过软件技术和网络技术进行了工具化，以事务和项目为中心，帮助组织建立通畅的信息交流体系，有效的协作执行体系，精准的决策支撑体系，提高组织内部的管理和办公能力，建立协调统一、反应敏捷的高水平执行。

麦肯锡对国内外众多业绩优秀企业的调研分析认为，竞争力强的企业在内部组织设置和管理杠杆运用方面都具有卓越的特色，它们的执行力相对竞争对手更快、更好。提升企业的组织运营能力，正是 ERP 管理软件致力于解决的问题。

4. 文化管理阶段

目前，企业之间的业务边界逐渐模糊，知识经济的后续效应逐渐明显。管理知识领域中，人的价值逐渐提升。管理的前提是社会人假设，认为人性本善，人是有感情的，喜欢接受挑战，愿意发挥主观能动性，积极向上。这时企业要建立效应的以人为本的文化，通过人本管理来实现企业的目标。把企业文化作为企业竞争的软实力，是未来管理的先进理念和前卫思想，对中小企而言，企业文化建设与信息化建设几乎同步进行。

文化管理阶段时并不是没有经验管理和科学管理，科学管理是实现文化管理的基础，经验仍然是必要的，文化如同软件，制度如同硬件，二者是互补的。只是由于到了知识经济时期，人更加重视实现个人价值的实现，所以，对人性的尊重显得尤为重要，因此企业管理要以人为本。沙盘训练的团队建设依然重要，它是文化管理的特殊表现，体现参赛队竞争的软实力。

3.1.3 企业管理的对象

随着经济活动的日益复杂化，多元化、全球化，企业管理的对象也发生了质的变化，有形与无形，实体与虚拟，物质与精神等管理对象交织在一起，纳入管理的范围。在沙盘软件中，操作者会明显感受到对象的多元化与无形化的特点。

（1）按照管理对象划分，包括人力资源、项目、资金、技术、市场、信息、设备与工艺、作业与流程文化制度与机制、经营环境等。

（2）按照成长过程和流程划分，包括项目调研—项目设计—项目建设—项目投产—项目运营—项目更新—项目二次运营—三次更新等周而复始的多个循环。

（3）按照职能或者业务功能划分，包括计划管理、生产管理、采购管理、销售管理、质量管理、仓库管理、财务管理、项目管理、人力资源管理、统计管理、信息管理等。

（4）按照层次上下关系，划分为经营层面、业务层面、决策层面、执行层面、职工层面等。

（5）按照资源要素，划分为人力资源、物料资源、技术资源、资金、市场与客户、政策与政府资源等。

这些管理内容在不同性质、不同规模企业中会有不同的表现，学生在实训中，会根据沙盘模拟运营的过程和规则要求，感受不同管理对象在企业运营中运作的特点和价值。

3.1.4 中小企业管理经验

经过改革开放 30 多年的发展，企业积累了丰富的管理经验，也形成出诸多的管理理论。包括网店、实体店、生产经营型企业、第三方物流为企业在内的中小企业，其管理的经验可以概括为以下几个方面。

（1）企业管理可以提高企业的运作效率和生产效率。中小企业管理头绪多，要善于总结经验，积极探索生产经营的本质与规律，能从多方面入手实现企业管理活动的制度化和常态化。

（2）企业经营必须有明确的发展方向。企业管理一手抓产品或服务，一手抓市场渠道，所以要高屋建瓴、系统思考、理顺关联、善于合作。

（3）可以使每个员工都能充分发挥他们的潜能。高层管理者要有创新企业发展思维；企业从业人员为人自律；企业规模无论大小都要对自身有理性认识及责任感；通过有效激励育才、用才、留才。

（4）可以使企业财务清晰，资本结构合理，投融资恰当。企业不断提升发展层次，以高科技提高企业竞争力；强化品牌意识，树立企业形象，为市场提供更多的性价比高的产品。

（5）可以向顾客提供满足的产品和服务。中小企业在我国的经济领域中尤其特殊地位和作用，为经济社会发展的贡献率逐年提高，在消费品生产与流通以及社会服务领域中作用更加明显。

以上中小企业管理经验，对类似电子商务企业有很强的借鉴意义，学生在实施沙盘模拟训练中，要有意识地将这些宝贵的经验融入沙盘模拟训练，实际感受经验的现实意义。

3.2 中小企业管理组织

对中小企业而言，其管理活动中首先所面对的就是如何构建科学组织。企业管理本身就是不断地提升组织的动力、活力和创造力的生态过程，不断提升组织存在的价值的过程。

3.2.1 组织设计的依据

组织过程是组织设计的根本依据。组织过程就是对包括人员在内的所有企业资源进行有效整合，主要指运用各类策略与方法，对企业中的人、机器、原材料、方法、资产、信息、品牌、销售渠道等进行科学管理，从而实现组织目标的活动，由此对应衍生为各个管理分支：人力资源管理、行政管理、财务管理、研发管理、生产管理、采购管理、营销管理等，而这些分支又可统称为企业资源管理（SaaS），通常的公司会按照这些专门的业务分支设置职能部门（见图3-1）。

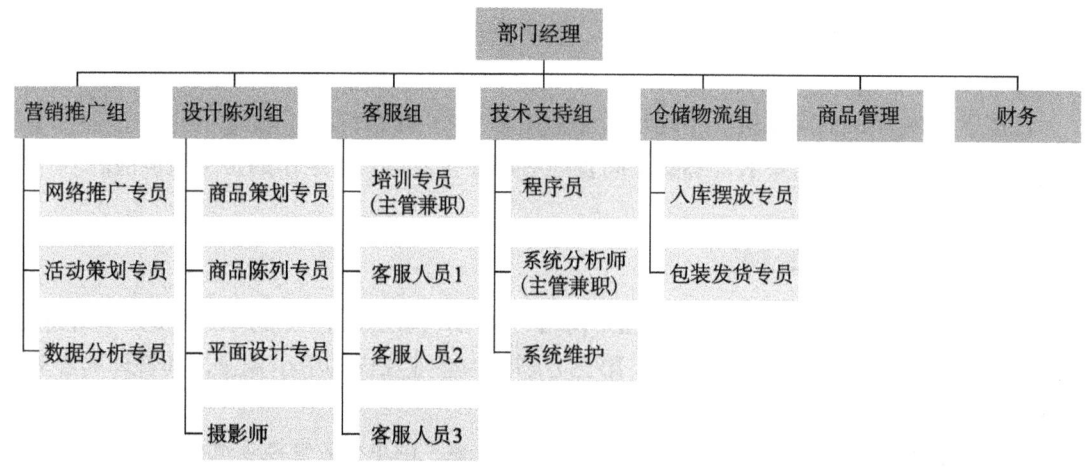

图3-1 公司二级职能部门组织网络图

美国管理界在借鉴日本企业经营经验的基础上，最后由麦肯锡咨询公司发展出了企业组织七要素，又称麦肯锡 7S 模型，七要素中，战略（Strategy）、制度（Systems）、结构（Structure）被看作"硬件"，风格（Style）、员工（Staff）、技能（Skills）、共同价值观（Shared Values）被看作"软件"，而以共同价值观为中心。何道谊将企业系统分为战略、模式、流程、标准、价值观、文化、结构、制度十大软系统和人、财、物、技术、信息五大硬件系统。其主要管理要素包括以下几点。

1. 计划管理

计划管理是通过预测、规划、预算、决策等手段，把企业的经济活动有效地围绕总目标的要求组织起来。计划管理体现了目标管理，运用项目化管理方式实施计划管理，就是要掌控好各阶段的运营节奏。

2. 生产管理

生产管理是通过生产组织、生产计划、生产控制等手段，对生产系统的设置和运行进行管理。沙盘运营中涉及的生产管理模块，较好地提供了方案样板，对生产线、原料采购、库存模式等生产管理主要环节给予重点关注，并通过规则设置帮助训练者掌握生产管理方法和技巧。

3. 物资（服务平台）管理

物资（服务平台）管理是对企业所需的各种生产资料进行有计划的组织采购、供应、保管、节约使用和综合利用等。原料采购（包括服务项目招标）以及服务平台选择，在沙盘中设计出可供选择的项目，并且在考核管理方式时，设置问题环节，促使操作者加强运营过程的科学管理，以期提高设备物资以及服务平台的使用效率。

4. 质量管理

质量管理是对企业的生产成果进行监督、考查和检验。参与 ISO9000:2000 国际质量认证以及定期对供应商进行质量认可，这同样是沙盘训练必须要操作的重要环节。

5. 成本管理

成本管理是围绕企业所有费用的发生和产品成本的形成进行成本预测、成本计划、成本控制、成本核算、成本分析、成本考核等。沙盘期初的财务报表经过周期性运行之后，财务数据的变化尤其利润表的收入、费用、利润的变化是对经营业绩考核的主要标准。

6. 财务管理

财务管理是对企业的财务活动包括固定资金、流动资金、专用基金和盈利等的形成、分配和使用进行管理。要善于利用财务杠杆实施金融化操作是锻炼沙盘演练者综合能力的一个重要方面。每一期的三大报表都有认真仔细的研究，找出成败的原因。

7. 劳动人事管理

劳动人事管理是对企业经济活动中各个环节和各个方面的劳动和人事进行全面计划、统一组织、系统控制、灵活调节。

以上管理要素的存在是组织设计的客观基础,中小企业在组织架构设计上,也要遵循科学的要素定位,按照企业产品或服务的特点,来设计有自己特色的组织架构。模拟公司创建之初,必须把组织架构做得更加科学合理,符合企业自身经营实际和外在环境要求。

3.2.2 中小企业管理架构

无论是何种类型的企业,其组织架构都有很大的趋同性和共性。大型企业组织构建过程与方法在中小企业同样也适用,所以,在对管理活动分析过程中,借鉴大型企业的成熟经验。结合企业组织构建中的共性问题,进行理性分析。企业组织架构设计没有固定的模式,根据企业生产技术特点及内外部条件而有所不同。但是,组织架构变革的思路与章法还是能够借鉴的。

中小企业组织架构设计应该解决好以下4个结构:

(1)职能结构,一项业务的成功运作需要多项职能共同发挥作用,因此在组织架构设计时首先应该确定企业经营到底需要哪几个职能,然后确定各职能间的比例与相互之间的关系。

(2)层次结构,即各管理层次的构成,也就是组织在纵向上需要设置几个管理层级。

(3)部门结构,即各管理部门的构成,也就是组织在横向需要设置多少部门。

(4)职权结构,即各层次、各部门在权力和责任方面的分工及相互关系。

中小企业系统的管理又可分为企业战略、业务模式、业务流程、企业结构、企业制度、企业文化等系统的管理。沙盘经营周期越长,越能发现组织成员分工的重要。

3.2.3 中小企业组织模式设计

中小企业的生存环境异常复杂,面对更多的政策性、法律性困惑,企业的发展有更多的不确定性因素。企业要生存和发展,就必须不断适应环境的变化、满足环境对组织提出的各种要求。因此,环境是决定管理者采取何种类型组织架构的一个关键因素。外部环境是指企业所处的行业特征、市场特点、经济形势、政府关系及自然环境等。环境因素可以从两个方面影响组织架构的设计,即环境的复杂性和环境稳定性。外部环境对组织的职能结构、层次结构、部门结构以及职权结构都会产生影响。

1. 企业规模

企业规模是影响企业组织设计的重要因素。企业的规模不同,其内部结构也存在明显的差异。随着企业规模地不断扩大,企业活动的内容日趋复杂,人数逐渐增多,专业分工不断细化,部门和职位的数量逐渐增加。这些都会直接导致组织架构复杂性的增加。

目前,大多数中小企业受资金、市场、技术等影响规模普遍较小,但是伴随股份制改革,企业规模越大,管理幅度就会越大,需要协调与决策的事物将会不断增加。但是,管理者的时间和精力是有限的,这一矛盾将促使企业增加管理层级并进行更多的分权。因此,企业规模的扩大将会使组织的层级结构、部门结构与职能结构都发生相应的变化。

2. 业务特点

如果企业业务种类众多，就要求组织有相应的资源和管理手段与之对应，以满足业务的需要，因此部门或岗位设置就会更多，所需要的人员就更多，组织相对就复杂一些。一般情况下，业务种类越多，组织内部部门或岗位设置就要越多。经营种类越多，服务的范围越广，企业战略选择越需要超前，组织机构就会越复杂。

企业的各个业务联系越紧密，组织机构设计越需要考虑部门及部门内部业务之间的相互作用，越不能采用分散的组织机构，这种情况下采用直线职能制或矩阵式组织机构更合适。一般而言，业务相关程度越大，越要进行综合管理。中小企业通过合并同类项的方式，适当整合部门，减少部门总量，可以降低管理成本，但是，对员工的素质要求尤其是综合能力的要求会随之提高。

3. 技术水平

组织的活动需要利用一定的技术和反映一定技术水平的特殊手段来进行。技术以及技术设备的水平，不仅影响组织活动的效果和效率，还会作用于组织活动的内容划分、职务设置等方面。

传统企业，如劳动密集型或资本密集型企业，各个企业的技术差别都不大，企业的主要利润点不在技术上，组织机构的设置更多地考虑诸如渠道管理、成本降低等，并以这些因素作为组织机构设计的主线。在现代企业（如知识密集型或技术密集型企业）中，企业以技术创新和发展作为企业发展的根本，这时候组织机构的关键是考虑技术发展问题，组织设计也以技术及其发展创新为主。当技术能够带来高额利润时，技术管理和利用就显得相当重要，技术管理成为企业组织机构设置的核心问题，成为组织机构设置的主线。

4. 人力资源

人力资源是组织架构顺利实施的基础。在组织架构设计中，对人员素质的影响考虑不够会产生较严重的问题，在中小企业这个问题表现较为明显。员工素质包括价值观、智力、理解能力、自控能力和工作能力。当员工素质提高时，其本身的工作能力和需求就会发生变化。对于高素质的员工，管理制度应有较大的灵活性。人力资源状况会对企业的部门结构产生影响，如实行事业部制，就需要有比较全面领导能力的人担任事业部经理；若实行矩阵结构，项目经理人选要求较高的威信和良好的人际关系，以适应其责多权少的特点。人力资源状况还会对企业的职权结构产生影响，企业管理人员管理水平高，管理知识全面，经验丰富，有良好的职业道德，管理权力可较多地下放。

5. 信息化建设

网络技术的普及和发展使企业组织机构的存在基础发生巨大的变化，电子商务技术的发展使信息处理效率大幅提高，企业网络内每一终端都可以同时获得全面的数据与信息，各种计算机辅助手段的应用使中层管理人员的作用日见式微，网络技术使企业高层管理人员通过网络系统低成本的及时过滤各个基层机构形成的原始信息。因此当企业建成高水平的信息系统后，应及时调整其组织架构，采用扁平化的组织架构来适应新兴电子商务经营方式，以减少中层管理人员，提高效率，降低企业内部管理成本。中小企业在信息技术推广力度加大的情形下，根据企业消化能力和资金实力，适度引进信息技术，可以对原有的组织架构实施变革。

3.2.4 中小企业管理重组

组织制度创新伴随组织生命周期的全过程，中小企业的发展历程中，组织制度的设计与完善对企业的作用也不可小觑。组织架构不能太过刚性，应该随着外界环境、企业战略等因素的变化而有所调整。

自从哈默和钱皮提出 BPR 企业战略重组理念以来，世界上众多的企业都开始尝试实施这项战略性活动，尽管存在一定风险，但是，组织创新的收益也吸引管理不断的尝试。中小企业的重组同样是一种有形资源的整合与组织价值的提升。管理重组，是指当外部环境、企业资源及其结构发生变化时，重新选择确定一种科学合理的提高企业竞争力和发展能力的管理模式或管理体系的过程。企业重组的重点是：

（1）企业战略重组：主要由企业目标、企业使命、企业价值观、企业文化等组成。
（2）组织重组：是指关于组织的理论与组织形式的创新与再造，是一种组织的彻底性创新。
（3）业务流程重组：出发点包括企业目标、理解顾客、技术条件三个方面。
（4）企业资源重组：包括产业资源、人力资源、技术资源、市场资源等。

企业管理流程重组是一项企业的战略选择，中小企业流程战略重组同样也具有战略意义。目前，我国中小企业在外部环境的压力下，也面临企业组织变革的艰难选择。模拟网店是小企业的缩影，经营策略的变化使调整成为一种常态。

3.2.5 组织管理内容与团队岗位设计

在组织管理活动中，组织要素的重组与合理排列对组织运营质量和效率的提升意义重大。

1. 组织管理的内容

组织管理的具体内容是设计、建立并保持一种组织结构。组织管理的内容有三个方面：组织设计、组织运作、组织调整，一般来讲，组织是人们为了实现共同目标而形成的一个协作系统，学校、工厂、政府机关、社会团体等都是组织。而企业管理的组织是企业从事管理活动以实现企业目标的一个协作系统。

管理的组织职能本质上就是把总任务分解成一个个的具体任务，然后把它们合并成单位和部门，同时把权力分别授予每个单位或部门的管理人员，或者说，我们可以从划分任务、使任务部门化和授权三方面来论述，这里要学会把项目管理的 WBS 理论用于沙盘模拟训练当中。企业组织管理的具体内容包括以下三个方面。

第一，确定领导体制，设立管理组织机构。体制的本意就是指一种机构设置、职责权限和领导关系、管理方式的结构体系。确定领导体制，设立管理组织机构，其实就是要解决领导权的权力结构问题，它包括权力划分、职责分工及其他们之间的相互关系。当然，在确定领导体制时，形式可以多种多样。

第二，对组织中的全体人员指定职位、明确职责及相互划分。使组织中的每一个人明白自己在组织中处于什么样的位置，需要干什么工作。

第三，设计有效的工作程序，包括工作流程及要求。因为，一个企业的任何事情都应该按照某种程序来进行。这就要求有明确的责任制度和良好的操作规程。一个混乱无序的企业组织无法保证完成企业的总目标、总任务。

2. 组织岗位设计

沙盘实训过程中所面对的情况一样，组织中岗位责任分配十分重要。岗位职责具体地说就是为了有效地配置企业内部的有限资源，为了实现一定的共同目标而按照一定的规则和程序构成的一种责权结构安排和人事安排，其目的在于确保以最高的效率，实现组织目标。它是对企业管理中建立健全管理机构，合理配备人员，制定各项规章制度等工作的总称。

哈罗德·孔茨认为，为了使人们能为实现目标而有效地工作，必须按任务或职位制定一套合适的职位结构，这套职位结构的设置就是组织。组织的管理功能就是要设计和维持一套良好的职位系统，以使人们能很好地分工协作。而沙盘的职位角色设置是合理分工的方式。

组织岗位设计具有以下三个共同的特征：

第一，每一个岗位都有一个明确的目的，这个目的一般是以一个或一组目标来表示的。

第二，每一个岗位都是由人组成的。而每个人都有特定的职责。

第三，每一个岗位都通过一种系统性的结构来规范和限制成员的行为。例如，建立规则和规章制度；选拔领导人并赋予他们职权；编写职务说明书，使组织成员知道他们在岗位中应该做什么。

在沙盘模拟实训中，CEO 的主要职责就是进行必要的岗位设计和人员分工，只有合理搭配人员，形成合力，才能在演练中取得好成绩。

3.3 中小企业组织管理的性质和要求

无论企业性质如何，管理都属于组织的高层问题，管理一方面是社会生产力发展水平的反映，或者说，一定的组织管理水平反映了一定的社会生产力，体现在组织管理手段、工具和方法的发展；另一方面又是一定生产关系的反映，体现的是人与人的社会关系，是管理者意志的反映。企业是组织的人格化，是一个在不断追求利润过程中，实现自身经济与社会价值，良好组织的客观要求有如下几点。

1. 追求共同目标

因为，一个组织总有它的目标，任何组织要求组织的各个部分、组织的各个成员都围绕组织这个目标并为之奋斗，局部服从整体。任何偏离组织目标，导致组织离心离德的行为，都会使组织行为涣散甚至使组织走向毁灭。

2. 组织的凝聚力

任何组织都要有号召力（组织能力），能调动组织中任何一个人的积极性，使他自愿为组织效力。一个凝聚力超强的组织，是企业最珍贵的资源。凝聚力是保证企业克服一起困难，不断开拓前行的动力所在。

3. 心理契约

一个良好的组织应该是沟通每个职员意志的桥梁，并使职工的行动统一到组织的目标上来。这样组织指挥才有群众基础。上下级意志沟通的渠道必须畅通。但现实中往往不是这样，许多领导高高在上，上下级意见很难沟通，造成群众意见很大。

4. 协调一致

任何良好组织应是协调工作的枢纽，对执行工作的任何环境变化都能及时发现、调整、及时预防，为实现组织目标服务。另外，在沙盘演练中，组织还必须有先进的观念。而组织成员的协调能力成为 CEO 能力中的重要一项，协调就是缓解矛盾，形成共识，兼收并蓄，保证组织自身的包容和融合。

3.4 电子商务环境下企业管理主要环节

ERP、OA、CRM、BI、PLM、EB 等现代概念逐渐进入人们视野，就预示着现代企业管理时代的来临。尤其是电子商务，它已经成为企业在管理信息化过程中不可或缺的应用系统。从这种意义上讲，大多数企业都进入信息化管理时代，都属于不同程度的电子商务背景的企业。在这其中，ERP 正在向高度整合的全程管理信息化迈进。当前，国内企业如何更大程度参与国际化市场竞争，怎样摆脱繁复的组织架构，打造最优价值网络成为困扰它们已久的问题。

ERP 系统是由若干子模块高度集成，不仅包含了 ERP 传统应用内容，还涉足企业集团财务、内部资源、供应链、客户资源、知识库、商业智能、物联网与 SAAS 服务应用等，满足在移动商务环境下集团型企业的创新需求及全球化应用需要，同时，紧密连接企业间以及与客户、供应商、合作伙伴的商务协同，实现集团企业管理价值最大化。这一现代信息技术背景下的管理模式对中小企业的现代化管理模式的创新也有很大的借鉴价值（见图 3-2）。

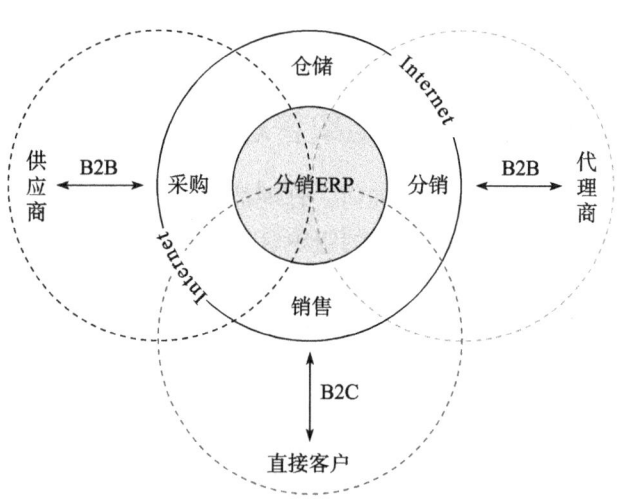

图 3-2 中小企业电子商务模型图

3.4.1 网站运营管理

电子商务环境下的经营管理涉及很多信息技术专业知识，网站建设就是对许多"触电"企业的一种管理挑战，电子商务+企业管理，这种复合型管理模式将会使得企业在管理模式和管理手段上更加复杂。网站运营管理是指一切为了提升网站服务于用户的效率，而从事与网站后期运作、经营有关的工作；范畴通常包括网站内容更新维护、网站流程优化、数据挖掘分析、用户研究管理、网站营销策划等，网站运营常用的指标：PV、IP、注册用户、在线用户、付费用户、在线时长、购买频次、ARPU 值。

1. 运营模式

网站建设是电子商务企业运行中的关键环节，也是电子商务企业实现自身经营目标和提高竞争力的首要条件。电子商务沙盘中 B 店就是自有网站的企业模式。网站运营模式归结起来说就是专业性、互动性、用户体验、亮点等。

衡量一个网站运营是否成功，主要看掌控关键环节情况，专业、互动、用户体验、亮点四个方面环环相扣，缺一不可，最终以围绕盈利模式确立的亮点为目标。通过一个简单的公式可以理解，专业+互动+用户体验+亮点=盈利，使得四个环节有效地整合在一起。

（1）专业。网站必须体现出专业化的特点，以此来确定网站的主营方向，使其以同类领先行业网站为设计标准。如户外运动服装网站，就要参考和借鉴著名的专业服装网站的设计风格，对比企业自己的网站，取其精华，去其糟粕，来规划设计。

（2）互动。互动性强的网站更具有黏性，只要企业的定位清楚，前期推广工作做得扎实有效，一段时间积累的用户就不会流失，这样网站流量就会更加稳定，甚至流量会呈现几倍增长。比单纯依靠百度等带来的流量将更加可靠。所以策划之前，应关注企业的网站是否具有很强的互动性。目前，论坛和博客平台是十分有效的互动工具，具体的使用过程将会在实践中更加成熟。

（3）用户体验。用户体验包括的范围比较广，这些都会渗透在网站的每个细节，如网站登录入口设置、广告布局、是否会产生编辑性错误等，很多相关的帖子都会给企业提供有益的参考和研究的途径。

（4）亮点。企业的网站就是企业的向市场和消费者展示自己产品或服务的名片，其亮点不仅能吸引用户关注网站，同时也会提振企业的人气和竞争力。故此，亮点是网站管理的终点也是重点，亮点是指围绕盈利模式来确立的一种商业模式，就是整个网站的定位要围绕此亮点来展开，业务模式的拓展要以此为重心。一个网站如果毫无亮点而言，设计呆板，缺乏新意和创新，就会进入创意瓶颈。垂直性网站可以植入一些互联网比较流行的商业模式，如威客，拍卖等。当然亮点除了跟盈利模式有关外，也可以植入一些用户感觉有价值的东西。

2. 网站运营的基本构成

网站运营是指在网络营销体系中实施一切与网站后期运作有关的工作。根据我国的互联网发展趋势看，网站的运营应当融入企业的整体经营管理体系，使网络与原有的机制有机结合，这样才能发挥网站及网络营销的商业潜力。而电商企业的运营会比一般企业的运营更加模式化、专业化。网店运营管理的基本流程和架构如图3-3和图3-4所示。

（1）运营的主要内容。企业的网站运营包括很多内容，如网站宣传推广、网络营销管理、网站的完善变化、网站后期更新维护、网站的企业化操作等。其中最重要的就是网站的维护和推广。

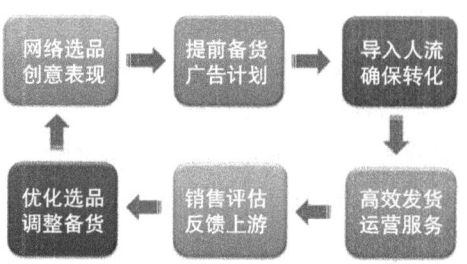

图3-3　网店运营管理的基本流程

"信息化"是指在网站管理范畴内，不仅是一次性投资建一个网站那么简单，更重要的工作在于网站建成后的长期内容更新与营销推广过程。

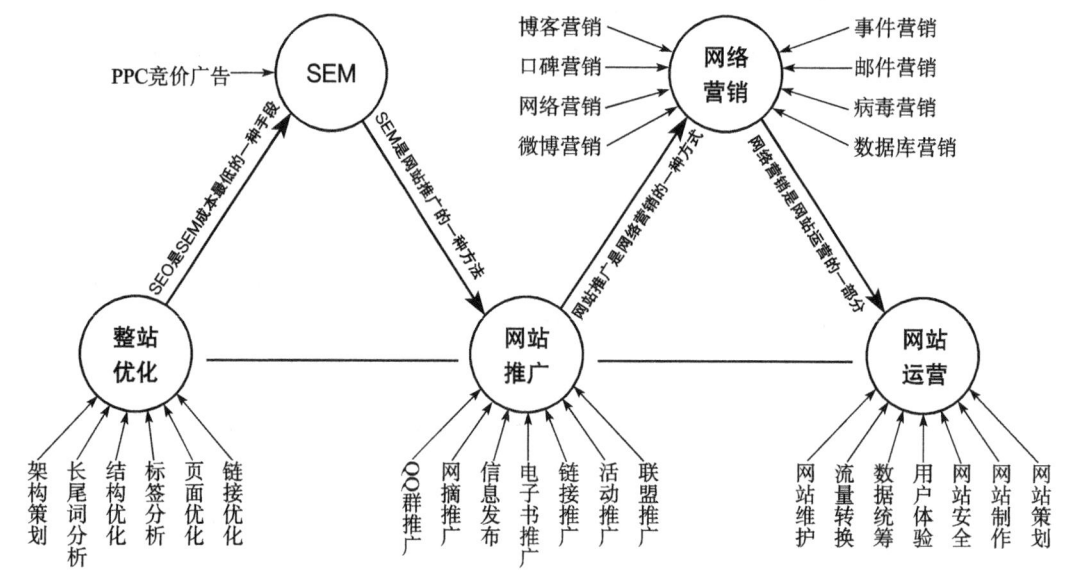

图3-4　网站运营管理的系统架构图

（2）运营成本问题。网站维护涉及资源和成本问题，但成本只针对工作中的人力与物力消耗而言，大部分中小企业网站维护需要的资源和成本并不会太高。企业网站的维护工作主要是更新产品及说明文字。一般中小企业网站并没有后台内容管理系统，网页更新需要懂得做网页的人员，但企业大都没有这种专门人才。解决的一般方法，就是在与做网站的专业网络公司签订合同时，订下附加有关网页更新服务的条款。所以，对中小电商企业而言，不要因为在服务合同中的疏漏，等到网站需要更新时再去联系网络公司，这样就会变得非常被动。

（3）建立管理指标体系和实施量化管理。网站运营者制定的指标是建立在对网站运营流程的理性认识基础上的，网站运营过程需要做诸多的量化和标准化工作，如果不能将运营指标量化，也不能将实现这些指标的方式标准化；或者量化管理、标准化管理不到位，就会导致网站整体运营效率低下；又或者即使运营到某个阶段后也会停滞，从而使得整个网站运营陷入了困境。图 3-5 是网站管理绩效评价指标体系。

图 3-5 网站管理绩效评价指标体系

3.4.2 网站管理的方向

网站管理的方向如同一个人的行动指南，在行动时就应该确定下来。从一个网站的设计到开始运营网站，方向实际上已经存在于运营之中，每一项产品的推广都依赖于网站的运营，运营主管如果参与网站的设计，就能够使得企业在运营中的目标方向变得清晰而准确。在网站运营上，一个网站运营主管要做的工作范围十分宽泛。但无论如何，沙盘 CEO 必须清楚地知道如何在锁定网站营运方向的基础上，瞄准这些方向直至获得网店运营的成功。

1. 瞄准客户方向

客户是网站服务的主要对象，但是在实施过程中有一定难度，需要考虑很多方面工作。很多网站都会出现网站定位不准、对客户的服务不到位等问题，这不仅是理念贯彻问题，也有运作方向掌控问题。很多网站总是宣传自己的产品或服务是如何的优质，可是能提供给客户的东西是什么；实质性地为顾客做什么；能够给客户带来什么，这些根本性的问题并未解决。所以在网站设计之初就要把方向与运营契合在一起，并在执行中反复纠偏，通过问题的不断解决来真正满足客户的诉求，这样才能使得网站最大限度地满足客户的意愿和要求。

2. 瞄准市场方向

市场化运营一直是网站需要考虑的一个重要的因素，市场是个十分宽泛的概念，其中包括目标市场、市场细分、市场定位 3 个主要内容，也有空间地域与客户群体内涵。选择什么样的"人"群作为市场，就属于目标市场问题，这是企业带有战略性的行动。而渠道、价格、促销、产品也是市场主要要素，寻找市场显然就包括了寻找网站的市场渠道，网站在什么时候适合什么样的运营方式，有什么样的资源可以整合，这些都是对于运营网站很重要的方向。

3. 与对手竞合的方向

一个成熟的市场只有竞争鲜有合作企业是很难生存，显然合作的范围不仅仅是企业内部事情，更重要的外界合作。口碑、博客、论坛广告等这些合作推广的形式应该被现代网站所接受。其他相关性网站以及传统的企业合作伙伴的合作是非常重要的。只有在网站自身的信息合作增加的前提下运营成功的机会才会大大地增加，做运营就是每一个细节都要考虑到，不能放过细微之处。

3.4.3 网站黏性

增加网站的黏性是留住老客户、发展新客户的客观要求，这方面除了要保证自己的网站内容适应市场目标用户之外，还有五个重要时机需要把握。

1. 美工与 SEO 的完美结合

美工与 SEO 是一个问题的两个方面，对于一个丰富内容的网站，其美工和 SEO 缺一不可了。大部分的网民对于网站的美工水平的要求越来越高，美工成了获得网民的亲和度的切实保证，而 SEO 则是决定网站本身的技术质量。所以，电子商务沙盘每期都要对 C 店和 B 店进行装修，就是为了使自己的网站美观吸引客户，获得黏性。如果要保证网站在搜索引擎上的转化率能优于其他的同类型的网站，就必须使得网页能够获得更多地网民的关注和点击，这是美工与 SEO 合作成效如何的最好检验。所以网站营销不是在网站出现后开始的，在网站策划时这些已经开始了。

2. 建立网站友情链接

网站友好契合是在网站的设计时就应该考虑的，网络生态环境对网站生存十分重要。网站生态环境设计在网站推广时最为重要。如果企业拥有长期的合作伙伴，自己在广告招租上就要充分利用，放上企业合作伙伴的广告是理性选择，这样既充实了网站内容又为其他企业做了宣传，是两全其美的事情。而友情链接更能体现合作的真正意义，与合作方实现友情链接既提升了网站的层次也同样会获得排名和知名度，这种互惠互利的行为本身也会增加网站的利用率和声望。

3. 网站排名确定地位

SEO 优化在一定程度上决定了网站的排名，理想的排名位置能给网站带来的是可观的流量，有很多的网民可以慕名而来，关键词可以使得网站宣传比其他任何的广告方式都要好得多。所以搜索引擎具有决定性作用，无论是何种引擎，抓住提交的时机，意外收获就会很多。

4. 第一印象原则

从心理学角度讲，首因效应在网络中表现更加明显。网民浏览网页主要是找对自己有用的信息，绝不是一上来就被广告吸引，合适的内容永远是网站和网民的唯一。只有这样才能吸引住网民。目前网站开发出很多推广方式，从中寻求适合自己的方法和步骤尤为重要，这样做一方面为节约成本，另一方面为获取流量。此时 SEO 和广告互换、友情链接就凸显出重要性。

5. 更新原则

时刻保持网站的内容的新颖程度，新的永远 3/4 领先于过时的内容，保持这种程度，即不会有过度体力与精力的投入，网民也不会过度流失，这方面对保持网站管理者的执行力非常重要。

3.4.4 网站运营管理的主要步骤

网站运营管理步骤是网站流程设计的具体化，是电商企业市场战略与策略成效的检验过程。网站运营主要项目有网站策划、网站设计、网页制作、网站编辑、网络营销、搜索引擎优化 SEO、网站统计、流量分析、网络广告等。而网站运营管理就是围绕这些项目渐次展开的，我们可以把这些过程凝化成如下几个关键环节。

1. 市场分析

网站市场分析的主要理念包括：对网站的功能与作用的理解，在网站采用新开发系统后，一定要有新颖的内容出现在网站中，新页面的效果以及功能不仅可以吸引来访者，还也可以给来访者提供娱乐休闲。用户从网站有没有直接获得利益，但是用户从网站本身能得到什么是网站最关心的，建立一个网站要知道它本身的价值意义，就必须得让用户知道他们从中可以得到什么，这样才能体现出网站本身的意义。网站需要广告和客户，一个网站的广告能够给网站带来直接利益，客户也是一种宣传力，可以让不了解的人了解，让了解的人分享。

2. 设计解决方案

应该根据网站的功能来确定网站技术解决方案，在解决过程中不断完善方案内容及解决手段。结合不同网站运营的经验总结，其方案的选择主要考虑以下几个方面因素。

（1）采用稳定、处理快速的南北互通的服务器，硬件设备支持是信息传送效率提高的关键。

（2）选择操作系统，用 Unix、Linux 或是 Window。分析后再投入功能的开发，注重稳定性和安全性等。

（3）采用系统性的解决方案如 IBM、HP 等公司提供的企业上网方案、电子商务解决方案还是自己开发，这是在成本和效用两个方面进行权衡。

（4）网站安全性措施，防黑、防病毒方案。网络安全问题，在网站管理中应该得到应有重视。

（5）相关程序开发。如网页程序 ASP、PHP、JSP 等数据库程序，是接受 PHP 还是 ASP 为基础的成型发布系统网站管理者应有理性考量。沙盘在开设 B 店时候，虽然没有涉及以上软硬件选择的考量，但是运营中，必须与实际情况假想对接，以提高操作的实战性。

3. 内容策划

（1）根据门户网站的目的策划网站内容。设计的主旨既要反映网站专业特点，又要考量网民用户的审美旨趣和需求取向。

（2）电子商务类网站要提供会员注册、详细的服务信息、信息搜索查询、个人信息保密措施、相关帮助等。

（3）如果网站栏目较多，是否可以考虑采用网站编程专人负责相关内容，而实际上网站内容是网站吸引浏览者最重要的因素，无内容或不实用的信息都不会吸引浏览的访客。

4. 网页设计

（1）网页设计与美术设计的要求，网页美术设计一般要与网站整体形象一致，要符合 CI 的规范。要关注网页色彩、图片应用及版面策划，保持网页整体的一致性。网页的设计应当由专业美工师来掌控，整体形象和规范一定要按照 CI 要求操作，保证上下相呼应，图片和模块的设计也有自己的特色和风格。

（2）在新技术采用上要考虑目标访问群体的分布地域、年龄阶层、网络速度、阅读习惯等来决定。不同的人都有自己的习惯，所以我们要针对不同的年龄和网络速度还有阅读的习惯，适当选定一个适中的模式让人人都觉得观赏与阅读都有愉悦感。

（3）制订网页的改版计划，如半年到一年时间进行较大规模改版等。一个网站做成后，大的修改最好不要太频繁，最好是一年一换，换的时候不要把主流的风格和色调破坏。

在电子商务大赛中，对网页设计有相关要求，这是对沙盘模拟的一种有效补充，是与网店运营实际的对接。图 3-6 是网页设计工作的基本流程。

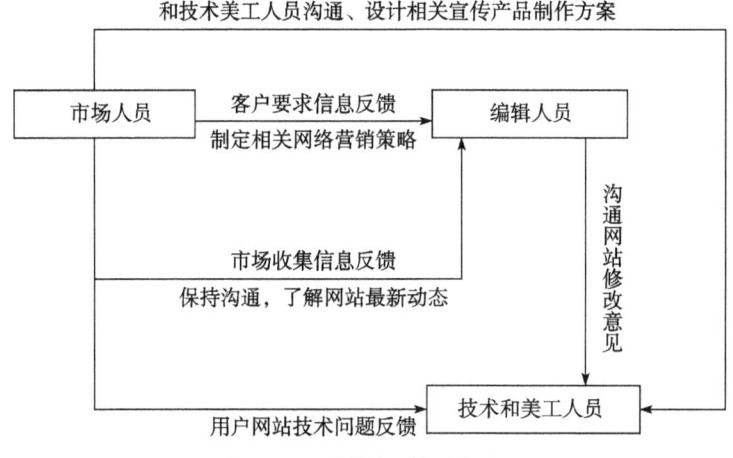

图 3-6 网页设计工作基本流程

5. 网站维护

（1）服务器及相关软硬件的维护。要对可能出现的问题及时进行评估，制定响应时间。

服务器软件和硬件的维护尤为重要，需要进行很多方面的测试，来制定相应的速度。

（2）数据库的维护。有效利用数据是网站维护的一项重要内容，对数据库的维护要受到重视。一个程序的数据库维护，就相当于一个库存的货品种类，货品种类次序破坏后，将会给后续工作带来麻烦，所以程序数据库要定期维护和清理一些不必要的冗余。

（3）内容更新和调整等。网页在一段时间内必须进行更新与调整内容，以便浏览者在相隔一定周期之后可以浏览到新的网页内容。

（4）制定相关网站维护的规定，将网站维护制度化、规范化。设计一张网站维护的制度和规范表，由专人负责，这样才能保证网站的运营质量和效率。

6. 网站测试

网店运营与推广沙盘设计上在 B 店正式运营之前，必须投入四期的建设费，并且要进行必要的测试。而现实中，网站发布前要进行细致周密的测试，以保证正常浏览和使用。主要测试内容有以下几个方面。

（1）服务器稳定性、安全性。网站服务器的稳定和安全一直都是困扰管理者的难题，对此我们提高预见性，通过设计预案来排除可能出现的问题，以便将问题及时解决。

（2）程序及数据库测试。每个程序都有自己相对应的功能，数据库则是数据集中的地方，尤其重要。

（3）网页兼容性测试，如浏览器、显示器。网页打开多了不会出现死机情况，当然也有显示器的分辨率和浏览器的版本存在问题。

（4）根据需要的其他测试。在做出以上测试后，再用其他的方法进行对网站的测试，如：电信拨号和铁通拨号是否存在冲突。

7. 发布推广

（1）网站测试后进行发布的广告活动。网站测试后，可以通过媒体或者网络宣传进行广告效应，以达到更多的访问量。

（2）网站推广登记。网站做好以后可以放到百度、Google 上查找关键字，以达到更好的宣传作用。

8. 系统更新

系统更新可以设计日程表分配各项策划任务的开始完成时间以及负责人等。一个网站建设必须有专业的设计师、美工、程序设计师、策划师和项目经理，以及负责监督安排整个网站工程时间和质量的负责人，这样才能完成各项的策划任务。

9. 设计内容

企业的网站运营包括很多内容，如域名的构思选择、网站宣传推广、网络营销管理、网站的完善变化、网站后期更新维护、网站的企业化操作等，其中最重要的就是网站的维护和推广。内容包括网站内容策划及发布：内容选题、符合网站内容规范和网站优化思想的设计、网站内容周期性发布；各种网站推广方法的实施及效果跟踪；网站流量统计分析以及在各种数据分析基础上提出的网站分析及改进建议等。

10. 网站推广

网站运营的成功主要在于推广，否则企业再优质界面的网站也会出现无人访问的窘境。针对网站推广中的主要问题节点和网站的生命周期，按不同阶段的网站推广的特点来实施网站策划是比较理性的选择。尽管在不同阶段对网管人员个人经验和知识有不同的要求，但从建设网站开始就注重推广显然更加重要。因为过程控制比较复杂，网站推广意识如果不明确，重要节点被忽视，效果也会与期初设计大相径庭，这种滞后效应容易导致忽视网站建设对网站推广影响因素的考虑。

（1）网站发布初期。有营销预算和人员热情的优势，可尝试多种常规网站推广方法；网站推广具有一定的盲目性，需要经过后期的逐步验证，尽快提升访问量是主要的推广目标。

（2）网站增长期。网站运营人员对网站推广方法的有效性有一定认知，因而可采用更适用的推广方法。常规方法已经不能完全满足网站推广目标的要求；网站推广的目的性除了访问量的提升，还应考虑与实际收益的结合；需要重视对网站推广效果的管理。

（3）网站稳定期。网站访问量的增长，可能有一定波动。要注重访问量带来的实际收益而不仅仅是访问量数量指标，内部运营管理是稳定期的工作重点，也是网站推广稳定阶段的主要任务。图 3-7 为网站推广途径分析。

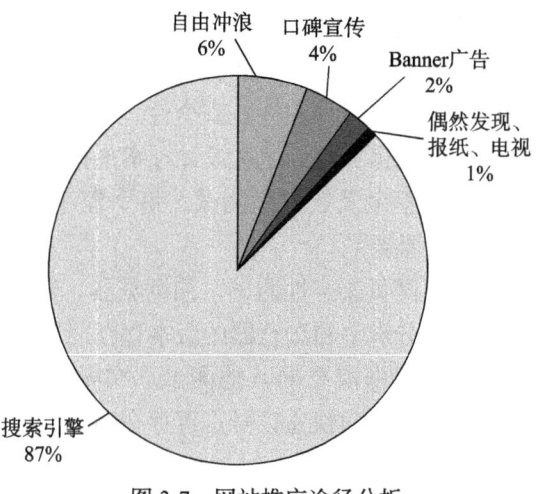

图 3-7　网站推广途径分析

3.4.5　网站运营要点

网站运营所涉及的内容是多方面的，但在操作过程中不能等量齐观，必须抓住重点，带动一般。重点项目主要指域名选择、搜索引擎推广、网络广告。选择一个好的域名可对网站运营起到事半功倍的作用。如果要进行搜索引擎优化，一方面涉及费用，但最重要的还是优化的质量。实际上，搜索引擎优化通常只是一些个人行为而非公司行为，因为"搜索引擎优化"并不是一个成熟的服务产品，而且效果常常与主观努力大相径庭。因此要找一个优化高手并非易事。

其他推广维护工作，主要就是寻找互换链接的对象、发布信息、E-mail 营销推广、回复客户 E-mail 以及网站与用户的互动应答等，这些都需要长期谋划经营。这些工作对专业知识要求并不高，但需要投入很多人力、财力与精力。而对于网站维护人员，则需要明确工作职责、内容，且长期学习新的操作方法，抓住属于网站营销的忠实用户。另外可以利用传统媒体，诸如通过各种传播媒体，如广播、电视、报纸广告、户外灯箱及路牌广告等。展会、企业印刷品（产品目录、名片）等也是可采用的推广方式。

有的网站管理人员对网络营销知之甚少,在应对一些垃圾邮件推销"网络营销软件"的时候就会缺乏市场理性认知。尤其会对价格不高,表面看来对网站推广颇有帮助的软件失去理性判断。其实,对于那些通过垃圾邮件宣传的"网络营销软件",很多用户已经颇有警觉。那种寄期望几封廉价的电子邮件就可以攫取一桶金的想法,对于需要脚踏实地开展、细水长流的网站运营非常有害,所以学习有效的 E-mail 营销方法对网站管理人员来讲十分重要。

应当说,只有踏踏实实的按照网络营销的基本原理,结合企业的实际情况,开展网站的运营,才能使企业网站发挥真正的作用。因此无论是已有网站或是正在建设网站的企业须臾不可忽视网站运营这个环节,正所谓"创业艰难,守成不易",没有成熟的管理思维和手段,持续为电商企业创造可观的利润就会难上加难。

一般网站运营的基本工作模块如图 3-8 所示。

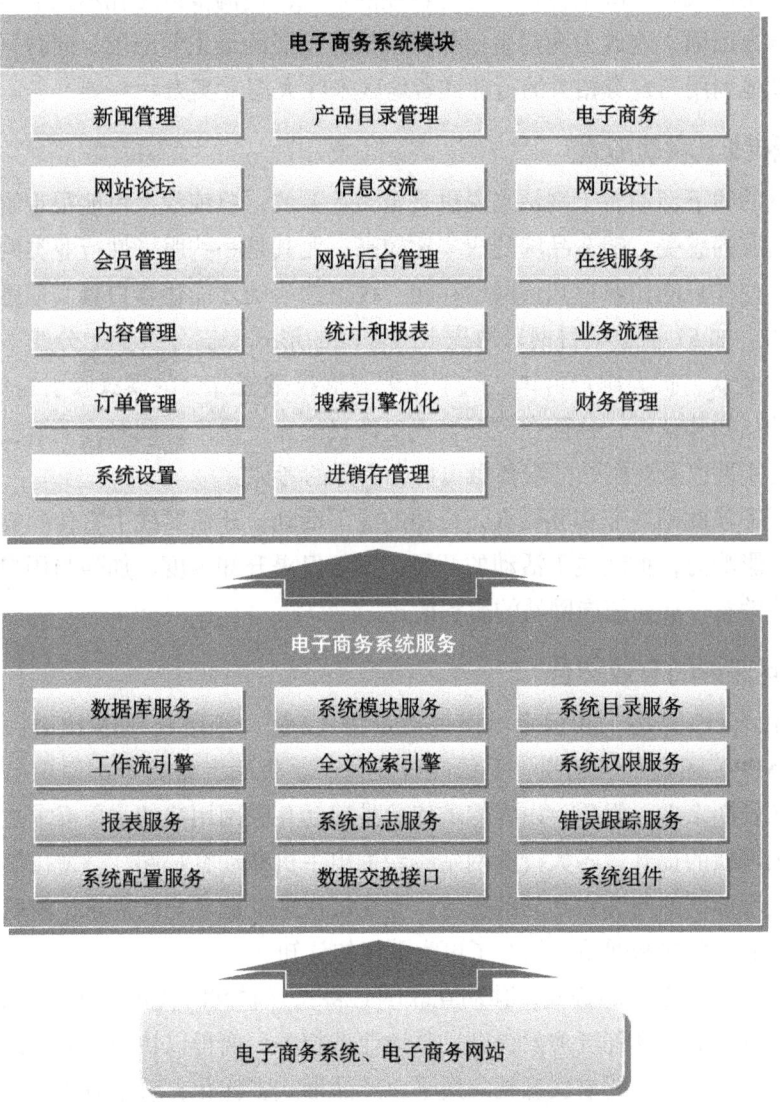

图 3-8　一般网站运营的基本工作模块

3.4.6 网站运营趋势

伴随信息技术的不断成熟,电子商务正以前所未有的推广速度和作用的深度影响着人们的工作与生活,网站成为人们了解社会的新的桥梁、纽带和窗口。2013年以来,互联网经济进一步挑战传统购物观以及年轻人的择业就业观,类似淘宝、天猫等网站这种集群式发展,继续成为行业网站运营模式的标杆。同时,线上与线下的契合与联动,移动互联网概念的完美介入都使得网站运营生态环境日益趋于良性循环。

1. 站群式的发展

2009~2012年的三年里,电子商务的发展可谓是行业网站中的标杆行业,就以淘宝来说,截至2012年,淘宝卖家的数量统计200万家以上,天猫商城在四五万家左右。庞大的集群式店铺和用户成就了淘宝覆盖了各行各业的形式,使淘宝以无孔不入的方式渗透到人们日常生活的方方面面,这成为淘宝生存并得以快速发展的最主要原因,同时,站群式的发展更能最大限度地利用与自身相关的行业或者地区来壮大淘宝实力。

2. 线下和线上联动形式

行业网站的线下活动对于网站来说也是至关重要的,单纯线上可能很难解决用户对网站或者平台的真实的感受,塑造品牌的成本比较高,尤其是一些服务性行业类网站,线上一些宣传和推广,往往只能让客户知道网站存在,线下的活动才能让客户真实地感受到服务或者平台的生命力。如51资金项目网采取先上线联动的形式,三分线上七分线下,线上推广网站吸引更多的受众,扩大用户群体。线下采取开展投融资峰会的模式吸引特定的客户人群,增强对品牌的认知和认可,从而在线下实现口碑式的宣传推广。同时,采取会议的形式更能体现网站的真实性以及对网站的服务做出切合实际的考评。

线上和线下彼此间并非相互孤立,成功的线下活动,还需要线上宣传的支撑,通过线上积累的品牌、影响力,推动线下活动的开展,不仅仅提升知名度、加强与用户的联系,还会有可观的经济效益,从而拓展网站的盈利模式。

3. 移动互联网的有效契合

截至2012年12月底,我国手机网民数量为4.2亿,年增长率达18.1%,无论是微博、微信、各类APP,还是手机购物、手机在线支付、手机网上银行等都呈现出了无比旺盛的发展势头。从长期来看,娱乐、内容需求依然是移动互联网用户的主要需求之一,但伴随用户对应用使用习惯的提升,各大行业网站纷纷推出手机移动客户端、微博微信在线互动等功能,目的就是增加网站与客户之间的交流,更深层次地挖掘客户的需求,及时捕捉客户所关注的热点,从而让用户和网站之间有了更为默契的认知。

随着智能手机等工具的普及,移动互联网必将在互联网时代占据相当大的一部分市场,运营商对数据业务的重视程度愈发提高,基地业务相关厂商得以快速发展,这就要求行业网站在结合移动互联网时,要求注意到应用平台产品形式多样化,政策对于移动互联网应用和内容分发的介入。网站运营模式的发展趋势如图3-9所示。

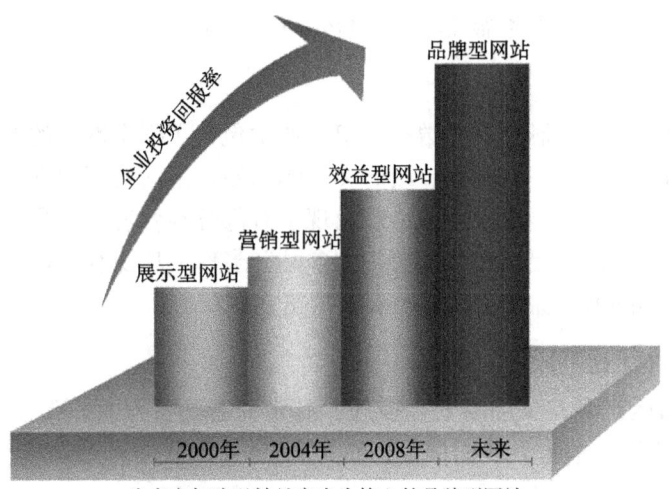

图 3-9 网站运营模式发展趋势

3.4.7 网站安全管理

人们在享受互联网和移动互联网带给生活工作带来的便利的同时,也为互联网的安全所困扰。客户信息的泄露、网站服务器被黑客攻击、网站信息被黑客篡改等安全问题逐渐引起人们的重视。如何有效地制定和实施安全措施,保证网站的安全运营,保护企业和客户的而合法权益,是网站运营面对的新问题。

1. 服务器安全

网站安全的关键就是要防止服务器被黑客入侵,要做到这一点首先要选择比较好的托管商,托管的机房很重要。很多服务商反映大多在硬件防火墙防 CC 攻击,其实一般小托管商很少具备这些配置。机房其他电脑的安全也是很重要的,《网站运营手册》一书中提到很多攻击方法是通过嗅探的方法得到网站的管理密码,或者 ARP 欺骗,这种最大的危害就是网站根本找不到服务器的漏洞,许多网站不明就里就被黑了。其次,服务器本身,各种安全补丁一定要及时更新,把那些很少使用的端口全部关闭掉,端口越少安全性就越好。

2. 程序安全

程序漏洞是造成安全隐患的最大途径。网站开发人员应该在开发网站的过程中注意网站程序各方面的安全性测试,包括防止 SQL 注入、密码加密、数据备份、使用验证码等方面的疏漏,加强安全程序方面的网络保护措施。

3. 信息安全

信息安全具有多方面的含义。首先,最基本的是网站内容的合法性,网络的普及也使得犯罪分子利用网络传播快捷的特性而常常发布违法、违规的信息。避免网站上出现各种色情内容、走私贩毒、种族歧视及政治性错误倾向的言论。其次,防止网站信息被篡改,对于大型网站来说,其发布的信息影响面大,如果被不法分子篡改,引起的负面效应恶劣。轻者收到网监的警告，严重的可能服务器被收缴，给公司造成损失。

4. 数据安全

数据库是一个网站的命脉，网站数据库里面通常包含了整个网站的新闻、文章、注册用户、密码等重要信息，对于一些商业、政府类型的网站，里面甚至包含了重要的商业资料和国家机密。网站之间的竞争越来越激烈，就出现了有部分经营者不正当竞争，通过黑客手段窃取数据，进行非法推广，更有黑客直接把"拿站"当作一项谋利的业务。所以加强一个网站的安全性，最根本的就是保护数据库不要被攻击或剽窃。

5. 网站安全的有效手段

网站在建设和运行中，要加强安全措施，制定完善的安全管理制度，增强安全技术手段。《网站运营手册》一书告诉我们保证网站每天24小时正常开通运转，以方便公众访问。需要注意以下问题。

（1）网站备案。对于新上线的网站，按照工信部的规定及时完成备案工作，杜绝因网站未备案被关停的事件发生。

（2）专人负责，明确责任。各部门应明确分管负责人、承办部门和具体责任人员，负责本部门网站日常维护工作，并建立相应的工作制度。

（3）定期备份制度。网站应当对重要文件、数据、操作系统及应用系统做定期备份，以便应急恢复。特别重要的部门还应当对重要文件和数据进行异地备份。

（4）口令管理制度。网站应当设置网站后台管理及上传的登录口令。口令的位数不应少于12位，且不应与管理者个人信息、单位信息、设备（系统）信息等相关联，严禁将个人登录账号和密码泄露给他人使用。

（5）服务器和网站定期检测制度。网站应及时对网站管理及服务器系统漏洞进行定期检测，并根据检测结果采取相应的措施。要及时对操作系统、数据库等系统软件进行补丁包升级或者版本升级，以防黑客利用系统漏洞和弱点非法入侵。

（6）客户端或录入电脑安全防范制度。网站负责人、技术开发人员和信息采编人员所用电脑必须加强病毒、黑客安全防范措施，必须有相应的安全软件实施保护，确保电脑内的资料、账号和密码的安全、可靠。

（7）应急响应制度。网站应当充分估计各种突发事件的可能性，做好应急响应方案。同时，要与岗位责任制度相结合，保证应急响应方案的及时实施，将损失降到最低。

（8）安全事件报告及处理制度。网站在发生安全突发事件后，除在第一时间组织人员进行解决外，应当及时向上级报告。

（9）人员管理制度。网站应当制定详细的工作人员管理制度，明确工作人员的职责和权限。要通过定期开展业务培训，提高人员素质，重点加强负责系统操作和维护工作的人员的培训考核工作。同时，规范人员调离制度，做好保密义务承诺、资料退还、系统口令更换等必要的安全保密工作。

本章小结

1.企业管理的演变是指企业在发展过程中的管理方法和手段变化必经的过程，演变通常由3

个阶段构成：经验管理阶段、科学管理阶段、文化管理阶段。

2. 在电子商务平台下的商务管理，很多系统都是由若干子模块高度集成，不仅包含了 ERP 传统应用内容，还涉足企业集团财务、内部资源、供应链、客户资源、知识库、商业智能、物联网与 SAAS 服务应用等。

3. 网站建设是电子商务企业运行中的关键环节，也是电子商务企业实现自身经营目标和提高竞争力的首要条件。网站运营模式归结起来说就是专业性、互动性、用户体验和亮点。衡量一个网站运营是否成功，一般都要抓住这几个关键环节，专业、互动、用户体验、亮点 4 个方面环环相扣，缺一不可。

4. 网站运营步骤是网站流程设计的具体化，是电商企业市场战略与策略成效的检验过程。网站运营主要项目有网站策划、网站设计、网页制作、网站编辑、网络营销、搜索引擎优化 SEO、网站统计、流量分析和网络广告等。

习题与实训

习题 在网站运营上，一个网站运营主管要做的工作范围十分广泛。所以网站主管必须清楚地知道如何在保证营运方向基础上，瞄准网站运营重点，只有这样才能获得运营的成功。请说明网站如何有效地掌控运营方向，并实现网站经营的最终目标。

实训 1　创业型网络公司运营机制分析

创业型网络公司没有必要建立非常完善的企业制度和复杂的部门结构。但是需要建立必要的信息内部传递的顺畅途径和必要的业务合同文档。①创业型网络公司基础部门结构：客服推广部、网站技术部、网站业务部；②创业型网络公司需要建立的沟通机制：标准业务流程；服务部门与销售部门之间的沟通流程；③创业型网络公司需要聘用的核心人才：运营总监、技术负责人、销售经理、客服推广组长；④创业型网络公司最需要的沟通：运营总监与核心人才的沟通、业务人员每日销售经验交流、核心人员之间的信息交流、客服推广知识总结、技术人员内部交流；⑤创业型网络公司最需要的培训：公司愿景培训、网站定位和运营思路培训、网站产品、服务知识培训、网站销售知识培训、其他具体运营时涉及的临时性培训。

创业型网站普遍问题是资源短缺，无论是资金、人才还是关系资源等均缺乏，因此务实的整合资源显得尤其重要。经营者可以以一年为中期经营点，以半年或三个月作为短期经营目标，根据此期间需要做哪些操作，哪块阶段配以哪种资源，进行宏观规划。例如，第一至第二个月属于平台打造期，此期间聘请最少的开发人员即可，在开发完成时再进行其他人才的招聘；在第三至第七个月的品牌打造和公司内部资源整合阶段，投入资金会多一些，在这个阶段注意分阶段招聘人才，并在品牌建立期间就应该开展销售业务，以不断补充资源。当然，在实际操作需要具体分析，如果经营者初期没有经验，可以让网站运营顾问给出一个详细的资源规划解决方案，以避免后期运作时产生人员投资浪费、网站推广投资浪费、时间浪费（网站经营最忌讳时间浪费）。

结合自己对网站管理的认识，提供创新创新型网站运营模式的战略规划，并撰写创业计划。

实训 2 以下是成功网站的运营管理经验：网站运营包含一个目的，两个方向，四个步骤。一个目的：实现盈利并发展壮大。两个方向：①提升品牌（提出公司品牌概念、建立诚信体系、获得良好的口碑）；②提高流量，多写写专题文章，去各大论坛发文，有人称为写软文，提高用户黏度，经常开展也符合网站发展需要、受用户群体欢迎的活动，增加网站相关性文章，增加搜索和访问机会、其他广告或者合作。四个步骤：①对网站定位以及盈利模式进行分析；②对网站进行优化和完善；③制定网站运营推广方案；④对网站营销进行管理和修订。

请结合自己对网站经营管理的感性认识，撰写网站运营的基本流程和关键环节。

案例分析

优衣库未将电商与线下门店做区别①

优衣库 CMO 吴品慧说，电商只是他们的另一家门店，没有区别对待，只是放在同一个水平面上试图全部打通。

记者：年底"双十一"紧接"双十二"，其他的各大电商也有各种活动，优衣库如何选择全年的电子商务和数字营销规划？

吴品慧：我们从更大的视野来看。优衣库是零售业，对我们来讲，如何创造品牌、产品和消费者之间的深层交互体验是我们的终极目标。比如说，我们通过怎样的平台，不管是门市渠道还是电子商务零售渠道，甚至其他新的平台渠道去创造品牌 LifeWear 的体验服务，产品的创新体验。

零售门市是我们的重点，我们在中国有 300 多家门市，我们不会因为电商是现在特别热门的渠道就过度偏爱，顾此失彼。对优衣库来讲，电商只是一个渠道，好比我们另外一家门市，不同的是，这个渠道可以跨越时空的限制。

这个框架下，我们规划新品上市、促销都会从一致的角度去看，可能会有一些时间点上电商和门市的商品会有些不同，但是整体来讲 80%、90% 一个大的方向，营销方向都是一致的。我们不推电商或者线下专供产品，只是可能比方说"双十一"，某些品类电商平台会早点推，或者晚点推，主要是配合平台做不一样的操作。

记者：优衣库是如何安排营销费用的？

吴品慧：我不方便透露数字。我们把顾客根据使用行为分类，比如说很多年轻人或者上班族用手机购物，我们电商平台里移动购物的比例高于 50%，消费者会自动到我们的电商平台去找，可能我们需要投入的就是天猫的一些活动，一些平台交易。同时，消费者看到我们的信息，想要体验，就会到门市去。我们努力创造品牌、产品和服务价值，让消费者去选择他的平台和购物体验。

在社交媒体上我们会加大投入。过去几年优衣库的营销基本上是加法，但不完全是媒体投入，我们花更多资源把品牌和产品通过消费者的体验活动和服务实现出来。举个例子，我们花很多时间、人力资源经营优衣库的微信和微博，我们微信有很多优衣库的 LifeWear 品牌、产品，

---

① 资料来源：http://www.ebrun.com/20150117/121525.shtml。

和服务的体验,并非一味的是促销信息。

我们觉得是对消费者最重要的营销就是要有一个贴心品牌精神和创意,人家才会跟你有共鸣。比如说零售里顾客需要很多样:我要这个样式,有没有别的颜色、尺码、我在哪一家找到我的库存等。最近优衣库在中国的一个活动,透过门市产品海报上印的"码"上优衣库——随身数字二维码,大家手机自主查询,给消费者更多他们想要知道关于产品信息,包括面料、功能、穿搭、查库存、查颜色、查尺码。通过这个连线,消费者可以查到你周围一两千米内有哪些店,哪家店里有你需要的颜色、尺码的裤子。可能你遇到的需求不是一张平面海报就可以解决的,那么通过在线数字平台去延伸顾客对你的产品、品牌和服务的需求和体验。我们会花非常多的人力物力去做这种品牌体验和服务。

记者:一般线上火爆线下便萧条,优衣库"双十一"线上下单2.6亿元,线下依旧天天爆满,除了线上线下一视同仁、统一布局外,还有哪些核心要点?

吴品慧:优衣库中国希望每年能新开80~100家门店,我们还积极在二线三线城市扩店,因为我们相信不论电商还是社交媒体都只是一种生活工具,人不可能永远关在房间里面买东西,很多的体验不是电子工具就可以满足的,你需要出去互动,还是需要去摸它、感受它。你到店里去,看到很多人,你很兴奋,里面的装修和服务,让你很舒服。我们相信人们基本的物质需求,我们坚信门店体验和服务还是零售业的本质,要把这个东西做好。

问题:本案例中,电子商务平台建设中的主要经验是什么?优衣库网站建设中的商品设计中的经验是什么?"把顾客根据使用行为分类"的商品品类管理方法秘诀在何处?

Chapter 4
第 4 章
企业财务管理基础知识

【本章要点】

1. 明确企业财务管理工作的基础性内容，我国中小企业财务管理的现状以及财务管理活动存在的问题，了解中小企业建立现代财务会计制度的基本思路。

2. 掌握中小企业财务管理基本架构，熟知资产负债表、损益表、现金流量表的主要科目以及财务分析基本原则。并学会据此判定企业的偿债能力、运营能力、获利能力，制定企业未来的财务金融战略。

3. 掌握 3 种报表之间的比较分析，结合沙盘演练中对期末财务指标分析的要求，熟知主要财务分析方法以及重要的财务分析指标的基本内涵。回溯性分析企业运营中出现问题的原因，提出解决问题的财务手段。

【引导案例】

阿里巴巴推 B2B 版支付宝欲打破外贸电商发展瓶颈[1]

阿里巴巴全球跨境平台"alibaba.com"近日正式宣布推出信用保障计划，为中国中小卖家率先建立类似于淘宝星钻冠的信用体系，同时针对海外卖家推出"你敢用我敢赔"的保障体系。业界认为，阿里巴巴的信用保障体系一举打破了多年来一直制约外贸电商发展的瓶颈——诚信问题。

目前，阿里巴巴的信用保障计划已低调试运行一段时间，平台上的中小企业卖家需要向阿里巴巴提供资质证明（无欺诈、无知识产权侵权等），通过审核后，企业信息栏前亮个小灯，就意味着这个卖家参加了信用保障计划，换言之，阿里巴巴为其背书。

阿里巴巴集团副总裁 B2B 事业群总裁吴敏芝介绍，跨境电商平台通过支付来实现在线交易还有难度，但已经可以通过服务（一达通为外贸企业提供通关退税等系列出口服务）来获取数据，实现在线交易。有了真实的交易数据，才有实现信用体系的可能。吴敏芝认为，信用体系以及支付宝的担保交易，对淘宝这样的 B2C 平台发展是至关重要的，之前 B2B 的跨境电商正是受没有信用体系的限制，才发展缓慢，信用保障体系的产生，将对 B2B 的跨境电商发展起到重要作用。

阿里巴巴外贸综合事业部总经理、信用保障产品负责人魏强介绍，目前在阿里巴巴平台上的中国中小卖家约 10 万家，已经有 8 万多家申请加入信用保障体系，虽然已近年尾，但这个数据

---

[1] 资料来源：http://www.100ec.cn/detail—6231168.html.

仍然还在不断攀升中。"虽然之前的补贴和贷款政策也是很大的利好，但对我们来说，信用保障体系的诞生，真正动了奶酪。"阿里巴巴信用保障体系的客户、河北廊坊市锐隆商贸有限公司总经理刘晓辰表示。

魏强表示，信用保障体系从技术手段上可以说是第一个互联网化的国际贸易交易规则，本质是运用大数据将传统外贸过程中产生的单据变成数据。交易评价越多，信用保障额度越高，买家越信任，接单成交越容易，这样一个良性循环能够促进中小企业发展并拉动出口，真正实现信用等于财富。

4.1 企业的财务管理概述

随着社会经济的快速发展，国内的中小微企业如雨后春笋般出现，已成为国民经济的重要组成部分。但是，人们也会注意到，由于许多中小微企业各项财务制度不完善，在发展的道路上面临各种困扰，甚至夭折，其境况令人扼腕。

4.1.1 中小企业的概念

中小企业是一个相对概念，是与所处行业的大企业相比人员规模、资产规模与经营规模都比较小的经济单位。目前，我国主要根据企业从业人员、营业收入、资产总额等指标，对16个行业，结合行业特点对企业规模进行划分。如对于工业企业，从业人员 1 000 人以下或营业收入 4 亿元以下的为中小微企业。其中，从业人员 300 人及以上，且营业收入 2 000 万元及以上的为中型企业；从业人员 20 人及以上，且营业收入 300 万元及以上的为小型企业；从业人员 20 人以下或营业收入 300 万元以下的为微型企业。

据研究人员介绍，此次调研涉及全国 7 大区域的 21 个城市，受调研的企业样本超过 700 家，报告对中国中小微企业的生存现状和未来发展作了全面的调查和研究。调查结果重点显示，目前全国中小微企业数量在 1 300 万家左右，由于经营规模较小，资本实力较差，在财务控制方面往往存在一些薄弱环节，不同程度地制约了中小企业的发展。

4.1.2 中小企业财务管理的基本现状

交通银行与复旦大学合作进行的一项关于中国中小微企业成长调研，调查中对中小微企业财务控制方面往往存在一些薄弱环节进行分析。值得肯定的是，在占据中小微企业大多数的民营企业中，财务"用人唯亲"的现象并不普遍，仅有 16.1% 的中小企业财务人员是家族成员。但另一方面，值得注意的是，外聘会计师事务所进行审计等工作在中小企业中也不普遍，仅有 43.2% 的中小企业使用外聘会计师事务所。

作为企业三大基础部门的财务部门一直都对企业的发展起着非常重大的作用，财务管理也是现代企业管理的核心内容。然而，目前我国中小微企业中企业财务管理制度不完善现象较普遍，有的甚至连基本的会计账簿也不健全，更不用说会计制度、成本控制、资本运营、内控管理等更深层次的财务管理。同时，财务管理薄弱也成了中小微企业向前发展的硬伤之一。由于电子商务企业起步较晚，相关的财务专项管理制度尚未完善，所以，类似电商等中小微企业的财务管理将会是下一步强化企业财务管理的关键所在。

1. 财务制度亟待建立

中小微企业中家族企业所占比例较大，其中小型企业中家族企业所占比重就高达29.3%，而它们在财务管控方面的职能设置不够健全，会计人员和出纳缺乏相互监督，甚至有些公司这两个岗位由一人担任，容易出现财务舞弊，给公司造成损失。沙盘演练中的虚拟化成分也会对操盘手的财务管理制度构建造成认知上的模糊，这一点教师必须在演练前、中、后进行必要的讲解和制度规范强化。

中小微企业财务管理薄弱的很大原因是没有建立健全的财务管理制度，企业迫于生存压力，在资金和人员有限的情况下会将主要资源放在追求产品销售的增长和市场份额的扩大上，基础性的财务管理不会放到企业管理的中心地位。这种状况在企业生产经营还算顺畅的情况下不会有什么问题，一旦企业出现资金周转困难或利润大幅下降甚至严重亏损等重大问题时，就会因平时财务管理工作不到位而不能立即做出正确的补救措施，使企业蒙受重大损失，甚至走向破产，而健全的财务管理制度就可以最大限度避免这种情况出现。

财务管理制度是一项基础性工作，所谓基础性工作便是一个组织最基本的工作。若一个企业没有健全的财务管理制度，便意味着这个企业的基础不牢固，试问这样的企业怎么能经受住市场如此激烈的竞争？毫无疑问，中小微企业若要长远发展，健全的财务管理制度必不可少。

2. 管控漏洞比较明显

中小企业现金流量、应收账款、财务风险以及存货和材料管理方面的管控不足，普遍对现金管理不严，造成资金闲置或不足。有些中小企业认为现金（包括银行存款）越多越好，造成现金闲置，未参加生产周转；而有些企业恰恰相反，资金使用没有计划，大量购置不动产，无法应付经营急需的资金，陷入财务困境。由于中小微企业的经营规模较小，资本实力较差，企业举债经营对企业自有资金的盈利能力影响较大，一旦公司经营不善或有其他不利因素，则公司资不抵债、破产倒闭的危险就大大增加，难以保证企业的健康发展。同时，中小微企业存货控制薄弱，很多中小微企业月末存货占用资金往往超过营业额的两倍以上，造成资金呆滞、周转失灵直至资金链断裂。同时，中小企业中存在重钱不重物，资产损失浪费严重的现象。

3. 从业人员素质有待提高

普遍来看，大多数中小微企业中的会计工作人员专业知识不达标，水平不符合国家规定的会计规范要求，无证上岗、毕业生直接上岗或其他专业转行等情况较多。

企业由于经营规模较小，资本实力较弱，人员培训的费用支出成本考量较多，导致许多管理者基础的财务知识不足，难以读懂公司常用财务报表，无法建立清晰的成本及风险控制概念，现金流意识、资金运作效率、规避企业的财务风险等方面知识都十分缺乏。如何学会使用财务等管理工具加强内部管理，运用财务思维解读企业运作，有效提升工作绩效成为管理人员管理水平提升的核心。

4.1.3 中小微企业建立现代财务会计制度的基本思路

业内专家认为，是否采用家族成员担任财务岗位，从根本上来说是信任问题，但对于中小微企业运营而言，科学的财务管控制度往往比人更加可信。

针对中小微企业普遍存在的财务控制能力薄弱问题，专家建议中小微企业应该针对自身特有的财务特点，加强对财务方面的控制，尤其是对财务人员的岗位职责管理。中小微企业合理设置财务会计及相关工作岗位，建立起不相容职务分离制度，明确职责权限，形成相互制衡机制，避免出现财务上的舞弊和职员之间串通，给公司造成损失。具体思路有以下几点。

1. 拓宽直接融资渠道，鼓励符合条件的中小微企业上市

资金来源决定企业的性质以及企业管理模式。借鉴一些国家和地区的成功经验，开辟二板市场，为高新技术企业的发展提供必要的资金投入。转变商业银行的观念，由被动贷款变为主动贷款，发挥银行对中小微企业的促进作用，要改革和完善现有信贷管理方式。建立多层次担保体系。我国中小微企业信用担保体系可由城市、省、国家三级机构组成。其业务由担保与再担保两部分构成；担保主要以地市为基础，再担保主要以省为基础。城市级的中小微企业担保机构以辖区内的中小微企业为服务对象，并向区县延伸分支机构；省级的中小微企业担保体系则以地市中小微企业信用担保服务机构为服务对象，实行业务指导和监督。中小微企业信用担保机构在创办初期不应以盈利为主要目的，其担保资金和业务经费以政府预算资助和资产划拨为主，担保费收入为辅。

2. 强化资金管理，加强财务控制

现金流管理是企业财务管理的中心，必须加强日常资金管理，尽可能使企业资金投放少、回收快、保持良性循环。这就要求企业在应收账款管理、物资合理库存、设备购置与管理等方面做进一步细致入微的工作，协调好资金的流动性、安全性与效益性的关系。这牵涉企业内部管理的方方面面，企业经营者要转变观念，认识到管好、用好、控制好财务不单是财务部门的职责，而且是关系到企业的各个部门、各个生产经营环节的大事。各部门要层层落实，共同为企业资金的管理做出贡献。

3. 完善中小微企业财务制度

现代化的企业财务管理，必须要有完整的财务资料，以帮助管理者分析过去和预测未来，使管理者看得远一点，增强其风险意识。为此，应从以下几个制度上入手加强管理。首先，重视企业财务的内部牵制制度。内部牵制制度指涉及企业款项和财务收付、结算及登记的任何一项工作，必须由两人或两人以上分工处理，以起到一种制约的作用。其次，健全内部审计制度，实施对会计的再监督，内部审计实施是再监督的一种有效的手段。再次，建立财务审批权限和签字制度。在审批程序中规定财务上的每一笔支出应按规定的顺序进行审批；在签字组合中规范每一笔支出的单据应根据审批程序和审批权限完成必要的签字，同时还应规定出纳只执行完成签字组合的业务，对于没有完成签字组合的业务支出，出纳人员应拒绝执行。由此对于控制发生不合理的支出及保持支出的合法性起到积极

的作用。

4. 加强应收账款管理

应收账款的存在使企业促进销售，增强竞争能力，但同时要避免应收账款对企业资金周转造成束缚及可能发生的坏账损失。专家在苏南中小企业的调查中发现，36.7%的企业认为在资金方面目前面临的最主要困难和问题是受三角债拖累。为了处理和解决好这一问题，中小企业可采用以下两个措施。一是要健全信用制度并做好原始记录。企业除了掌握应收账款明细账，进行账龄分析外，应制定健全的催收及信用分析制度，以免造成销售信用泛滥、资金积压、坏账过高，甚至诉讼的产生。二是业务与收款可由一人负责，并据此评估其工作绩效。

5. 保持适当的存货量

适当的存货量既能保证经营业务的正常需要，也能使存货占有的营运资本降到最低限额。适当的存货管理有赖于企业各部门的配合。如当产品需求上升时，营业部门应立即察觉并将信息传达给企业其他部门，采购部门及生产部门就必须立即考虑此项变动因素，并安排在采购及生产计划中，同时财务部门也应妥善做出资金来源计划。值得一提的是由于中小企业的生产经营规模一般都不大，这就决定了企业生产产品所需的原材料不多，生产的产品产量也不大，远距离的采购原料和销售产品是不经济的做法。因此，尽可能地就近采购原料既可以节约采购成本，还可以减少原料的库存积压，减少了原材料对资金的占用。同样道理，尽可能地就近销售产品，可以节约销售费用，缩短产品库存周期，这样既减少了资金的占用，也加速了资金的回收，提高了资金的利用效率。采购环节是沙盘演练的节点性模块，许多技巧性的操作往往源于此，在实训中能否将上述思想贯彻到企业经营模拟实战之中，也是对存货量处理技术与能力的考量。

6. 建立科学财务制度

企业内部会计制度是具体指导一个企业会计工作的规则、方法和程序的规范性文件，是企业管理制度的重要组成部分。按照我国会计法、会计准则的要求，企业在日常生产经营中除了必须遵守会计准则、会计制度和相关的法律法规的要求外，必须建立一整套适合企业自身的各项内部会计制度，如会计人员岗位责任制度、账务处理程序制度、内部牵制制度、稽核制度、原始记录管理制度、定额管理制度、计量验收制度、财产清查制度、财务收支审批制度、成本核算制度、财务会计分析制度等。在不违反会计法、会计准则等相关法律规范的前提下，企业可以根据企业自己的特点个性化设置这些制度，这些制度的遵照执行，将是企业生产经营的根本保障。

4.2 资产负债表

优化财务结构是企业财务稳健的关键，其具体标志是综合资金成本低、财务杠杆效益高、财务风险适度。中小微企业应当根据经营环境的变化，对资本、负债、资产等进行结构性调整，使其保持合理的比例。

4.2.1 中小微企业财务管理基本架构

最佳资本结构是指一定时期内一种能使财务杠杆利益,财务风险筹资成本,企业价值等之间实现最佳均衡的资本结构。资本结构安排是一个复杂的问题,因为它受到各方面因素的制约和影响,在设计最佳资本结构过程中必须考虑这些相关因素。负债结构性管理的重点是负债的到期结构。由于预期现金流量很难与债务的到期及数量保持协调一致,这就要求企业在允许现金流量波动的前提下,确定负债到期结构应保持安全边际。企业应对长短期负债的盈利能力与风险进行权衡,以确定既能使风险最小、又能使企业盈利能力最大的长短期负债比例。资产结构的优化主要是确定一个既能维持企业正常生产经营,又能在减少或不增加风险的前提下给企业带来尽可能多利润的流动资金水平。

4.2.2 资产负债表

资产负债表亦称财务状况表,表示企业在一定日期(通常为各会计期期末)的财务状况(即资产、负债和业主权益的状况)的主要会计报表。资产负债表利用会计平衡原则,将合乎会计原则的"资产、负债、股东权益"交易科目分为"资产"和"负债及股东权益"两大区块,在经过分录、转账、分类账、试算、调整等等会计程序后,以特定日期的静态企业情况为基准,浓缩成一张报表。其报表功用除了企业内部纠错、调整经营方向、防止用资弊端外,也可让所有相关方于最短时间了解企业经营状况。

1. 资产负债表的构成

国际上资产负债表于 2008 年已改成 Statement of Financial Position(SOFP)。资产负债表是反映企业在一定时期内全部资产、负债和所有者权益的财务报表,是企业经营活动的静态体现,根据"资产 = 负债 + 所有者权益"这一平衡公式,依照一定的分类标准和一定的次序,将某一特定日期的资产、负债、所有者权益的具体项目予以适当的排列编制而成。资产负债表是会计上相当重要的财务报表,最重要功用在于表现企业体的经营状况。就程序言,资产负债表为簿记记账程序的末端,是集合了登录分录、过账及试算调整后的最后结果与报表。就性质言,资产负债表则是表现企业或公司资产、负债与股东权益的的对比关系,确切反映公司营运状况。

(1)基本组成。就报表基本组成而言,资产负债表主要包含了报表左边算式的资产部分,与算式右边的负债与股东权益部分。而作业前端,如果完全依照会计原则记载,并经由正确的分录或转账试算过程后,必然会使资产负债表的左右边算式的总金额完全相同。而这个算式就是"资产金额总计 = 负债金额合计 + 股东权益金额合计"。

(2)组成要素。资产负债表一般有表首、正表两部分。其中,表首概括地说明报表名称、编制单位、编制日期、报表编号、货币名称、计量单位等。正表是资产负债表的主体,列示了用以说明企业财务状况的各个项目。资产负债表正表的格式一般有两种:报告式资产负债表和账户式资产负债表。报告式资产负债表是上下结构,上半部列示资产,下半部列示负债和所有者权益。具体排列形式又有两种:一是按"资产 = 负债 + 所有者权益"的原理排列;二是按"资产 − 负债 = 所有者权益"的原理排列。账户式资产负债表是左右结构,左边列示资产，右边列示负债和所有者权益。不管采取什么格式，资产各项目的合计等于负债和所有者权益各项目的合计这一等式不变。

（3）资产负债表采用账户式。每个项目又分为"期末余额"和"年初余额"两栏分别填列。采用企业会计准则的非金融企业的资产负债表格式如表4-1所示。

表4-1 非金融企业的资产负债表格

编制单位：××有限公司　　　　　20××年×月×日　　　　　单位：元

资产	期末余额	年初余额	负债和所有者权益（或股东权益）	期末余额	年初余额
流动资产：			流动负债：		
货币资金			短期借款		
交易性金融资产			交易性金融负债		
应收票据			应付票据		
应收账款			应付账款		
预付款项			预收款项		
应收利息			应付职工薪酬		
应收股利			应交税费		
其他应收款			应付利息		
存货			应付股利		
一年内到期的非流动资产			其他应付款		
其他流动资产			一年内到期的非流动负债		
流动资产合计			其他流动负债		
非流动资产：			**流动负债合计**		
可供出售金融资产			非流动负债：		
持有至到期投资			长期借款		
长期应收款			应付债券		
长期股权投资			长期应付款		
投资性房地产			专项应付款		
固定资产			预计负债		
在建工程			递延所得税负债		
工程物资			其他非流动负债		
固定资产清理			**非流动负债合计**		
生产性生物资产			**负债合计**		
油气资产			所有者权益（或股东权益）：		
无形资产			实收资本（或股本）		
开发支出			资本公积		
商誉			减：库存股		
长期待摊费用			盈余公积		
递延所得税资产			未分配利润		
其他非流动资产			**所有者权益（或股东权益）合计**		
非流动资产合计					
资产总计			**负债和所有者权益（或股东权益）总计**		

（4）填制内容。资产负债表根据资产、负债、所有者权益（或股东权益，下同）之间的钩稽关系，按照一定的分类标准和顺序，把企业一定日期的资产、负债和所有者权益各项目

予以适当排列。它反映的是企业资产、负债、所有者权益的总体规模和结构,即:资产有多少;资产中,流动资产、固定资产各有多少;流动资产中,货币资金有多少,应收账款有多少,存货有多少等。所有者权益有多少;所有者权益中,实收资本(或股本,下同)有多少,资本公积有多少,盈余公积有多少,未分配利润有多少等。

2. 表项目分项列示的依据

在资产负债表中,企业通常按资产、负债、所有者权益分类分项反映。也就是说,资产按流动性大小进行列示,具体分为流动资产、长期投资、固定资产、无形资产及其他资产;负债也按流动性大小进行列示,具体分为流动负债、非流动负债等;所有者权益则按实收资本、资本公积、盈余公积、未分配利润等项目分项列示。

(1)资产。资产负债表中的资产反映由过去的交易、事项形成并由企业在某一特定日期所拥有或控制的、预期会给企业带来经济利益的资源。资产应当按照流动资产和非流动资产两大类别在资产负债表中列示,在流动资产和非流动资产类别下进一步按性质分项列示。

流动资产是预计在一个正常营业周期中变现、出售或耗用,或者主要为交易目的而持有,或者预计在资产负债表日起一年内(含一年)变现的资产,或者自资产负债表日起一年内交换其他资产或清偿负债的能力不受限制的现金或现金等价物。

资产负债表中列示的流动资产项目通常包括货币资金、交易性金融资产、应收票据、应收账款、预付款项、应收利息、应收股利、其他应收款、存货和一年内到期的非流动资产等。

非流动资产是流动资产以外的资产。资产负债表中列示的非流动资产项目通常包括长期股权投资、固定资产、在建工程、工程物资、固定资产清理、无形资产、开发支出、长期待摊费用以及其他非流动资产等。

(2)负债。资产负债表中的负债反映在某一特定日期企业所承担的、预期会导致经济利益流出企业的现时义务。负债应当按照流动负债和非流动负债在资产负债表中进行列示,在流动负债和非流动负债类别下再进一步按性质分项列示。

流动负债是预计在一个正常营业周期中清偿,或者主要为交易目的而持有,或者自资产负债表日起一年内(含一年)到期应予以清偿,或者企业无权自主地将清偿推迟至资产负债表日后一年以上的负债。资产负债表中列示的流动负债项目通常包括短期借款、应付票据、应付账款、预收款项、应付职工薪酬、应交税费、应付利息、应付股利、其他应付款、一年内到期的非流动负债等。

非流动负债是流动负债以外的负债。非流动负债项目通常包括长期借款、应付债券和其他非流动负债等。

(3)所有者权益。资产负债表中的所有者权益是企业资产扣除负债后的剩余权益,反映企业在某一特定日期股东(投资者)拥有的净资产的总额,它一般按照实收资本、资本公积、盈余公积和未分配利润分项列示。

4.2.3 与利润表关系

(1)利润表是按照"收入 - 费用 = 利润"编制的,它反映的是一个期间会计主体经营活动成果的变动。

（2）资产负债表是按照"资产＝负债＋所有者权益"编制的，它反映的是某一时点会计主体全部资产的分布状况及其相应来源。

（3）由于等式"收入－费用＝利润"的结果既会在利润表中反映，也会在资产负债表中反映。它们之间的联系可以用等式"资产＝负债＋所有者权益＋收入－费用"表示。

（4）资产负债表所有者权益部分"未分配利润"年初、年末数等于利润及利润分配表的利润分配部分的"年初未分配利润""年末未分配利润"，年度之中，资产负债表所有者权益部分"未分配利润"期末数等于年初未分配利润与利润表的净利润之和。

4.3 利润表

利润表主要提供有关企业经营成果方面的信息，是反映企业在一定会计期间经营成果的报表。例如，反映1月1日至12月31日经营成果的利润表，由于它反映的是某一期间的情况，所以，又称为动态报表。利润表也被称为损益表、收益表。

在我国国内，利润表采用多步式，每个项目通常又分为"本月数"和"本年累计数"两栏。"本月数"栏反映各项目的本月实际发生数；在编报中期财务会计报告时，填列上年同期累计实际发生数；在编报年度财务会计报告时，填列上年全年累计实际发生数。如果上年度利润表与本年度利润表的项目名称和内容不相一致，则按编报当年的口径对上年度利润表项目的名称和数字进行调整，填入本表"上年数"栏。在编报中期和年度财务会计报告时，将"本月数"栏改成"上年数"栏。本表"本年累计数"栏反映各项目自年初起至报告期期末止的累计实际发生数。

多步式利润表主要分四步计算企业的利润（或亏损）。第一步，以主营业务收入为基础，减去主营业务成本和营业税金及附加，计算主营业务利润；第二步，以主营业务利润为基础，加上其他业务利润，减去营业费用、管理费用、财务费用，计算出营业利润；第三步，以营业利润为基础，加上投资净收益、补贴收入、营业外收入，减去营业外支出，计算出利润总额；第四步，以利润总额为基础，减去所得税，计算净利润（或净亏损）。

4.3.1 利润表的编制

利润表各项目均需填列"本期金额"和"上期金额"两栏。在编制利润表时，"本期金额"栏应分为"本期金额"和"年初至本期末累计发生额"两栏，分别填列各项目本中期（月、季或半年）各项目实际发生额，以及自年初起至本中期（月、季或半年）末止的累计实际发生额。"上期金额"栏应分为"上年可比本中期金额"和"上年初至可比本中期末累计发生额"两栏，应根据上年可比中期利润表"本期金额"下对应的两栏数字分别填列。上年度利润表与本年度利润表的项目名称和内容不一致的，应对上年度利润表项目的名称和数字按本年度的规定进行调整。年终结账时，由于全年的收入和支出已全部转入"本年利润"科目，并且通过收支对比结出本年净利润的数额。因此，应将年度利润表中的"净利润"数字，与"本年利润"科目结转到"利润分配——未分配利润"科目的数字相核对,检查账簿记录和报表编制的正确性。利润表"本期金额""上期金额"栏内各项数字,应当按照相关科目的发生额分析填列(见表 4-2)。

表 4-2 利润表

编制单位:×××公司　　　　　　　　　　　　　　　　　　　日期:2012年4月9日

项　目	行次	本月数	本年累计数
一、产品销售收入	1	0.00	42 000.00
减:产品销售成本	2	0.00	24 000.00
产品销售费用	3	0.00	200.00
产品销售税金及附加	4	0.00	0.00
二、产品销售利润	7	0.00	17 800.00
加:其他业务利润	9	0.00	0.00
减:管理费用	10	0.00	6 790.00
财务费用	11	0.00	0.00
三、营业利润	14	0.00	11 010.00
加:投资收益	15	0	0.00
营业外收入	16	0.00	0.00
减:营业外支出	17	0.00	0.00
加:以前年度损益调整	20		
四、利润总额	25	0.00	11 010.000
减:所得税	26		
五、净利润	30	0.00	11 010.00

单位负责人:　　　　　　　　　　会计主管:　　　　　　　　　　制表:

4.3.2 利润表编制的原理

"收入－费用＝利润"是会计平衡公式和收入与费用的配比原则。生产服务经营中企业不断地发生各种费用支出,同时取得各种收入,收入减去费用,剩余的部分就是企业的盈利。取得的收入和发生的相关费用的对比情况就是企业的经营成果。如果企业经营不当,发生的生产经营费用超过取得的收入,企业就发生了亏损;反之企业就能取得一定的利润。会计部门应定期(一般按月份)核算企业的经营成果,并将核算结果编制成报表,这就形成了利润表。

4.3.3 利润表的作用

企业利润表可以全面反映与企业经营收入、成本、利润有关的信息变化情况,使企业管理者和相关部门及时了解企业经营状况,调整经营策略和方法。利润表的作用体现在以下方面。

(1)利润表,可以反映企业一定会计期间的收入实现情况。即实现的主营业务收入有多少,实现的其他业务收入有多少,实现的投资收益有多少,实现的营业外收入有多少等。

(2)反映一定会计期间的费用耗费情况。即耗费的主营业务成本有多少,营业税金有多少,营业费用、管理费用、财务费用各有多少,营业外支出有多少等。

（3）反映企业生产经营活动的成果。即净利润的实现情况，据以判断资本保值、增值情况。

（4）将利润表中的信息与资产负债表中的信息相结合，还可以提供进行财务分析的基本资料，如将赊销收入净额与应收账款平均余额进行比较，计算出应收账款周转率。

（5）将销货成本与存货平均余额进行比较，计算出存货周转率。

（6）将净利润与资产总额进行比较，计算出资产收益率等，可以表现企业资金周转情况以及企业的盈利能力和水平，便于会计报表使用者判断企业未来的发展趋势，做出经济决策。

所以，编制利润表的主要目的就是将企业经营的成果信息，提供给各种报表使用者，以供他们决策时的依据或参考。

4.4 现金流量表

现金流量表是财务报表的三个基本报表之一（见表4-3），所表达的是在一固定期间（通常是每月或每季）内，一家机构的现金（包含银行存款）的增减变动情形，现金流量表的出现，主要是要反映出资产负债表中各个项目对现金流量的影响，并根据其用途划分为经营、投资及融资三个活动分类。

现金流量表可用于分析一家企业或机构在短期内有没有足够现金去应付开销。国际财务报告准则第7号公报规范了现金流量表的编制。现金流量表是原先财务状况变动表或者资金流动状况表的替代物，它详细描述了由公司的经营、投资与筹资活动所产生的现金流。这张表由财务会计标准委员会于1987年批准生效，也被称为FASB95号表。

企业的现金流量由经营活动产生的现金流量、投资活动产生的现金流量和筹资活动产生的现金流量三部分构成。分析现金流量及其结构，可以了解企业现金的来龙去脉和现金收支构成，评价企业经营状况、创现能力、筹资能力和资金实力。

表 4-3 现金流量表

编制单位：	2013年	单位：元
一、经营活动产生的现金流量；		
销售产成品、商品、提供劳务收到的现金		
收到的其他与经营活动有关的现金		
购买原材料、商品、接受劳务支付的现金		
支付的职工薪酬		
支付的税费		
支付其他与经营活动有关的现金		
经营活动产生的现金流量净额		
二、投资活动产生的现金流量		
收回短期投资、长期债券投资和长期股权投资收到的现金		
取得投资收益收到的现金		
处置固定资产、无形资产和其他非流动资产收回的现金净额		
短期投资、长期债券投资和长期股权投资支付的现金		
购建固定资产、无形资产和其他非流动资产支付的现金		
投资活动产生的现金流量净额		
三、筹资活动产生的现金流量		
取得借款收到的现金		
吸收投资者投资收到的现金		
偿还借款本金支付的现金		
偿还借款利息支付的现金		
分配利润支付的现金		
筹资活动产生的现金流量净额		
四、现金净增加额		
加：期初现金余额		
五、期末现金余额		

4.4.1 经营活动产生的现金流量分析

如果把资产负债表比作"体检表"的话，现金流量表则是企业的"诊断书"。现金流量表为股东提供了一家公司经营是否健康的证据。如果一家公司经营活动产生的现金流无法支付股利与保持股本的生产能力，从而它得用借款的方式满足这些需要，那么这就给出了一个警告，这家公司从长期来看无法维持正常情况下的支出，有可能因此倒闭。现金流量表通过显示经营中产生的现金流量的不足和不得不用借款来支付无法永久支撑的股利水平，从而揭示了公司内在的发展问题。

（1）将销售商品、提供劳务收到的现金与购进商品、接受劳务付出的现金进行比较。在企业经营正常、购销平衡的情况下，二者进行比较是有意义的。比率大，说明企业的销售利润大，销售回款良好，创现能力强。

（2）将销售商品、提供劳务收到的现金与经营活动流入的现金总额比较，可大致说明企业产品销售现款占经营活动流入的现金的比重有多大。比重大，说明企业主营业务突出，营销状况良好。

（3）将本期经营活动现金净流量与上期比较，增长率越高，说明企业成长性越好。

4.4.2 投资活动产生的现金流量分析

当企业扩大规模或开发新的利润增长点时，需要大量的现金投入，投资活动产生的现金流入量补偿不了流出量，投资活动现金净流量为负数，如果企业投资有效，将会在未来产生现金净流入用于偿还债务，创造收益，企业不会有偿债困难。因此，分析投资活动现金流量，应结合企业的投资项目进行，不能简单地以现金净流入还是净流出来论优劣。

4.4.3 筹资活动产生的现金流量分析

一般来说，筹资活动产生的现金净流量越大，企业面临的偿债压力也越大，如果现金净流入量主要来自企业吸收的权益性资本，则不仅不会面临偿债压力，资金实力反而增强。因此，在分析时，可将吸收权益性资本收到的现金与筹资活动现金总流入比较，所占比重大，说明企业资金实力增强，财务风险降低。

4.4.4 现金流量构成

首先，分别计算经营活动现金流入、投资活动现金流入和筹资活动现金流入占现金总流入的比重，了解现金的主要来源。一般来说，经营活动现金流入占现金总流入比重大的企业，经营状况较好，财务风险较低，现金流入结构较为合理。其次，分别计算经营活动现金支出、投资活动现金支出和筹资活动现金支出占现金总流出的比重，它能具体反映企业的现金用于哪些方面。一般来说，经营活动现金支出比重大的企业，其生产经营状况正常，现金支出结构较为合理。

4.5 三种报表之间的比较分析

沙盘每轮或每个年度操作完成关账之后,系统都会生成三个财务报表,能否看懂这些报表,明白报表中的数据指标的意义,是各经营小组能否胜出的关键,也是沙盘教学的最终落脚点。但仅以利润来评价企业的经营业绩和获利能力有失偏颇,如能结合现金流量表所提供的现金流量信息和资产负债表的指标变量,特别是经营活动现金净流量的信息进行分析,则较为客观全面(见图 4-1)。

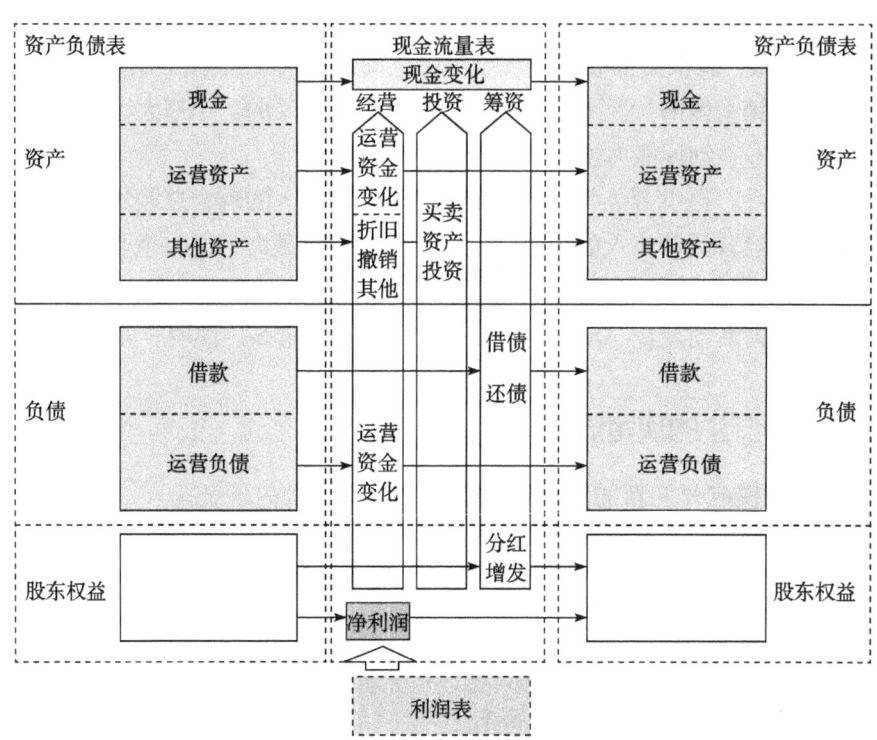

图 4-1 三种报表之间的关系

4.5.1 现金流量表与利润表比较分析

利润表是反映企业一定期间经营成果的重要报表,它揭示了企业利润的计算过程和利润的形成过程。利润被看成评价企业经营业绩及盈利能力的重要指标,但却存在一定的缺陷。众所周知,利润是收入减去费用的差额,而收入费用的确认与计量是以权责发生制为基础,广泛地运用收入实现原则、费用配比原则、划分资本性支出和收益性支出原则等来进行的,其中包括了太多的会计估计。尽管会计人员在进行估计时要遵循会计准则,并有一定的客观依据,但不可避免地要侧重主观判断。而且,由于收入与费用是按其归属来确认的,而不管是否实际收到或付出了现金,以此计算的利润常常使一个企业的盈利水平与其真实的财务状况不符。有的企业账面利润很大,看似业绩可观,而现金却入不敷出,举步艰难;而有的企业虽然巨额亏损,却现金充足,周转自如。为保证模拟企业能够顺利经营下去,教师在沙盘训练活动中应当帮助学生科学分析现金流量与利润之间的逻辑关系,防止学生操作时因资金链断裂而导致经营失败。

其实，利润和现金净流量是两个从不同角度反映企业业绩的指标，前者可称为应计制利润，后者可称为现金制利润。两者的关系，通过现金流量表的补充资料揭示出来。具体分析时，可将现金流量表的有关指标与利润表的相关指标进行对比，以评价企业利润的质量。

（1）经营活动现金净流量与净利润比较，能在一定程度上反映企业利润的质量。也就是说，企业每实现1元的账面利润中，实际有多少现金支撑，比率越高，利润质量越高。但这一指标，只有在企业经营正常，既能创造利润又能获得现金净流量时才可比，分析这一比率也才有意义。为了与经营活动现金净流量计算口径一致，净利润指标应剔除投资收益和筹资费用。

（2）销售商品、提供劳务收到的现金与主营业务收入比较，可以大致说明企业销售回收现金的情况及企业销售的质量。收现数所占比重大，说明销售收入实现后所增加的资产转换现金速度快、质量高。

（3）分得股利或利润及取得债券利息收入所得到的现金与投资收益比较，可大致反映企业账面投资收益的质量。

4.5.2 现金流量表与资产负债表比较分析

资产负债表是反映企业期末资产和负债状况的报表，是企业以往经营状况的反映。运用现金流量表的有关指标与资产负债表有关指标比较，可以更为客观地评价企业的偿债能力、盈利能力及支付能力。

1. 偿债能力分析

流动比率是流动资产与流动负债之比，而流动资产体现的是能在一年内或一个营业周期内变现的资产，包括了许多流动性不强的项目，如果滞的存货、有可能收不回的应收账款、以及本质上属于费用的待摊费用、待处理流动资产损失和预付账款等。它们虽然具有资产的性质，但事实上却不能再转变为现金，不再具有偿付债务的能力。而且，不同企业的流动资产结构差异较大，资产质量各不相同，因此，仅用流动比率等指标来分析企业的偿债能力，往往有失偏颇。可运用经营活动现金净流量与资产负债表相关指标进行对比分析，作为流动比率等指标的补充。具体内容为：

（1）经营活动现金净流量与流动负债之比。这指标可以反映企业经营活动获得现金偿还短期债务的能力，比率越大，说明偿债能力越强。

（2）经营活动现金净流量与全部债务之比。该比率可以反映企业用经营活动中所获现金偿还全部债务的能力，这个比率越大，说明企业承担债务的能力越强。

（3）现金（含现金等价物）期末余额与流动负债之比。这一比率反映企业直接支付债务的能力，比率越高，说明企业偿债能力越大。但现金收益性差，这一比率也并非越大越好。

2. 盈利能力及支付能力分析

由于利润指标存在的缺陷，因此，可运用现金净流量与资产负债表相关指标进行对比分析，作为每股收益、净资产收益率等盈利指标的补充。

（1）经营活动现金净流量与总股本之比。这一比率反映每股资本获取现金净流量的能力，比率越高，说明企业支付股利的能力越强。

（2）经营活动现金净流量与净资产之比。这一比率反映投资者投入资本创造现金的能力，比率越高，创现能力越强。净利润指标应剔除投资收益和筹资费用。

3. 附表项目分析

现金流量表分为主表和附表（即补充资料）两大部分。主表的各项目金额实际上就是每笔现金流入、流出的归属，而附表的各项目金额则是相应会计账户的当期发生额或期末与期初余额的差额。附表是现金流量表中不可或缺的一部分，以下是对现金流量表附表填列所进行的总结。

一般情况下，附表项目可以直接取相应会计账户的发生额或余额，分述如下：

（1）净利润，取利润分配表"净利润"项目。

（2）计提的资产减值准备，取"管理费用"账户所属"计提的坏账准备"及"计提的存货跌价准备"，"营业外支出"账户所属"计提的固定资产减值准备""计提的在建工程减值准备""计提的无形资产减值准备"，"投资收益"账户所属"计提的短期投资跌价准备""计提的长期投资减值准备"等明细账户的借方发生额。

（3）固定资产折旧，取"制造费用""管理费用""营业费用""其他业务支出"等账户所属的"折旧费"明细账户借方发生额。

（4）无形资产摊销，取"管理费用"等账户所属"无形资产摊销"明细账户借方发生额。

（5）长期待摊费用摊销，取"制造费用""营业费用""管理费用"等账户所属"长期待摊费用摊销"明细账户借方发生额。

（6）待摊费用减少，取"待摊费用"账户的期初、期末余额的差额。

（7）预提费用增加，取"预提费用"账户的期末、期初余额的差额。

（8）处置固定资产、无形资产和其他长期资产的损失，取"营业外收入""营业外支出""其他业务收入""其他业务支出"等账户所属"处置固定资产净收益""处置固定资产净损失""出售无形资产收益""出售无形资产损失"等明细账户的借方发生额与贷方发生额的差额。

（9）固定资产报废损失，取"营业外支出"账户所属"固定资产盘亏"明细账户借方发生额与"营业外收入"账户所属"固定资产盘盈"贷方发生额的差额。

（10）财务费用，取"财务费用"账户所属"利息支出"明细账户借方发生额，不包括"利息收入"等其他明细账户发生额。

（11）投资损失，取"投资收益"账户借方发生额，但不包括"计提的短期投资跌价准备""计提的长期投资减值准备"明细账户发生额。

（12）递延税贷项，取"递延税款"账户期末、期初余额的差额。

（13）存货的减少，取与经营活动有关的"原材料""库存商品""生产成本"等所有存货账户的期初、期末余额的差额。

（14）经营性应收项目的减少，取与经营活动有关的"应收账款""其他应收款""预付账款"等账户的期初、期末余额的差额。

（15）经营性应付项目的增加，取与经营活动有关的"应付账款""预收账款""应付工资""应付福利费""应交税金""其他应交款""其他应付款"等账户的期末、期初余额的差额。

以上项目在沙盘的盘面上都会有所体现，训练者在操作的同时也要仔细揣摩不同项目的设置初衷以及数据变化的内在原因，以此作为经营决策的依据。

4.6 电子商务环境下的企业财务管理

在现今国内外科学信息技术的发展浪潮涌动下，企业的具体财务管理工作受到电子商务环境的重大影响。因此，企业应构建适应电子商务环境的合理财务管理体系，以便更为有效地管理企业的财务工作。

4.6.1 企业财务管理受到电子商务环境的具体影响

企业财务管理模式是指企业为实现财务管理目标而建立的财务组织结构、财务处理流程、财务处理方法、财务制度和财务信息系统的总称。由于企业具有一定的差异性，内部环境也不同，从而造成财务组织构建、财务管理条例、财务规则、财务信息系统各个方面的不同，每个企业都有不同的财务管理手段。企业财务管理模式一经形成，在一定时期表现出稳定性和协调性，但随着企业外部环境的不断变化，其表现出动态发展的特性。

当前信息科学技术的进步，特别是网络管理技术的广泛应用，正在逐步形成电子商务环境，造成企业生产、管理等多方面的深刻转变。基于电子商务模式，企业生产、管理、营销等各种活动更加融合，企业内部之间、企业与外部之间通过网络传递信息、处理业务，使财务管理活动处于电子商务环境中，财务管理模式正受到电子商务环境不可忽视的影响。其表现在以下几个方面。

（1）影响财务的组织结构。财务部门与其他部门相融合，出现模糊分工状态，以往由财务部门处理的一些核算业务将按其业务发生地点归到制造、营销、供应等部门来完成。财务内部实体综合职员管理部门逐步转变为虚拟职员管理部门。财务部门职员实行内部分工制，岗位设置也发生较大变化。

（2）影响财务的处理流程。在电子商务环境下，计算机网络代替了纸笔、算盘、计算器，电子单据在线录入，电子货币自动划转，财务业务协同，所有信息全面融合。财务管理无须再事先划分成各自独立的环节，所有信息融合为一条连续的信息流，所需的任何财务信息都可直接从网上获得。

（3）影响财务的实施方式。在电子商务环境下，企业业务活动，如网上交易、网上结算、网上营销、网上采购、网上报税、网上报关等，都将利用计算机进行处理。以往的财务计量策略、财务预算方式、投资管理策略和财务分析策略等均将面临根本性的革新。

（4）影响财务的内部制度。在电子商务环境下，全新的经济形态改变传统工业社会的经济规则。就企业本身而言，财务组织、财务流程、财务处理方法的变革必然要求建立新的财务制度。

（5）影响财务的办公软件。在电子商务环境下，会计信息系统正从被动地汇总业务职能部门的财务数据，转向与业务协同，主动地在业务发生时获取详细信息。财务软件正从部门级、企业级向供应链级发展，并与其他子系统相互渗透，彼此的界限日益模糊。在信息技术的潮流下，财务信息系统的转变，不再是简简单单的修补，而是一次更加深刻的革命。未来的财务系统将不仅仅面向财务问题的处理，它的触角将延伸到企业内外活动的各个终端，系统功能的变更性、扩充性和系统内外部数据的共享和一致将成为必然的发展趋势。财务软件本身就是电子商务的一部分，在一定程度上，它将对企业财务管理的革新起到巨大的推动作用。

4.6.2 构建合理的财务管理模式

由于电子商务环境对现今的企业财务管理产生了重大影响，相关企业须针对内部的财务管理方式进行合理的改革，积极应对信息技术的发展潮流，合理地构建有效的财务管理模式。

1. 选择合适的管理目标

企业财务管理的目标，是指企业财务管理在一定环境和条件下所应达到的预期结果，它是企业整个财务管理工作的定向机制、出发点和归宿。企业财务管理的目标应兼顾相关利益人各方的利益，同时还应追求企业持久的竞争优势，即以建立企业可持续竞争优势为前提，以股东利益最大化为主导的利益相关者财富最大化为目标。

2. 重新进行组织设计

结合企业财务管理的目标和特点，基于电子商务交易模式的要求指标，确定组织设计的方法、原则和主要参数，确定企业财务管理关键功能及其结构，层层分解到各项业务和工作，进行业务的总体设计。层层分解，实行分级归口管理，明确各部门和岗位在财务管理过程中的责任、权利，以及应提供的信息、完成的工作、评价的依据等，并对实际的财务管理活动进行严格审核，保证有效地控制经济活动，实现财务控制，完成财务管理目标和计划。

3. 改造业务流程

业务流程再造是指基于信息技术，对企业业务流程进行根本性的再思考和彻底的重新设计，以实现成本、质量、服务和速度等现代关键业绩指标的巨大提高。

在电子商务环境下，财务管理不能忽视企业内外部的相互协作关系。各个业务部门也要能够随时获取财务部门的信息，从而更好地开展业务活动，真正实现事前预测、事中控制和事后反馈，使企业成为一个有机整体。

4. 信息系统构建

企业财务管理信息系统应在流程再造的基础上设计，关注其与电子商务交易系统的融合，将信息需求模式分为核算导向、控制导向和决策导向，并寻找三种导向与企业现代信息技术的电算化、信息化和智能化之间的关系。对外安全、高效、便捷地实现电子货币支付、电子转账结算和与之相关的财务业务电子化，实现资源共享和信息及时互动；对内有效地实施网络财务监控和管理。

对于电子商务环境下的财务管理而言，信息系统的安全性至关重要。由于财务问题涉及资金问题和公司机密等，任何一点漏洞都可能导致大量资金或商业秘密的流失，甚至给企业带来灭顶之灾，因此对其传递手段和储存工具要求严格。目前，许多专家提出了各种安全控制的方法与措施，如形成网上公证牵制、分离监控与操作、在线测试应用软件、设置灾难风险控制，以及在企业内部设立与当前企业中的审计委员会相类似的内控机构、网监会等。有关网站安全管理手段，可以在电子商务背景下的财务活动中适当借鉴。

4.6.3 创新电子商务环境中的企业财务管理

在创新环境下，原有的财务管理体制与模式会发生局部变化，对这种变化，企业管理者必须有一定的敏感性和应对策略。

1. 合理构建财务组织结构

面对电子商务环境，企业组织的实践和理论均显示，传统的企业组织结构正呈现出扁平化的变化趋势。有些专家学者针对财务组织提出了一系列概念，为财务组织结构的转变提供了新的视角。

2. 整合财务处理流程

20 世纪 90 年代，美国相关管理学家针对信息技术对管理的影响提出了"企业流程再造"思想，并在欧美等国的企业掀起了"以流程再造"为核心的企业管理革命浪潮。企业充分利用信息技术，对组织架构和流程进行重新组合，尽可能减少无效或不增值的活动，从整体流程全局最优的目标，设计和优化流程中的各项活动。

3. 改进财务处理控制方法

长期以来，很多财务处理控制方法在财务管理中得到应用，如授权批准、财产保全和复式记账等。但是，还有许多先进的方法，如全面预算、标准成本控制和无形资产计量评价等方法在我国应用程度非常低。究其原因，除了经济环境、思想观念、财务人员素质外，更主要的原因是没有把这些方法与信息技术相结合。

4. 创新财务制度

财务组织、财务流程、财务处理方法、财务信息系统的创新都受到财务制度的制约，尤其是宏观财务制度。随着社会经济的增长和技术的快速发展，宏观的财务制度或对创新企业财务管理造成一定的约束。探索电子商务环境下的企业会计制度、会计准则、财务管理制度成为理论研究的重要任务。网上支付显然是未来的发展方向，但安全问题仍是一个阻碍其增长的因素。人们不去网上购物，或减少网上购物次数的首要原因仍是安全问题。安全服务企业卡巴斯基实验室发现，人们在网上购物或进行网上交易时，有 49% 感到不安全，而 62% 担心遇上网络金融诈骗。在移动设备上，这些担心均不同程度地增加。

5. 开发合适的财务软件

目前，国内财务软件大多数都没有从根本上改变对传统业务的模拟，只是在对传统会计处理进行改进的基础上增加了对其他业务的模拟。以往的自动化流程思路仍然存在的原因有两方面：一方面是宏观财务制度的限制因素，另一方面是软件开发商在商品化市场环境中的限制因素。财务软件模块越来越多，价格越来越高，使用难度越来越大，不同软件的模块难以兼容，很多企业陷于两难的困境，事项会计、事项法会计信息系统为电子商务环境下财务信息系统的设计展现了全新的视角。

4.7 沙盘对提高财务管理能力的价值

目前大多数沙盘课程主要选取"净利润"或"股东权益回报率"这样单一的财务指标衡量各模拟公司的得失成败。但国际上流行的战略业绩指标评价体系"平衡计分卡"则综合了财务指标和非财务指标，具有系统性全局性，它侧重从财务表现、市场表现、行销有效性、公司对未来的投资、人力资源管理、资产管理及创造的价值各方面来综合评定各模拟公司的经营绩效并与竞争对手做比较。沙盘模拟在企业人员培训中，最为关键的价值指标就是财务管理相关量化标准。

企业筹资是指企业根据其生产经营、对外投资和调整资本结构等需要，通过金融市场等筹资渠道运用一定的筹资方式，经济有效地筹措和集中资金的活动。筹集资金是企业的基本财务活动，是资金运动的起点，是决定资产规模和生产经营发展程度的重要环节，资金的筹集必须遵循一定的原则，按照一定的步骤进行。

4.7.1 进行财务预测与分析，计算融资时所需要的资金量

企业为了保证生产经营的正常进行，必须知道自己在什么时间、需要多少资金，才能编制合理融资计划。在沙盘模拟中，每个会计年度初期，企业管理层需要制定（或调整）企业发展战略，以此为依据确立企业未来的销售目标。有了销售目标，企业的财务主管就可以编制销售预算，即对未来一年企业可能实现的销售量、销售收入做测算。

这样，以销售预测为依据，结合企业对未来的预期，就可以编制准确的生产预算、采购预算、设备投资专门预算，并进行相应的现金预算。由于现金预算的内容包括现金的流入量、现金的流出量、现金的多余及现金短缺的数值，因此根据现金预算，管理层就可以判断出未来企业现金流的状况及现金结余的情况以及现金是否有短缺，如果有短缺，金额是多少，测算出资金需要量。

4.7.2 根据运营企业自身情况对融资方式的选择进行可行性分析

沙盘模拟中允许企业的融资方式有长期贷款、短期贷款、贴现及民间贷款。其中长期贷款最长为 5 年期，每年年底支付利息，贷款的最高限额是权益额的两倍；短期贷款及民间贷款期限为 1 年，不足 1 年的按 1 年计息，短期贷款与民间贷款到期时还本付息，短期贷款限额是权益的两倍，民间贷款没有贷款额度的限制；资金贴现在资金出现缺口且不具备银行贷款的情况下，并且有应收款时随时可以进行，金额是 7 的倍数不论应收款期限长短，拿出 7

万元交 1 万元的贴现费。企业需要融资时，根据自己的负债情况，选择可行的融资方式。

表 4-4 是 ERP 沙盘模拟的融资方式。

表 4-4　ERP 沙盘模拟融资方式一览表

贷款类型	贷款时间	贷款额度	年息	还款方式
长期贷款	每年年末	权益的 2 倍 - 已有非流动负债	5%	年底付息，到期还本
短期贷款	每季度初	权益的 2 倍 -（已有短期贷款 + 一年内到期的非流动负债）	10%	到期一次还本、付息
民间贷款	任何时间	与银行协商	20%	到期一次还本、付息
资金贴现	任何时间	视应收款额	1:6	变现时贴息

4.7.3　根据不同融资方式的资本成本和风险水平，确定不同融资方式的资金筹集比例及数额

在模拟中，由于不同筹资方式的资本成本及财务风险有所不同，所以企业应计算并且比较不同筹资方式的资本成本及财务风险，进而选择适合企业的筹资方式及确定不同筹资方式的筹资比例，既要保证筹资的综合资本成本较低，又要控制企业的风险水平，这样才能以最经济的方式获取所需资金，并且在债务到期时能够及时偿还，而不至于由于债务安排的不合理，出现企业无法偿贷的财务危机（见表 4-5）。

表 4-5　沙盘模拟中不同融资方式资金成本与风险比较一览表

贷款类型	资金成本	财务风险
民间贷款	最高	较高
资金贴现	较高	较低
短期贷款	最低	最高
长期贷款	较低	最高（偿还期最长）

4.7.4　确定企业最佳的融资方案，合理规划资本结构

在准确地预测出企业资金需要量的基础上，通过对不同的融资方式的定性与定量分析，明确企业可供选择的不同融资方式的筹资数额及占总筹资额的比例，制定出最佳的筹资方案，构建出科学的资本结构。

本章小结

1. 我国中小微企业中企业财务管理制度不完善现象较普遍，有的甚至连基本的会计账簿也不健全，更不用说会计制度、成本控制、资本运营、内控管理等更深层次的财务管理。同时，财务管理薄弱也成为中小微企业向前发展的缺陷之一。

2. 资产负债表是反映企业在一定时期内全部资产、负债和所有者权益的财务报表，是企业经营活动的静态体现，根据"资产 = 负债 + 所有者权益"这一平衡公式，依照一定的分类标准和次序，将某一特定日期的资产、负债、所有者权益的具体项目予以适当的排列编制而成。利润表主要提供有关企业经营成果方面的信息，是反映企业在一定会计期间经营成果的报表。现金流量表现金流量表是财务报表的三个基本报告之一，所表达的是在一固定期间（通常是每月或每季）内，一家机构现金（包含银行存款）的增减变动情形，现金流量表主要是要反映出资产负债表中各个项

目对现金流量的影响,并根据其用途划分为经营、投资及融资三个活动分类。

3. 资产负债表是反映企业期末资产和负债状况的报表,运用现金流量表的有关指标与资产负债表有关指标比较,可以更为客观地评价企业的偿债能力、盈利能力及支付能力。利润和现金净流量是两个从不同角度反映企业业绩的指标,前者可称为应计制利润,后者可称为现金制利润。

4. 沙盘盘面财务指标分析应当按照国际上流行的战略业绩指标评价体系"平衡计分卡"来实施,从财务表现、市场表现、行销有效性、公司对未来的投资、人力资源管理、资产管理及创造的价值各方面来综合评定各模拟公司的经营绩效并与竞争对手做比较。

习题与实训

习题 资产负债表一般有表首、正表两部分。其中,表首概括地说明报表名称、编制单位、编制日期、报表编号、货币名称、计量单位等。正表是资产负债表的主体,列示了用以说明企业财务状况的各个项目。资产负债表正表的格式一般有两种,请列出这两种格式的主要项目,并画出相关表格。

实训 1 盈亏平衡定价法基本原理如下:

在销量既定的条件下,企业产品的价格必须达到一定的水平才能做到盈亏平衡、收支相抵。既定的销量就称为盈亏平衡点,这种制定价格的方法就称为盈亏平衡定价法。科学地预测销量和已知固定成本、变动成本是盈亏平衡定价的前提。

在此方法下,为了确定价格可利用如下公式:

盈亏平衡点价格 (P) = 固定总成本 (FC) ÷ 销量 (Q) + 单位变动成本 (VC)

例如:某企业年固定成本为 100 000 元,单位产品变动成本为 30 元/件,年产量为 2 000 件,则该企业盈亏平衡点价格 =100 000÷2 000+30=80(元)。

以盈亏平衡点确定价格只能使企业的生产耗费得以补偿,而不能得到收益。因此,在实际中均将盈亏平衡点价格作为价格的最低限度,通常在加上单位产品目标利润后才作为最终市场价格。有时,为了开展价格竞争或应付供过于求的市场格局,企业采用这种定价方式以取得市场竞争的主动权。

请用量本利模型对这一方法进行进步说明,并就这一方法在财务管理中的意义加以说明。

实训 2 "收入−费用=利润"的会计平衡公式和收入与费用的配比原则。生产服务经营中企业不断地发生各种费用支出,同时取得各种收入,收入减去费用,剩余的部分就是企业的盈利。取得的收入和发生的相关费用的对比情况就是企业的经营成果。如果企业经营不当,发生的生产经营费用超过取得的收入,企业就发生了亏损;反之,企业就能取得一定的利润。会计部门应定期(一般按月份)核算企业的经营成果,并将核算结果编制成报表,这就形成了利润表。请结合案例分析例如利润表。

案例分析

"花呗" PK "白条" 电商信贷支付好戏上演[一]

京东在 2014 年 2 月就上线了"京东白条",目前,京东白条的用户习惯正在形成,消费金融

[一] 资料来源:http://www.100ec.cn/detail—6222883.html

的基础业务模型初现。相对来说，在电商个人消费信贷领域，京东抢占了先发优势。我们知道，无论是京东白条与阿里花呗都是个人消费信贷产品，透支消费未来，而且主打草根经济。如今阿里入局，对于手头紧的购物群体来说，无疑也是利好消息。阿里有着庞大的电商生态，覆盖庞大的网购群体，但对草根用户群体心理的洞察，阿里这一次却未必到位。从京东、阿里两者的业务来看，实则有微妙的区别。

我们知道，与阿里庞大的电商生态相比，京东相对处于弱势，因此可以看出京东的策略是"讨好"用户，根据相关资料："京东白条"最高授信额度1.5万元，可延至24期分期还款，有30天免息期，当期未还逾期费为0.03%。花呗最高授信额度3万元，最长免息期可达41天，当期未还逾期费为0.05%。

相对于天猫分期购来说，花呗相当于是一个升级优化的版本，我们知道，天猫分期购的应用场景仅限于天猫商户，最高是1万元额度，花呗给消费者的消费额度最高是3万元。但花呗取消了天猫分期购的3、6、9期的分期还款。我们看到，京东白条可以选择分期付款进行还款，分期付款服务费率为0.3%，逾期费0.03%。花呗是设置消费者确认收货后的下月10日为固定还款日，另外还考虑到发货延迟等因素，可以有40天左右的免息还款周期，但花呗的业务痛点在于下个月需全额还款，而逾期费用达到了0.05%。

京东白条的模式相对形成了一个良性循环，比如京东并没有垫资成本，而且可带动京东小金库的发展，而消费者归还白条后，京东账目清晰收支平衡之外取悦了消费者，培育了用户习惯与该模式的口碑，但与此同时，在业界看来，京东以"战略性亏损"换取交易额，因此，京东需要解决的是供应商环节的资金链焦虑与未来可能产生的坏账风险。而京东目前在做的包括在申请"白条"信用额度的过程中，京东需要认证账户信息与身份证号码。另外，消费记录、配送信息、退货记录、购物评价都是综合考量参数。同时京东白条还通过接入人民银行征信体系的，上报客户的违约信息等措施来规避风险，但基于风险规避措施需要进一步完善。

而阿里花呗却并没有涉及信用卡业务。因为无论是天猫分期贷或者阿里花呗并不是一种严格意义上的贷款，而是集结余额宝冻结的资金作为商业抵押，垫资的部分由阿里小贷先承担，也就是说，阿里将自己的钱掏出来借给消费者，蚂蚁微贷会将商品款项先付给商家，而消费者后续的分期还款将付给蚂蚁微贷即可。因此，天猫分期的资金来自阿里内部，风险也都在阿里自己身上。

两种模式的优劣不好评判，但京东白条将贷款资金环节传导到供应商，出击是供应链金融，阿里则是体系内部的资金流转与循环，京东白条与阿里花呗的互联网金融模式有一定的差异化。白条、花呗给用户带来的价值在于，通过信用购物的新体验，培育全新的购物习惯，进而把用户消费习惯转化成一种消费潮流。也就是说，在过去，有钱才能任性，但白条花呗让没钱用户也能任性一把。

问题：

1. 电子商务企业触电电商个人消费信贷领域其根本动机如何？这一模式是否可以解决企业资金短缺的问题？

2. 京东白条与阿里花呗互联网金融模式的差异是什么？有何优劣之分？这个差异主要表现在什么方面？

Chapter5

第 5 章

基于 ERP 环境下的企业战略管理

【本章要点】

1. 了解中小企业战略管理内涵、特点以及 SWOT 分析的基本原理、步骤、方法作用。
2. 熟悉中小企业战略选择含义、类型，了解中小企业战略选择的影响因素。
3. 明确中小企业战略制定的程序、过程，熟知中小企业战略的层次与类型。
4. 了解低成本战略、集中化战略的含义及应用，熟知差异化战略的内涵及其现实意义。

【引导案例】

传统企业如何玩转电商运营[1]

第一，电子商务发展必须提升到公司战略高度；第二，与公司发展匹配的销售平台选择；第三，充分发挥品牌的作用；第四，综合线上线下特点，选出核心产品；第五，个性化服务和体验将成为有效竞争力。两年前我们还在讨论传统企业步入电商的福祸之争，而今时今日传统企业电子商务化已经是一个不争的事实。一批领先企业已经初现规模，如海尔、国美、好孩子等，很多企业把电商发展定位为公司发展的重点战略之一，可以说，在移动互联迅猛发展的时下，传统企业未来市场的成功，就是电子商务市场运营的成功。但是，另一方面，我们又看到传统企业做电商，犹如突然进入一个全新的领域，没经验，没人才，步履艰难，如何在新的电商竞争中取得成功，成为传统企业面临的新问题。

电商商务成功的关键在企业网络营销运营上，因为电子商务不是建立一个企业网站或电子商城，而是通过互联网这一新渠道赚到钱。而成功的企业网络营销运营必须把控以下几点。

首先，电子商务发展必须提升到公司战略高度。在很多传统企业中，电子商务工作还仅仅是市场部的一个分支，或几个人搭建的小部门，企业对电商的认识停留在开个网店，有个网上商城的阶段，对企业电商运营没有提供必要的组织保障。事实上，企业首先要从宏观上认识并且理解电子商务线上业务的模式、规模、影响力，以及未来明确向上的趋势和巨大的潜力，并从电商渠道、品牌、产品、服务、人才方面综合考虑公司未来电商的发展和基础组织架构。这样才可能把业务电商真正做起来，做长久，直至在电子商务变化迅速的市场环境中立于不败之地。

其次，与公司发展匹配的销售平台选择。电子商务渠道发展到今天，已有天猫、京东、团购、银行、支付平台等众多销售平台，有 C2C，B2C、C2B、O2O 等众多网购模式，有电脑、手

---

[1] 资料来源：李小雄，《商业》，2015 年 2 月期。

机、电视，甚至银行 ATM 机等展示终端。面对纷繁的电商环境，电商销售通路的选择，就直接决定了企业电商未来发展的成败。通路的选择要充分考虑企业目前的品牌状况、产品结构、消费人群、利润空间等。综合评估线上业务开展对线下产生的影响，公司未来 3～5 年对电商的定位和可执行的投入预算等。

对于小型企业建议首先从天猫、京东等平台开设自己的销售型店铺，投入少、见效快，迅速培养自己的电商理念和人才储备。对于中型企业，以目前主流的 B2C 入驻店中店和销售经销为主，建自己的企业官网或者电商平台，综合考虑品牌的互联网传播和品牌影响力的形成。对于大型综合型企业，必须考虑形成自身的电子商品产业链，从品牌传播，企业架构，产品结构的规划，物流和仓储集群的形成等多方面布局未来的电商，在建立自己的 B2C 销售平台之外重点开发和进入每一个销售通路和平台。目前国美库巴合并，苏宁的更名，京东域名更改都是在调整市场结构的需求，而作为以生产或者销售为主的众多传统企业，应该更好地抓住这次市场变革的良机。

5.1 企业战略管理概述

企业战略管理的思维是促使企业逐渐走向成熟与成功的思想基础和理念先锋，无论是何种性质、何种规模、何种产业门类的企业都应当重视战略管理，我国的大多数中小企业，由于创立之初缺乏先进经营理念意识。对战略管理的意义有所忽略。导致众多中小企业对未来发展的方向缺乏理性判断，对整个经济形势的走向缺乏审时度势的视角。这对企业可持续发展将会产生不利影响。沙盘演练中，如何有效运用战略管理，则是模拟小组能胜出的关键所在。

5.1.1 企业战略管理的概念

企业战略管理是从全局和长远的观点研究企业在竞争环境下，生存与发展的重大问题，是现代企业高层领导人最主要的职能，在现代企业管理中处于核心地位，是决定企业经营成败的关键。企业战略管理是一个层次化的体系，一般认为公司战略分为三个层次：公司战略（Corporate Strategy）、经营战略（Business Strategy）、职能战略（Function Strategy），每个层次都会针对企业不同层次的战略制定、实施和评价、控制行为进行管理。

战略管理具有以下特点。

（1）整体性。企业战略管理的整体性包括两个方面的含义：首先，将企业战略看成一个完整的过程来加以管理。其次，它将企业视为一个不可分割的整体。企业战略管理强调整体优化，而不是强调企业某一个战略单位或某一个职能部门的重要性。企业战略管理通过制定企业的宗旨、目标、战略和决策来协调企业各个战略经营单位、部门的活动。

（2）长期性。企业战略管理关心的是企业长期、稳定和高速的发展。企业战略管理的时间跨度一般在 3 年以上，5～10 年之内。在沙盘演练中，一般都要经过至少六年或者五轮的竞赛周期，才能真正决出胜负，基本符合企业战略管理的周期跨度。

（3）权威性。战略管理重视的是企业领导者按照一定程序，对企业重大问题做出抉择并将其付诸实施的过程。企业战略是有效经营的必要前提，要充分发挥战略的整体效益功能，它就必须具有权威性。沙盘团队中的 CEO 或店长，其权威性必须给予保证，在赛场上，应当由 CEO 掌控全局。

（4）环境适应性。企业战略管理重视的是企业与其所处的外部环境的关系，其目的是使企业能够适应、利用环境的变化。企业是与社会不可分割的一个开放的组成部分，它的存在和发展在很大程度上受其外部环境因素的影响。沙盘中同样也会设置诸多外界影响因素，提高沙盘模拟的真实性、挑战性。

5.1.2 企业经营环境的 SWOT 分析

SWOT 分析法（也称 TOWS 分析法、道斯矩阵）即态势分析法，20 世纪 80 年代初由美国旧金山大学的管理学教授韦里克提出，经常被用于企业战略制定、竞争对手分析等场合。在现在的战略规划报告里，SWOT 分析应该算是一个众所周知的工具。来自于麦肯锡咨询公司的 SWOT 分析，包括分析企业的优势（Strengths）、劣势（Weaknesses）、机会（Opportunities）和威胁（Threats）。因此，SWOT 分析实际上是将对企业内外部条件各方面内容进行综合和概括，进而分析组织的优劣势、面临的机会和威胁的一种方法。

沙盘演练同样可以通过 SWOT 分析，可以帮助参赛队把资源和行动聚集在自己的强项和有更多机会的地方；并让参赛小组的战略思路变得更加清晰，目标方针更加明确。

1. SWOT 分析的基本内容

优劣势分析主要着眼于企业自身的实力及其与竞争对手的比较，而机会和威胁分析将注意力放在外部环境的变化及对企业的可能影响上。在分析时，应把所有的内部因素（即优劣势）集中在一起，然后用外部的力量来对这些因素进行评估。

（1）机会与威胁分析（Environmental Opportunities and Threats）。随着经济、科技等诸多方面地迅速发展，特别是世界经济全球化、一体化过程加快，全球信息网络的建立和消费需求的多样化，企业所处的环境更为开放和动荡。这种变化几乎对所有企业都产生了深刻的影响，中小企业也概莫能外。正因为如此，环境分析成为一种日益重要的战略职能。

环境发展趋势分为两大类：一类表示环境威胁；另一类表示环境机会。环境威胁指的是环境中一种不利的发展趋势所形成的挑战，如果不采取果断的战略行为，这种不利趋势将导致公司的竞争地位受到削弱。环境机会就是对公司行为富有吸引力的领域，在这一领域中，该公司将拥有竞争优势。

对环境的分析也可以有不同的角度。比如，一种简明扼要的方法就是 PEST 分析，另外一种比较常见的方法就是波特的五力分析。五力分析对沙盘演练来讲是较为实用的环境分析方法。

（2）优势与劣势分析（Strengths and Weaknesses）。识别环境中有吸引力的机会是个方面，而拥有在机会中成功所必需的竞争能力则是另一个方面。沙盘演练中每个小组都要定期检查自己的优势与劣势，这可通过"财务报表"的方式进行。

2. SWOT 模型分析的方法

在适应性分析过程中，中小企业高层管理人员应在确定内外部各种变量的基础上，采用杠杆效应、抑制性、脆弱性和问题性四个基本概念进行这一模式的分析。

(1)杠杆效应(优势+机会)。杠杆效应产生于内部优势与外部机会相互一致和适应时。在这种情形下,企业可以用自身内部优势撬起外部机会,使机会与优势充分结合发挥出来。沙盘演练时间设定紧凑,战略考量时间有限,机会往往是稍瞬即逝的,因此小组必须敏锐地捕捉机会,把握时机,以寻求自身企业生存与发展。

(2)抑制性(机会+劣势)。抑制性意味着妨碍、阻止、影响与控制。当环境提供的机会与企业内部资源优势不相适合,或者不能相互重叠时,企业的优势再大也将得不到发挥。在这种情形下,企业就需要提供和追加某种资源,以促进内部资源劣势向优势方面转化,从而迎合或适应外部机会。适当的贷款或者租赁,甚至可以借调别人的资源,可以有效缓解自身内部资源的劣势情况。

(3)脆弱性(优势+威胁)。脆弱性意味着优势的程度或强度的降低、减少。当环境状况对公司优势构成威胁时,优势得不到充分发挥,出现优势不优的脆弱局面。在这种情形下,企业必须克服威胁,以发挥优势。

(4)问题性(劣势+威胁)。在小组之间实力相差较为悬殊的时候,操盘手的智慧与勇气是决定成功的关键。当模拟企业内部劣势与企业外部威胁相遇时,企业就面临着严峻挑战,如果处理不当,可能直接导致企业的破产。

3. SWOT 分析步骤

在进行 SWOT 分析活动中,必须理性的把握分析的步骤和要求,科学实施分析才能达到预期效果。

(1)确认当前的战略是什么?这是确定企业发展方向和经营方针的基础。

(2)确认企业外部环境的变化(波特五力或者 PEST),这是调整战略方向,制定企业经营策略的关键。

(3)根据企业资源组合情况,确认企业的关键能力和关键限制。找到企业发展瓶颈,消除瓶颈,实现资源价值。

企业潜在能力分析如图 5-1 所示。

潜在资源力量	潜在资源弱点	公司潜在机会	外部潜在威胁
·有利的战略 ·有利的金融环境 ·有利的品牌形象和美誉 ·被广泛认可的市场领导地位 ·专利技术 ·成本优势 ·强势广告 ·产品创新技能 ·优质客户服务 ·优秀产品质量 ·战略联盟与并购	·没有明确的战略导向 ·陈旧的设备 ·超额负债与恐怖的资产负债表 ·超越竞争对手的高额成本 ·缺少关键技能和资格能力 ·利润的损失部分 ·内在的运作困扰 ·落后的R&D能力 ·过分狭窄的产品组合 ·市场规划能力的缺乏	·服务独特的客户群体 ·新地理区域的扩张 ·产品组合的扩张 ·核心技能向产品组合的转化 ·垂直整合的战略形式 ·分享竞争对手的市场资源 ·竞争对手的支持 ·战略联盟与并购带来的超额覆盖 ·新技术开发通路 ·品牌形象拓展的通路	·强势竞争者的进入 ·替代品引起的销售下降 ·市场增长的减缓 ·交换率和贸易政策的不利转换 ·由新规划则引起的成本增加 ·商业周期的影响 ·客户和供应商的杠杆作用的加强 ·消费者购买需求的下降 ·人口与环境的变化

图 5-1 企业潜在能力分析图

（4）按照通用矩阵或类似的方式打分评价。

把识别出的所有优势分成两组，分的时候以两个原则为基础：它们是与行业中潜在的机会有关，还是与潜在的威胁有关。用同样的办法把所有的劣势分成两组，一组与机会有关，另一组与威胁有关。

（5）将结果在 SWOT 分析图上定位（见图 5-2）。

或者用 SWOT 分析表，将自己的优势和劣势按机会和威胁分别填入表格（见表 5-1）。

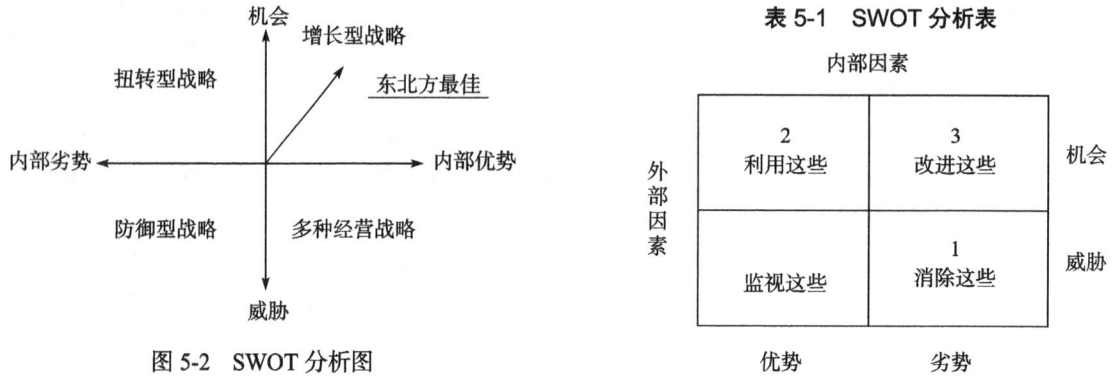

图 5-2 SWOT 分析图

4. 成功应用 SWOT 分析法的简单规则

（1）进行 SWOT 分析的时候必须对公司的优势与劣势有客观的认识。
（2）进行 SWOT 分析的时候必须区分公司的现状与前景。
（3）进行 SWOT 分析的时候必须考虑全面。
（4）进行 SWOT 分析的时候必须与竞争对手进行比较，比如优于或是劣于你的竞争对手。
（5）保持 SWOT 分析法的简洁化，避免复杂化与过度分析。

SWOT 分析法因人而异。如果使用 SWOT 分析法决定了关键问题，就应尽快确定市场营销的目标。SWOT 分析法可与 PEST 分析和波特的五力模型等工具一起使用。在沙盘实训中之所以倾向于使用 SWOT 分析法是因为它的易学性与易用性。运用 SWOT 分析法的时候，要将无关的要素列入相关的表格，以便操作。

5.1.3 企业战略的选择

战略管理的第一步就是如何进行企业战略的选择，企业战略选择的原因就在于战略的本质就是方案的选择，战略管理的过程就是包括对不同的经营方案进行反复权衡选择的过程。企业之所以要做战略选择，是因为企业的资源和能力毕竟有限，能力不足，不能所有可行方案都选择。沙盘训练各队能力差异较大，各自也有自身的优势或劣势，应该审时度势，做好自身的战略选择。

1. 战略选择类型

战略选择的类型从企业经营实际来看是多元的，但是，从大多数企业的战略管理实践中，美国战略管理学家波特归纳出以下三种。

(1)总成本领先战略。主导思想是以低成本取得行业中的领先地位。它要求坚决建立起大规模的高效生产设施,选择的市场必须对某类产品有稳定、持久和大量的需求,产品的设计要便于制造和生产,要广泛地推行标准化、通用化和系列化。演练中小组可以采取此种战略,多拿单,实现规模化经营,薄利多销。

(2)差异化战略。所谓差异化战略就是使企业在行业中别具一格,具有独特性,并且利用有意识形成的差异化,建立起差异竞争优势。实行差异化战略的方式有许多,如树立名牌,产品有特性,服务别具一格等。尤其在电子商务网店经营中,特色化是经营的利器和法宝。

(3)集中(专一)化战略。这类战略是主攻某个特殊的细分市场或某一种特殊的产品。前提是企业业务的集中(专一)化能够以更高的效率、更好的效果为某一狭窄的战略对象服务,从而在某一方面或某一点上超过那些有较宽业务范围的竞争对手。这一战略贯彻始终十分重要,一旦确定自己主攻的细分市场,就应当持之以恒做好。

2. 战略选择的影响因素

企业战略选择的决定因素具有多元化和复杂化的情形,总体来看可以分为两各方面:一是从外部环境(特别是产业结构)的视角探讨企业战略选择的决定因素;二是从内部资源和能力的角度研究企业战略选择的决定因素。按照竞争优势的来源可以将战略选择的决定因素分成两类。

一是外界环境,强调外界环境的机遇与威胁以及产业结构是导致企业战略选择的基本因素。

二是内部资源和能力,强调企业战略就是合理配置企业内部独特资源,整合企业内部各种能力适应环境的变化,才能获取可持续的竞争优势。

战略选择见仁见智,其中的原因是多样的,具体采取何种战略往往受很多不确定性因素影响。如在2008年全球金融危机背景下,我国中小企业逆势而上,仍然保持低成本领先战略,其主要原因如下。

(1)理性经济人的认识。企业被看成一个理性整体,它具有完全的理性,能够预测外界环境的变化,也能够完全知晓自己和对手的优劣势,因而,战略仅仅被看成企业适应环境和保持竞争力的理性手段,战略选择研究的焦点主要集中在企业进入最佳战略位置和努力适应环境的方式。

(2)企业领导个人魅力的认识。重视企业中个体的行为特征,特别是掌握企业控制权之人的价值观。而实训中小组CEO的判断力、决断力和预见力十分重要。

(3)企业文化中价值观作用。企业战略选择的方向人们高度一致,不考虑企业中个体行为的交互作用。为了对现有的战略选择模型进行修正,我们将个人的价值观、企业的控制权作为决定企业战略选择的核心因素,构建了一个"价值观—控制权—战略选择"的分析框架(见图5-3)。

一般来说,企业的战略选择是为了发挥企业内部的资源、能力、知识、文化优势来适应外界环境的变化,从而击败竞争对手获取可持续的竞争优势(Teece,1997)。外界环境的机遇与威胁、同行业不同企业的战略竞争是企业战略选择的外在动力;企业内部特有的资源、技术、能力、知识、文化等因素是战略选择的内在约束条件。只有与企业内部资源、能力、知识、文化相匹配的战略才能适应外界环境的变化,才能使企业获取可持续的竞争优势。但是，由于外界环境的多变性、信息的不对称性以及人的有限理性判断能力，面对同行业不同企业的战略竞争，战略实施的结果并不能完全达到预期的结果，必须重新思索具体的战略实施结果来不断调整企业的战略，企业的最优战略是一个随着高层管理者认知能力的提高而不断适应内外环境的动态的程度。

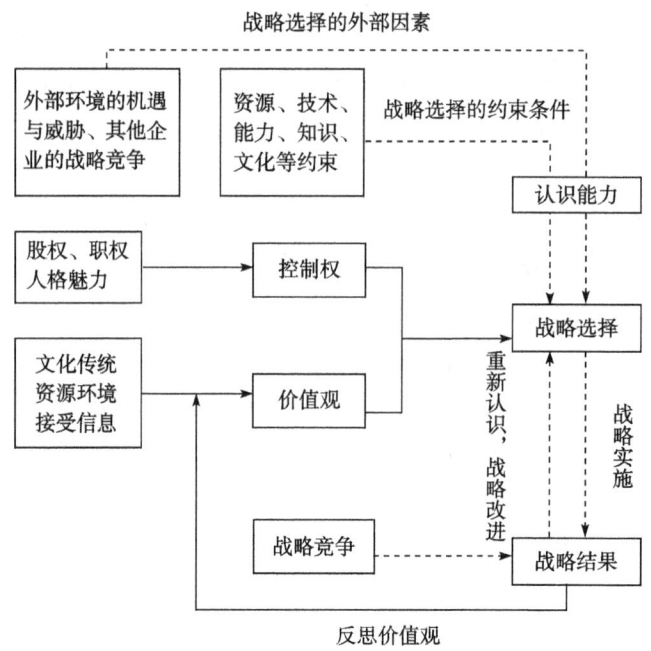

图 5-3　价值观、控制权与战略选择逻辑框架

5.2 中小微企业战略制定

企业战略管理的难点就在于如何科学制定战略规划，在此，企业必须要通过周密环境分析，这样企业才会形成较为清晰的战略思路，制定出科学完备的战略。

5.2.1 战略制定过程

战略制定的过程是对规划进行权衡分析的过程，企业战略制定包括战略制定、战略执行、战略控制等过程。这些过程环环相扣，具有内在逻辑关联性。

1. 战略制定的依据

（1）外部环境分析，包括中小企业在内的所有企业，在制定战略之初，都要深入细致分析企业的外部环境，这是正确制定战略的重要基础。为此，要及时收集和准确把握企业各种各样的外部环境信息，譬如，国家经济发展战略，国民经济和社会发展的长远规划和年度计划，产业发展与调整政策，国家科技发展政策，宏观调控政策，本部门、本行业和该地区的经济发展战略，顾客（用户）的情况，竞争对手的情况，供应厂家的情况，协作单位的情况，潜在竞争者的情况等。

（2）内部条件分析，知己知彼，才能百战百胜。企业必须要分析该企业内的人员素质、技术素质和管理素质，产、供、销、人、财、物的现状以及在同行业中的地位等，明确该企业的优势和薄弱环节。

2. 企业战略制定的程序

战略制定一般由以下程序组成：明确战略思想，分析外部环境和内部条件，确定战略宗旨，制定战略目标，弄清战略重点，制定战略对策，进行综合平衡，方案比较及战略评价。

3. 企业战略执行过程

为了有效执行企业制定的战略，一方面要依靠各个层次的组织机构及工作人员的同配合和积极工作；另一方面，要通过企业的生产经营综合计划、各种专业计划、预算和具体作业计划等，去具体实施战略目标。

4. 企业战略控制

战略控制是将战略执行过程中实际达到目标所取得的成果与预期的战略目标进行比较，评价达标程度，分析其原因；及时采取有力措施纠正偏差，以保证战略目标的实现。实践表明，推行目标管理是实施战略执行和战略控制的有效方法。根据市场变化，适时进行战略调整。建立跟踪监视市场变化的预警系统，对企业发展领域和方向、专业化和多元化选择、产品结构、资本结构和资金筹措方式、规模和效益的优先次序等进行不断的调研和战略重组，使企业的发展始终能够适应市场要求，达到驾驭市场的目的。

5.2.2 企业战略的内容

企业战略管理最终是靠系统科学的战略内容来具体体现的，无论何时何地，企业的战略内容始终反映在特定时点企业行动的轨迹和方向，这是决定企业在未来发展中能否取胜的关键所在。

1. 战略指导思想

战略指导思想是指导战略制定和执行的基本思想。它主要包括以下几个方面。

（1）市场导向，需求驱动，尽力满足社会需求。随着国家经济发展模式的变化，经济战略转型升级、业态融合跨界，都是市场的变化驱动所致，所以企业战略制定必须看市场，以市场为风向标，企业要围绕市场运转，实现自主经营，自负盈亏，千方百计满足市场需求，努力提高市场占有率。

（2）依靠品种、质量、成本取胜。适应经济增长方式从规模性向质量提升型转变，企业要改变粗放式管理，转向精细化管理，加快产品研发速度，以创新为导引，努力提高产品的技术含量和附加值，保证和提高产品质量，降低成本。

（3）实现系统整体优化。企业是一个由各个方面有机结合而成的复杂系统，要对企业生产经营的诸多要素进行优化组合与合理配置，实现系统整体优化，协调和平衡各个局部与局部之间、局部与整体之间相互适应关系，尽力提高企业经济效益。

（4）善于竞争，优胜劣汰。企业要进入市场竞争体系，适应优胜劣汰的激烈竞争，充分调动和运用自己的各种资源，在竞争中求得生存与发展。

（5）长远观点，放眼未来。制定和实施企业战略都必须具有长远观点，切忌急功近利。注重科技研发投入，加大技术改造力度，增强企业后劲。

（6）以人为本，依靠全体员工。建立以人为中心的管理，真正体现尊重人、理解人和关心人，充分依靠和调动全体员工的积极性，创造性地去实现企业的战略目标。

以上战略内容在沙盘演练中也有体现，学生必须学会用战略思维来处理模拟经营中的问题，立足当下，着眼未来。

2. 战略目标确定

战略目标是企业在一定的战略期内总体发展的总水平和总任务。它决定了企业在该战略期间的总体发展的主要行动方向，成为企业战略的核心。确定战略目标要注意以下几点：

（1）对象明确。有预期销售或服务的对象，有明确要完成的任务和达到的结果。

（2）定量和定性相结合。对企业预期达到的结果，既有定量指标，又有定性内容。在定量指标方面，有产品产量、净产值、销售收入、新产品开发品种种类、产品质量性能、劳动生产率、利润、其他经济效益指标、技术改造项目、人才培训、职工福利等。

（3）时间限定清晰，并且保证长、中、短期目标相互衔接协调。

3. 战略重点

战略重点是指企业对于实现战略目标具有决定性作用的关键方面或关键环节，它通常包含两方面的含义。战略优势和战略劣势。

（1）战略优势是指企业在较长时期内，在关系全局经营成败方面拥有强大的实力、丰富的资源和优势的地位。

它是企业在激烈的竞争中取胜的法宝。优势实力主要指企业在吸引顾客，争夺市场方面具有超过竞争对手的实力，这反映在人力、技术、资金和经营能力等方面。优势地位主要指企业占据有利的地理位置，处于新兴产业，拥有特许经营权，通过严格的质量认证，享有免检等优惠待遇，具有良好形象等。企业应该力求建立和发展多种战略优势，形成完备的战略优势系统。战略优势系统是企业的各种战略优势紧密联系有机结合的整体。优势系统的构成要素，就是各种战略优势，如技术优势、产品优势、质量优势、价格优势、营销优势等。优势系统的结构是指系统各个要素相互联系的特征。优势系统的功能是指它在保证竞争取胜中所发挥的具体作用，企业要努力保持和增强战略优势，形成良性循环。

（2）战略劣势是指企业在实现战略目标中难免出现的薄弱环节，需要在资金、人力、物资、技术和管理等方面采取切实有效的措施予以解决，达到综合平衡，使劣势逐渐向优势转化。

5.3 企业战略的层次与类型

对中小企业而言，战略管理的重要性和作用空间丝毫不逊色于大型企业，尽管在层次和幅度上彼此有所差异，但是战略规划构架基本相似，而对战略进行优化是战略管理的重要内容，优化的基础就是将企业战略按照其功能和实施要求划分不同层次。

战略管理的层次

1. 总体层战略

总体层战略又称公司战略,是企业最高层次的战略,是企业整体的战略总纲。在存在多个经营单位或多种经营业务的情况下,企业总体战略主要是指集团母公司或者公司总部的战略。总体战略的目标是确定企业未来一段时间的总体发展方向,协调企业下属的各个业务单位和职能部门之间的关系,合理配置企业资源,培育企业核心能力,实现企业总体目标。它主要强调两个方面的问题:一是"应该做什么业务",即从公司全局出发,根据外部环境的变化及企业的内部条件,确定企业的使命与任务、产品与市场领域。二是"怎样管理这些业务",即在企业不同的战略事业单位之间如何分配资源以及采取何种成长方向等,以实现公司整体的战略意图。

2. 业务层战略

业务层战略又称经营单位战略。现代大型企业一般都同时从事多种经营业务,或者生产多种不同的产品,有若干个相对独立的产品或市场部门,这些部门即事业部或战略经营单位。由于各个业务部门的产品或服务不同,所面对的外部环境(特别是市场环境)也不相同,企业能够对各项业务提供的资源支持也不同,因此,各部门在参与经营过程中所采取的战略也不尽相同,各经营单位有必要制定指导本部门产品或服务经营活动的战略,即业务层战略。

业务层战略是企业战略业务单元在公司战略的指导下,经营管理某一特定的战略业务单元的战略计划,具体指导和管理经营单位的重大决策和行动方案,是企业的一种局部战略,也是公司战略的子战略,它处于战略结构体系中的第二层次。业务层战略着眼于企业中某一具体业务单元的市场和竞争状况,相对于总体战略有一定的独立性,同时又是企业战略体系的组成部分。业务层战略主要回答在确定的经营业务领域内,企业如何展开经营活动;在一个具体的、可识别的市场上,企业如何构建持续优势等问题。

3. 职能层战略

职能层战略是为贯彻、实施和支持公司战略与业务战略而在企业特定的职能管理领域制定的战略。职能战略主要回答某职能的相关部门如何卓有成效地开展工作的问题,重点是提高企业资源的利用效率,使企业资源的利用效率最大化。其内容比业务战略更为详细、具体,其作用是使总体战略与业务战略的内容得到具体落实,并使各项职能之间协调一致,通常包括营销战略、人事战略、财务战略、生产战略、研发战略等方面。

公司层战略倾向于总体价值取向,以抽象概念为基础,主要由企业高层管理者制定;业务层战略主要就本业务部门的某一具体业务进行战略规划,主要由业务部门领导层负责;职能层战略主要涉及具体执行和操作问题。

公司层战略、业务层战略与职能层战略一起构成了企业战略体系。在企业内部,企业战略管理各个层次之间是相互联系、相互配合的。企业每一层次的战略都为下一层次战略提供方向,并构成下一层次的战略环境;每层战略又为上一级战略目标的实现提供保障和支持。所以,企业要实现其总体战略目标,必须将三个层次的战略有效地结合起来。

在模拟实训中，组织构架相对简单，但是，CEO 是公司层次战略的代表，是实际的战略制定者和决策者，各不同职能角色的参训者，要以 CEO 的战略为指导，强化战略执行力。

5.4 典型的企业竞争战略

对于电子商务企业，其成本优势方面要求降低所有的管理费用，并通过使用廉价劳动力和较低的交易成本来实现。追求低成本的生产与经销商，不仅仅需要向下移动学习曲线，而且必须寻找和探索成本优势的一切来源。典型的低成本生产与经销商销售实惠的产品并且在强调从一切成本优势中获得规模经济效益，并在绝对成本优势上大做文章。

5.4.1 总成本领先战略

中小企业经营范围比较广泛，为多个产业部门服务甚至可能经营属于其他有关产业的项目。企业的经营面往往对其成本优势举足轻重。低价倾销在实际营销中会受到多种因素限制，但是在沙盘模拟实战中，却得到许多具有战略观的团队的青睐，大进大出，实施战略进攻和退却，保证在低价盈利基础上的整体战略目标实现。

1. 成本领先概念

成本领先战略也称为低成本战略，是指企业通过有效途径降低成本，使企业的全部成本低于竞争对手的成本，甚至是在同行业中最低的成本，从而获取竞争优势的一种战略。成本领先战略也许是三种通用战略中最清楚明了的。在这种战略的指导下，企业决定成为所在产业中实行低成本生产的厂家。成本优势的来源因产业结构不同而异。它们可以包括追求规模经济、专利技术、原材料的优惠待遇和其他因素。

例如，在手机制造方面，取得成本上的领先地位需要有足够规模的芯片生产设施、低成本的设计、自动化组装和有利于分摊研制费用的全球性销售规模。

我们把成本领先战略概括为如下几种主要类型：

（1）简化产品型成本领先战略。就是使产品简单化，即将产品或服务中添加的花样全部取消。

（2）改进设计型成本领先战略。外观设计新颖与实用，同样可以使产品产生创新般的效果。

（3）材料节约型成本领先战略。最大限度节约成本，可以实现生态环境保护资源节约以及用户认可，实现企业社会效益。

（4）人工费用降低型成本领先战略；在劳动力红利逐渐降低的中国，实施这一战略有其现实意义，减少人力支出，主要靠先进的智能及物联网技术保障。

（5）生产创新及自动化型成本领先战略。创新产品可以设定更高的门槛，实现核心竞争能力。

这些措施最终体现在市场中的、被消费者感知到的是价格而不是企业的成本，其实顾客也并不关心企业的成本，他们比较的是不同企业的价格。成本领先战略实际是低价格战略的内部条件，企业可以因成本领先优势而实施低价格竞争策略。但也应该注意到沙盘实战中，缺乏成本优势基础的团队，在一定条件下也可实施低价格战略，凭借着自己有效的资金杠杆，通过价格竞争把对手挤垮，从而获取竞争优势地位。

2. 成本领先战略的目标层次

成本领先战略在不同的企业和同一企业的不同发展阶段，所追求和所能达到的目标是不同的，其目标是多层次的。企业应当根据自身的具体情况，整体筹划，循序渐进，最终实现最高目标。

（1）成本领先战略的最低要求是降低成本。以最低的成本实现特定的经济目标是每个企业都应当追求的，当影响利润变化的其他因素不变时，降低成本始终是第一位的。但成本又是经济活动的制约因素，降低成本意味着对企业中每一个人都有成本约束，而摆脱或减轻约束是人的本性所在。因此，实施成本控制、加强成本管理，在企业中是一个永恒的话题，也是有诸多负相关因素存在且十分纠结的问题。在既定的经济规模、技术条件和质量标准条件下，不断地挖掘内部潜力，通过降低消耗、提高劳动生产率、合理的组织管理等措施降低成本，是成本领先战略的基本前提和最低要求。

（2）成本领先战略的高级形式是转换优势获取方式。成本发生的基础条件是企业可利用的经济资源的性质及其相互之间的联系方式，包括劳动资料的技术性能、劳动对象的质量标准、劳动者的素质和技能、企业的管理制度和企业文化、企业外部协作关系等各个方面。在特定的条件下，生产单位产品的劳动消耗和物料消耗有一个最低标准，当实际消耗等于或接近这个标准时，再要降低成本只有改变成本发生的基础条件，可通过采用新设备、新工艺、新设计、新材料等，使影响成本的结构性因素得到改善，为成本的进一步降低提供新的平台，使原来难以降低的成本在新的平台上进一步降低，这是降低成本的高级形式。这一点在一些对安全和质量要求高的产品上，显得尤为重要和困难。

（3）成本领先战略的最低目标是企业权益金的增长。在其他条件不变时，降低成本可以增加利润，这是降低成本的直接目的。在经济资源相对短缺时，降低单位产品消耗，以相同的资源可以生产更多的产品可以实现更多的经济目标，从而使企业获得更多的利润，使得税后利润中的权益金得到增加，在沙盘模拟企业实习中，模拟企业会因此而获得更多资金支持，增加流动性。但成本的变动往往与各方面的因素相关联，若成本降低导致质量下降、价格降低、销量减少，则反而会减少企业的利润。因而成本管理不能仅仅着眼于成本本身，要利用成本、质量、价格、销量等因素之间的相互关系，以合适的成本来维系质量、维持或提高价格、扩大市场份额等，使企业能够最大限度地获得利润。同时成本还具有代偿性特征，在不同的成本要素之间，一种成本的降低可能导致另一种成本的增加；在成本与收入之间，降低成本可能导致收入下降，通过高成本维持高质量可提高收入，也有可能获得高利润。

（4）成本领先战略的最终目标是使企业保持竞争优势。企业要在市场竞争中保持竞争优势，在采取诸多的战略措施和战略组合中，成本领先战略是其中的重要组成部分，同时其余各项战略措施通常都需要成本管理予以配合。战略的选择与实施是保证企业根本利益的措施，降低成本必须以不损害企业基本战略的选择和实施为前提，并要有利于企业管理措施的实施。成本管理要围绕企业为取得和保持竞争优势所选择的战略而进行，要适应企业实施各种战略对成本及成本管理的需要，在企业战略许可的范围内，在实施企业战略的过程中引导企业走向成本最低化，这是成本领先战略的最终目标，也是成本领先战略的最高境界。

3. 成本领先战略的优势

低成本战略尽管在实施中会受到各种条件的限制，尤其是产品质量对材料、人员、设备、工艺的刚性要求，但是，在高科技手段的实施情况下，新工艺、新材料、新技术等应用，会为成本降低提供更多空间和可能，ERP管理思想在模拟实训中也对模拟企业的战略留有成本降低的施展空间，以保证各队竞争优势渐次体现。

（1）企业处于低成本地位上，可以与现有竞争对手对抗。即在竞争对手在竞争中不能获得利润，只能保本的情况下，企业仍能获利。

（2）面对强有力的购买商要求降低产品价格的压力，处于低成本地位的企业在进行交易时握有更大的主动权，可以低于购买商讨价还价的能力。

（3）当强有力的供应商抬高企业所需资源的价格时，处于低成本地位的企业可以有更多的灵活性来解决困难。

（4）企业已经建立起巨大的生产规模和成本优势，使欲加入该行业的新进入者望而却步，形成进入障碍。

4. 成本领先战略的劣势

在与替代品竞争时，低成本的企业往往比本行业中的其他企业处于更有利的地位。如前所述，保持成本领先地位要求企业购买现代化的设备，及时淘汰陈旧的资产，防止产品线的无限扩充以及对新技术的发展保持高度的警觉，而这些也正是成本领先战略的危险根源。这一战略的风险可以归纳为下述几个方面。

（1）生产技术的变化或新技术的出现可能使得过去的设备投资或产品学习经验变得无效，变成无效用的资源。

（2）行业中新加入者通过模仿、总结前人经验或购买更先进的生产设备，使得他们的成本更低、以更低的成本起点参与竞争，后来居上。这时，企业就会丧失成本领先地位。

（3）由于采用成本领先战略的企业其力量集中于降低产品成本，从而使它们丧失了预见产品的市场变化的能力。

（4）企业可能发现所生产的产品即使价格低廉，却不为顾客所青睐和需要。这是成本领先战略的最危险之处。

（5）受通货膨胀的影响，生产投入成本升高，降低了产品成本—价格优势，从而不能与采用其他竞争战略的企业相竞争。

5.4.2 差异化战略

市场需求正在向多品种、小批量、多样化、个性化方向发展，差异化战略是企业的必然选择。对网络营销而言，差异化的表现形式可能会有所不同，网站设计、产品展示、信息传递等，但是对经营者来说，差异化战略必须给予充分考虑。

1. 差异化的含义

差异化战略又称别具一格战略，是指为使企业产品、服务、企业形象等与竞争对手有明显的区别，以获得竞争优势而采取的战略。这种战略的重点是创造被全行业和顾客都视为独特的产品和服务。差异化战略的方法多种多样，如产品差异化、服务差异化和形象差异化等。实现差异化战略，可以培养用户对品牌的忠诚。因此，差异化战略是使企业获得高于同行业平均水平利润的一种有效的竞争战略。

实现差异化战略可以有许多方式：设计或品牌形象、技术特点、外观特点、客户服务、经销网络及其他方面的独特性。最理想的情况是公司使自己在几个方面都差异化。例如，义乌小商品城不仅以其经销网络和优良的小商品供应服务著称，而且以其极为优质适用的产品享有盛誉。所有这些对于生活日用品都至关重要。应当强调，差异化战略并不意味着公司可以忽略成本，但此时成本不是公司的首要战略目标。

2. 差异化战略的类型

（1）产品差异化战略。产品差异化的主要因素有：特征、工作性能、一致性、耐用性、可靠性、易修理性、式样和设计，一直到消费者群体不同消费取向的差异化问题。

（2）服务差异化战略。服务的差异化主要包括物流、安装、顾客培训、咨询服务、网页链接和社会公益服务等。

（3）人力资源差异化战略。训练有素的员工应能体现出下面的六个特征：胜任、礼貌、可信、可靠、反应敏捷、善于交流。员工的创新、创意、创造等能力成为衡量人力资源价值的重要标准。

（4）形象差异化战略。企业形象的塑造对提高知名度、美誉度、认可度意义重大，在以往的差异化战略中，往往对此有所忽略，但是在互联网时代，形象成了企业的重要的名片，伴随信息更高速度，更广范围地传递，形象成了企业进攻市场的重要武器。

3. 差异化战略给企业带来的价值

差异化战略是增强企业竞争优势的有效手段。产品差异化对市场价格、市场竞争、市场集中度、市场进入壁垒、市场绩效均有不同程度的影响。差异化的产品或服务能够满足某些消费群体的特殊需要，这种差异化是其他竞争对手所不能提供的，可以与竞争对手相抗衡；产品或服务差异化也将降低顾客对价格的敏感性，不大可能转而购买其他的产品和服务，从而使企业避开价格竞争。具体可从以下几个方面来看：

（1）差异化本身可以给企业产品带来较高的溢价。这种溢价应当补偿因差异化所增加的成本，并且可以给企业带来较高的利润。产品的差异化程度越大，所具有的特性或功能就越难以替代和模仿，顾客越愿意为这种差异化支付较高的费用，企业获得的差异化优势也就越大。

（2）由于差异化产品和服务是竞争对手不能以同样的价格提供的，因而明显地削弱了顾客的讨价还价能力，增强了企业对供应商讨价还价的能力，这主要是由于差异化战略提高了企业的边际收益。企业通过差异化战略，使得购买商缺乏与之可比较的产品选择，降低了购买商对价格的敏感度。另一方面，通过产品差异化使购买商具有较高的转换成本，使其更加依赖于企业。

（3）采用差异化战略的企业在应对替代品竞争时将比其竞争对手处于更有利的地位。因为购买差异化产品的顾客不愿意接受替代品。建立起顾客对企业的忠诚，由于差异化战略使企业建立起顾客的忠诚，所以这使得替代品无法在性能上与之竞争。

（4）产品差异化会形成一定的行业或产品壁垒，在产品差异化越明显的行业，因产品差别化使得其他企业的进入壁垒就越高，形成强有力的产业进入障碍。

4. 差异化可能带来的风险

同低成本战略一样，差异化战略在实施中，由于主客观因素的干扰影响而使这一战略产生负面效应，影响战略实施后的效果，甚至会产生一定的风险。差异化战略也包含一系列风险：

（1）可能丧失部分客户。如果采用成本领先战略的竞争对手压低产品价格，使其与实行差异化战略的厂家的产品价格差距拉得很大，在这种情况下，用户为了大量节省费用，放弃取得差异的厂家所拥有的产品特征、服务或形象，转而选择物美价廉的产品。

（2）用户所需的产品差异的因素下降。当用户变得越来越老练时，对产品的特征和差别体会不明显时，就可能发生忽略差异的情况。

（3）大量的模仿缩小了感觉得到的差异。特别是当产品发展到成熟期时，拥有技术实力的厂家很容易通过逼真的模仿，减少产品之间的差异。

（4）过度差异化。差异化过度可能会使企业付出更多的成本，尤其是对市场细分过度，是的企业产品或服务的提供难以实现规模效益，导致企业发展的空间收窄。

5.4.3 集中化（专一化）战略

公司如果能集中精力做好一个业务，就能够以高的效率、更好的效果为某一狭窄的战略对象服务，从而超过在较广阔范围内竞争的对手们。波特认为这样做的结果，是公司或者通过满足特殊对象的需要而实现了差别化，或者在为这一对象服务时实现了低成本，或者二者兼得。这样的公司可以使其盈利潜力超过行业普遍水平，这些优势保护公司抵御各种竞争力量的威胁。

1. 专一化战略的含义

专一化战略是主攻某个特殊的顾客群、某产品线的一个细分区段或某一地区市场。正如差异化战略一样，专一化战略可以具有许多形式。虽然低成本与差异化战略都是要在全产业范围内实现其目标，专一化战略的整体性却是围绕着很好地为某一特殊目标服务这一中心建立的，它所开发推行的每一项职能化方针都要考虑这一领域中心思想的崭新焦点。

专一化战略常常意味着限制了可以获取的整体市场份额。专一化战略必然包含着利润率与销售额之间互以对方为代价的关系。专一化战略有两种形式，即企业在目标细分市场中寻求成本优势的成本集中和在细分市场中寻求差异化的差异集中。这种战略的核心是取得某种对特定顾客有价值的专一性服务，侧重于从企业内部建立竞争优势。专一化战略的实施首先表现在提供咨询服务上，要做到人无我有、人有我精、人精我专，掌握主动权。

2. 专一化战略的优势

专一化战略是指企业以某个特殊的顾客群、某产品线的一个细分区段或某一个地区市场为主攻目标的战略思想。这一战略整体是围绕着为某一特殊目标服务，通过满足特殊对象的需要而实现差别化，或者实现低成本。专一化战略常常是总成本领先战略和差异化战略在具体特殊顾客群范围内的体现，是一种融合性战略。或者说，专一化战略是以高效率、更好效果为某一特殊对象服务，从而超过面对广泛市场的竞争对手，或实现差别化，或实现低成本，或二者兼得。

（1）以特殊的服务范围来抵御竞争压力。专一化战略往往利用地点、时间、对象等多种特殊性来形成企业的专门服务范围，以更高的专业化程度构成强于竞争对手的优势。例如，位于交通要道或人口密集地区的超级商场具有销售优势。企业选择适当的产品线区段或专门市场是专一化战略成功的基础。如果选择广泛市场的产品或服务而进行专门化经营，反而可能导致企业失败。例如，蔬菜每天都直接影响人们的生活，人们感觉深刻，但非有机蔬菜一般不致造成生命危险，消费者不一定愿意购买价高的有机蔬菜，如果专门化经营可能效果未必理想。又如，西北拉面、真功夫快餐连锁店满足了工作节奏快、休息时间短的职员或家庭以及旅游者的饮食需要，而迅速发展这一专门市场。

（2）以低成本的特殊产品形成优势。例如，淘宝上的网店就是利用其特殊网络营销方式而构成的低成本，在零售市场长期保持其竞争优势。这一优势的实质是差别化优势，能同时拥有产品差别化和低成本优势则一定可以获得超出行业平均水平的高额利润。

（3）在进攻中防御。当企业受到强大的竞争对手全面压迫时，采取专一化战略以攻代守，往往能形成一种竞争优势，特别是对于抵抗拥有系列化产品或广泛市场的竞争对手明显有效。例如，义乌的制造业难以在整体上与国内大型企业匹敌，但是它们靠产品的差异化、营销的网络化而大获成功。另外，针对多品种、小批量企业的广泛市场，专营店常能成功地占有一席之地。

3. 专一化战略的条件

专一化战略一般是集中一点进攻对手的弱点，或是通过专有的业务活动方式以低成本形成对竞争对手的优势，要获得这方面的优势需要具备以下某些条件：拥有特殊的受欢迎的产品。如可口可乐、王朝白葡萄酒，开发了专有技术；专有的胶粘技术形成了稳定的车辆减震器市场；瑞士手表以其高质量的生产技术始终控制着名贵手表市场。由于地理位置、收入水平、消费习惯、社会习俗等因素的不同，将形成专门化市场，这些市场之间的隔离性越强，越有利于专一化战略的实施。例如，专为大型建筑物提供中央空调系统的远大中央空调集团形成了专一化战略优势；不易模仿的生产、服务以及消费活动链。例如，为顾客开辟服装专门设计、定制服务的服装企业将拥有自己的专门化市场。

4. 专一化战略的风险

当然，上述构成专一化的战略条件需要企业去寻找和创造，已具备专一化战略优势的企业仍须不断改善自身的地位或巩固已有市场。风险与利益同在这个法则同样适用专一化战略优势。能否实施专一化也是实训中需要理性考量的问题。

（1）容易限制获取整体市场份额资源。专一化战略目标市场总具有一定的特殊性，目标市场独立性越强，与整体市场份额的差距就越大。实行专一化战略的企业总是处于独特性与市场份额的矛盾之中，选择不当就可能造成专一化战略的失败。与这一对矛盾相对应的是企业利润率与销售额互为代价。例如，为愿意支付高价的顾客而进行专门设计加工服装的企业，将失去中低档服装市场。有很多企业为了获得专一化优势的同时又进入了大众市场，这种矛盾的战略最终可能会使企业丢失其专有的市场。

（2）企业对环境变化适应能力差。实行专一化战略的企业往往依赖特殊市场而生存和发展，一旦出现有更强替代能力的产品或者市场跟进时，这些企业容易遭受巨大损失。例如，手机的问世对传呼机的市场构成灭顶的威胁。又如，生产成本较高的高档酒类，专为高收入阶层或特殊顾客群消费而获取高利润率，当出现经济萧条或严格控制公款消费时，这些产品生产企业则亏损严重。

（3）成本差增大而使专一化优势被抵消。当为大范围市场服务或营销的企业与专一化企业之间的成本差变大时，会使针对某一狭窄目标市场服务的企业丧失成本优势，或者使专一化战略产生的差别化优势被抵消。因为这种成本差的增大将降低买方效益或者降低买方使用替代品的转移成本，从而使专一化市场与大众市场之间的渗透融合度增大，专一化战略所构成的成本优势或差别化优势则会逐渐消失。例如，过多地依赖广告宣传效果而形成自己市场的产品，如化妆品、保健用品等，容易被面对普通用户的产品借助于专一化产品的广告宣传的高投入而受到入侵。

专一化战略实质上是针对不同的顾客群或专门的特殊市场而采取的成本领先战略或者差异化战略。或者说，专一化战略是以成本领先战略和差异化战略为基础的竞争战略，在特殊市场中形成成本优势或者差异化优势。这三类战略的关系或区别如图5-4所示。总成本领先战略与差别化战略在很多地方是相互矛盾的，而专一化战略又是以这两种通用战略为基础，能否正确地分析企业所处的竞争环境即产业竞争结构，寻找其战略优势，合理选择、使用竞争战略，加强其优势和竞争能力，是企业成功的关键。若采用专一化战略的企业既能拥有差别化优势；又能在扩大市场规模而实现低成本时不抵消差别化，使这一对矛盾的战略恰到好处地糅和在一起，这个企业一定会极其成功。如可口可乐公司、微软公司等企业就是典型的成功实行专一化战略的例子。

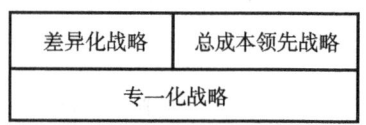

图 5-4　三大通用战略关系图

但是，任何一个实行专一化战略的企业总是选择或从差异化战略入手，或从总成本领先战略入手，来逐步形成企业的专一化战略，这是其成功的主要途径。若一个企业总是徘徊在这几类战略之间则是很危险的，最终会使企业处于极不利的战略地位。前面已经多次强调，差异化战略与总成本领先战略之间存在矛盾性，在还没有利用某种通用战略而形成企业的优势地位之前，任何企业都不可能将差别化和总成本领先融合在一起。沙盘操盘手也会在这方面面临选择上的考验，总是在几种战略之间徘徊，会使不同战略的优势互相抵消，训练中必须特别注意这一点。

5.5　中小微企业经营策略

中小微企业战略实施过程中，策略是实现战略的主要途径，战略具有前瞻性、虚拟性，而策略却具有现实性、灵活性。

5.5.1 开发新产品策略

产品开发策略就是开发新的产品来维持和提高企业的市场占有率。开发新产品可以是开发全新产品，也可以是在老产品的基础上做改进，如增加新的功能，改进产品的结构，简化操作，甚至哪怕是改善外观造型和包装等，都可视为进行产品开发，都有可能收到意想不到的市场效果。

从转"危"为"机"的企业辩证发展思维角度来看，金融危机也给企业新产品开发带来了新的机遇。企业应坚持科学发展，在现代企业管理观念、方法、艺术的指导下，根据目前市场变化的新情况，创造性地运用好各种新产品开发策略，才能使企业真正转"危"为"机"，实现企业可持续发展。

1. 进攻式开发策略

进攻式开发策略又称为抢占市场策略或先发制人策略。企业抢先开发新产品，投放市场，使企业的某种产品在激烈的市场竞争中处于领先地位。这样的企业认为第一个上市的产品才是正宗的产品。具有强烈占据市场"第一"的意识。具有较强的科技开发能力；雄厚的财力保障；开发出的新产品不易在短期内为竞争者模仿；决策者具有敢冒风险的精神，企业可采用这种开发策略。

2. 防御式开发策略

防御式开发策略又称为模仿式开发策略。它不是企业被动性防御，而是企业主动性防御，企业并不投资研制新产品，而是当市场出现成功的新产品后，立即进行仿制并适当改进，消除上市产品的最初缺陷而后来居上。实训中，具有情报获取能力者，能迅速掌握其他对手变得研发动态、动向和组培成果；具有高效率研制新产品的能力，能不失时机地快速解决对手没解决而消费者关心的问题，由此可采用这种开发策略。

3. 系列化开发策略

系列化开发策略又称为系列延伸策略。企业围绕产品上下左右前后进行全方位的延伸，开发出一系列类似的，但又各不相同的产品，形成不同类型、不同规格、不同档次的产品系列。如电冰箱的使用能够延伸出对电冰箱断电保护器、冰箱去臭剂、保鲜膜、冰糕盒的需求等。企业针对消费者在使用某一产品时所产生的新的需求，推出特定的系列配套新产品，可以加深企业产品组合的深度，为企业新产品开发提供广阔的天地。具有设计和开发系列产品资源、加深产品深度组合能力的企业可采用这种开发策略。

4. 差异化开发策略

差异化开发策略又称为产品创新策略。市场竞争的结果使市场上产品同质化现象非常严重，企业要想使产品在市场上受到消费者的青睐，就必须创新出与众不同的、有自己特色的产品，满足不同消费者个性需求。这就要求企业必须进行市场调查，分析市场，追踪市场变化情况，调查市场上需要哪些产品，哪些产品企业使用现有的技术能够生产，哪些产品使用现有的技术不能生产。对这些技术，企业要结合自己拥有的资源条件进行自主开发创新，创新就意味着差异化。具有市场调查细分能力、创新产品技术、资源实力的企业可采用这种开发策略。

5. 超前式开发策略

超前式开发策略又称为潮流式开发策略。企业根据消费者受流行心理的影响，模仿电影、戏剧、体育、文艺等明星的流行生活特征，开发新产品。众所周知，一般商品的生命周期可以分为导入期、成长期、成熟期和衰退期等四个阶段。而消费流行周期和一般商品的生命周期极为相似并有密切的联系，包括风格型产品生命周期、时尚型产品生命周期、热潮型产品生命周期等特殊类型。在消费者日益追求享受、张扬个性的消费经济时代，了解消费流行的周期性特点有利于企业超前开发流行新产品，取得超额利润。具有预测消费潮流与趋向能力，具有及时捕捉消费流行心理并能开发出流行产品能力的企业可采用这种开发策略。

6. 滞后式开发策略

滞后式开发策略也称为补缺式开发策略。消费需求具有不同的层次。一些大企业往往放弃盈利少、相对落后的产品，必然形成一定的市场空当。如国内洗涤用品市场几乎被几个"寡头企业"所瓜分，无论城乡，无论发达地区欠发达地区，均充斥着"寡头企业"的知名产品。似乎其他后来者已很难进入市场。实际情况却是，在地理位置偏远的地方，一些实力偏弱的小企业的中低档次的产品仍销得很好，它们在各大品牌产品的冲击下，仍能获得可观的市场份额。具有补缺市场需求能力，而技术、资金实力相对较弱的小企业可采用这种开发策略。

5.5.2 采购策略

采购计划（Procurement Plan），是指企业管理人员在了解市场供求情况，认识企业生产经营活动过程中和掌握物料消耗规律的基础上对计划期内物料采购管理活动所做的预见性的安排和部署。采购计划是根据生产部门或其他使用部门的计划制定的包括采购物料、采购数量、需求日期等内容的计划表格。采购活动是 ERP 类沙盘模拟活动的关键运营节点，对此项活动，也必须采取科学的策略加以灵活对待。

1. 采购计划分类

（1）按计划期的长短分，可以把采购计划分为年度物料采购计划、季度物料采购计划、月度物料采购计划等。

（2）按物料的使用方向分，可以把采购计划分为生产产品用物料采购计划、维修用物料采购计划、基本建设用物料采购计划、技术改造措施用物料采购计划、科研用物料采购计划、企业管理用物料采购计划。

（3）按自然属性分类，可以把采购计划分为金属物料采购计划、机电产品物料采购计划、非金属物料采购计划等。

采购计划（预算），本身属于生产/销售计划中的一部分，也是公司年度计划与目标的一部分。通常，销售部门的计划（即销售收入预算）作为公司年度营业计划的起点，然后生产/销售计划才随之确定。而生产/销售计划则包括采购预算（直接原料/商品采购成本）、直接人工预算及制造/销售费用预算。由此可见，采购预算是采购部门为配合年度的销售预测或采货数量，对所需求的原料、物料、零件等的数量及成本做出的详细计划，以利整个企业目标的达成。

2. 编制采购流程

采购计划（预算）虽是整个企业预算的核心，但是如果没有科学的采购流程与之相互配合，也会失去其应有的价值。

（1）制订采购计划。由销售预测加上主观判断，即可拟订销售计划或目标。销售计划，是表明各种产品在不同时间的预期销售数量；而生产计划即依据销售数量，加上预期的期末存货减去期初存货来拟订的。这一点需要在模拟沙盘实训中加以明确，处理好这些关系，才能保证采购的真正JIT。

（2）编制采购商品/物料清单。采购计划只列示产品的数量，并无法直接知道某一产品需用哪些物料，以及数量多少，因此必须借助采购商品和物料清单。清单是由公司市场部配合采购部门所拟订的，内容列示各种产品由哪些基本的商品所制造或组合而成。根据清单可以精确计算某种商品及组合架存和库存的安全数量。清单所列的基本安全量，即通称的标准用量（以15日或30日为一个周期），与实际用量相互比较，作为成本控制的依据。

（3）存量管制卡。若商品有存货，则采购数量不一定要等于销售数量。所以商品采购数量也不一定要等于根据清单所计算的基本商品需用量。采购员应依据实际和计划商品需求数量，并考虑采购的安全在途时间和安全存量水准，算出正确的采购数量，然后才开具请购单，进行采购活动。

以上采购策略在网店运营与推广、市场营销等沙盘中会有更多的要求，各队在项目跟进过程中，都不同程度地关注采购环节的策略实施，以保证生产与销售、供应与市场、扩张与资金的协调。

5.5.3 柔性生产或销售的库存管理策略

柔性生产的概念是1965年英国的Molins公司首次提出的，最初主要是应用于制造业。它是在柔性制造的基础上，为适应市场需求多变和市场竞争激烈而产生的市场导向型的按需生产的先进生产方设备利用率和员工劳动生产率，改善产品质量。现在，人们发现这一原理同ERP管理思想一样，在知识的有效迁移之下，逐渐推广到其他领域，也收到意想不到效果。

1. 概念

柔性生产与销售是指主要依靠有高度柔性的以计算机数控机床为主的制造设备来实现多品种、小批量的生产与销售方式。生产或销售方式，一般是指企业整体活动方式，包括所有制造过程、经营管理过程、销售过程。因此，是一种具有旺盛需求和强大生命力的生产销售模式。其优点是增强制造企业的灵活性和应变能力，缩短产品生产周期，提高效率。

2. 库存管理策略方式

目前，世界上比较流行的柔性生产主要有以下几种方式。

（1）精益生产（LP）。由美国提出，特点是以简化组织和强调人的能动性为核心，力求低消耗、高效率、零库存，杜绝一切浪费，其基本前提是为满足用户的高质量产品需求。

（2）并行工程（CE）。也是美国提出的，其特点是对产品开发及其相关过程以组成多功能协同小组工作来进行，并在产品设计阶段就集成考虑生产制造、销售服务过程的适应性要求。

（3）敏捷制造（AM）。也是美国提出的，其特点是注重适应各种变化的快速要求，以动态多变的组织结构和充分发挥技术、组织人员的高度柔性集成为主导。

（4）智能制造（第一代 IM，第二代 CLM 或 HIM），分别是由日本和德国提出的，其特点是强调柔性化生产中人因的决定作用，这是以提高决策化为目的并在整个制造过程中贯穿智能活动。

（5）准时制（JIT）是准时方式中一种简单有效的方式，也称"传票卡制度"或"卡片制度"，是日本丰田公司首先采用的。在企业的各工序之间，或在企业之间，或在生产企业与供应者之间，采用固定格式的卡片为凭证，由某一环节根据自己的节奏，逆生产流程方向，向上一环节指定供应，从而协调关系，做到准时同步。采用看板方式，有可能使供应库存实现零库存。

生产实践中，在生产工位之间或在供应与生产之间完全做到协调运营、柔性运作的轮动这不仅是一件难度很大的系统工程，而且需要巨大资金投入。同时，有一些产业也不适合采用轮动方式。因而，广泛采用此轮动方式有更多灵活性、较容易实现的准时方式。准时方式不是采用类似传送带的轮动系统，而是依靠有效的衔接和计划达到工位之间、供应与生产之间的协调，从而实现零库存。如果说轮动方式主要靠"硬件"的话，那么准时供应系统则在很大程度上依靠"软件"。

3. 库存管理目标

库存管理的总目标是：在库存成本的合理范围内达到满意的客户服务水平。为达到库存管理的总目标，需采取科学的库存管理策略，以尽可能减少库存，提高企业的管理水平，使企业能够有效地参与市场竞争。库存管理的衡量指标，管理是从衡量开始的。在库存管理中有三个重要的衡量指标：平均库存值、可供应时间和库存周转率。

（1）平均库存值：一般指某一时期库存平均占用的资金比例。一般来说，制造企业大约是 25%，而批发、零售业有可能占到 75% 左右。这是个技术问题，是否可以在销售到来之前库存一定数量的商品是沙盘 CEO 的一项智慧性选择。操盘手可根据历史数据或同行业的平均水平从纵横两方面评价自己团队的这一指标是过高还是过低。但是，一个不可忽视的因素是市场需求，也就是说，必须从满足市场需求的角度来考虑库存管理的好坏。为此，下面两个指标可能更重要。

（2）可供应时间：平均库存值除以相应时间段内单位时间（如每周、每月等）的需求值，指现有库存能够满足多长时间的需求；也可以分别用每种物料的平均库存量除以相应时间段内单位时间的需求量来得到。在有些情况下，后者更具现实意义。

（3）库存周转率：库存周转越慢，意味着库存占用资金量越大，保管等各种费用也会大量发生；反之亦然。同时，库存周转率对企业经营中至关重要的资金周转率指标也有极大的影响。但究竟库存周转率多大为最好，不可一概而论。

5.5.4 基于生产的价格策略

所谓基于生产的价格策略，是对产品或服务所提供的价值进行评估，并确定价格。定价不是企业给商品标上一个预想的数字符号，而是关系到企业是如何评估自己的商品价格，以及让顾客接受企业的商品价值。

定价关系到公司经营中四方面的因素：公司的战略、公司的客户群、公司的竞争环境、公司产品的差异化，在定价的时候，企业必须将这四方面的元素融入进去。

作为一个有战略眼光的定价者，他所应该思考的问题不是"我们需要什么样的价格才能收回成本并赚取预期的利润"，而是"在市场可接受的价格下，维持什么样的成本水平才能实现预期的利润目标"；不是"顾客愿意支付的价格是多少"，而是"我们的产品在顾客看来能值多少，以及通过更有效的沟通是否能使顾客确信该产品货真价实"；不是"什么价格才能实现销售额或市场份额目标"，而是"什么样的销售额或市场价格水平才能使公司利润最大化"。当某些顾客认为产品的价格过高时，定价者应当考虑如何进一步细分市场，进而以不同的产品和不同的分销渠道去满足不同价值标准的顾客群体，而不应当只是秘密地给这些顾客折扣。模拟企业价格策略是实际价格策略的反映，如何对自己产品进行定价，不仅体现出小组相关策略的能否实施到位，也展示出团队成员集体对市场信号的理性认知。

与传统的定价方法相比，战略定价不仅要求定价观念上的变化，还要求定价时间、定价方法以及定价决策者等方面的变化。具体说来，战略定价要求在产品开发前对价格做出估计。确保合理定价的唯一方法是尽早放弃那些不能获取足够价值以收回成本的产品概念。战略定价还要求管理者制定出一整套与公司战略目标协调一致的定价政策和程序。不考虑定价对销售人员和分销渠道的影响就等于丧失了商业战略方向。也许最重要的是，战略定价要求建立市场营销职能与财务职能之间的新型关系。战略定价实质上是营销与财务这两大职能的相互作用，其目的在于寻求顾客获得价值满足的愿望与公司收回成本并获得预期利润的需要这两者之间的平衡。

可是，在许多公司中，定价活动更多的是将这两者对立起来。如果定价着眼于对产品价值的判断，那么进行价格决策的应是市场部或销售部经理，因为他们可能最了解顾客。但是，没有适当的财务指标制约，这种价格就不能持续稳定地创造利润。因此，财务部门必须了解成本与销售量之间的关系，并运用有关知识去发掘营销活动中的激励因素，以便有利可图地实现他们的目标。

总之，在战略定价方面，营销与财务的两大职能应协调地配合以实现获利性这一共同目的。当然，要实现这一目的，二者还必须抛弃导致冲突的种种观念。

本章小结

1. 本章首先阐述了企业战略思想确立的重要性，战略指导思想是指导战略制定和执行的基本思想。它主要包括以下几方面：市场导向，需求驱动，尽力满足社会需求；依靠品种、质量、成本取胜；实现系统整体优化；善于竞争，优胜劣汰；长远观点，放眼未来；以人为本，全员参与。

2. 成本领先战略的优势：企业处于低成本地位上，可以与现有竞争对手的对抗；处于低成本地位的企业在进行交易时握有更大的主动权；当强有力的供应商抬高企业所需资源的价格时，处于低成本地位的企业使欲加入该行业的新进入者望而却步，形成进入障碍。专一化战略是指企业以某个特殊的顾客群、某产品线的一个细分区段或某一个地区市场为主攻目标的战略思想。差异化战略又称别具一格战略，是指为使企业产品、服务、企业形象等与竞争对手有明显的区别，以获得竞争优势而采取的战略。这种战略的重点是创造被全行业和顾客都视为是独特的产品和服务。

3. 企业战略实施过程中，策略是实现战略的主要途径，战略具有前瞻性、虚拟性，而策略却具有现实性、灵活性。中小微企业的具体具体策略主要有：新产品开发策略、采购策略、价格策略、库存策略。

习题与实训

习题 1 专一化战略一般是集中一点进攻对手的弱点，或是通过专有的业务活动方式以低成本形成对竞争对手的优势，要获得这方面的优势需要具备以下某些条件：拥有特殊的受欢迎的产品。请举例说明这一战略实施的方法。

实训 1 产品开发策略就是开发新的产品来维持和提高企业的市场占有率。开发新产品可以是开发全新产品，也可以是在老产品的基础上做改进，如增加新的功能，改进产品的结构，简化操作，甚至哪怕是改善外观造型和包装等，都可视为进行产品开发，都有可能收到意想不到的市场效果。产品不但包括有形产品也包括无形服务，对电子商务企业而言，网站设计就是提供新的服务产品的途径，创业型网络企业最需要的是以最快的时间进入战场，占据互联网的有利地形。因此，网站经营者一定要有战略眼光，切勿被眼前的一点小利所诱导而损失大局，更不可因为明显有必要的、可加快进入市场的时机，并可以节省未来资金的投资（此时可能钱要花费多一点）而迟疑，贻误时机，造成大损失。

网站长期目标是网站未来发展的愿景目标，它指导了网站至少在一年至二年的发展目标，整个团队均以此作为作战方针。网站短期目标则显得更为重要，短期目标近在眼前，只需团队努力，就很有可能达到，因此短期目标的制定更为关键，实现短期目标的直接效益是团队信心增强，减小与长远目标的差距，获得销售收入或品牌提升等。短期目标制定应该以"可以实现"为原则，切勿务虚，否则产生时间浪费，财力人力浪费，士气受损等负面影响。请用实际案例说明网站产品定位的重要性。

实训 2 网站服务产品的内容质量、更新频率、相关性对网站声誉影响很大，根据优质网站经营经验，网站产品只有做到以下几个方面，才能保持优秀品质和关键词较好的排名。

原创的内容最佳，切忌采用多次转载的内容，内容独立性，与其他页面至少 30% 互异，1 000 ~ 2 000 字，合理分段，有规律更新，最好是每天内容围绕页面关键词展开，与整站主题相关，具有评论功能，评论中出现关键词；内容相关页面的导入链接；导入链接锚文本中包含页面关键词；锚文本存在于网页内容中；锚文本周围出现相关关键词；导入链接存在 3 个月以上；导入链接所在页面的导出链接少于 100 个；导入链接来自不同 IP 地址；导入链接自然增加；锚文本多样化。

对以上网店的 SEO 技巧，请用 SEO 原理说明，同时结合具体案例说明 SEO 对网店经营的影响。

案例分析

三只松鼠：核心战略揭秘[⊖]

在 2012 年，当大家都认为电商红海比 2011 年还红的时候，6 月，"三只松鼠"横空出世，仅仅半年之后，"双十一"单日销售额突破 800 万元，2013 年 1 月份单月业绩突破 2 000 万元，轻松跃居坚果行业全网第一。

一、关于"三只松鼠"的核心战略

为什么"三只松鼠"坚持做"互联网顾客体验的第一品牌"和"只做互联网销售"？

因为互联网极大缩短了厂商和消费者的距离与环节，三只松鼠定位于做"互联网顾客体验的第一品牌"，产品体验是顾客体验的核心，互联网的速度可以让产品更新鲜、更快到达，为什么要舍近求远呢？（核心战略见表 5-2。）

表 5-2 "三只松鼠"的核心战略

一个核心		让品牌和消费者更近，始终围绕这个中心部署战略
四个要点	品牌：如何让品牌和消费者更好地沟通	动漫化（消费者也许会拒绝帅哥、美女、偶像，但很少拒绝童真和可爱）、互联网工具（微博、旺旺等沟通）、话语方式（以松鼠的口吻拟人化沟通）、杂志（做看似与销售无关的杂志，其实是一种情感沟通）
	速度：如何更快一点	提高坚果从树枝到消费者客厅的速度，提高消费者从购买到收货的速度，追求速度就是在追求产品的新鲜和更好的消费者体验
	服务：如何做到更加个性化	基于大数据的收集和挖掘，充分了解消费者，从而做到更个性化的服务
	品质：如何让坚果更好吃	
四化	品牌动漫化	
	数据信息平台化	互联网时代最大的特点是数据海量，同时数据碎片化，客户的数据散落在不同的平台、不同的沟通介质（比如微博、微信和天猫的购买数据），因此必须借助 IT 系统，将数据信息打通，将客户资产有效地运营起来
	仓储物流智能化	提高单位容积的仓储效能，提高物流效能，提高货品的周转速度，进一步提升消费者体验，同时也是提升企业核心竞争优势
	食品信息可追溯化	用物联网的技术实现农产品从采摘到餐桌的全程溯源，强化食品安全和保障食品品质

二、谈竞争

所有目前领先的电商大佬，无论是 B2C，还是以淘宝系为代表的天猫原创品牌，都绕不开两类竞争对手。

第一类竞争对手为"高富帅"——进入电商的该行业传统品牌大佬，实力超群，招募豪华电商团队，甚至挖角你的团队。它们有品牌优势、资金优势、人才优势，并且也勤奋。怎么应对它们的竞争？

[⊖] 资料来源：http://www.100ec.cn/detail--6210914.html。

（1）定位：传统品牌企业的优势在于它们线下积累的资源优势，但这些资源优势也恰恰成为它们跟纯online企业竞争的劣势。选择online独有的优势——后发优势，定位、聚焦、延伸、放大。

（2）团队：传统品牌企业初始阶段，电商最多只是一个部门，且多是职业经理人带队，与纯电商企业由全情投入的老板带领一群激情满满、近乎"疯子"的online团队相比，后者至少不会处于弱势吧。

（3）定价：传统品牌企业线下有大量的经销商，面对线上消费者消费趋势发生的短周期内的变化，定价时无法像online企业一样快速反应。

（4）产品：online企业积累了大量的消费者数据，可以根据数据背后的洞见来设计产品，迎合网购人群（注意：核心网购人群和线下购买人群的购物心理和习惯有很明显的差别）。而传统品牌企业，首先要兼顾占自己销售体量9成以上的线下人群，就算为线上设计的专供款也只是昙花一现，偶尔为之。

第二类竞争对手是"草根"型——你做啥他就抄啥，死缠烂打，你前期花了大量的时间、人力和财务成本研发产出的创新，刚刚开始产生品牌溢价，卖了没几天，他就开始同款且低价地照单跟随。你降价，前期的研发成本摆在那里，肯定亏；他降价，正好抢你的客户。不到半年，这一市场就被杀成红海乱象。怎么办？

（1）将创新植入你的核心竞争力——真正的有竞争力的创新，从战略核心就开始了，围绕核心衍生出整个差异化的体系。这样，对手抄袭，只能是抄个一鳞半爪，整个运营体系是无法抄袭的。

比如，三只松鼠的战略核心是"和消费者更近"，那么形象上，动漫化的形象让客户觉得更亲切（你抄的话总没法把你的logo也换了吧），拟人话的沟通让客人觉得更萌，更被尊重，比如，叫客人为"主人"（松鼠可以叫客人为主人，你也把客户叫主人，客户会起鸡皮疙瘩？）。整个网站的装修、交互，都是围绕这一让客户觉得更近的核心去设计（你不会也把自己的网站改成这样吧）。在原产地建仓、智能化的仓储物流管理，都是为了让每包坚果更快送达，更新鲜地到达客户手中（这样的门槛让一般的草根对手无法抄袭）。

（2）开放的心态，欢迎更多的草根对手来抄袭。因为强大和自信，三只松鼠希望更多的online同行来学习、模仿甚至抄袭，这样，online企业都强大了，消费者会进一步被从线下拉到线上。比如，三只松鼠为提升客户体验，每包坚果中都有吐壳袋、封包夹，现在很多坚果类电商也都这样去操作了。

问题：

1."三只松鼠"是如何让品牌与消费者更近的？

2."三只松鼠"的战略是否会被很快模仿而失去作用？

第 6 章
基于 ERP 的沙盘实训知识基础

【本章要点】

1. 掌握基于 ERP 的沙盘实训涉及的诸多专业知识,包括渠道营销、生产运营、营销策略、SEO 搜索引擎、竞标等知识。

2. 重点掌握渠道营销、生产运作管理以及电子商务相关知识,强化对这些知识整合,并了解企业以市场为导向的经营模式所涉及的技术环节。

3. 熟悉企业生产与经营流程,了解电子商务对企业信息化时代实现竞争提升的意义,掌握 SEO 与 SEM 的主要内容和技巧,了解企业在产品与服务开发设计方面以及生产线选择方面的方法。

【引导案例】

中国电视电商为何不火[一]

2015 年 1 月 10 日,《何以笙箫默》在江苏卫视和东方卫视首播,它是国内卫视频道电视剧 T2O 的首例。观众看中剧中的商品,只需通过手机天猫客户端扫描台标,即可进入"边看边买"互动页面,挑选同款商品。在网购平台《何以笙箫默》的直购通道已积累了服饰、化妆品、饰品、床品、灯具、软装家居品等十多款电视剧同款"正版货",价格也从几十元到上千元不等,涉及多个品牌。

据公开数据显示,《何以笙箫默》"边看边买"页面上线第一天,就有近 300 万用户体验,女装商家的页面流量是活动前的 10 倍。不过,销售数据却让人大跌眼镜。自电视剧开播至今,女主角赵默笙同款波点衬衫仅卖出 2 件,男主角何以琛同款 T 恤仅卖出 1 件,销售惨淡。仅佐卡伊同款 sunshine 项链销量较高,月销 1 185 件,其他大部分商品月销量仅一位数、两位数或者三位数,与电视剧的火热程度显然不符。

而与之形成对比的是,在淘宝上搜索"何以笙箫默同款",便出现了几百家相关店铺,出售的同款从衣服首饰到家具灯具一应俱全,而它们的价格都非常低廉,销量也很火爆。据淘宝店家透露,货品主要发往二三线城市。这与观众的地区分布基本一致。根据腾讯视频统计的数据显示,在《何以笙箫默》全国观众分布图中,三线城市的观众以 51.69% 占绝对优势,二线城市则约占 35.31%。

放映期间,《何以笙箫默》收视率一直稳居同时段榜首。但电视剧收视率的攀升并没有给电

[一] 资料来源:《南方日报》,2015 年 2 月 9 日。

商带来实质的销量提升，最大作用是引入流量，而其中很大一部分还引流到"山寨"商去了。

对此，易观国际分析师王小星接受南方日报采访时表示电商通过T2O的方式去卖产品，电视得到了一部分广告费，这理应是一个双赢的局面。"T2O在国外是非常普遍，国内消费者对这种电视上的植入式广告接受度比较低，这跟传统上的电视购物不一样。T2O模式增加的流量之所以难以带动品牌销量主要是由于盗版、山寨商品较多，大大分流了正版商品的购买量。"

6.1 营销渠道

在市场导向型大趋势之下，这是个"渠道为王"的时代。渠道既是一个企业核心竞争力的体现，也是一项重要的资源。企业为了使自己的产品能在较短的时间内、以较快的速度、较少的费用从生产领域流转到消费领域，必须制定一系列营销渠道策略，其主要内容有：渠道长度策略、渠道宽度策略、中间商类型策略、渠道类型的数量策略。这些策略在沙盘实操中必须灵活掌握，根据具体情况，确定自身的渠道策略。

6.1.1 渠道长度策略

渠道长度是以渠道层次（或称中间环节）的数量来衡量的，在产品从生产领域流转到消费领域的过程中，每经过一个中间环节就构成一个渠道层次。从生产者的角度看，虽然生产者只同最接近的中间商发生关系，但控制渠道的难度会随着渠道层次的增加而增加。因此，每个生产企业都要对渠道层次的数量制定策略，即制定渠道长度策略。对一个具体企业或一种具体产品而言，采用短渠道还是采用长渠道取决于多种因素，我们可把影响渠道长度策略的诸多因素归纳为三大类，即产品因素、市场因素和企业自身因素。

1. 产品因素

（1）产品的单价。一般来说，产品的单价越低，分销环节就越多。由批发商再转卖给零售商，零售商卖给消费者。反之，价格较高的产品一般采取短渠道流通。

（2）产品的体积和重量。对于体积大、重量大的产品，要尽量使用少环节的短渠道，以减少装卸搬运费用；而对于体积小、重量轻的产品则可根据需要用长渠道流通。

（3）产品的技术性和复杂性。对于技术性强、使用复杂的产品往往要求生产企业提供较多的服务，宜用短渠道的流通，以便生产企业向顾客提供一系列的服务。而对于使用简单、无须多少技术的产品则可考虑用长渠道流通。

（4）产品的耐久性。对于易腐性和易毁性较强的产品应尽量用短渠道，尽快将产品从生产领域转入消费领域，对于耐久性强的产品可用长渠道流通。

（5）产品的款式或式样的稳定性。款式或式样经常变化的产品（如流行服装）宜采用短渠道流通，而款式和式样相对稳定的产品则可用长渠道。

（6）产品的生命周期阶段。对处于投入期的产品，因为生产企业要收集大量的信息，以进一步改进产品的质量和性能，所以宜采用短渠道流通，生产企业可把新产品在自己的门市部销售或由几家零售商店经销，以快速地收集信息，改进产品；而成熟期的产品由于质量、性能都已稳定，企业可根据需要采用长渠道流通。

2. 市场因素

（1）目标市场的地理分布状况。如果企业的产品卖给广大地区的消费者，这就要求企业通过长渠道流通，生产企业将产品卖给批发商，再由批发商转卖给分布较广的零售商，然后再卖给消费者；如果企业的目标市场比较集中，企业就可考虑使用短渠道。

（2）潜在顾客的数量。如果企业的潜在顾客较少，企业就可采用短渠道；反之，就宜采用长渠道，由批发商和零售商把产品卖给众多的顾客。

（3）顾客的购买数量。数量大的顾客（如生产资料用户），生产企业可以上门推销，直接供货；对于购买数量小的顾客就宜用长渠道，通过中间商满足顾客的需要。

（4）消费者的购买习惯。对于便利品，消费者要求购买方便、服务迅速，这就需要有众多的中间商经销，通过大量的商业网点适应消费者的这种购买习惯；而对于选购品，尤其是特殊品，消费者愿意花较多的时间购买，所以，企业可用短渠道流通。

（5）消费的季节性。季节性较强的产品需要批发商提供储存功能，调节产品生产和消费由于时间的背离而引起的矛盾，宜使用长渠道；反之，则可使用短渠道。

3. 企业自身因素

（1）企业资源。资源丰富的生产企业有条件自己雇佣推销人员，自设门市部销售产品，不使用中间商，实行产销一体化。如国内许多电动车公司自设许多销售机构推销电动车，这样，营销渠道就较短；而那些资源较少的企业，因无力经销自己的产品，只能依靠中间商，以长渠道销售其产品。

（2）企业对营销渠道的管理能力和经验。如果企业对营销渠道具有丰富的经验和较强的管理能力，又有足够的资源，企业就可考虑自设机构，用短渠道推销产品；反之，企业只能依赖中间商以长渠道经销产品。

（3）企业控制渠道的愿望。一些企业为了控制产品的零售价格，有效地进行推销活动，以建立市场信誉，扩大销售额，往往愿意花费较多的直接销售费用，自设门市部推销产品，实行短渠道流通。

在市场营销实践中往往会遇到这种现象：就某些因素看应选择长渠道，就另一些因素看应选择短渠道，这时，企业应以最关键的因素为依据制定渠道长度策略。

6.1.2 渠道宽度策略

渠道宽度策略也称中间商数量策略。企业制定了渠道长度策略后，还必须对每个渠道层次所用中间商的数量制定策略。企业在制定渠道宽度策略时有以下三种模式可供选择。

（1）广泛经销。它也称密集经销，即在某一市场范围内，生产者运用尽可能多的同层次中间商推销产品，通过众多的分销渠道将产品转移到消费者手中。消费品种的便利品最适用这种策略，因为消费者对便利品一般不花较多的时间去挑选，主要追求购买方便、服务迅速，这就要求有众多的商业网点，通过大量的中间商把产品卖给消费者。

（2）独家经销或者特许经销。即在一定的市场范围内（如某一个城市），生产者只选择一家中间商经销自己的产品。生产者授予中间商经销产品的特权，但要求中间商不得经营竞争者的同类产品。这种策略一般只适用于一些购买者较少、单价较高或技术较为复杂的产品。生产者采用这种策略是为了促使中间商更加积极地推销本企业产品，更讲求推销技术，并有利于控制中间商在价格、促销、信贷和各种服务等方面的政策。

（3）选择经销。它也叫特约经销，这种策略介于广泛经销和独家经销之间。即在某一市场范围内生产者精选几个最合适的中间商经销自己的产品。这种策略既能避免企业采用广泛经销时精力过于分散的现象，能同被选择的有限几家中间商保持良好的关系，掌握一定的渠道控制权，又能避免企业采用独家经销时渠道太窄的弊端，使企业能有足够的市场覆盖面。因而，这是多数生产者所采用的策略。

消费品渠道设计如图 6-1 所示。

6.1.3 中间商类型策略

如果生产经营企业决定通过中间商销售其产品，就必须制定中间商类型策略，即生产经营企业首先将产品卖给什么类型的中间商。中间商主要有三种类型，即批发商、代理商和零售商。生产企业要制定出合理的中间商类型策略，就首先需要分析中间商的功能，再分析企业所需要的功能，在此基础上选择合适的中间商。

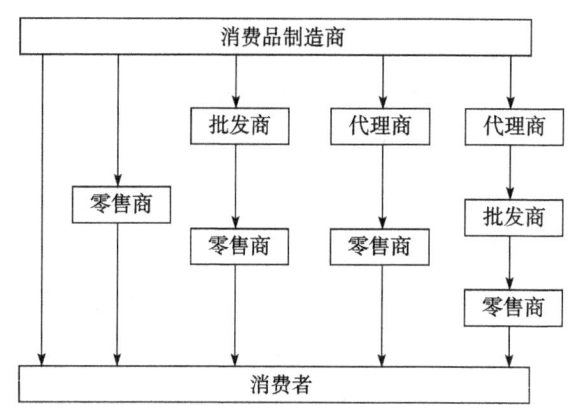

图 6-1 消费品渠道设计

批发商的特点是通过采购活动取得产品所有权，通过买卖活动从进销差价中取得利润。批发商能提供较为全面的销售功能，它们拥有一定面积的仓库、运输工具、相当数量的固定资金和流动资金，有能力大批量向生产者进货，同零售商具有广泛的联系，有一定的经营管理经验。

零售商也像批发商一样具有通过采购过程取得产品所有权，从批零差价中获得利润的特点，但因多数零售商规模较小，它们一般不可能像批发商那样提供较多的销售功能，多数零售商仓库面积较小，运输能力弱，流动资金少，只能采用批量采购、勤进快销的方式，但零售商同消费者有着广泛的接触，能比较客观地了解消费者对特定产品的需求情况。

6.1.4 渠道类型的数量策略

渠道类型的数量策略是企业决定同时使用哪几种类型的渠道销售其产品。生产企业虽可以只通过某一种类型的渠道销售产品，但多数生产企业往往根据实际情况，采用两种或两种以上的渠道分销产品，以增加产品分销的灵活性。如杭州某电器公司即自设门市部，采用"生产者→消费者"这种零层次的渠道销售产品，也通过某些零售商店，采用"生产者→零售商→消费者"这种一层次的渠道分销产品，还将产品卖给批发商，采用"生产者→批发商→零售商→消费者"这种二层次的渠道营销产品。

基于 ERP 的营销沙盘设计了三种营销渠道：直销、批发和零售。这三种渠道分别对应不同消费群体和消费类型，在实操中，必须理性分析各种渠道的优势与劣势，科学确定自己产品的渠道模式，防止渠道选择中的非理性行为。

6.2 营销方式

营销策略就是研究在竞争复杂的环境中，如何有效地扬长避短，发挥自己的优势，在竞争中获得收益。研究市场就要面对竞争，正确的市场战略是企业成功实现其市场营销目标的关键。企业必须树立竞争观念，努力争取竞争的主动权。

6.2.1 市场地域战略

地理位置长期以来就是企业进行市场细分的主要变量，是影响企业进行各项营销活动及营销成本的关键。

1. 本地市场战略

由于不同地域的消费者具有不同的需求和偏好，或者受到零售商和服务机构的限制（如商业银行、医疗等），企业只能在当地运作。

对于零售业而言，企业在资金不足的情况下，只能在当地运作。大型制造业者在最初的时候也可能把新产品的分布范围限定在当地市场，随着企业自身的不断强大，企业的产品将不断地推向区域市场、全国市场及国际市场。采取本地市场战略，企业能熟悉本地顾客的需求和偏好，可使企业更好地满足顾客的需求；同时企业的资源比较集中，能够更好地为顾客提供服务。但采用这种战略的风险性比较大，容易受到外来竞争者的冲击。

2. 区域市场战略

区域市场战略是把全国划分为明确的地理区域，从中选择一个或者多个区域作为企业的目标市场，并且针对每个区域的差别化，明确每个区域的营销组合。区域市场战略是介于本地市场战略和全国市场战略的一个缓冲过程。区域市场战略可以帮助企业在一定的地域空间内发展，提高企业的市场占有率，使企业竞争的实力逐步增强。但开发区域市场，要注意与当地企业之间的合作，尤其是与当地中间商的合作。

3. 全国市场战略

全国市场战略是在主权国家的范围内建立起来的市场。全国市场战略对企业提出了更高的需求：首先需要大量的初始投入来完成市场的开拓和发展；其次需要更充足的资源和抵御风险的能力。全国市场战略为企业发展可提供更多的机会，实现规模经济效应，提高企业的市场占有率。但全国市场战略会使企业面临的风险加大。

4. 国际市场战略

国际市场战略是在国际分工的基础之上，使商品在世界范围内流通。由于消费者的生活方式、语言、宗教信仰、民族等诸多方面的不同，这使得国际市场战略比国家市场战略面临更大的风险和不确定性。随着科技的发展、生产规模的扩大，以及国内市场需求的饱和，进军国际市场是企业发展的必然趋势。国际市场战略与全国市场战略相比，企业具有更多额外的市场机会，以利于企业在国际市场的大环境中不断壮大，从而更好地战胜竞争对手。

6.2.2 市场竞争战略

每个企业都要依据自己的目标、资源和环境，以及在目标市场的地位，来制定竞争战略。即使在同一企业中，不同的业务、不同的产品也有不同要求。因此，企业应当确定自己在目标市场上的竞争地位，然后根据自己的市场定位选择适当的营销战略和策略。根据企业在目标市场上所起的作用，企业可以分为以下几种类型：市场领导者、市场挑战者、市场跟随者和市场利基者。

1. 市场领导者

市场领导者是指在相关产品的市场上占有率最高的企业。一般来说，大多数行业都有一家企业被公认为市场领导者，它在企业营销组合的各个方面处于主导地位，是市场竞争的领导者，也是竞争者挑战、优势效仿或回避的对象。在竞争中，这些市场领导者的地位是自然形成的，但不是固定不变的。因此，处于市场领导者的地位企业必须随时保持警惕并采取适当的措施维护自己的地位。一般来说，市场领导者为了维护自己的领导地位，通常采取三种策略：一是设法扩大整个市场需求；二是采取有效的防守和攻击措施，保持现有的市场占有率；三是在市场规模保持不变的情况下，进一步扩大市场占有率。

2. 市场挑战者

在行业名列第二、三名等次要地位的企业称为亚军企业或者追赶企业。这些亚军企业对待当前的竞争态势有两种态度：一是向市场领导者和其他竞争者发动进攻，以夺取更高的市场占有率，这时它们可称为市场挑战者；另一种是维持现状，避免与市场领导者和其他竞争者引发争端，这时它们称为市场追随者。

市场挑战者为了战胜市场领导者一般采用的战略如下。

第一，进攻市场领导者。这一战略风险很大，但潜在的收益可能很高。为取得进攻的成功，挑战者要认真调查研究顾客的需要及自身的不足之处，这些就是市场领导者的弱点和失误。

第二，攻击与自己规模相当者。对一些与自己势均力敌的企业，市场挑战者可选择其中经营不善而发生危机者作为攻击对象，以夺取它们的市场。

第三，攻击区域性小型企业。对于一些地方小企业，常因经营不善而发生财务问题，市场挑战者企业可将其作为挑战的攻击对象。

3. 市场跟随者

并非所有在行业中处于第二的公司都会向市场领导者挑战，因为这种挑战会遭到市场领导者的强烈报复，最后可能无功而返，甚至一败涂地。因此，除非挑战者能够在某些方面赢得优势，否则它们往往宁愿追随领导者，也不愿对领导者贸然发动攻击。这种"自觉并存"

状态，在资金密集且同质性高的行业中是很普通的现象。

市场跟随者的主要策略是：更好地维持现有顾客，并争取一定数量的新顾客，设法建立自身的独特优势，不能单纯模仿领导者，尽力降低成本。

4. 市场利基者

几乎每个行业都有一些小企业，它们专心致力于市场中被大企业忽略的某些细分市场，在这些小市场上通过专业化经营来获取最大限度的收益。这种有利的市场位置就被称为"利基"，而所谓市场利基者，就是指占据这种位置的企业。

市场利基者得主要策略是专业化，企业必须在营销组合方面实现专业化。在选择市场利基时，营销者通常选择两个或两个以上的利基，以确保企业的生存和发展。

6.2.3 网络营销战略

网络营销是以现代营销理论为基础，借助网络、通信和数字媒体技术实现营销目标的商务活动；由科技进步、顾客价值变革、市场竞争等综合因素促成，是信息化社会的必然产物。

1. 网络营销概念

网络营销指基于互联网、移动互联网平台，利用信息技术与软件工程，满足商家与客户之间交换概念、交易产品、提供服务的过程；通过在线活动创造、宣传和传递客户价值，并对客户关系进行管理，以达到一定营销目的的新型营销活动。

网络营销产生于 20 世纪 90 年代，发展至今，以新的方式、方法和理念，通过一系列网络营销策划，制定和实施的营销活动，尤其是搭建不同情境下的网络平台，实施包括病毒营销等多种营销模式，可以更有效地促成交易的新型营销模式。简单地说，网络营销就是以互联网为主要手段进行的，为达到一定的营销目的而进行的营销活动。随着互联网影响的进一步扩大，人们对网络营销理解的进一步加深，以及出现的越来越多网络营销推广的成功案例，人们已经开始意识到网络营销的诸多优点并越来越多地通过网络进行营销推广。

网络营销不单单是一种营销手段，更是一种文化，是信息化社会的新文化，引导媒体进入一个新的模式。

网络营销根据其实现方式有广义和狭义之分，广义的网络营销指企业利用一切计算机网络进行营销活动，而狭义的网络营销专指国际互联网营销。就是指组织或个人基于开发便捷的互联网络，对产品、服务所做的一系列经营活动，从而达到满足组织或个人需求的全过程，网络营销是企业整体营销战略的一个组成部分，是建立在互联网基础之上借助于互联网特性来实现一定营销目标的营销手段。

2. 网络营销基本模式

（1）搜索引擎营销：分 SEO 和 PPCSEO 两种，即搜索引擎优化，是通过对网站结构、高质量的网站主题内容、丰富而有价值的相关性外部链接进行优化而使网站为用户及搜索引擎更加友好，以获得在搜索引擎上的优势排名为网站引入流量。

（2）电子邮件营销：以订阅的方式将行业及产品信息通过电子邮件的方式提供给所需要

的用户，以此建立与用户之间的信任与信赖关系。

（3）即时通信营销：顾名思义，即利用互联网即时聊天工具进行推广宣传的营销方式。

（4）病毒式营销：病毒营销模式来自网络营销，利用用户口碑相传的原理，用户之间自发进行，是一种费用低的营销手段。

（5）BBS 营销：这种销售方式目前已经得到广泛的应用，其技术手段已经比较成熟，尤其是对于个人站长，大部分到门户站论坛浏览的人同时留下自己网站的链接，每天都能带来几百 IP。

（6）博客营销：博客营销是建立企业博客或个人博客，用于企业与用户之间的互动交流以及企业文化的体现，一般以诸如行业评论、工作感想、心情随笔和专业技术等作为企业博客内容，使用户更加信赖企业深化品牌影响力。

（7）微博营销：微博营销是指通过微博平台为商家、个人等创造价值而执行的一种营销方式，也是指商家或个人通过微博平台发现并满足用户的各类需求的商业行为方式。

6.3 生产运作

由于市场营销沙盘引入了部分 ERP 的经营模块，使得经营活动的内容获得拓展，但是也由此带来模拟运作的难度，所以，必要的生产运营管理知识的切入对实训活动有效开展十分重要。

现代企业在产品竞争方面的主要特点是：产品生命周期短，品种、型号、规格多，产品成本结构变化，交货期短，消费者的需求变化的不确定性等。而在基于 ERP 的沙盘模拟训练中，生产运作策略作用点就在于 V 和 C。提高 V 主要依靠差异化策略，与众不同的产品和服务，使顾客认为价值高而愿意支付较高的价格。贴心的服务会使顾客感知价值得到难以预计的提升。降低 C 主要依靠低成本策略，但降低成本总是有限的，而且随着人工成本的升高、原材料和能源价格上涨，单纯进行价格竞争是行不通的。关键是企业如何在控制成本的同时，提供有别于竞争者的差异化产品和服务，以创造更高的顾客价值 V。

6.3.1 生产运作的总体策略

1. 预测驱动还是订单驱动

（1）预测驱动式生产根据对市场需求的预测来组织生产活动，是推式（Push）方式，导致成品库存，形成备货型生产。在沙盘操作中可以采取此战略实施战略性备货，错开销售竞争期。

好处：及时响应客户需求，"一手交钱、一手交货"；提前进行生产准备活动，计划工作和生产活动可以主动进行，容易实现均衡生产；有效地利用企业资源，降低产品生产的实物成本即生产成本、运输成本、库存成本。

缺点：顾客只能在有限产品品种中挑选，不能满足个性化需要；生产是盲目的，若预测不准会造成大量成品库存，增加库存持有成本，使资金周转受阻。

（2）订单驱动式生产是以顾客的订单为依据进行的生产活动。

好处：可以按顾客真正的需要进行生产，能够满足顾客个性化需求；从根本上避免了盲目性，避免了成品积压的风险；产品一旦生产出来，就可以直接发送给顾客，不必维持成品库存，也不一定经过分销渠道销售；由于满足了顾客个性化需要，可能取得较高单价；能够及时直接从顾客那里获得准确的需求信息。

缺点：订单驱动式生产的订货提前期长，需要探讨"快速按订单生产"。

总之，预测驱动式生产适用于通用型需求产品。在稳定的环境下，通用型需求是主流，居民消费水平较低，"有没有"和"好不好"的问题突出，产品品种需求的变化较慢，顾客不太成熟，对产品没有或很少个性化要求，企业的发展取决于内部"效率"。

而订单驱动式生产适用于急剧变化的环境，居民消费水平高，"品种多不多"的问题突出，产品品种需求的变化快，顾客成熟，功能性产品需求趋旺，对产品有个性化要求，企业之间竞争激烈，企业生存条件取决于"适应性"。

需要指出的是，按经销商订单生产不是真正的按订单生产，因为最终顾客仍然被迫在已生产出来的产品中选择。只有按最终顾客的订单生产，才是按订单生产。

2. 高效供应链还是敏捷供应链

高效供应链（Efficient Supply Chain）追求降低"实物成本"（Physical Costs）；敏捷供应链（Agile Supply Chain）追求降低"市场协调成本"（Market Mediation Costs）。

实物成本是物流各阶段发生的成本，如生产成本、运输成本和库存成本。市场协调成本是供需不协调造成的成本，涉及过量生产造成的积压成本和生产不足造成的机会成本。

对于共性需求产品，应该采用高效供应链，一般采用自动生产线生产。对于个性需求产品，应该采用敏捷供应链，柔性生产线有这方面的优势，或采用手工生产线。

3. 配送网络的选择

按照产品库存的位置和交付方式的不同，可以构成不同的配送网络：制造商存货加直送；制造商存货、直送加在途并货；分销商存货加承运人交付；分销商存货加到户交付；制造商/分销商存货加顾客自提；零售商存货加顾客自提。

6.3.2 产品/服务的开发与设计策略

这一策略实施的前提是：产品市场需求具有不确定性；外部需求与内部能力不匹配；原材料、外购件的供应不均衡；企业内部各部门工作目标上有差别。

产品/服务的开发与设计策略：做市场的跟随者还是市场的领导者；自己设计还是外包设计；花钱买技术或申请专利；做基础通用型研究还是功能型应用研究。

在沙盘演练活动中，产品/服务的设计与开发是长效活动，如何使企业保持持久的竞争力，这一策略的科学实施十分重要。

6.3.3 生产运作系统的设计策略

生产过程设计（Production Process Design），或称生产流程设计，就是根据产品或服务的特点,详细描述生产过程的具体步骤,最终选择合适的生产线进行生产。

1. 生产过程的类型

根据生产类型的不同,生产流程有三种基本类型:按产品进行的生产流程;按加工路线进行的生产流程和按工艺要求的设计的生产流程。

按产品进行的生产流程一般采用全自动生产线,按产品/服务形成过程的要求组织设备,形成流水般的连续过程,又称为流水线(Flow Line)。这种形式适用于大批量生产类型。

按工艺特点的生产流程则是以手工生产线或柔性生产线为主,面对多品种产品或服务,只能将完成相同工艺的设备组织到一起。也称作工艺专业化形式,适用于多品种中小批量或单件生产类型。

2. 生产线的种类

生产线按范围大小分为产品生产线和零部件生产线;按节奏快慢分为流水生产线和非流水生产线;按自动化程度,分为非自动化生产线和自动化生产线。

非自动化生产线,即手工生产线,完全用手工或使用手工工具进行的生产线,如利用人力或畜力从事运输,或装卸工作,凭眼力或各种手工量具进行检查检验流水线活动等,投入的成本比较的,但是效率相对较低。

自动化生产线分为全自动化生产线和柔性生产线。

全自动生产线是由工件传送系统和控制系统,将一组自动机床和辅助设备按照工艺顺序联结起来,自动完成产品全部或部分制造过程的生产系统,简称自动线。投入成本虽然很高,但是生产效率也很高。

柔性生产线主要是为了适应当今市场订单的多品种、小批量,生产换线频繁,柔性生产线的灵活性,积木式组合结构,能在最短的时间内适应产品变型过程,让生产及时恢复。

生产线是主要产品或多数产品的工艺路线和工序劳动量比例,决定了一条生产线上拥有为完成某几种产品的加工任务所必需的机器设备,机器设备的排列和工作地的布置等。生产线具有较大的灵活性,能适应多品种生产的需要;在不能采用流水生产的条件下,组织生产线是一种比较先进的生产组织形式;在产品品种规格较为复杂,零部件数目较多,每种产品产量不多,机器设备不足的企业里,采用生产线能取得良好的经济效益。

6.4 数据魔方

2010年3月29日消息,淘宝内部人士透露,淘宝将于2011年4月1日开放网站所有的交易数据,并将这一计划命名为"数据魔方"。

数据魔方是淘宝官方出品的一款数据产品,主要提供行业数据分析和店铺数据分析。其中包含了品牌、店铺、产品的排行榜,购买人群的特征分析(年龄、性别、购买时段、地域等)。

除此之外,数据魔方还提供了淘词功能,主要用来优化宝贝标题用,通过使用效果更好的关键词来提升搜索排名。数据魔方的第一时间,还可以给卖家提供实时的运营数据支持(如店铺的实时成交情况,行业的实时成交情况),是运营活动的得力助手。

据了解，目前面向商家开放的数据方式主要分为两种。其一，通过其"数据魔方"平台，商家可以直接获取行业宏观情况、自己品牌的市场状况、消费者行为情况等，但是不能获得竞争对手的数据；其二，通过第三方研究机构合作的方式，商家可以直接向研究机构获取服务。

淘宝网 2010 年 3 月 30 日在上海正式对外宣布，将首度面向全球开放数据，商家、企业及消费者将在未来分享到其海量原始数据，数据开放将有原则、分层次地进行。该网站还将与第三方专业研究机构为商家带来基于数据之上的分析、解读、业务建设等服务，协助商家培养其通过读数据指导业务的能力。

6.4.1 数据魔方的功能

数据魔方的主要功能是可以通过阶梯式收费方式帮助网店业主进行淘词，分析行业的热词榜，随意查找关键词，诊断宝贝标题，帮助网店及时更新关键词，优化标题引流量。其功能主要作用范围是：

（1）自有店铺：分析店铺内的成交、转化率等一些整体店铺的数据分析，帮助店主了解店铺整体运营情况。

（2）行业分析：俯瞰行业市场大盘，分析行业内热销宝贝，热卖店铺买家信息等。帮助店主做品类管理、定价、定向营销。

（3）市场细分：从品牌、产品、属性的角度分析热销宝贝、热卖店铺、买家信息等，帮助店主做更细致深入的市场分析。

（4）数据编辑：据介绍，淘宝占据中国网络购物 75% 的市场份额，由此每天产生的数据量达到了 7 个 T，大约等同于 7 000G 的数据容量。这些数据容量当中大部分是由消费者、商家产生的，另外还包括物流公司和内部数据的一些信息等。2009 年 8 月，淘宝开始组建数据魔方团队，完成前期的用户需要调研。2009 年 10 月，淘宝发布第一个数据魔方内测版本。2009 年 12 月，淘宝发布第二个数据魔方内测版本，并邀请宝洁、麦包包等用户参与内测。2010 年 4 月，数据魔方专业版正式上线，数据开始服务于品牌企业和大卖家。2010 年 6 月，数据魔方标准版正式上线，数据开始服务于千千万万的中小卖家。2010 年 11 月，数据魔方增加了线上店铺分析功能，做到数据经营化。2011 年 3～5 月数据魔方进行一系列的用户体验优化，提升用户对产品的满意度。2011 年 6 月，数据魔方加入淘词功能，以关键词为切入点，迈出了对原始数据披露的第一步。

6.4.2 数据魔方案例

这几年雾霾当道，各方治理不利，观望许久后，人们似乎已经不再对有关部门"奢望"，而是选择"自力更生"。所谓对抗雾霾的各种方式和"武器"都层出不穷，比如减少外出、佩戴口罩、多吃具有清洁作用的食品蔬菜等。同时，推崇空气净化器使用的热潮也应运而生，市场上各种功效的空气净化器都处于热卖的状态中。那我们就来看一下，空气净化器的销售市场如今到底是何种的态势，人们比较喜爱的产品和热衷的功效又有哪些（见图 6-2）。

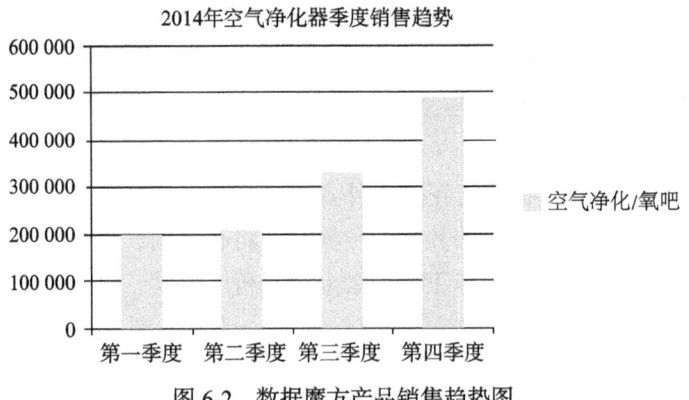

图 6-2　数据魔方产品销售趋势图

由图中我们可以看出，2014 年天猫商城空气净化器的销售趋势是一路攀升的，其中第三和第四季度的升幅较高，分别达到了 59.46% 和 47.84%。也许是由于秋冬时节的天气特征，雾霾天数明显较春夏两季多，借此也带动了消费者对空气净化器的购买欲望。

面对这一越来越大的市场需求，各大品牌也都相继推出了空气净化产品。我们列举了行业中销售表现最为强势的三个品牌（见图 6-3），其中，TCL 的销量在行业中占比较高，销量走势也较为平稳；而飞利浦从原本的销售冠军一度下跌，不过顺应第三四季度整个行业销售上涨幅度较大的趋势，又回升到了第二的位置；美的在第一二三季度销量表现不错，一路上涨，但是在第四季度却与行业趋势逆行，下跌不少。

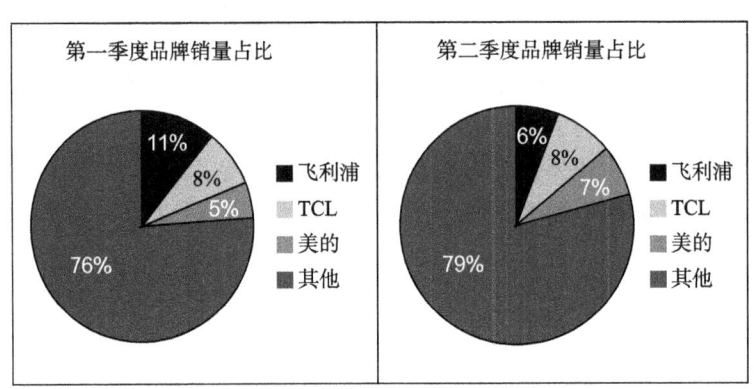

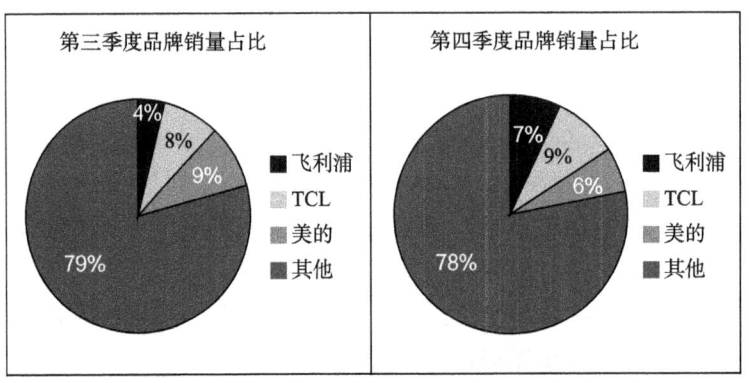

图 6-3　市场品牌商品销量对比饼图

我们以行业中销售最为稳定的 TCL 品牌为例，看一下它们最为畅销的一款产品：TKJ-F220B。这是一款外观时尚的空气净化器，标榜的是充当家庭的空气卫士。其主要功能是利用活性炭、负离子、HEPA 技术，来净化空气中的甲醛以及烟尘。

那对于净化功能的追求，消费者们又是何种看法，我们来看一下图 6-4。

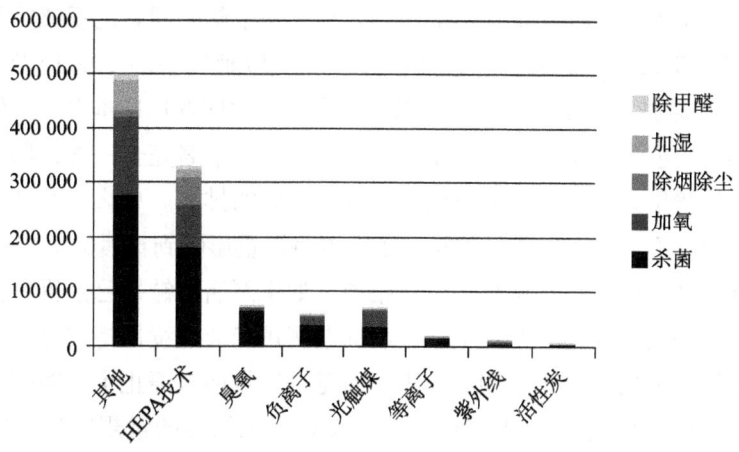

图 6-4　空气净化器功能示例

从图中可以看到，人们对杀菌的要求最高，其次分别为加氧、加湿、除菌除尘等。也许在这个一直被流感病毒肆虐的年代，免受病菌的侵袭成了大家尤为关注的话题。在技术方面，以 HEPA 技术和光触媒、负离子、臭氧为主，其中以 HEPA 技术为工作原理的空气净化器销售占到了行业总销售量的 33.2%，堪称现今此行业的最主流技术支持。

综上来看，空气净化器的市场可谓进入了红海。对于空气净化器的选择，消费者还是比较钟情于知名品牌的产品。在功效这块，杀菌、加氧的需求是最大的，并且伴随着越来越甚的趋势，这应该也是各大商家想要不断改进完善的部分。题外话小扯一句，如今的装潢材料，家具材质参差不齐，除甲醛的功能也许今后也能成为一个销售爆点。○

6.5　搜索引擎优化 SEO

SEO 是英文 Search Engine Optimization 的缩写，中文意译为"搜索引擎优化"。简单地说，SEO 是指从自然搜索结果获得网站流量的技术和过程。

6.5.1　搜索引擎优化概述

SEO 是指在了解搜索引擎自然排名机制的基础上，对网站进行内部及外部的调整优化，改进网站在搜索引擎中的关键词自然排名，使网站获得更多流量，从而达成网站销售及品牌建设的目标。搜索引擎检索原则是不断更改的，检索原则的更改会直接导致网站关键字在搜索引擎上排名的变化，所以搜索引擎优化并非一劳永逸。

○　资料来源：http://blog.qbtchina.com/?p=1828。

在意识层面，网站管理者对 SEO 可以形象理解为：当用户进入搜索引擎，就好像进入了一个偌大的图书馆。那么在这个图书馆里面有非常多的分类，分类分成大分类（可以理解为书架）小分类（可以理解为书架上面的格子）以及具体到最小的分类（书的内容）——长尾关键词。

如同在图书馆里面每天都在增加新的内容，那么一个新的网站出现就等于一个分类里面的一本新书出现。那么书里面的书名以及顺序就相对应到网站的 Title 以及 Description。可是如果"别人"（可以指搜索引擎）进入图书馆去泡馆的时候发现这本书，虽然是这个分类或者一个系列里的书，但是这本书的书名跟之前的一些书的书名完全一样，那么肯定会让读者误会站长们是在抄袭别人的书，所以原创将影响到网店的排名。那么虽然网站是新的，但是其实在刚开始网店就不可能有一个好的排名了，这将严重影响到日后的优化。

网站优化能够帮助网店提高网页的综合指数，如果网店的链接已经得到提升，继续保持高质量反向链接数的增加和内容的维护，网店的左侧排名会继续保持或提高。除非后期应用了作弊的方式而受到惩罚或停止后期的维护。而竞价广告如果停止了，网站链接也就会即刻消失。超过 95% 的搜索引擎使用者会优先考虑搜索引擎给出的常规结果，这其中绝大部分人只有在左侧无法得到满意结果时才会去浏览右侧的广告。

据调查显示，有 87% 的网民会利用搜索引擎服务查找需要的信息，而这之中有近 70% 的搜索者会直接在搜索结果的自然排名的第一页查找自己所需要的信息。

竞价广告的广告展现位置有限，竞价的结果使大量的客户因价格的原因无法排在首页，使得这部分客户很难通过竞价广告获得良好的使用效果。

6.5.2 SEO 特征

为了说明什么是网站对搜索引擎优化，我们不妨看看对搜索引擎不优化的网站有哪些特征：

（1）网页中大量采用图片或者 Flash 等富媒体形式，没有可以检索的文本信息，而 SEO 最基本的就是文章 SEO 和图片 SEO。

（2）网页没有标题，或者标题中没有包含有效的关键词。

（3）网页正文中有效关键词比较少（最好自然而重点分布，不需要特别的堆砌关键词）。

（4）网站导航系统让搜索引擎难以理解。

（5）大量动态网页影响搜索引擎检索。

（6）没有被其他已经被搜索引擎收录的网站提供的链接。

（7）网站中充斥大量欺骗搜索引擎的垃圾信息，如"过渡页""桥页"、颜色与背景色相同的文字。

（8）网站中缺少原创的内容，完全照搬硬抄别人的内容等。

为确保的网站导航（网址导航）都是以 html 的形式链接。所有页面之间应该有广泛的互联，要满足站内任何页面可以通过回连到达主页，如果无法实现这一点，可以考虑建立一个网站地图。网站的首页（home 或 index 页等）应该采用文本的形式，而不是 flash 等，这个文本里面要包含网店的目标关键字或目标短语。

6.5.3 SEO 站外策略

SEO 站外策略的站外策略如下。

1. 归类总结策略

当下互联网上的资源浩如烟海，我们可以按照某种分类或者归类，然后直接列出一个清单，表明相关数据等，这样的文章很容易组织，也容易作为权威数据而被大量引用。

2. 增加文章内容的权威性

要想把自己的数据作为权威的数据来参考，网店就必须把自己的数据弄得更加权威，内容通俗易懂，深入浅出，便于人们理解和掌握，这样有利于更多的人为网店传播。

3. 巧妙利用新闻站点和 RSS 聚合

撰写高质量的文章，然后在对应的行业新闻网站发布。这些权重高的网站排名高、人气旺，浏览量非常大，在这里发表文章除了能增加网站的反向链接，还会给网店带来意想不到的流量。

4. 利用网址站、目录站和社会化书签

根据自己网站的情况，把自己的网站提交到网站开放目录或者其他免费目录中，在我国的目录站主要有 Hao123、百度网址大全、谷歌网址大全等。这些目录站的人气非常旺，如果能被这些网站收录，不仅仅带来的是流量，更重要的是为网站带来源源不断的网络蜘蛛，这对网站被搜索引擎收录、网站关键词的排名都是非常有效的。

把自己的精品文章添加到百度搜藏、雅虎搜藏、Google 书签、QQ 书签等社会化书签。

5. 合作伙伴、链接交换（即友情链接）

充分利用合作伙伴或者商业伙伴之间的关系，尽可能地让对方为自己的网站添加一个链接或者互换一个链接（当然要互换权重高的）。

有条件的可以提供开源程序或者模版等方式，让采用者留有链接，也可以给内容管理系统 CMS 或 Blog 系统等开源网站系统提供免费精美模板，并在模板中添加"由××设计"，或为开源网站程序开发插件，并留有作者链接，或开发有用的工具，发表并留有下载地址等。

6. 利用互动平台，巧妙的留下链接

积极参与问答平台如百度知道、雅虎知识、问问等，在这些问答中不仅仅能为需要者提供解决问题的方案，同时也留下了该站点的链接；参与相关论坛如安全杀毒论坛等。可以为站点添加链接；参与社会化 wiki 平台（如百度百科、维基百科等）的编辑；在 Googlepage 建立专业网页并建立指向；利用一些交易平台或者交换平台，巧妙地留下自己的链接。

7. 撰写评论及答疑方面的文章

利用博客的评论功能，巧妙地留有自己的名称和链接；对名人或者某个有影响的事件撰写评论文章，起到推波助澜的作用，逐步扩大事件站点的影响力；对于特定情况下出现的问题或者疑问，撰写文章，留下自己的链接；可以对网店购买的产品或者广告留下评语，也可以撰写一些推荐信，推荐自己的观点和思维方法等。

8. 利用社会关系发在特定场合和人物，借机宣传。

利用社会关系，积极发在特定场合或者有吸引眼球的地方等，拍摄名人炒作的照片或者记录下某句话，然后署上精彩点评或者解说，进行抛砖引玉，当然也可以做成访谈之类的文章，便于快速的传播。

6.5.4 SEO 优化

许多人对于 SEO 优化的观点是内容更新＋外链接。其实这些都是对 SEO 工作的一种误解，SEO 优化既是一门技术也是经验的总结，技术体现在内代码的优化和机构层次上，经验体现在对搜索引擎原理的了解，用户体验的友好性。SEO 优化是围绕用户寻找需求价值，实际上是 SEO 网站优化技术与优化经验相结合的复合学科。

网站结构优化

（1）建立网站地图。只要有可能，最好给网站建一个完整的网站地图（sitemap）。同时把网站地图的链接放在首页上，使搜索引擎能很方便地发现和抓取所有网页信息；

（2）每个网页最多距离首页 4 次点击就能到达；

（3）网站的导航系统最好使用文字链接；

（4）网站导航中的链接文字应该准确描述栏目的内容；

（5）整站的 PR 传递和流动；

（6）网页的互相链接。

搜索引擎如何抓取网页：

（1）搜索引擎如何爬取，按什么规则，怎样爬取；

（2）物理及链接结构；

（3）URL 静态化；

（4）绝对路径和相当路径；

（5）内链的权重分配及网站地图；

（6）避免蜘蛛陷阱。

网络构架的第二个结构形式称为链接结构也称为逻辑结构，也就是有网站内部链接形成链接的网络图，比较合理的链接结构通常是树形结构。

值得注意的是，使用百度推广助手中关键词工具选择适合推广的词：做调查来选取关键词；通过查看统计日志来选取关键词；长尾关键词；将关键词进行多重排列组合；尽量不要使用行业通用词；善于利用地理位置；确定关键词的价值；长尾词的选择；关键词的时效性；分析竞争对手。但有些词是从百度的相关搜索中过来的，而非用户搜索的关键词。

6.5.5 站外 SEO

站外 SEO，也可以说是脱离站点的搜索引擎技术，命名源自外部站点对网站在搜索引擎排名的影响，这些外部的因素实际上超出了网站的控制。功能最强大的外部站点因素就是反向链接，即网店所说的外部链接。毫无疑问，外部链接对于一个站点被收录进搜索引擎结果页面起到了重要作用。如何产生站外高质量的反向链接？

（1）高质量的内容产生高质量的外部链接，最好的方法就是书写高质量的内容，网站的文章能够让读者产生阅读的欲望而对文章进行转载。

（2）合作伙伴、链接交换与合作伙伴互相推荐链接。与行业网站、相关性网站进行链接。

（3）分类目录。将网站提交到 DMOZ 目录、Yahoo 目录和 ODP 目录一些专业目录网站。

（4）社会化书签。将网站加入百度搜藏、雅虎收藏、Google 书签、QQ 书签等社会化书签。

（5）发布博客创建链接。目前获取外部链接最有效的方式之一就是通过发布博客文章。

（6）论坛发帖或签名档。在论坛中发布含有链接的原创帖或者编写签名档中插入网址。

（7）购买高价值链接。专家不建议使用此方法，被搜索引擎发现会被降权。

（8）与 SEO 业务合作伙伴进行 SEM\SEO 整体解决方案。

（9）社会化媒体，可以在社会化媒体中加入链接，比如微博、社交网站等。

6.5.6　站内 SEO

（1）站内的链接结构。尽量改变原来的图像链接和 Flash 链接，使用纯文本链接，并定义全局统一链接位置，Title 的重新定位，Keywords 的重新定位。

（2）Description 的重新定位。标题中需要包含有优化关键字内容，同时网站中的多个页面标题不能雷同，起码要能显示"关键字、网站首页、段简单的含关键字描述"类型。标题一旦确定就不要再做修改！

（3）关键字选取。关键词分析工具的使用。Google 关键词工具和百度指数是经常用到的。通过这些工具可以分析出关键词在一定时期的搜索量，参考价值很高，站长们可以根据站长们的网站的性质和类别来选择合适的关键词。

以浏览者的身份去考虑关键词。网站 SEO 的最终目的就是带来流量，如果选择的关键词全部是自己主观的创造，不符合浏览者的搜索思维，这样的关键词即使做上去了也没有任何意义。

分析同行业竞争对手。先研究一下竞争对手，看哪些是自己能够模仿超越的，哪些是应该避开竞争的，这样有利于今后网站关键词排名的上升。

（4）衍生长尾关键词。单靠一个关键词是不可能带来巨大流量的，要根据网站内容选择 2 或 3 个长尾关键词进行优化，虽然长尾关键词搜索量不是很大，但是当积聚到一定数量的时候，带来的流量也是相当可观的。

（5）用统计软件来观察关键词。通过分析网站流量统计数据，可以得知浏览者搜索什么关键词找到站长们的网页，通过搜索引擎联想工具来选择关键词。

关键词的重要作用体现在：可以使得电商扩张资本规模；优化企业财务结构；通过 SEO 进行资产重组；调整产品结构，促进产业升级；品牌保护；推广的主要作用是为企业节约网络营销费用。

SEO 操作有很强的隐蔽性，但是 SEO 创建可访问有用的 Web2.0 站点，良好的 SEO 实践会使站点更实用，可访问性更强，而且对搜索引擎更友好。但是，不按照规则运营的 SEO 营销企业可能会运用黑帽 SEO 技术（垃圾技术），这给 SEO 带来了坏名声。但是，任何种类的营销都是这种情况：推销产品的方法有好也有坏，而且有时候坏方法更有效，但只是在短期内。

（1）SEO 对于商业站点至关重要。如果企业的业务是在线式的，那么企业的生存就依赖于 Web 站点受关注的程度。如果人们根本无法找到某个商业站点，又怎么能够从那里买东西呢？而且，问题不仅仅是让潜在顾客找到网店的主页并通过站点中的下拉菜单、链接或其他任何东西进行导航。过去，如果有了一个出色的主索引页，人们就会蜂拥而至，耐心地浏览，直至找到自己所需的信息。

（2）对于业务不是在线式的企业，SEO 同样很重要。市场竞争越来越激烈，上网的人群越来越多了，不仅互联网电脑可以上网，移动手机用户上网越来越多，用手机在网上购物的人也越来越多，SEO 的作用范围会越来越广。

6.6 SEM 工具

搜索营销即搜索引擎营销，英文名 Search Engine Marketing。企业利用网民使用搜索引擎获取信息的习惯，在搜索引擎平台通过设置产品的相关关键字作为因为指定广告的索引，当用户输入与关键字相关的搜索时，企业的广告会出现在用户面前。搜索引擎营销正是基于此发展而来。搜索引擎广告受众精准，可控性强，门槛低，从而发展迅速。广告数量的增多和规模的扩大，管理难度的增加和广告竞争的加剧，如何用更少的钱赚取更大的广告收益，SEM 工具抓住广告主这一心理，顺势而生。

6.6.1 SEM 工具管理的意义

SEM 工具管理的主要意义在于：提高账户管理效率，实现轻松管理。SEM 工具针对竞价账户的涵盖内容（关键字、广告组）分别推出了相应的管理功能，旨在提高账户的管理效率和精准性。比如关键字管理功能的就有批量管理、分组管理、自动策略、智能拓词等。从字面意思可知，上述功能可快速提高关键字的管理效率，深入管理的同时智能化管理，即根据预期的广告收益目标，自动完成关键字的更新换代和质量度得提升，提升业务实际转化率，实现高效管理。

SEM 工具推出排名锁定功能和广告监测功能。通过全面的广告监测，广告主可清晰地知道高转化的关键字/广告，挖掘广告潜在提升点；通过广告监测，广告主也可清晰地知道竞争对手的广告投放情况，合理设置广告/关键字的出价情况和投放情况，避免盲目出价。

搜索引擎推出引导客户实际操作的帮助性工具，如百度的凤巢系统、谷歌的 GA 等，这些工具有很大的优点就是免费，但伴随免费而来的便是产品功能的普通，没有针对性，其功能也还有很大可挖掘空间。

因此，Topsem、开眼数据直销中心（tiao-ci）、品众精准大师、kkeye 等功能更加完善的 SEM 工具逐渐脱颖而出，相比搜索引擎自己推出的竞价软件，这类 SEM 工具更具实用性，随时监测广告投放情况，跟踪广告投放效果，随时改善；针对性更强，对具体不同客户、不同行业推出不同解决方案，轻松管理且效果明显。

6.6.2　SEM 营销方法

SEM 整合营销是整合网络资源，综合网站推广。互联网每天都有无数网站崛起，无数网站倒闭，专家认为，网络整合营销对其方法起到很大的作用。

（1）搜索引擎营销。搜索引擎营销是指搜索引擎优化、关键词广告、关键词竞价排名、搜索引擎定位。广告搜索引擎在网络营销中的地位尤其重要，每天各行各业的人使用搜索引擎搜索信息，搜索引擎营销能直接带来流量与终端客户。

（2）电子邮件营销方法。以电子邮件的方式将产品资料、刊物、介绍等广告信息发送给目标客户。基于用户许可的电子邮件营销的推广方式可以增加用户对产品的了解。

（3）资源合作营销方法。采用网站交换链接、交换广告、内容合作、信息推广、信息合作、用户资源合作等方式，合作共赢，利益共享，共同发展。

（4）网络广告营销方法。网络广告是常用的网络营销方式之一，直接通过网站的广告位置进行投放推广，可以直接借用其他网络媒体推广，网站广告的优势在于：范围广、形式多样、适用性强、投放及时等优点，适合于网站初期营销推广。

（5）信息推广营销方法。把网站的信息发布相关行业网站中，利用用户在访问这些网站同时，了解企业网站信息，达到凿壁借光效果，也可以把信息推广发布到黄页、分类广告、论坛、博客网站、供求信息平台、行业网站等。这也是免费网站推广的常用方法之一。

（6）网址营销方法。通过把一些网站信息提交到相关网址导航中，来获取巨大流量，有些网络用户常进入一些网址导航中来查询相关网站信息，而且此种推广，对网站的作用也显而易见。

6.6.3　SEM 管理策略

SEM 工具管理中有诸多策略可以使用，同时伴随网络技术的不断更新，创新策略也会不断出现。目前主要策略有以下几种。

（1）关键字咨询分析。专家将从评估客户网站的当前质量着手，罗列最为合适的关键字及相关内容供客户参考。一般企业关键词的选择通常可分为核心关键词和衍生关键词。核心关键词是指对主要产品的定位，而衍生关键词是对核心关键词的补充。

（2）竞争对手分析。在搜索引擎上，有些关键词的竞争异常激烈，因此专家会按以下内容对客户的竞争对手网站进行全面分析，包括竞争对手的网站设计、页面被搜索引擎收录情况、拥有的其他域名和网站等。通过这些分析，商家可以清楚地了解客户竞争对手采用的网络营销策略，从而制订有针对性的网络推广计划。

（3）内容构建。专家将为客户制定一个完备的关键字密度和营销方案，并且在网站上线前与客户保持密切沟通，以确保获得最佳效果。

（4）网站重构。专家将对客户网站进行整合，使之包含恰当的关键字以符合搜索引擎的工作原理。同时，包括页面设计、meta 标签、alt 标签、图片说明、内部链接结构和子页面在内的多项内容，都将被优化，使之更能吸引搜索引擎爬虫，更符合搜索引擎的算法。

（5）链接开发。专家将客户网站和一些 PR 值高的网站建立链接，从而大幅提高网站重要性。

（6）网站提交。在网站自身优化工作完成后，我们的专家将会把客户网站提交到各大搜索引擎上，如 Google，Baidu，Yahoo，AOL，MSN 等，以及一些知名收费目录，如 Yahoo 目录、微软目录等。

（7）报告。在网站优化完成后，专家将给出一份详尽的报告，包括站点搜索流量统计、客户转化率统计等，这些都可以让客户充分看到优化效果。并在接下来的 30 天内，每天向客户通报相关数据，以便更好地评估整个项目。

6.7 竞标知识

在基于 ERP 的沙盘实训过程中，竞标活动是重要的流程之一，关系到企业能否拿到订单，以使得企业正常经营，所以，操作中所涉及的竞标知识必须掌握。

6.7.1 竞标概念及类型

竞标是基于传统的竞标方式，即卖家将所售物品卖给最高出价者。有效投标人应在三家以上（含三家）或对招标文件实质性响应的三家以上（含三家）。

1. 有底价竞标

有些竞标物品有一个底价，即隐藏的最低价。底价是卖家对物品所愿意接受的最低价格。作为买家看不到底价，仅知道是否达到了底价。如果没能达到底价，卖家可以不出售该物品。得标者必须达到或超出底价，并且是最高出价者，才能购得此物品。

当存在底价时，买家只需输入买家愿意为物品支付的最高价格，照常出价即可。查看目前价格旁边的标示，就可知道是否达到了底价。除非看到已达底价，否则就说明目前的竞标并没有赢家。底价达到后，物品将出售给竞标结束时的最高出价者。如果买家的最高出价第一个达到或超过底价，所显示的有效出价将自动被提升到底价。一般采购活动，符合此类竞标特点。

2. 无记名竞标

如果卖家在登录物品时选择了无记名竞标，那么买家的用户名就不会出现在物品页面或物品出价记录中。只有卖家才有权看到该物品买家的用户名。举例来说，卖家在出售高额物品或已获得许可的药品时，就可以使用这种方法。而学生端沙盘盘面一般都不会显示投标者的信息。

3. 多数量竞标

如果卖家有多件相同的物品要出售，那么他在一个登录物品中提供相同物品两件以上的竞标卖法称为多数量竞标。与普通的竞标不同的是：多数量竞标会有多个得标者。以下将介绍多数量竞标的出价是如何进行的：

当竞买多数量物品时，只需指定要购买的物品数量和竞标者愿意为物品支付的单件最高价格。竞标者的最高出价金额对其他买家和卖家是保密的。易趣的代理出价系统会将竞标者的出价与其他买家的出价进行比较。

其加价幅度正好能让买家保持在最高出价者或能赢得物品的地位。该系统代理出价功能最多会将出价提高到买家所输入的最高出价金额为止。

系统按照买家的单件物品出价金额和顺序，选择出价。如果物品有两个买家出了相同的单件价格，则较早出价的买家优先。

如果其他买家为剩余数量的物品出的价格高，买家的出价将被超出。

如果其他买家为剩余可购数量的物品出的最高出价低，买家就可能赢得物品。买家可能只需要支付比最高出价低得多的金额。有一点好处就是：买家不必在每次有别人出价时都回来重新出价。

如果买家是目前的最高出价者并且希望在此类竞标中提高自己的出价，则不能降低当前的最高出价，而且也不能减少最初要求求购的数量。

总之，多数量竞标都支付同一价格，该价格是买家们在竞标中的最低成功出价；最高出价者得到其所购数量，次高出价者得到剩余数量，依次类推；遇到出相同价格者，则先出价者优先。

6.7.2 荷兰拍

1. 荷兰拍的概念

荷兰拍是一种最初出现在荷兰鲜花市场的拍卖方式。在传统的荷兰式拍卖中，拍卖师将指出此次拍卖将有多少物品可供出售，并设置最小竞价额度。而 Google 对荷兰式拍卖的改进将体现在公司在拍卖中保留了如下权利：确定最终拍卖的价格、股票的分配权，以及其他拍卖条款所规定的相关权利。

2. 荷兰式拍卖的方式

荷兰式拍卖是一种要一次拍卖多件相同物品的拍卖方式；其基本原则是出价最高者得标、全部得标者都用最低的得标价买进。举例来说，如果有 10 个人要竞标四箱苹果，10 个人的出价分别是 20 元、18 元、18 元、17 元、16 元、15 元、14 元、13 元、10 元、9 元，则出价最高的四个人得到购买苹果的机会，而他们的买入价都是四人当中出价最低的 17 元。

3. 淘宝中的荷兰拍

（1）荷兰拍定义。荷兰拍即多件拍，从店铺里拍卖的第二件商品开始，系统就会默认为荷兰拍。

（2）荷兰拍的操作办法。我的淘宝→店铺中的宝贝→选中要进行拍卖的宝贝，从第二件开始，系统就默认为荷兰拍。

（3）荷兰拍的出价规则。价高者优先获得宝贝，相同价格先出价者先得。

成交价格是最低成功出价的金额。

4. 荷兰拍方式举例

一位卖家拍卖10件头饰，起拍价格是1元。10位买家各出价购买一支头饰，出价金额均为1元。甲出价为2元购买10件，乙出价6元购买1件，丙出价5元购买1件，到拍卖结束的时候，出价记录如下。

最低成功出价的金额为2元，3位获胜的出价者都将以2元购买此宝贝。因为乙、丙两位出价者出价较高，所以都能得到自己需要的数量（出价相同的，先出价者排前面）。甲因为出价较低，所以只能得到8件（因为没有得到自己需要的数量，可以放弃购买）。

5. 荷兰拍的注意事项

（1）两件以上的卖家才可使用。

（2）不要放太便宜的东西，当然也不能是太贵。

（3）要放有竞争力的商品，不然商品无人问津。

6. 荷兰拍的好处

（1）竞拍的好处在于吸引客源。

（2）一种非常好的促销方式。

（3）很容易让买家产生兴趣。

7. 荷兰拍的缺点

（1）不推荐荷兰拍，那样价格会更加不理想。

（2）价格会出现不合理现象。

（3）如果人气不足，拍不出好价钱，在做拍卖的时候要，要同时做大量广告。

6.7.3 竞标原则（以广告竞拍为例）

（1）竞标应在公平、公正的条件下进行。因为只有在公平、公正的情况下，才能使广告主对广告公司有一个比较客观的了解，去判断哪一个广告公司更适合自己。

（2）建议广告主在标书上应列明的事项。

①此次招标的内容，如全年总代理，或某一项目代理；

②将在招标后实施的预算金额（中标公司将能够收到多少广告执行额度）；

③拟邀请竞标的公司名单；

④招标的评定方式；

⑤正式提案的时间、地点；

⑥如不中标是否有任何形式的补偿。

（3）在广告代理商提案，留下标书（创意稿）时，应进行签收。

（4）确定中标代理后，广告主应将结果用书面通知每一家参加投标的公司。在可能的情况下，建议广告主能对每家公司进行简短的提案评估，指出其长短，令广告代理商知不足，而求上进。

（5）广告主应通知未中标公司取回（或送回）自己的标书创意。

（6）广告主如希望取用未中标公司的创意时，应事先征得所创作公司的书面同意，未经同意，不得擅用。

本章小结

1. 渠道营销方式包括直销、批发和零售，不同方式渠道在营销活动中会表现出不同特点和功能。

2. 营销策略是营销战略的具体运用，包括低价战略、差异化战略和价值链战略等。对具体营销活动而言，市场与区域策略、4P 组合式的策略在使用上更加灵活和广泛。

3. SEO 是指在了解搜索引擎自然排名机制的基础上，对网站进行内部及外部的调整优化，改进网站在搜索引擎中的关键词自然排名，获得更多流量，从而达成网站销售及品牌建设的目标。网站管理经验包括积累权重、积累外链、累积用户、坚持稳定。

4. 竞标是基于传统的竞标方式，即卖家将所售物品卖给最高出价者。有效投标人应在三家以上（含三家）或对招标文件实质性响应的三家以上（含三家）。

（1）有底价竞标；（2）无记名竞标；（3）多数量竞标。

习题与实训

习题 1 营销策略核心内容就是战略的灵活运用，请说明营销战略主要内容：

习题 2 在电商沙盘中第 4 期开始就要进行 B 店推广，网店推广方面：品牌目标以短期目标为主，务必保证您的目标有 80% 的机会成功完成。具体注意点包括：

（1）目标一定是可实现的，特别是要增强运作信心；

（2）务实整合现有可利用的资源，人才、资金、时间等；

（3）系统规划，何种阶段做什么事，思路要清晰；

（4）拿出团队认为客观的评估标准，并努力达成，有经验的可以迅速制定，没有经验的则可以大家一起协商制定；

（5）时间安排和控制是重中之重（时间就是效誉）。

请结合某成功运营网店 B 店范例，撰写一份 B 店品牌推广的规划。

实训 1 网站管理

（1）站点排名。

对许多致力于最大化站点附加价值的站点管理人员来说，可阅读由搜索引擎出版、W3C 发布的编码指南。合理有效地遵循该指南，站点频繁地更新有效原创的内容，并创建几个实用、有意义的导入链接，获得相当可观数目的基本搜索流量也不是什么难事。

当站点拥有有用的内容，其他站点成员自然而然会链接至该站，进而增加该站的网页级别和客。访客流。当访客发现一个有用的站点,他们倾向于利用电子邮件或者即时消息链接介绍给其他访客。

(2)网站结构调整

假设因为原有网站为形象页面,使用了较多的Flash和图像,这些网页元素不利于搜索引擎的收录,所以在该网页的下方加了三栏,分别是相关的公司简介、关键字产品新闻和公司的关键词产品列表,并对该三栏内容添加url。

(3)网站间资源应用

资源应用无非就是站点资源外扩以及站点间资源的有效整合。网站结构大致调整好了以后,就可以利用一些资源扩展外部链接了。首先是可以打开百度空间,空间域名就使用公司产品的关键字,同时进行公司原网站信息的转载,附带公司网址,让百度Robot在第一时间访问本站点。其中还有一个技巧:使用该空间账户去随机访问百度空间内的其他用户,以获得回访,这样蜘蛛到达的效果会更好。提示:在百度空间、贴吧和百度知道发表信息的时候记得要附带链接信息,方便互访,提高访问量。

根据以上网站运营管理经验,以小组为单位,各自找出一个成功网站管理案例,利用以上给出的网站成功管理经验,进行分析,撰写出网站管理经验500字。

实训2 商品竞标范例

假设:物品的可购数量为10,有3位买家竞标,起始价为1元:

首先,买家A需要5件,其为单件物品的最高出价是5元。

这时,系统为买家A出的价格为1元,暂时领先的数量为5件。

然后,买家B需要5件,其为单件物品的最高出价是10元。

这时,物品的价格仍为1元,买家A和B暂时领先的数量各为5件。

最后,买家C需要5件,其为单件物品的最高出价为15元。

由于买家C的最高出价高于A和B,而买家A和B都能出得起5元的价格,因此系统为了保持B的竞价地位将价格提升到了6元。而6元的价格已经超出了买家A的最高出价。因此,买家C作为最高出价者,以6元的价格得到他想要的5件数量,买家B也以同样的价格得到了他需要数量,而买家A因最高出价没有B和C高被淘汰。

根据这个案例中的竞标规则,说明沙盘演练中,如何在采购活动中提高竞标率,在促销中提高商品的销售数量和最低的盈利水平。

案例分析

"小而美"的时尚电商[一]

"小而美"这个思路正不断被移动互联网所提及,但这种模式却并非人人适用,因为一个真正的小而美电商必须具备产生利润高,复购时间短,讲品质、服务好这几个条件。反映在具体产品上,可表现为"小"在细分市场,"美"在注重用户体验,试图从细节处打动人。现在,我们从细分市场和用户体验的角度,一起扫描时尚电商领域那些"小而美"玩家们。

⊖ 资料来源:http://www.ebrun.com/20141027/113472.shtml。

第三方导购平台"豆瓣东西"——文艺小清新的集市

团队情况：由豆瓣网推出的社会化导购平台，总监张洁雅。

融资情况：豆瓣网目前已完成了 5 000 万美元的 C 轮融资。

细分市场：在豆瓣"注册用户超 7 200 万，月独立访问用户近两亿"的数据面前，"小众"一词显得不那么贴合。但以读书、电影、音乐集纳核心用户的豆瓣，在"东西"的呈现上也仍旧抓住了品质，即使已经走在电商的道路上，依然坚持着个性化的小清新文艺路线。

用户体验：2013 年 9 月，"东西"上线。用户通过该平台分享某款商品，发布商品评论或使用体验；通过社区的关系关联或操作习惯，"东西"根据算法进行个人化商品推荐，从而帮助用户发现适合自己的东西。

"东西"延续了豆瓣 UGC 的传统，在编辑缺失的情况下，以商品引发话题讨论；基于关系网络，在友邻推荐机制下形成消费决策，使得"东西"的体验多了股人情味。以上将"东西"与其他无观点 UGC 导购类网站区别开来。

在"豆瓣东西"中，豆列的功能得以延伸。用户能自行创建列表添加喜爱的商品，一大批个性化豆列（如"吃食！我就看看不买""等朕有了钱把你们全纳入后宫"等）更使得"东西"突显豆瓣风格，这是"东西"一反常态的、"重"UI 也抹杀不了的。

产品问题："东西"最大的优势无疑是豆瓣平台，但若不能做好商业元素的有序引导，势必会破坏人们对于它已建立的感觉和印象，造成用户流失。而单从产品的角度上说，"东西"的价值来源于友邻分享机制，如果不能有效屏蔽恶意的商品推广，将严重影响产品体验。"东西"意在打造一个文艺范儿十足的电商世界，若过分浸染铜臭，又与美丽说之类有何区别？

闪购电商"魅力惠"——"慢"姿态奢侈品电商

团队情况：魅惠所贸易（上海）有限公司，由韦弈博等四名法国人联合创建。

细分受众：直指 25～35 岁事业成功、消费精明、喜欢网购的城市白领。

用户体验：2010 年上线的魅力惠采用会员制与限时特购的模式发展了 60 多万会员。主打中高端产品，与 200 多个品牌签约，能为用户提供与专柜一样的售后服务。但因产品优惠有时效性，囤货有限，时常是"狼多肉少"，购物体验难免打折。

产品问题：除了闪购类电商网站商品有限性与需求存在的必然矛盾之外，魅力惠进驻品牌的固定，导致其产品风格单一。且多数商品在国内知名度有限，优惠价格与其他网站相比又并无明显优势，用户黏性的培养颇具难度。另外，快递费用实在是有点高！

电商产业狼烟四起，各大电商土豪玩命砸钱，而这些想要"小而美"的时尚电商想要生存下来都各出奇招。有像豆瓣、果库做氛围的，有玩设计师概念的野糖、YOHO，还有抓住直男服装顾问空白市场的男人尚。但是随着淘宝入口的缩紧，导购类电商的日子都不好过。原来轻盈的平台，都开始自建仓库，变得沉重起来，拥有自主权的代价是囤货的风险。玩概念，一时鲜，怎么把新鲜变成习惯，还需在用户体验上下功夫。

问题：

1. 由豆瓣网推出的社会化导购平台其网站设计有何特色？采取的引擎策略是什么？

2. 网站设计风格上如何凸显顾客情感体验内容？在用户体验上他们采取的主要方式是什么？有何借鉴意义？

Chapter 7

第 7 章

电子商务沙盘模拟实战

【本章要点】

1. 熟悉电子商务沙盘软件的操作基本流程，熟知网店运营与推广软件设计思想，把握重要的网店运营活动节点以及问题，了解网店运营与推广获得成功的战略思路。

2. 掌握网店运营与推广的业务架构，明确开店、采购、运营、财务等模块之间的关系，以及相关操作规则。

3. 树立正确的经营观，端正经营态度，正确对待失误和成功，总结经验，不断进步。

【引导案例】

用友软件拥抱互联网①

2015 年 1 月 31 日，用友软件董事长兼 CEO 王文京，在首届中国企业互联网大会以及用友 2015 伙伴大会上，宣布用友软件更名为用友网络，"2014 年是企业互联网元年，未来五年将是中国企业互联网市场爆发性成长的黄金时期。"王文京说。用友是中国最传统的管理软件企业，而这次更名在王文京看来理由却很简单，"希望用友可以顺利完成向企业互联网的转型，并让用友的企业级客户也顺利完成商业转型。"

来自中国电子信息产业发展研究院（CCID）的数据显示，2010 年以前，用友曾连续 6 年在 ERP（企业资源管理软件）市场占有率第一名。但是，就是从 2010 年以后，软件行业开始出现整体下滑趋势，尤其是在海外市场。管理软件厂商长期靠卖软件，卖 license（用户使用权限）来盈利，但是，现在软件平价甚至免费时代已经到来，而随着互联网、移动互联网的深入发展，传统企业用户也不再盲目地花钱购买简单的管理软件，而是更看重软件厂商的服务能力，甚至是帮助传统企业向互联网转型的能力。而企业互联网转型更多的是指传统企业在发展过程中，用互联网的思维与技术打通企业的销售、研发、渠道建设等环节，并实现企业的商业模式变革。这种转型并不是简单地为人力资源部门采购新的 OA 系统，为财务、销售部门培训新款管理软件（ERP、CRM）的应用，而是需要将各个部门与互联网深度融合与创新，并发掘企业在深耕的传统产业内最新的增长点或商业模式。

---

① 资料来源：http://www.ebrun.com/20150211/124359.shtml。

2014年，来自麦肯锡发布的一份研究报告重点论述了互联网的深入渗透对中国六大产业的作用力，这六大产业（消费电子、汽车、化工、金融、房地产、医疗卫生）占到2013年中国GDP的1/4强。麦肯锡预计结合金融业提升资本配置效率的作用，2013年到2025年，互联网在中国GDP增长中的贡献可望达到7%~22%。

虽然，王文京深刻明白用友面临的挑战，也知道用友将来的方向，但是，摆在他面前的是怎么把这条路走好。"在经历了以浏览器和信息门户为代表的第一浪潮，以搜索引擎、电子商务、网络游戏为代表的第二次浪潮后，现在进入以移动终端、社交网络、互联网金融和企业互联网为代表的第三次浪潮。"王文京说。用友正在向企业互联网转型，必须打造一个成功的企业互联网生态圈。

在用友2015年伙伴大会上，记者看到用友几乎把自己生态链的伙伴全请到了现场，包括软件、咨询、开发、营销、系统集成商、大企业信息中心等，甚至还包括中国电信、中国移动、中国联通、华为、百度、阿里云、京东、滴滴打车、招商银行、民生银行、平安银行等新型伙伴，共计超过1 000家。而"开放、连接、未来"更成为这次大会的主题。"希望用友可以实现企业应用软件、企业互联网服务、互联网金融以及三者融合的发展策略。"王文京说。其实，从2014年，用友就进行了集团业务的分拆重组，根据企业类型定位产品服务：用友网络、用友优普服务大中型企业；畅捷通服务小型企业。而王文京在接受《中国经济周刊》采访时还表示，目前打造企业互联网生态圈最重要的三个方面就是"客户基础、核心关键应用以及平台"。因为有着长期渠道建设成果，用友并不缺传统的客户基础，更重要的是核心关键应用与平台的搭建。

在核心关键应用方面，用友通过合资成立友金所，主要进行P2P业务，这其中包括对合作伙伴、渠道商提供资金借贷支持；在通信领域，用友拿到虚拟运营商牌照，已经为企业级客户提供通信应用服务，不仅如此，用友的应用还包括畅捷通的工作圈、优普的企业空间、畅捷支付、易代账等。而在平台方面，用友推出了开放iUAP平台，据了解，通过该平台可以将企业内部的运营管理数据与已有的互联网应用连接起来，而且企业可以依据这个平台开发全新的企业内部或基于互联网的应用。"希望用这些新产品的互联网特性黏住新老用户，迅速得到市场认可。"用友畅捷通的员工对记者说。

7.1 ITMC 电子商务综合实训与竞赛系统

随着互联网发展与成熟，电子商务也在最近几年高速发展，通过电子商务参与市场竞争，正成为广大中小企业的一个共识。

7.1.1 沙盘软件的设计背景

目前，不论第三方电子商务平台还是自建的电子商务网站基本上是一个"电子贸易"市场的概念，商家在上面发布信息，进行交易，但是它们本身并不管理这些交易信息。随着电子商务"交易量"增大，电子商务从初级阶段正在向全程电子商务发展。基于ERP的电子商务成功地将电子商务过程中的交易信息与企业内部核心业务紧密联系在一起，使得电子商务成为企业管理和商业活动的一个重要途径和环节。全程电子商务不仅能够实现 B2B/B2C 电子商务，还能帮助企业进行客户关系、采购、库存、财务等业务管理。

7.1.2 沙盘软件的训练内容

ITMC 电子商务综合实训与技能竞赛系统（见图 7-1），通过对电子商务环境下企业经营的逼真模拟，将学员被分成若干个团队，每个团队各自经营一个虚拟网店，每个团队由 4～6 人组成，每队成员将分别担任网店中的重要职位（总裁、财务总监、营销总监、运营总监）。每个网店都有一定启动资金，在同一市场环境下，同样的规则条件下相互竞争与发展。竞赛中，设计每一赛程经营五轮，每轮五期。每个网店将依据市场数据魔方信息决定自己的定位和市场策略；通过租赁办公场所，建立配送中心，装修网店，采购商品、设立网上商店 C 店和 B 店；根据运营数据进行搜索引擎优化（SEO）操作，获取尽可能多的自然流量，进行关键词竞价（SEM）推广、获取尽可能多的付费流量；针对消费人群开展促销活动，制定商品价格，提升转化率；处理订单，配送商品，结算资金；规划资金需求，控制成本，分析财务指标，调整经营策略，创造最大利润。通过数轮的训练，学生充分了解了电子商务企业的敏捷经营之道，掌握电子商务企业如何提升流量，提高转化率的基本技巧，学会大数据环境下的精准营销。

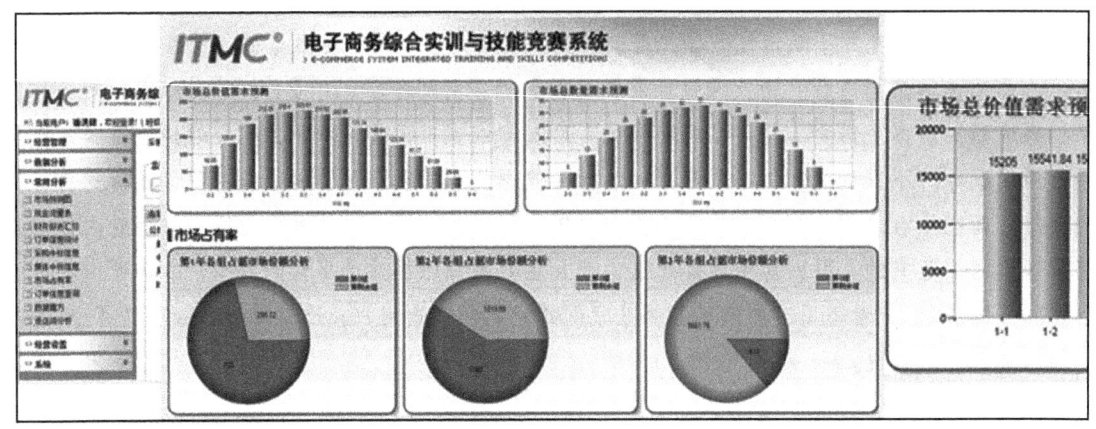

图 7-1 ITMC 电子商务综合实训与技能竞赛系统主界面

7.1.3 电子商务教学资源库

课程建设与改革是提高教学质量的核心，也是教学改革的重点和难点。课程的改革，应重点在教学内容、教学方法和手段上的改进，融"做学教"为一体，最大限度地强化对学生能力的培养，使学生在学和做中构建自己的专业知识，引导学生将专业知识用于解决实际工作。系统开发者要重视优质教学资源和网络信息资源的利用，把现代信息技术作为提高教学质量的重要手段，不断推进教学资源的共建共享，提高优质教学资源的使用效率，扩大受益面。要充分利用现代信息技术，开发虚拟教学软件。

不少院校经过多年的建设，建成了许多精品课程、网络课程、实训等资源，但这些资源都是独自创建、相对独立，不能实现资源有限共享。同时，高等院校建立的资源主要从展示角度出发，缺少教学设计，没有"教学做测"一体化应用平台支撑，建好的课程资源使用率较低。

ITMC电子商务教学资源库平台以行业企业用人需求为教学依据，以新技术更新为学习热点，以打通行业企业与教育界的无形壁垒为指向，以形成职业教学（知识点）与企业典型工作任务（技能点）匹配、校企"双主体"育人机制为目标的工学结合平台。教学资源库平台（见图7-2），利用"云计算"技术手段，建成满足"教学做测"一体化教学，具有完全开放、可扩充的共享型专业教学资源管理平台和信息多元互动，提供个性化定制服务的技术支撑平台。

图 7-2　ITMC 电子商务教学资源库

7.1.4　沙盘设计的指导思想

电子商务沙盘以网店开设装修、运营推广、客户服务、经营分析四个关键任务完成质量以及学生职业素养作为竞赛内容，全面考察学生的商品整合能力、视觉营销能力、网络营销能力、客户服务能力、运营能力、团队合作能力和创业能力，提高学生利用大数据实现精准营销能力；引领电子商务专业教学改革的方向，对接产业前沿技术，迎接大数据时代；激发大学生电子商务创业热情，推动"大众创业、万众创新"。

该沙盘在原有的全程电子商务沙盘软件基础上，梳理了网店经营所涉及的相关知识和内容，从实战出发，以竞技带动知识能力的培养，使学生在不同模块的操作基础上完成整个网店的业务流程。

7.2　教师端操作

7.2.1　教师登录

教师指导平台的登录账号为a或b，密码123，图7-3、图7-4为登录界面和教师主页。

图 7-3　教师登录界面

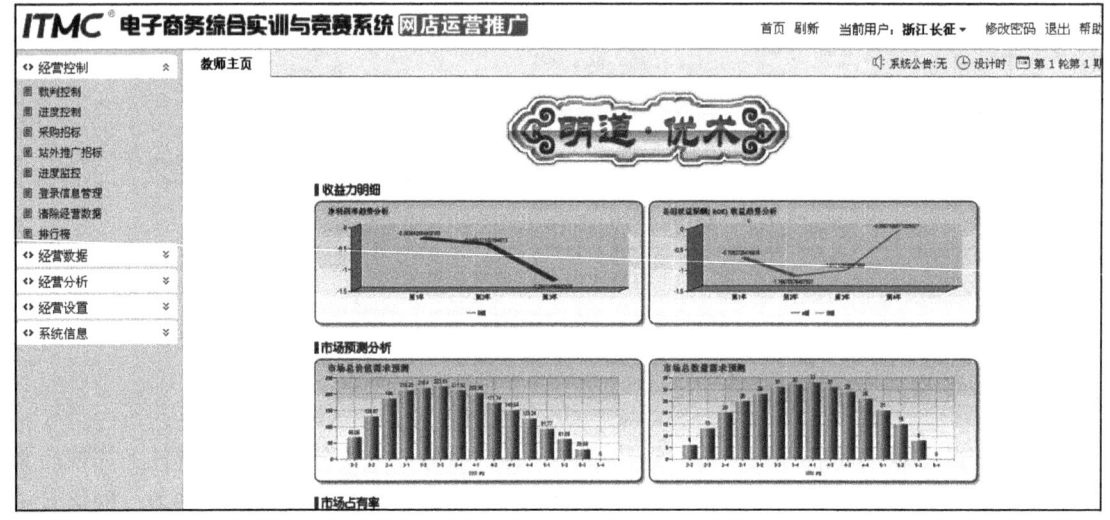

图 7-4　教师主页

7.2.2　经营控制

经营控制是对沙盘运营过程的控制，如采购招标、渠道广告招标等。

步骤一：单击"经营管理"下的"经营控制"按钮。

步骤二：单击"开始经营"按钮，学生可以进入裁判控制界面（见图 7-5）。

步骤三：单击"允许进入下一轮"按钮，学生平台可以进入下一轮操作（见图 7-6）。

1. 采购招标

步骤一：单击"经营控制"下的"采购招标"按钮，如图 7-7 所示。

步骤二：单击"开始采购招标"按钮，各组可以下达采购竞标。

步骤三：单击"刷新"按钮，可以查看各组投标信息。

步骤四：单击"结束采购招标"按钮，竞标结束。

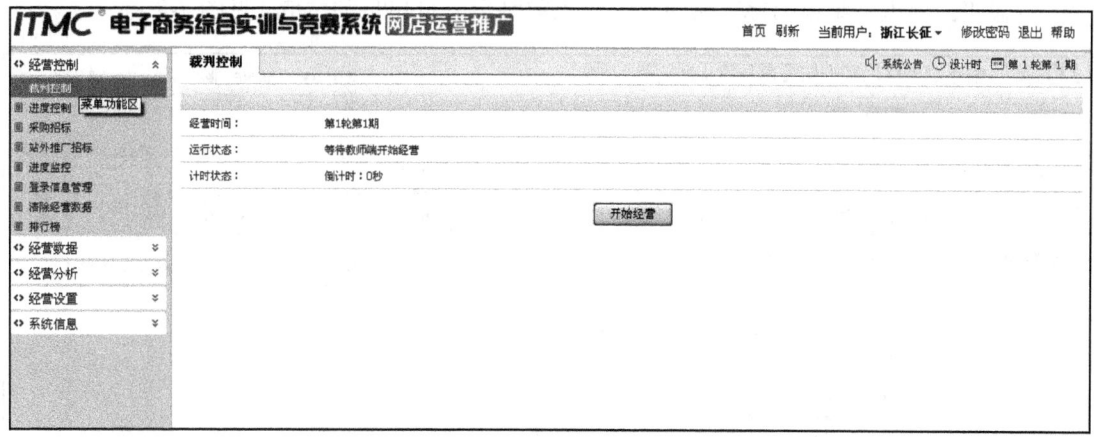

图 7-5

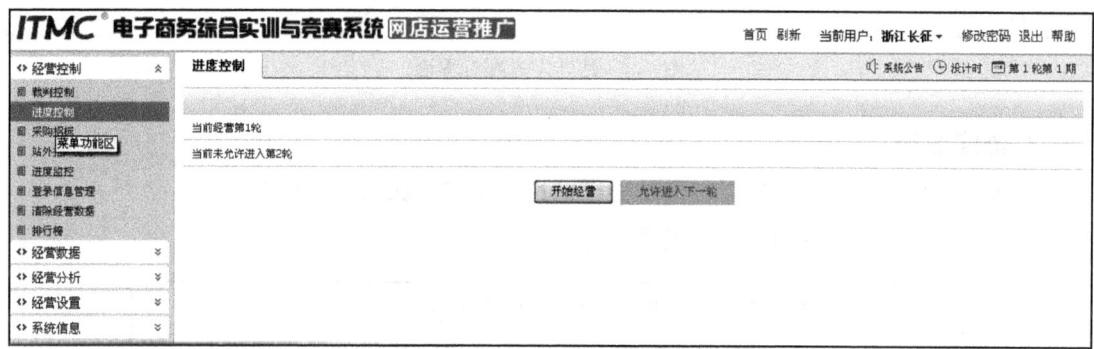

图 7-6 进度控制界面

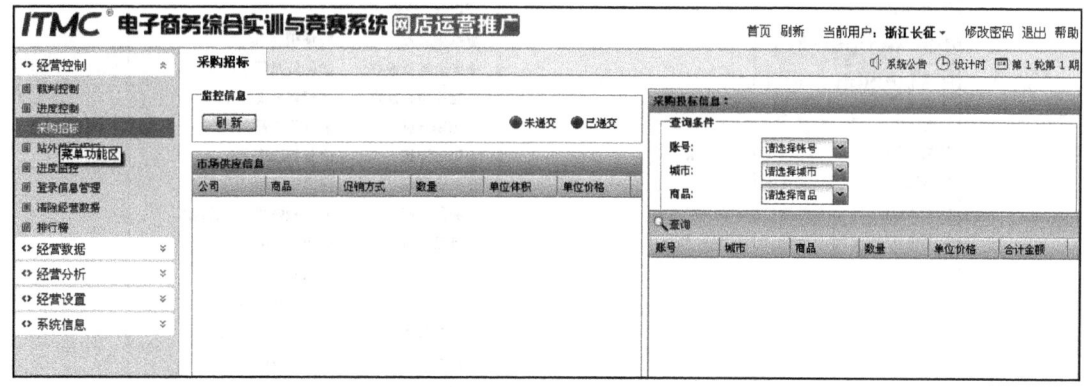

图 7-7 采购招标界面

2. 站外广告招标

步骤一：单击"经营管理"下的"站外广告招标"按钮。

步骤二：单击"开始招标"按钮，竞标进入倒计时，各组开始投放广告。

步骤三：单击"刷新"按钮，可以查看各组广告递交情况。

步骤四：单击"结束招标"按钮，广告投放结束，订单自动生成（见图 7-8）。

图 7-8　站外广告招标界面

3. 进度监控

步骤一：单击"经营控制"下的"进度监控"按钮，如图 7-9 所示。

步骤二：选择查看各组的经营进度。

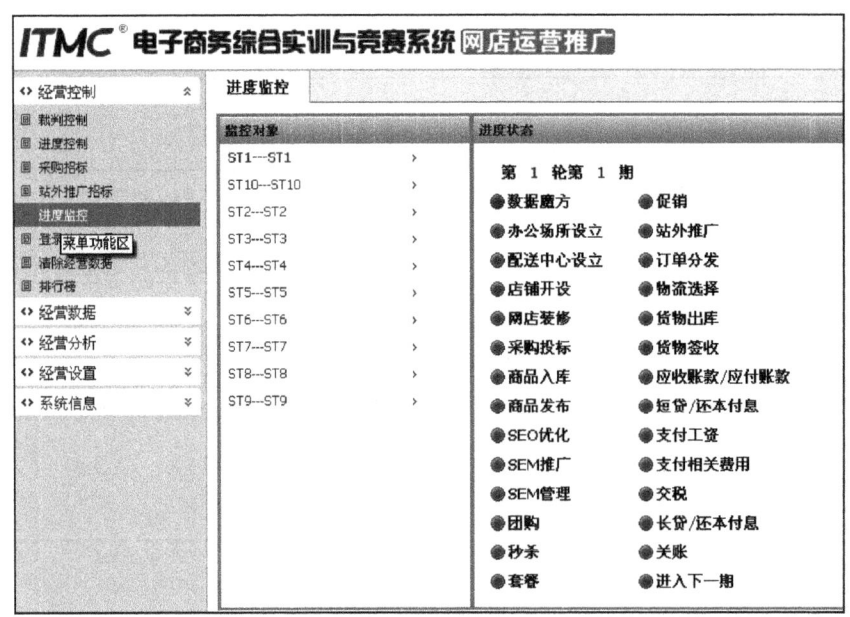

图 7-9　进度监控界面

4. 登录信息管理

步骤一：单击"经营控制"下的"登录信息管理"按钮，如图 7-10 所示。

步骤二：查看角色登录信息，踢出角色。

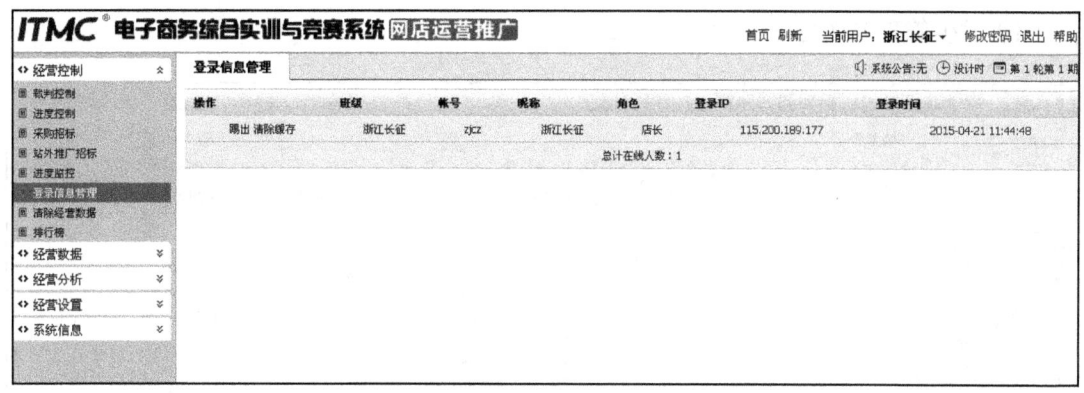

图 7-10　登录信息管理界面

5. 清除经营数据

步骤一：单击"经营控制"下的"清除经营数据"按钮，如图 7-11 所示。

步骤二：单击"初始化数据"按钮，数据清除，恢复初始状态。

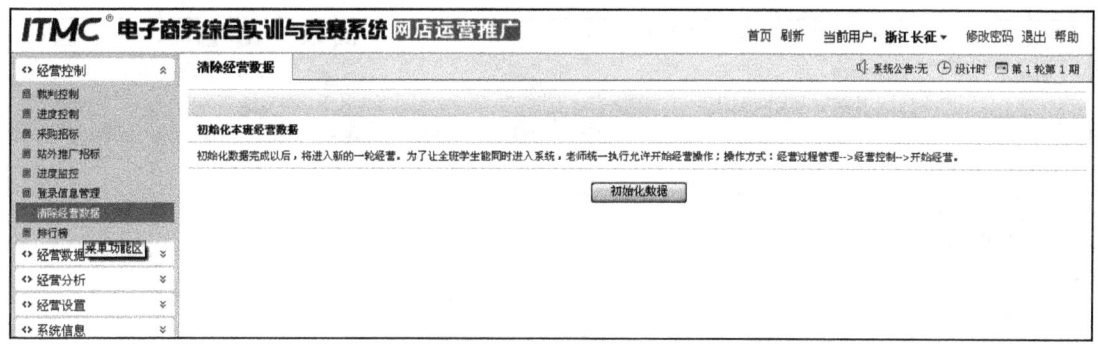

图 7-11　清除经营数据界面

6. 排行榜

步骤一：单击"经营控制"下的"排行榜"按钮，如图 7-12 所示。

步骤二：选择查看排行榜信息。

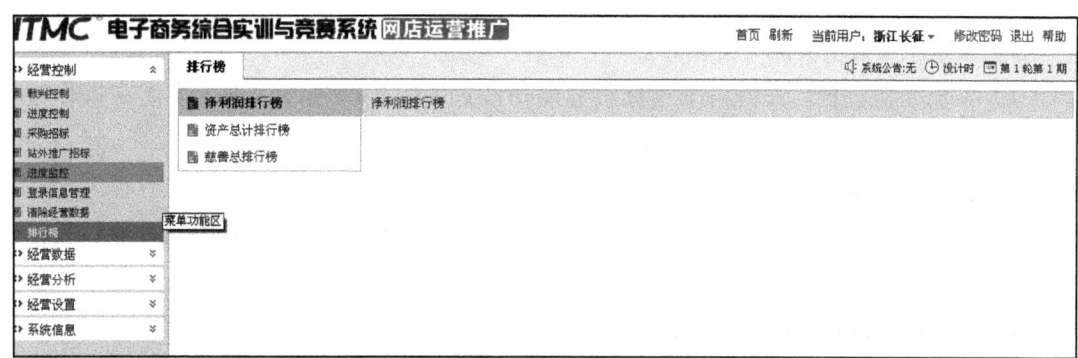

图 7-12　排行榜界面

7.2.3 经营设置

（1）学生管理界面见图 7-13。

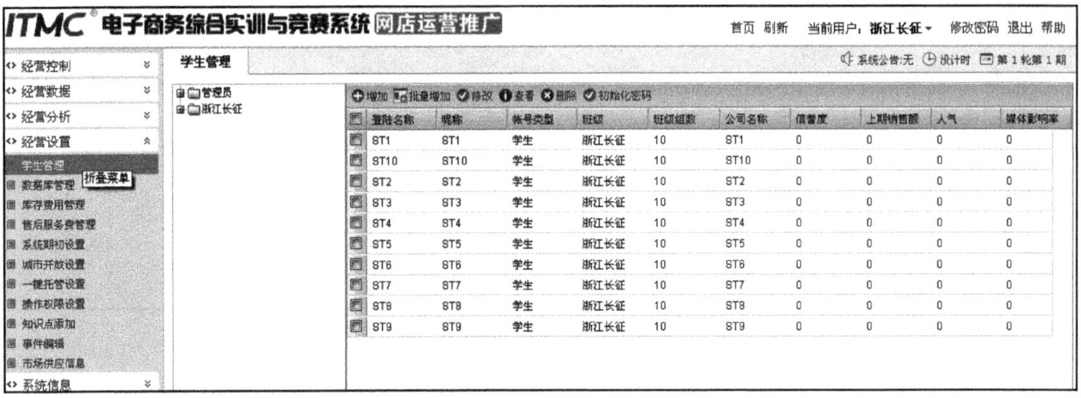

图 7-13　学生管理界面

（2）库存费用管理界面见图 7-14。

图 7-14　库存费用管理界面

（3）售后服务管理界面见图 7-15。

（4）系统期初设置。系统各类指标参数期初设置如图 7-16 所示，便于学生在操作过程中，按照比赛要求，在规定时间内完成操作内容。

（5）账号控制界面见图 7-17。

（6）城市开放设置。每一轮开放城市都会有所增加，教师可以在后台进行控制，其设置界面见图 7-18。

（7）一键托管设置界面见图 7-19。

（8）操作权限设置界面见图 7-20。

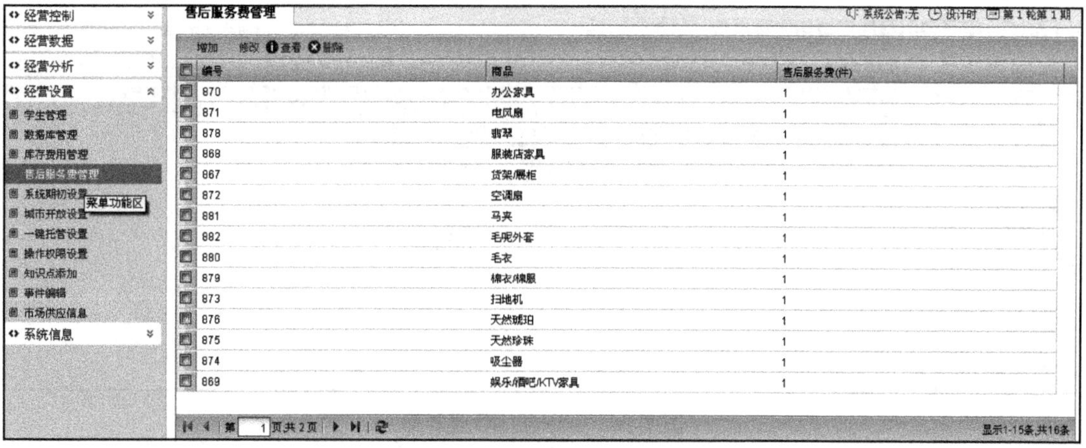

图 7-15　售后服务管理界面

图 7-16　系统期初设置界面

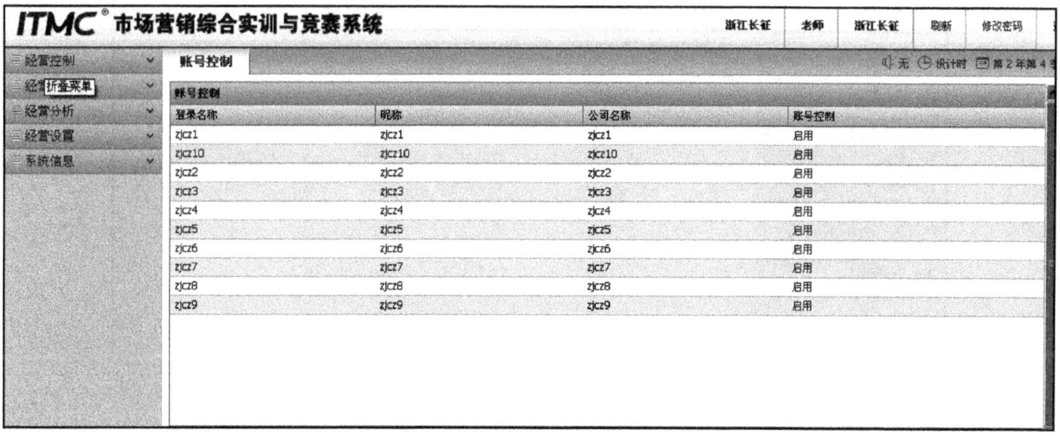

图 7-17　账号控制界面

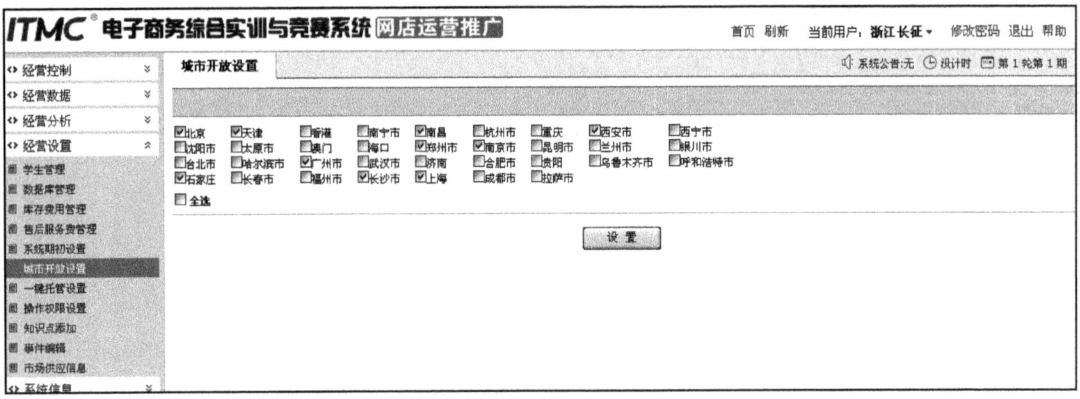

图 7-18 城市开放设置界面

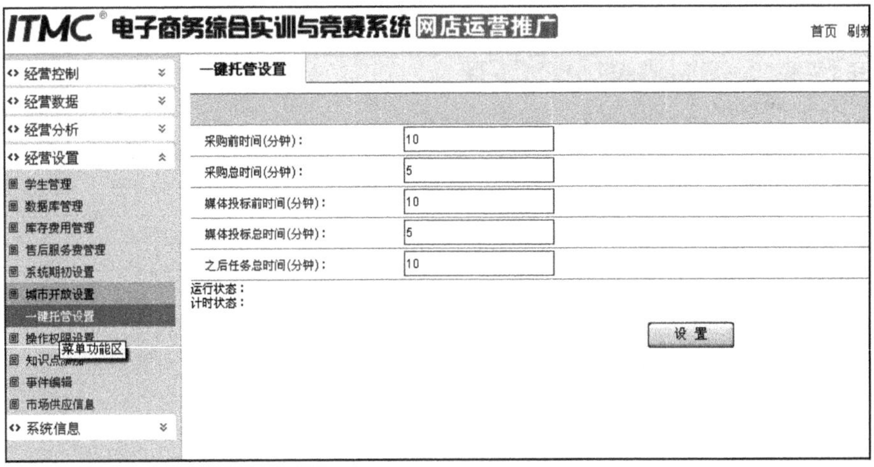

图 7-19 一键托管设置界面

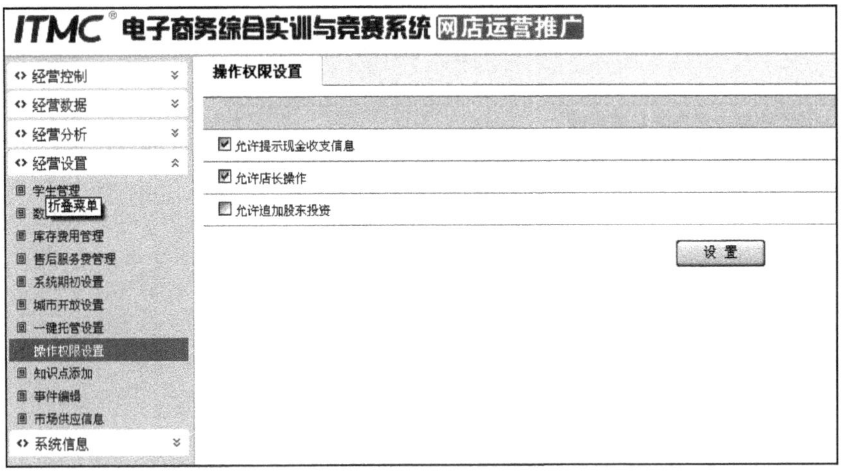

图 7-20 操作权限设置界面

（9）事件编辑。主要是提高企业综合评价指数，其界面见图 7-21。

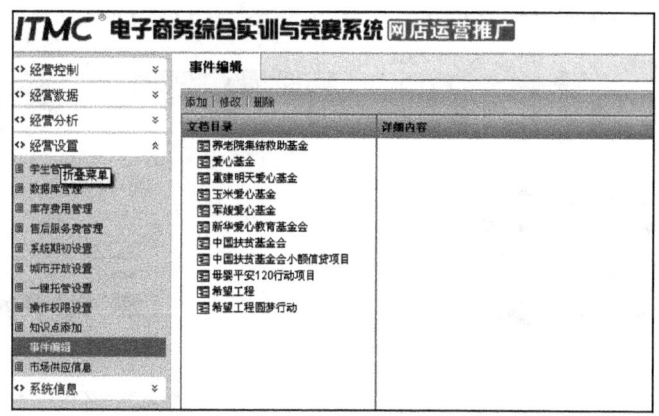

图 7-21　事件编辑界面

（10）市场供应信息界面见图 7-22。

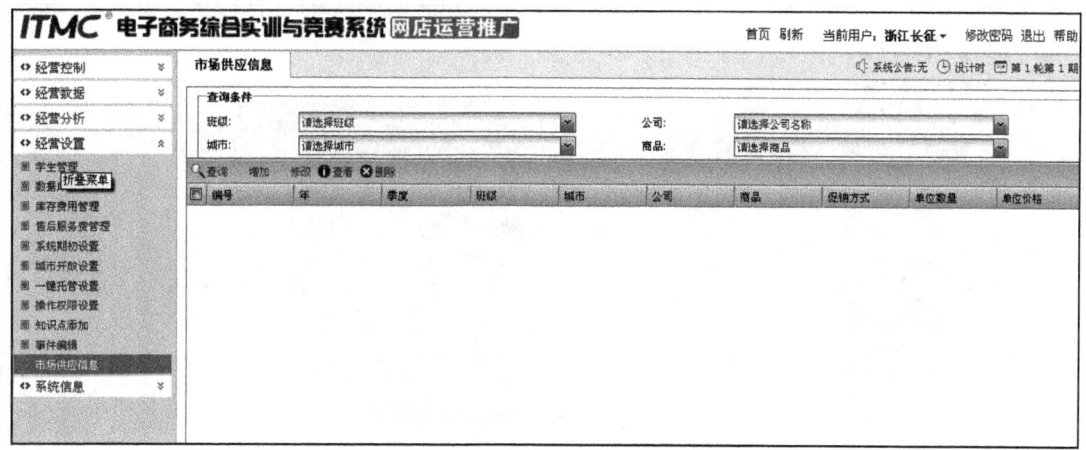

图 7-22　市场供应信息界面

7.3　学生端操作

7.3.1　学生端登录

学生按照给定的账号和密码在学生端登录，竞赛版给学生设置 10 个账号（见图 7-23、图 7-24）。

界面上的 4 个角色——店长、推广专员、运营主管、财务主管分别对应沙盘的 4 个工作模块。在初始训练是可由小组成员分别担任店长，待小组成员间配合默契之后，再分配具体角色。

7.3.2　数据魔方操作

首先点开数据魔方，系统内置动态的市场模型——"数据魔方"，提供市场需求数据和关键词数据（见图 7-25）。

图 7-23 学生端登录界面

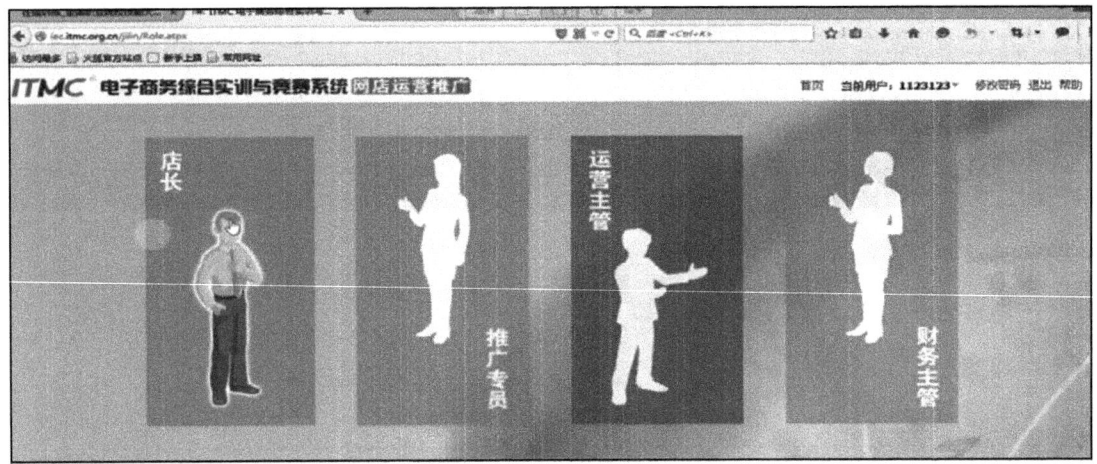

图 7-24 学生端账号

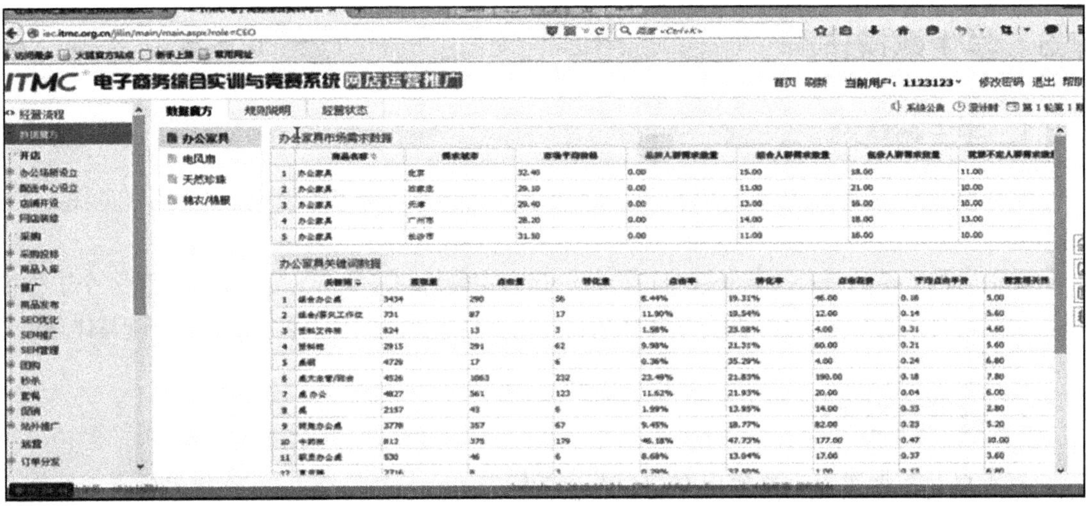

图 7-25 数据魔方界面

市场需求数据包括四类商品在 10 个城市中五种人群的需求量和市场平均价格。卖家根据市场需求数据，分析热销商品，以尽可能低的价格采购商品；分析买家区域分布，就近建立配送中心；确定目标人群，推出团购、秒杀、套餐、促销等优惠活动，开展站外推广，促成交易。有关数据魔方知识在相关章节有详细介绍。学生要反复研究魔方中的数据，以此来确定自己商品价格、种类以及关键词等（见图 7-26）。

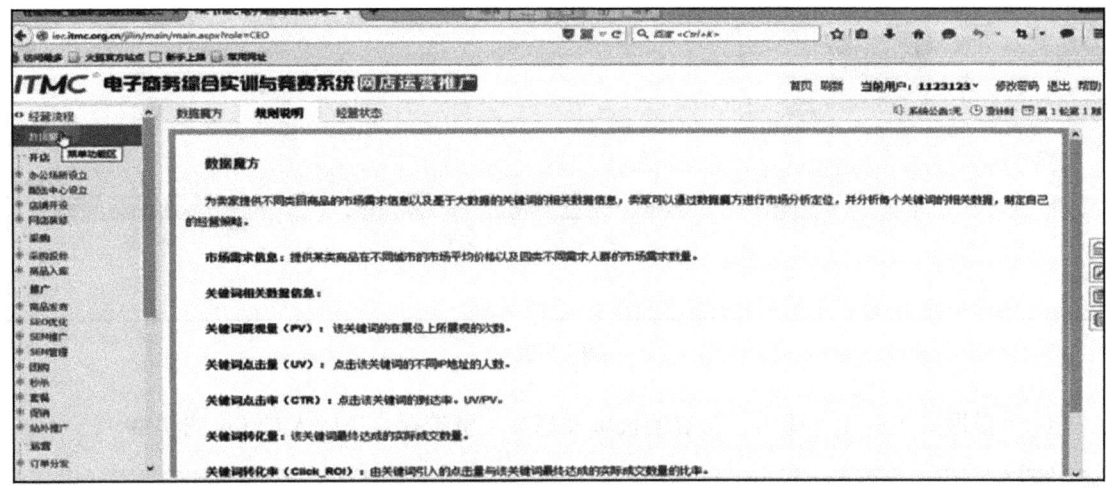

图 7-26　"数据魔方"："规则说明"界面

7.3.3　开店

网店运营与推广沙盘包括五大模块，即开店、采购、推广、运营和财务。

1. 办公场所设立

（1）根据不同城市的城市影响力、租金差、工资差等信息选择合适的办公城市（见图 7-27）；

图　7-27

（2）根据办公场所的容纳人数、租赁价格、维修费用等信息选择合适的办公场所（见图 7-28）；

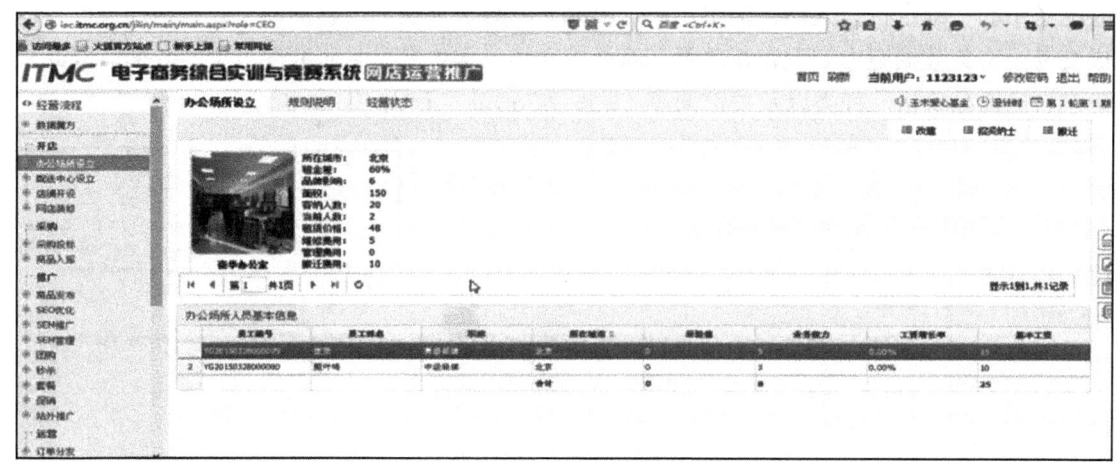

图 7-28

（3）根据员工的业务能力、工资增长率及基本工资选择合适的人员（见图 7-29）。

图 7-29

规则：

每期办公室租金 = 租赁价格 ×（1+ 租金差）×1。租金差：不同城市之间租金的差别百分比。

每期人员工资 = 基本工资 ×（1+ 工资差）×1。工资差：城市之间的工资差别百分比。

改建： 根据经营需求可以改变办公场所类型；若普通办公室改建为豪华办公室需要支付租金差额，若豪华办公室改建为普通办公室则不退还租金差额。

搬迁： 根据经营需求，可以将办公室在不同城市之间搬迁，搬迁时需要支付搬迁费用，不同办公室搬迁费用不同，若搬迁至租金高的城市则需补充相应差价，反之搬迁至租金低的城市不退还差价。

员工的业务能力关系企业综合评价指数的计算。

员工的经验值关系企业综合评价指数的计算，员工的经验值每期累加 1。

城市影响力关系到综合评价指数的计算。

注意：办公室只能在全国范围内建立一个。

2. 配送中心设立

配送中心包括租赁、改建、搬迁、退租和设配区五个功能，每个城市只能建立一个配送中心（见图 7-30）。

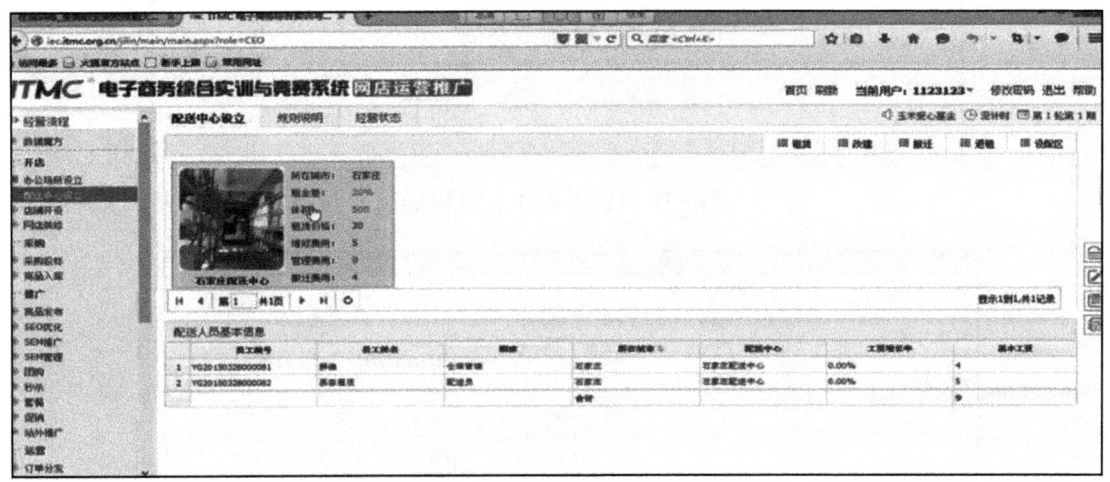

图 7-30　配送中心设立界面

（1）租赁：根据体积、租赁价格、维修费用、管理费用及搬迁费用选择合适的配送中心。

（2）改建：若租赁时选择的配送中心不能满足实际需求，则可以进行改建；改建时，若是将体积小的改为体积大的，则补充租金差价；若是体积大的改为体积小的，不退还租金差价。

（3）搬迁：改变仓库的所在城市；搬迁需支付相应费用，若搬迁至租金高的城市则需补充相应差价，反之搬迁至租金低的城市不退还差价；搬迁时仓库必须空置。

（4）退租：把闲置的仓库退租，若不退租则到期后系统默认续租；退租时，仓库必须空置；每期中间退租，则需支付整期人员工资。

每期配送中心租金 = 租赁价格 ×（1+ 租金差）×1。

每期人员工资 = 基本工资 ×（1+ 工资差）×1。

注意：每个城市只能建立一个配送中心。根据网店的经营策略，确定自己应该租赁何种规模的配送中心。可以对已经设立的配送中心进行扩建或迁移。大改小不退费，小改大补交差额（见图 7-31）。

（5）设配区：为每个配送中心设置默认的配送区域及默认的物流方式；若多个配送中心选择的默认配送区域里包含若干个相同的城市，则在这些城市中按照租赁配送中心操作的顺序确定默认的配送中心（见图 7-32 ~ 图 7-34）。

注意：不选择配送区域，货物将无法发送出去。

图 7-31　选择配送中心所在城市

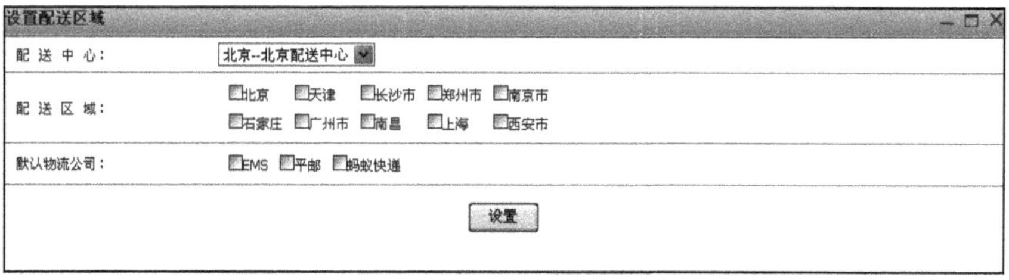

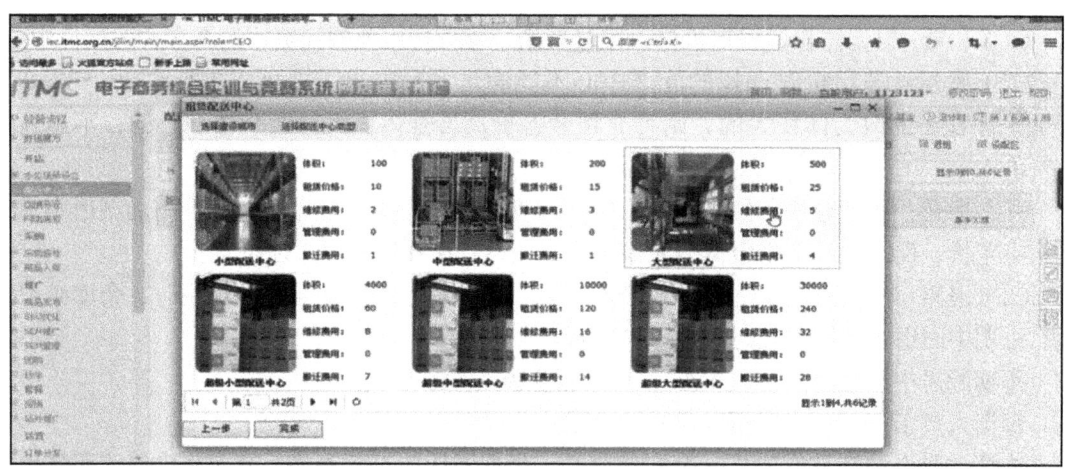

图 7-32　设置配送区域

图 7-33　租赁配送中心

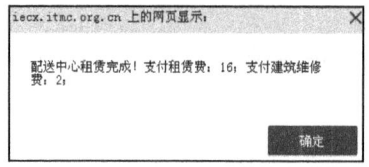

图 7-34　配送中心租赁完成

3. 店铺开设

开设 C 店：C 店不可以进行站外推广，即广告招商（见图 7-35）。

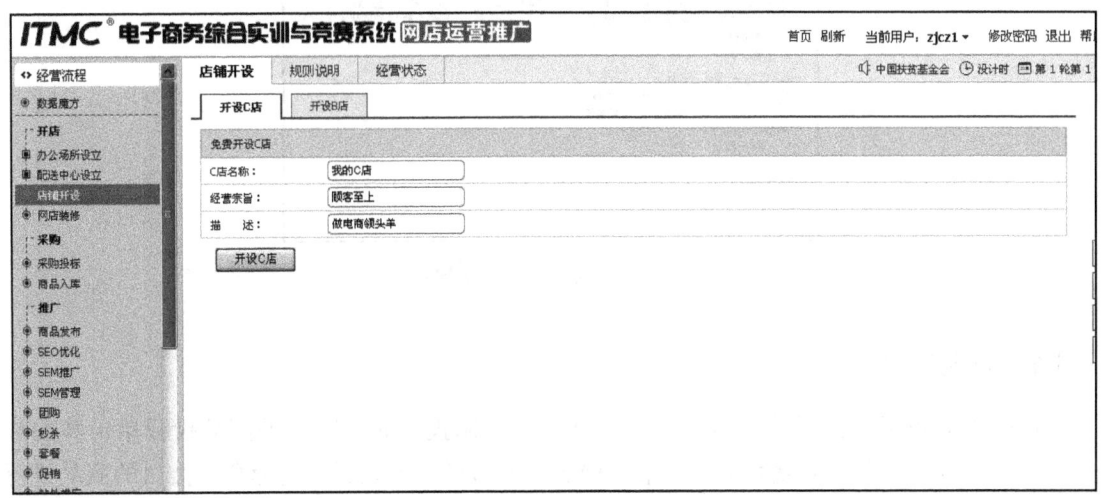

图 7-35　店铺开设界面

开设 B 店：筹备周期需要 4 期，每期费用为 60；B 店可以进行站外推广，从而获得品牌人群客户订单。竞赛版规定 5 轮，每轮 2 期，所以在前 4 期可以不用做站外推广。

注意：B 店和 C 店可以同时装修。

4. 网店装修

店铺装修增加视觉值，每种装修费用不同，获得的视觉值也不同；店铺的视觉值每期都会下降 10。店铺装修分为简装修、普通装修和精装修，每种装修费用及获得的视觉值不同，视觉值的高低主要影响综合人群成交（见图 7-36、图 7-37）。

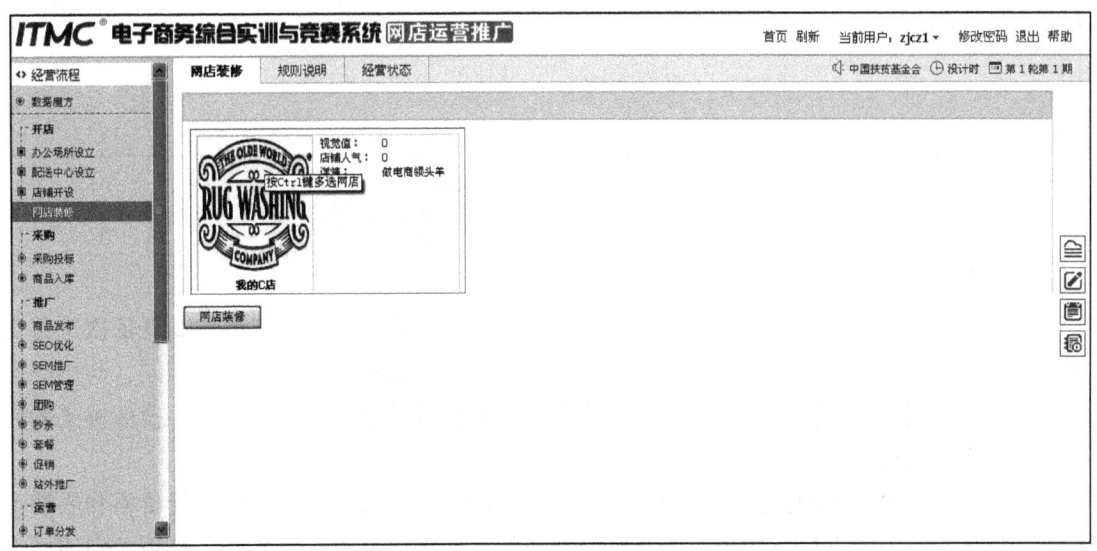

图 7-36　网店装修界面

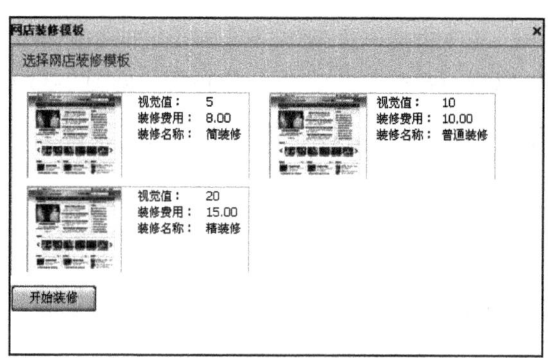

图 7-37 选择网店装修模板

7.3.4 采购投标

提交采购投标方案后系统自动评判中标方；采购投标时，同一种商品投标单价高的成交，直到所有商品全部成交为止。根据数据魔方的市场需求数据，选择合适类目的商品进行经营，根据供应商提供商品的促销方式、数量、体积、价格制定采购投标方案，通过公开竞标的方式获得该种商品（见图 7-38）。

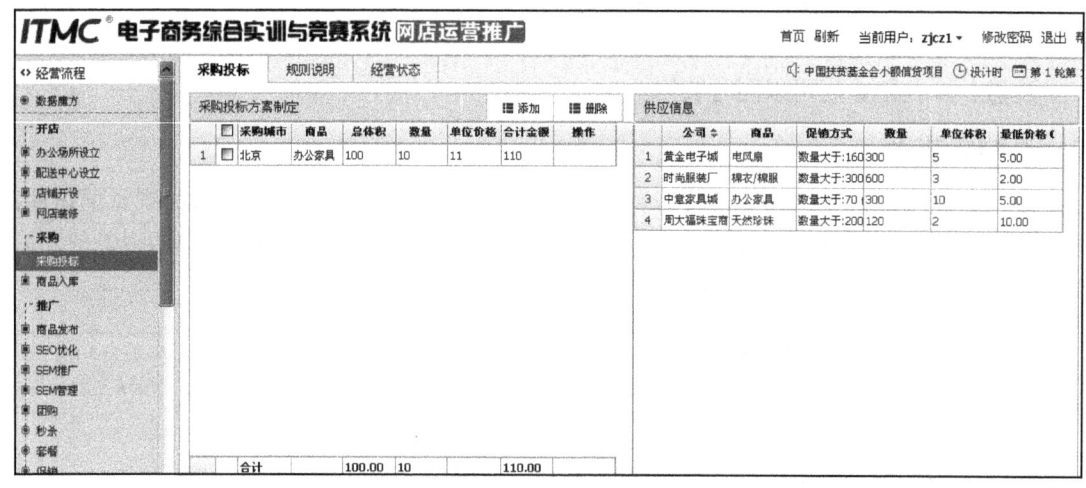

图 7-38 采购投标界面

1. 规则

系统自动评判中标单位。采购竞标时，同一种商品按照单位价格出价的高低依次进行交易；如果竞标价格相同，则与供应商的关系值高的优先成交；如果竞标价格相同，与供应商的关系值也相同，则媒体影响力高的优先成交；继续比较社会慈善、销售额、投标提交的先后顺序来依次交易。

同种商品一次性采购数量和信誉度都达到卖家的促销方式要求，可以享受价格和账期上的优惠。在制订采购投标方案时，需要确定合适的采购城市，中标后的商品必须入到该城市的配送中心，如果入库其他城市的配送中心，需要先入库该城市的配送中心，再进行调拨。

企业信誉度 =1× 履约订单数 –2× 违约订单数（未发货）–1× 违约订单数（已发货，超过订单要求到货期限）。

社会慈善：为慈善活动捐助的金额，增加慈善金额可以提升企业综合指数。

供应商的关系值：每次采购成功一个订单，供应商关系值加 1。

初始期订单总量要控制在合理范围，熟知订单的信息。尤其是定价要在高低之间适当选定（见图 7-39、图 7-40）。

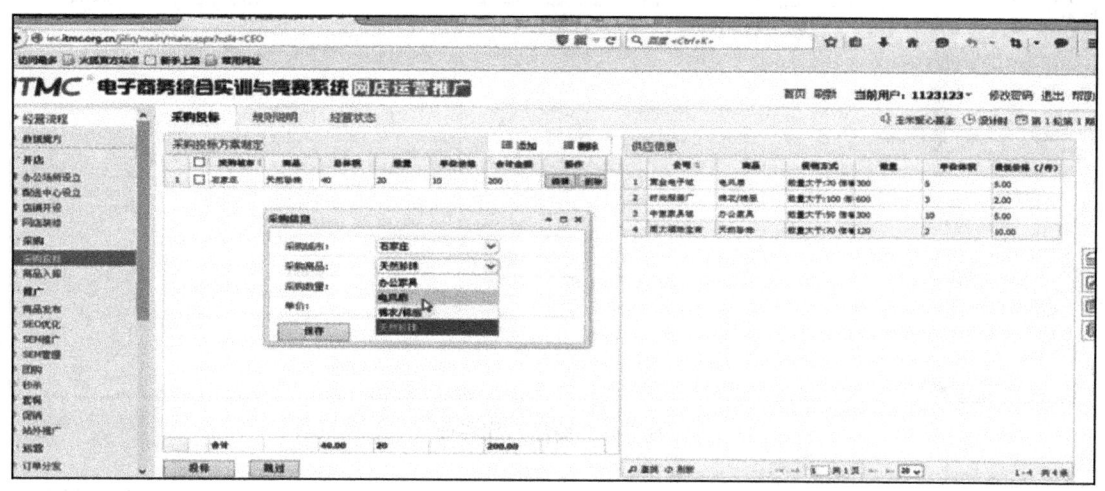

图 7-39　订单信息（一）

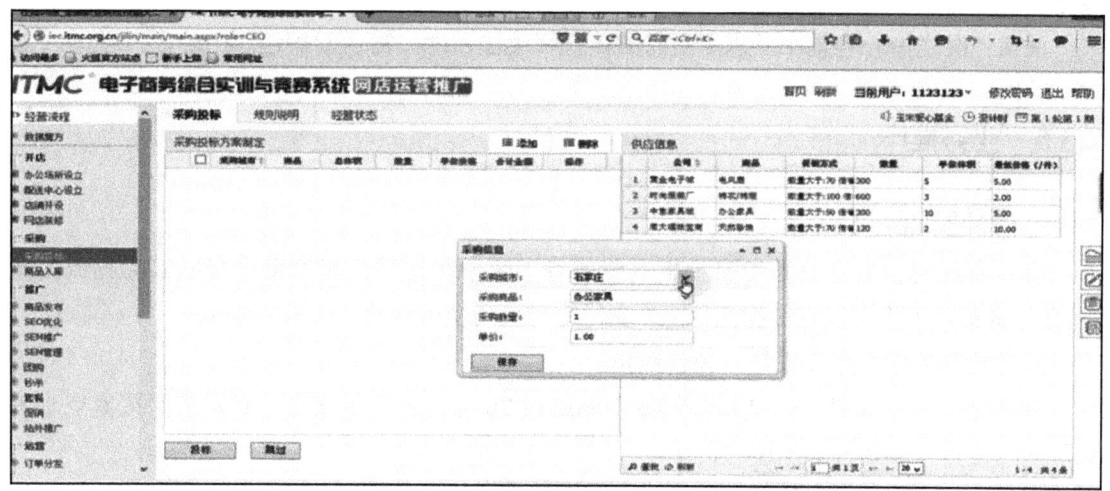

图 7-40　订单信息（二）

注意：由于供应地与接收地在同一城市，所以就不会涉及运费支出。采购订单价格低于卖家出的最低价将拿不到订单。

2. 商品入库

采购中标的城市必须有配送中心，若没有需建立配送中心。配送中心的容量大于入库商品的体积时方可入库若发布商品时，设为卖家承担运费，则商品价格＝商品一口价，若商品价格大于市场平均价格 ×（1+ 不同人群价格浮动率），则为违规价格，违规价格系统不提示，但不能成交；若发布商品时，设为买家承担运费，则商品价格 =（商品一口价 × 购买数量 + 总物流运费）/ 购买数量（见图 7-41）。

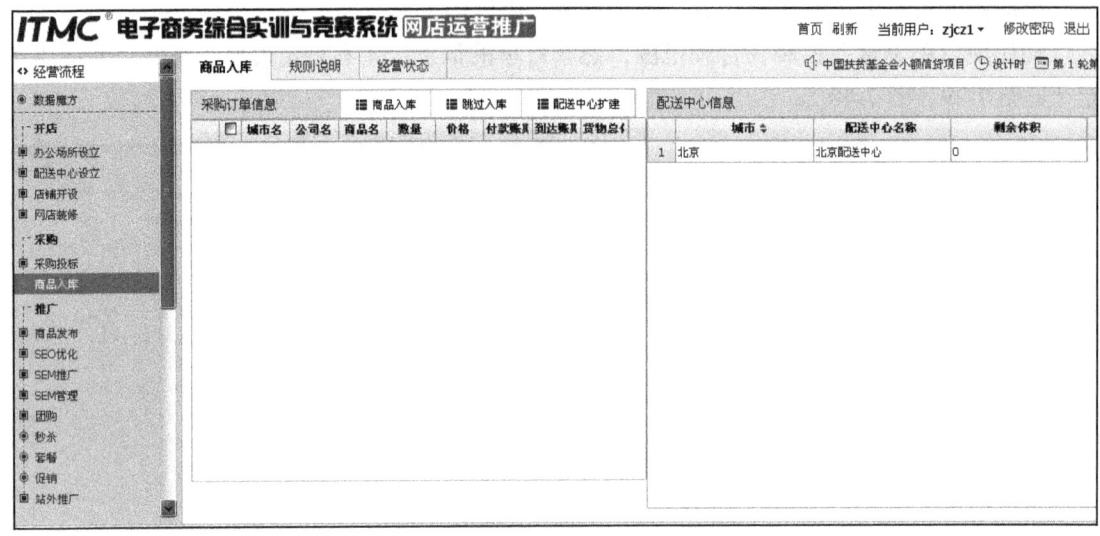

图 7-41　商品入库界面

不同人群（综合人群、低价人群、品牌人群、犹豫不定人群）价格浮动率由期初教师端设置。

注意：配送中心容量小于入库商品的体积将无法入库，需返回扩建。

7.3.5　业务推广

1. 商品发布

发布商品时，不管设为卖家承担运费或者买家承担运费，卖家都是按照实际物流信息（辅助工具菜单下面可以查询物流信息）支付物流公司实际运费（见图 7-42）。

商品发布数量 = 库存数量 + 预售数量。

系统允许商品预售，但是预售数量不能超过 20 件，若产生交易，必须按照买家要求的到货期限交货，否则将承担违约责任。

商品上 / 下架：商品必须上架后，才可以进行销售。

物流运费：发布商品时卖家可以选择卖家承担运费或买家承担运费。买家承担运费时，卖家可以创建运费模板或者直接输入各种物流方式的物流运费，买家会根据其选定的物流方式将商品一口价和总物流运费一同支付给卖家；但卖家可以采用任意物流方式运输（只要在买家规定的时间内到达，否则将承担退单的违约责任），配送完成后由卖家支付物流公司的实际运费。卖家承担运费时，买家只需将商品一口价支付给卖家，配送完成后由卖家支付物流公司的实际运费。

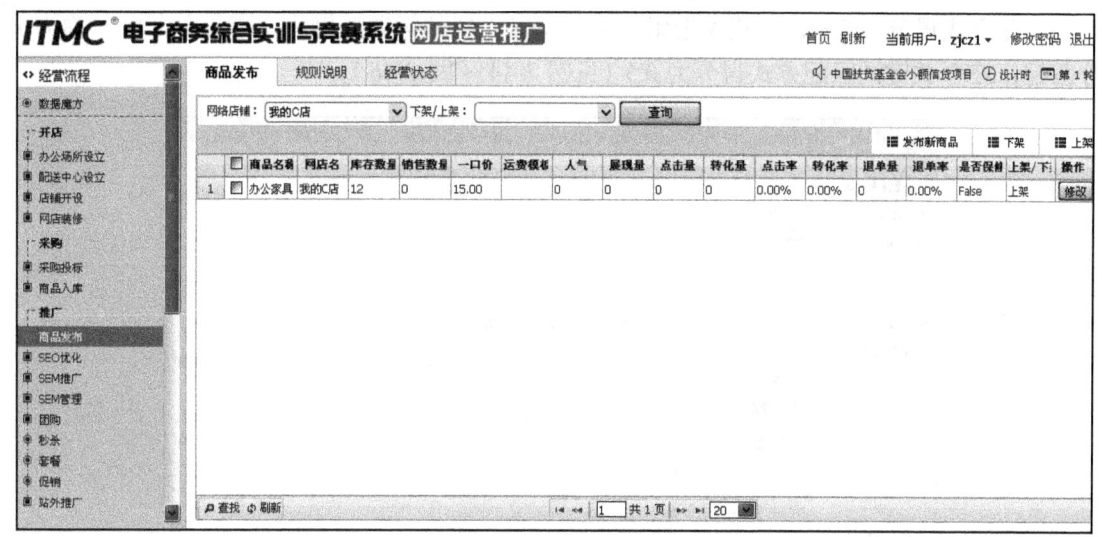

图 7-42　商品发布界面

创建模板时,卖家可分别设置各种物流方式的默认运费及每超过一件需要增加的运费;每超过一件需要增加的运费不能高于默认运费的 0.5 倍;如果不创建模板,直接输入各种物流方式的物流运费时,此物流运费为整单(若干件)的物流运费。

保修、发票会产生售后服务费用,会影响对保修有要求的人群的成交和商品绩效。

商品展现量:该商品被展现的次数。

商品点击量:该商品被点击的次数。

商品点击率:商品点击量 / 商品展现量。

商品转化量:该商品最终达成的成交单数。

商品转化率:商品转化量 / 商品点击量。

商品退单量:该商品累计退单的数量。

商品退单率:商品退单量 / 商品成交量(单数)。

商品绩效:与该商品的点击率、点击量、转化率、转化量、退单率、保修相关。

商品平均点击率:该商品在所有卖家点击量之和 / 该商品在所有卖家展现量之和。

注意:没有拿到订单,没有商品也可以先做广告或者商品预售,等待下一期采购招标(见图 7-43)。

2. SEO 优化

每种商品最多可以选择 7 个标题关键词,通过优化标题关键词尽可能匹配买家搜索的关键词,在买家搜索某个关键词时,展示与该关键词相关的商品,并取得靠前的自然排名。

$$SEO 排名得分 = 关键词相关性(数据魔方提供) \times SEO 关键词匹配方式得分 \times 0.4 + 商品绩效得分 \times 0.06$$

SEO 关键词匹配方式分为:完全匹配、高度匹配、部分匹配。

只有当买家搜索的词与卖家设置的标题关键词完全相同时称为完全匹配,SEO 关键词匹配方式得分为 1;当买家搜索的词是卖家设置的标题关键词的子集时称为高度匹配,SEO 关键词匹配方式得分为 0.8；当买家搜索的词与卖家设置的标题关键词文字部分匹配时称为部分匹配，SEO 关键词匹配方式得分为 0.5（见图 7-44～图 7-46）。

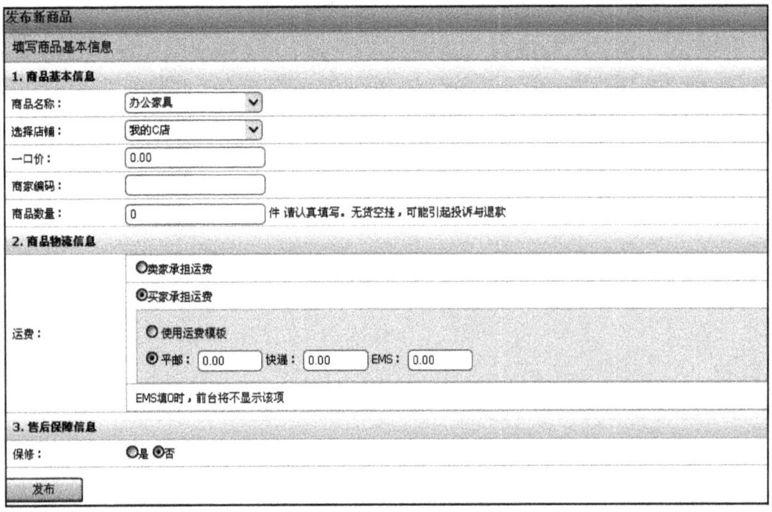

图 7-43　发布新商品

图 7-44　SEO 优化界面

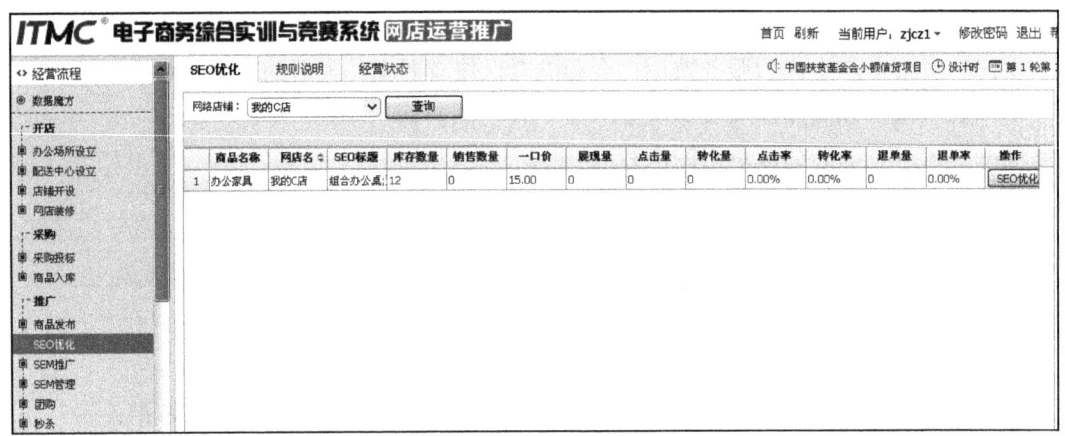

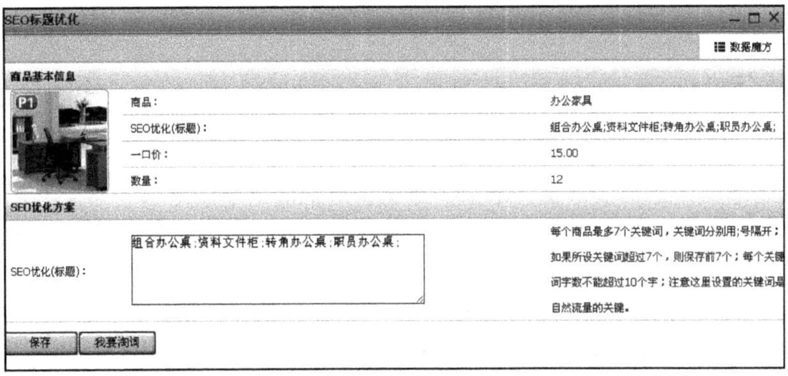

图 7-45　SEO 标题优化

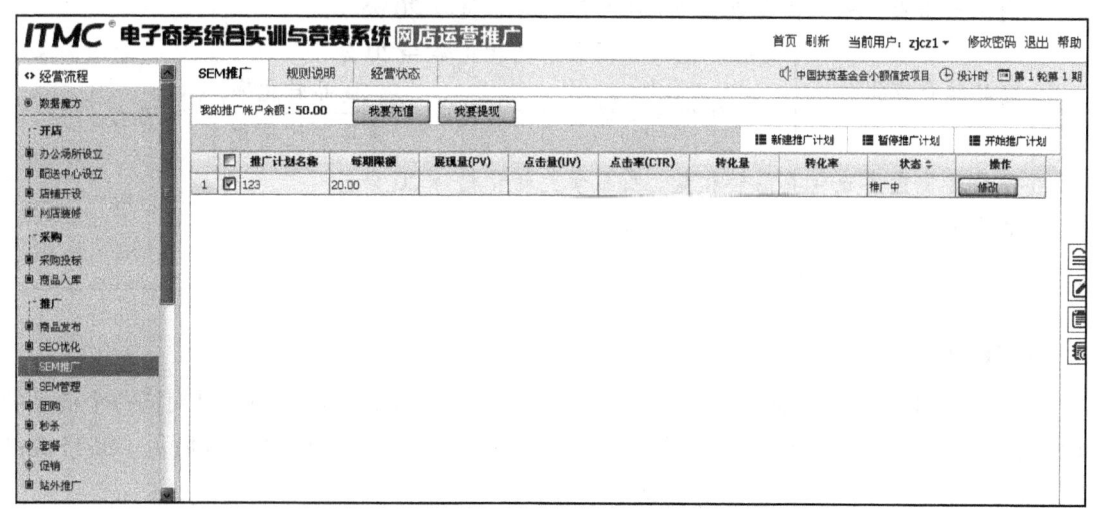

图 7-46 淘关键词

商品绩效 = 商品点击率 + 商品点击量 + 商品转化率 + 商品转化量 + 退单率 + 发票 + 保修。

3. SEM 推广

SEM 推广是通过对自己所销售商品相关的关键词出具一定的竞价价格,在买家搜索其中某个关键词时,展示与该关键词相关的商品,并取得靠前的搜索排名(见图 7-47)。

图 7-47 SEM 推广界面

SEM 排名得分 = 质量分 × 竞价价格。

质量分 = 关键词搜索相关性 × 0.4 + 商品绩效 × 0.06。

竞价价格:为取得靠前的排名为某关键词所出的一次点击的价格。卖家实际为某个 SEM 关键词的一次点击所付的费用 = 该关键词排名下一名的竞价价格 + 0.01。

每个商品最多 7 个关键词,关键词分别用";"号隔开;如果所设关键词超过 7 个,则保存前 7 个;每个关键词字数不能超过 10 个字;注意这里设置的关键词是自然流量的关键。

SEO 商品排名得分 = SEO 关键词排名得分 × 0.4 + 商品绩效得分 × 0.06,SEO 商品排名得分高者排名列前。

SEO 关键词排名得分为"0"，则视为卖方设置的标题关键词与买方搜索的词不匹配，不能参加 SEO 排名。

SEO 关键词排名得分 = 关键词搜索相关性（数据魔方提供）× SEO 关键词匹配方式得分。

SEO 关键词匹配方式分为：完全匹配、高度匹配、部分匹配。

只有当买方搜索的词与卖方设置的标题关键词完全相同时称为完全匹配；当买方搜索的词是卖方设置的标题关键词的子集时称为高度匹配；当买方搜索的词与卖方设置的标题关键词文字部分匹配时称为部分匹配。

当 SEO 关键词匹配方式为完全匹配时，SEO 关键词匹配方式得分为 1；

当 SEO 关键词匹配方式为高度匹配时，SEO 关键词匹配方式得分为 0.8；

当 SEO 关键词匹配方式为部分匹配时，SEO 关键词匹配方式得分为 0.5。

商品绩效得分 = 商品点击率得分 + 商品点击量得分 + 商品转化率得分 + 商品转化量得分 + 商品退单率得分 + 保修得分。

$$商品点击率得分 = \begin{cases} 商品点击率 \geq 商品平均点击率 \Rightarrow 20 \text{ 分} \\ 商品点击率 < 商品平均点击率 \Rightarrow \dfrac{商品点击率}{商品平均点击率} \times 20 \text{ 分} \end{cases}$$

商品点击量得分 = 商品点击量 / 商品最大点击量 × 20 分

$$商品转化率得分 = \begin{cases} 商品转化率 \geq 商品平均转化率 \Rightarrow 20 \text{ 分} \\ 商品转化率 < 商品平均转化率 \Rightarrow \dfrac{商品转化率}{商品平均转化率} \times 20 \text{ 分} \end{cases}$$

商品转化量得分 = 商品转化量 / 商品最大转化量 × 20 分

商品退单率得分 = (1 − 商品退单率) × 10 分

$$保修得分 = \begin{cases} 提供 \Rightarrow 10 \text{ 分} \\ 不提供 \Rightarrow 0 \text{ 分} \end{cases}$$

4. SEM 管理

每个推广组对应一个商品，但是每个商品可以对应多个推广组，所以针对同一个商品的不同关键词设定不同的竞价价格可以更好地达到 SEM 推广效果，如图 7-48 所示。SEM 关键词匹配方式分为：精确匹配、中心匹配、广泛匹配。

精确匹配时，只有当卖家搜索的词与卖家投放的关键词完全相同才能被搜索到；

中心匹配时，当买家搜索的词是卖家投放的关键词的子集时也能被搜索到；

广泛匹配时，买家搜索的词与卖家投放的关键词有一部分相同即可被搜索到。

商品绩效得分 = 商品点击率得分 + 商品点击量得分 + 商品转化率得分 + 商品转化量得分 + 商品退单率得分 + 保修得分。

$$商品点击率得分 = \begin{cases} 商品点击率 \geq 商品平均点击率 \Rightarrow 20 \text{ 分} \\ 商品点击率 < 商品平均点击率 \Rightarrow \dfrac{商品点击率}{商品平均点击率} \times 20 \text{ 分} \end{cases}$$

商品点击量得分 = 商品点击量 / 商品最大点击量 × 20 分

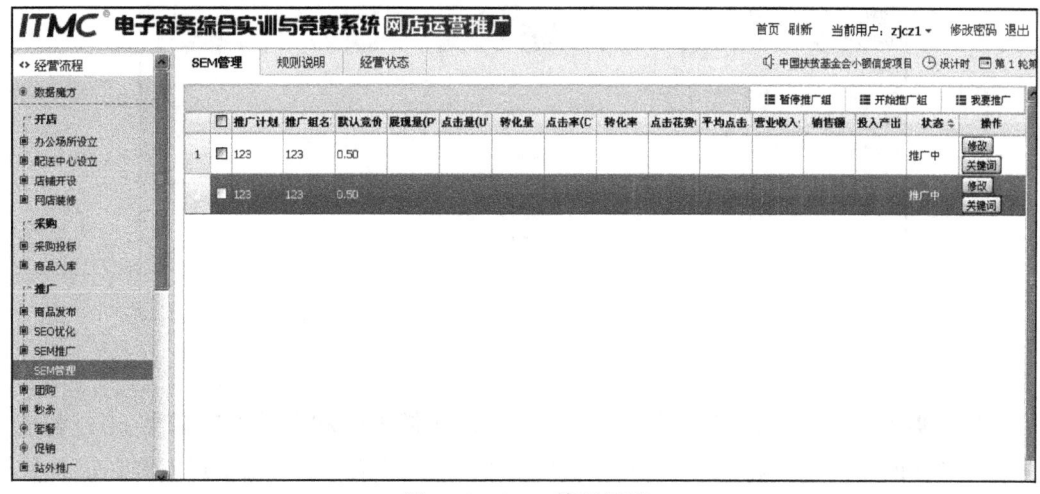

图 7-48　SEM 管理界面

$$商品点击率得分 = \begin{cases} 商品点击率 \geq 商品平均点击率 \Rightarrow 20\ 分 \\ 商品点击率 < 商品平均点击率 \Rightarrow \dfrac{商品点击率}{商品平均点击率} \times 20\ 分 \end{cases}$$

商品点击量得分 = 商品点击量 / 商品最大点击量 × 20 分

商品退单率得分 = (1 − 商品退单率) × 10 分

$$保修得分 = \begin{cases} 提供 \Rightarrow 10\ 分 \\ 不提供 \Rightarrow 0\ 分 \end{cases}$$

注意：SEO 每期必须做，但是 SEM 跳过点一下，不一定非得有内容。

5. 团购

团购价格 = 商品价格 × 团购折扣。犹豫不定的人群有 50% 的概率会参与团购活动，参与团购的买家会自动选择团购价格最低的参团；系统根据是否达到最少成团数量判断是否成团，若成团则确定买卖双方交易完成（见图 7-49、图 7-50）。

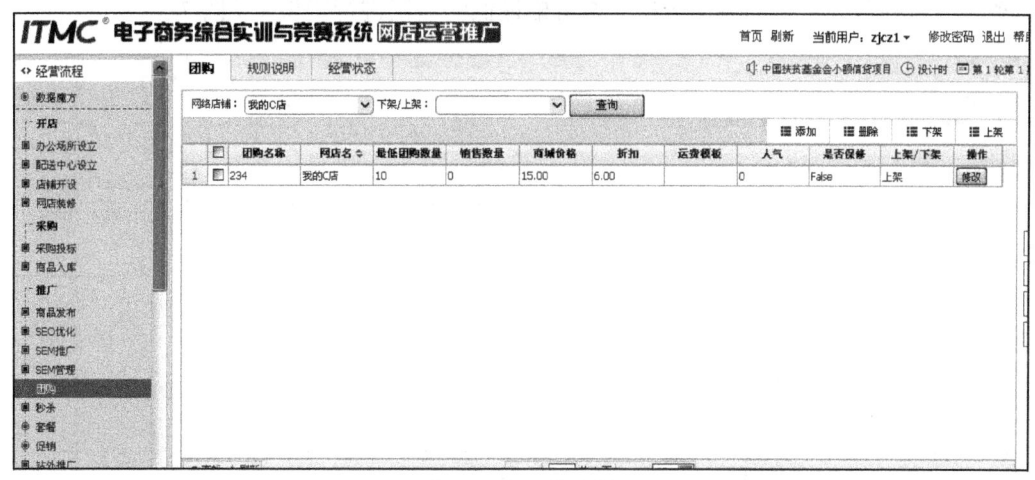

图 7-49　团购界面

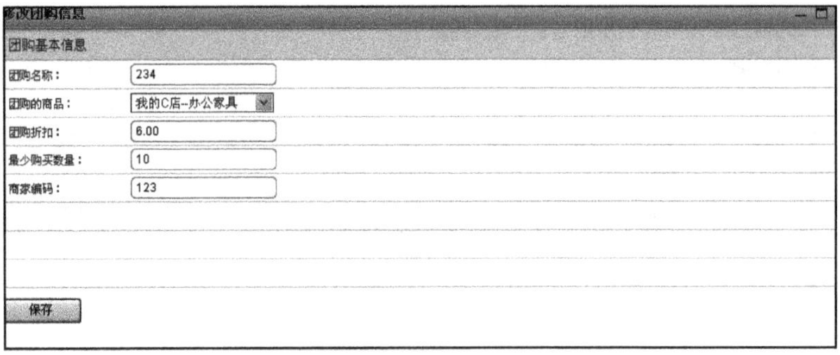

图 7-50 修改团购信息

只要有买家参团,无论最后是否成团,卖家的店铺人气和商品人气都会 +1;若成交,则店铺人气和商品人气都会 +2。没有参与"团购"和"秒杀"的犹豫不定人群必定会参与 3 种促销中的一种,并选择优惠后价格最低的促销方式完成交易。

若团购价格或者秒杀价格或者促销优惠后价格相同,则买家继续按照以下顺序依次判断是否成交:

(1)媒体影响力最高。
(2)综合评价指数最高。
(3)店铺视觉值最高。
(4)店铺总媒体影响力最高。
(5)社会慈善最高。
(6)店铺总人气最高。

促销交易达成,则卖家店铺人气和商品人气都会 +2。

卖家若想具备犹豫不定人群的成交资格,必须支持买家对物流方式的要求。

6. 秒杀

秒杀价格 = 商品价格 ×50%。没有参与团购的犹豫不定的人群有 50% 的概率会参与秒杀活动,参与秒杀的买家会自动选择秒杀价格最低的店铺进行交易(见图 7-51)。

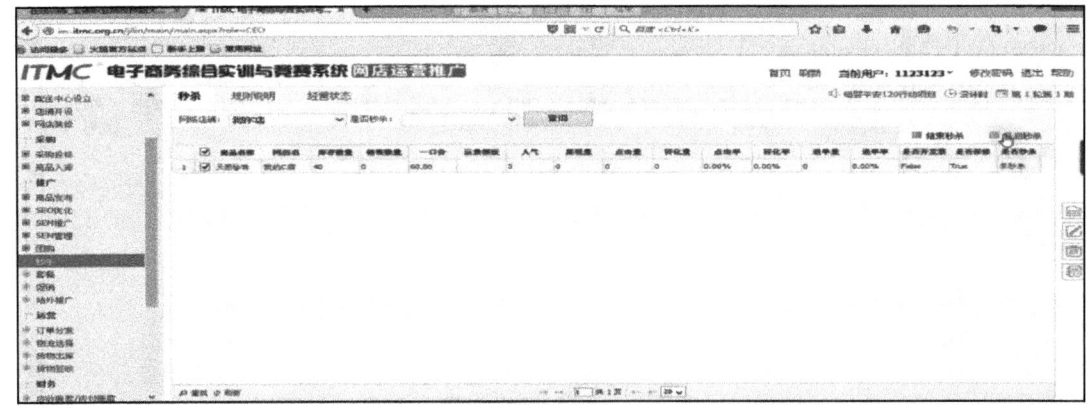

图 7-51 秒杀界面

秒杀交易达成，则卖家店铺人气和商品人气都会+4。

7. 套餐

套餐可组合多种商品搭配出售，套餐价格＝套餐内所有商品的单价的总和。套餐内商品的单价由卖家制定，但是套餐内除引流进入商品外，其余套餐内商品不能高于当地商品一口价。引流的商品一口价＋物流运费＞套餐内引流商品单价＋套餐物流运费。

例如：买家正常购买 A 商品一口价为 5，物流运费为 2，卖家提供套餐为商品 A 单价是4，商品 B 单价 3，套餐物流运费为 2。某买家欲购商品 A，则商品 A 为引流商品。判定1：买家正常购买一件商品 A 总共花费 5+2=7；购买卖家提供的套餐商品 A 的花费 4+2=6；如果正常花费＞套餐花费，则判定 1 成功；否则判定失败，买家放弃购买套餐。判定 2：判定 1 成功后判定 B 产品是否低于当地商品一口价，如果高于，则判定失败，买家放弃购买套餐；否则判定成功，买家购买套餐。

套餐数量未设定预售上限，不受库存数量限制。

套餐商品只生成一个订单。

收益：获得店铺人气 2，商品人气 2。

对象：适用于所有人群。

添加新套餐如图 7-52 所示。

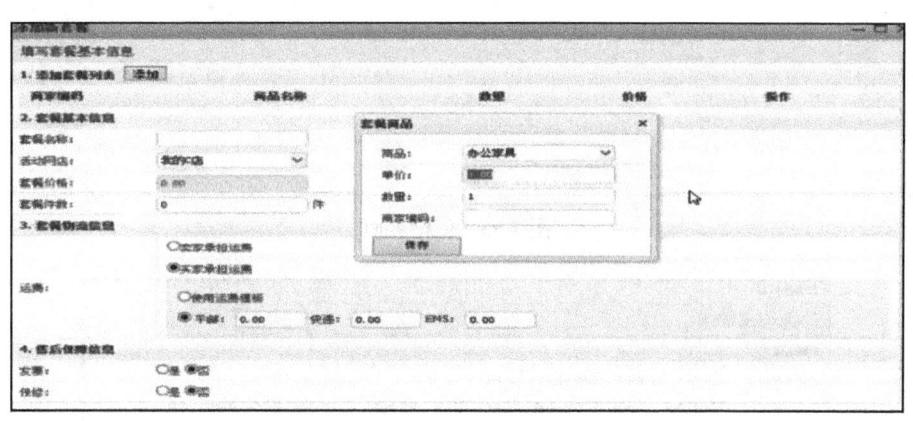

图 7-52　添加新套餐

8. 促销

满就送，多买折扣多，买第几件折扣促销。

收益：获得店铺人气 2，商品人气 2。

对象：所有购买人群。

（1）满就送、促销、正常购买时（订单类型分为正常购买、秒杀、团购、套餐 4 种类型）的成交总金额达到设定的金额就可以享受返现金的优惠活动（见图 7-53、图 7-54）。

卖家可以根据经营需求设定活动范围，选择参加活动的商品。

当正常购买的成交总金额大于等于设定的金额时，

成交总金额＝商品价格 × 商品件数 − 总优惠额

= 商品一口价 × 商品件数 + 正常购买时总物流运费 − 总优惠额

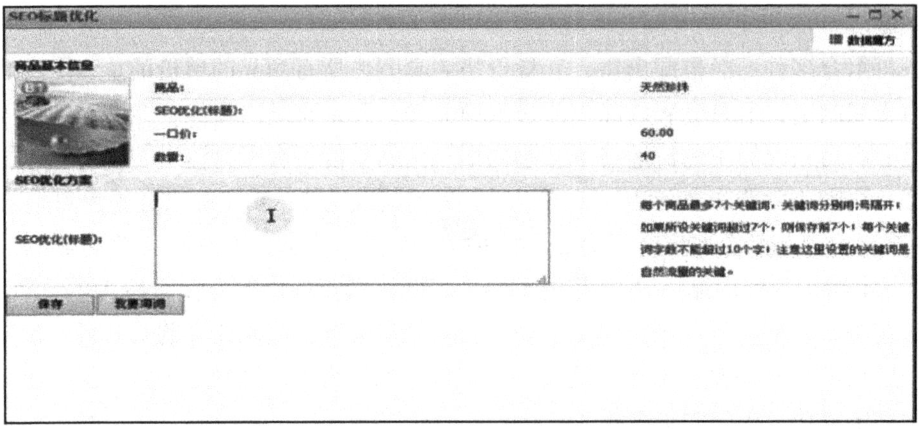

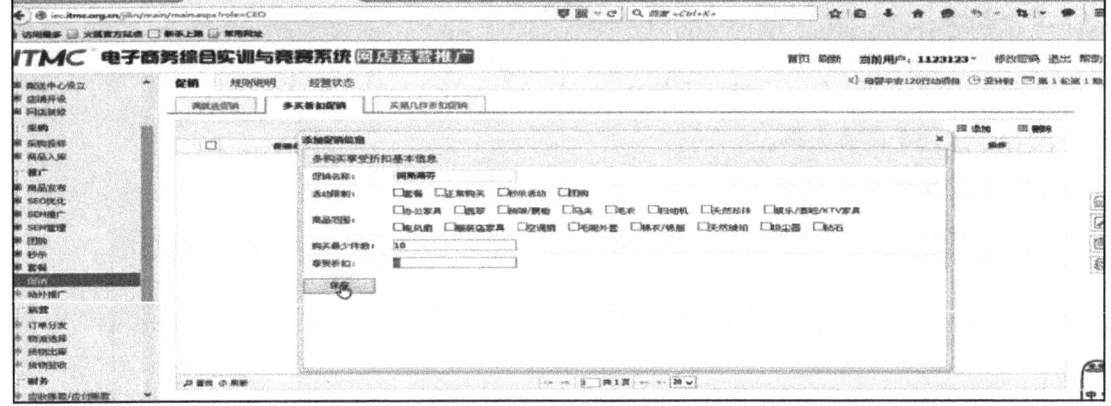

图 7-53 促销界面

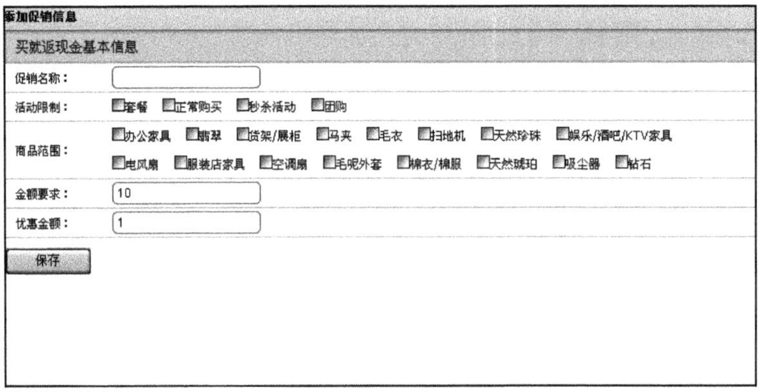

图 7-54 添加促销信息

例如：商品一口价 5，商品件数 4，总物流运费 4，满 20 送 3；

此时，5×4+4>20，所以成交总金额 =5×4+4−3=21

（2）多买折扣促销。顾客一次性正常购买数量达到设定数量，促销后成交总金额全部按折扣后金额付款。

享受折扣额按照卖家填写折扣数值享受，比如八折，就填写8。

成交总金额 = 商品价格 × 商品件数 × 折扣数值 × 0.1
          = （商品一口价 × 商品件数 + 正常购买时总物流运费）× 折扣数值 × 0.1

例如：商品一口价5，商品件数4，总物流运费4，买4件8折。

此时，成交总金额 = （5×4+4）× 8 × 0.1=19.2

（3）买第几件折扣促销。设定一个第几件折扣数，当购买的商品数量达到这个数量时，本件商品即享受优惠折扣，下一件商品再重新计数，以此类推。

折扣额直接填写折扣数，如八折就填写8。

成交总金额 = 商品价格 × 商品件数 − 单个优惠金额 × 优惠商品数量
单个优惠金额 = 商品价格 × （1− 折扣数值 ×0.1）
优惠商品数量 = （商品件数 / 第几件折扣数）向下取整

例如：商品一口价5，商品件数4，总运费4，第三件5折。

计算如下：

成交总金额 = 商品价格 × 商品件数 − 单个优惠金额 × 优惠商品数量
= 商品价格 × 商品件数 − 商品价格 ×（1− 折扣数值 ×0.1）
 × （商品件数 / 第几件折扣数）向下取整
= 商品价格 ×［商品件数 −1×（1− 折扣数值 ×0.1）
 × （商品件数 / 第几件折扣数）向下取整］
= ［（商品一口价 × 商品件数 + 正常购买时总物流运费）/ 商品件数］
 × ［商品件数 −1×（1− 折扣数值 ×0.1）
 × （商品件数 / 第几件折扣数）向下取整］
= （商品一口价 × 商品件数 + 正常购买时总物流运费）
 ［1−（1− 折扣数值 ×0.1）/ 商品件数
 × （商品件数 / 第几件折扣数向下取整）］
= （5×4+4）[1−（1−5×0.1）/ 4×（4 / 3向下取整）]
= 21

注意：促销时只能选择一种模式。

9. 站外推广

只有B店才能允许站外推广。根据公司经营需求，卖家可以对已经筹建完成的B店发布的商品，选择央视、网络广告联盟、百度3种媒体中的一种或多种进行推广，用来吸引品牌人群的购买需求，提高店铺人气及商品人气。

规则：媒体影响力：是指一种商品在某个媒体的影响下所获得该媒体影响力。

综合评价指数：是衡量卖家综合实力的标准，其与企业信誉度、店铺人气、媒体影响力、社会慈善、店铺视觉值、B店开设情况、办公场所所在城市影响力、员工经验值、员工业务能力相关。

综合评价指数 = 卖家企业信誉度 / 整个市场总企业信誉度 ×100+ 卖家店铺总人气 / 整个市场店铺总人气 ×100+ 卖家企业总的媒体影响力 / 整个市场总媒体影响力 ×100+ 卖家社会

慈善/整个市场社会总慈善×100+卖家店铺视觉值/整个市场店铺总视觉值×100+卖家B店开设情况（完成为20，未完成为0）+卖家办公场所所在城市影响力+卖家员工经验值+卖家员工业务能力。

（1）品牌人群成交规则：通过媒体影响力、商品价格、商品评价及城市影响力计算出品牌人群成交指数，根据买家对物流方式、发票、售后服务的要求确定具备成交资格的卖家，从而计算出每个具备成交资格的卖家的品牌人群成交百分比（即卖家在订单交易过程中获得订单的概率），系统根据品牌人群成交百分比确定成交卖家。

品牌人群成交指数=（媒体影响力/市场总媒体影响力）×40+商品均价/（商品价格+商品均价）×30+商品评价/符合要求的卖家商品评价×20+城市影响力/符合要求的卖家城市影响力×10；

品牌人群成交百分比=品牌人群成交指数/符合要求的品牌人群成交指数之和。

卖家若想具备成交资格，必须支持买家对物流方式、售后服务的要求；有概率为15%的顾客需要售后服务。

商品评价=所有订单商品评价之和除以订单总数量（每张订单正常交货5，发货拒收违约4，未发货违约3）。

城市影响力：在该城市每交货一次城市影响力加1。

若品牌人群成交百分比相同，则继续按照以下顺序依次判断是否成交：

①商品价格最低；

②综合评价指数最高；

③店铺视觉值最高；

④店铺总媒体影响力最高；

⑤社会慈善最高；

⑥店铺总人气最高。

（2）低价人群成交规则：根据买家对物流方式、售后服务的要求确定具备成交资格的卖家，再根据商品价格最低顺序决定成交的卖家，若商品价格相同，则买家继续按照以下顺序依次判断是否成交：

①媒体影响力最高；

②综合评价指数最高；

③店铺视觉值最高；

④店铺总媒体影响力最高；

⑤社会慈善最高；

⑥店铺总人气最高。

卖家若想具备成交资格，必须支持买家对物流方式、售后服务的要求；有概率为15%的顾客需要售后服务。

（3）综合人群成交规则：通过综合评价指标、商品价格、商品评价及城市影响力计算出综合人群成交指数，根据买家对物流方式、售后服务的要求确定具备成交资格的卖家，从而计算出每个具备成交资格的卖家的综合人群成交百分比（即卖家在订单交易过程中获得订单的概率），系统再根据综合人群成交百分比确定成交的卖家。

综合人群成交指数 =（综合评价指数/整个市场综合评价指数之和）×40+商品均价/（商品价格+商品均价）×30+商品评价/符合要求的卖家商品评价之和 ×20+城市影响力/符合要求的卖家城市影响力之和 ×10。

综合人群成交百分比 = 综合人群成交指数/符合要求的综合人群成交指数之和。

若综合人群成交百分比相同，则买家继续按照以下顺序依次判断是否成交：

①商品价格最低；

②媒体影响力最高；

③店铺视觉值最高；

④店铺总媒体影响力最高；

⑤社会慈善最高；

⑥店铺总人气最高。

卖家若想具备成交资格，必须支持买家对物流方式、售后服务的要求；有概率为15%的顾客需要售后服务。

（4）犹豫不定人群成交规则：犹豫不定人群分团购、秒杀和促销3部分需求，按团购、秒杀、促销的顺序独立判断成交的卖家。

卖家成交条件：

①组织相应团购、秒杀和促销活动；

②促销后价格低于所有卖家的商品一口价最低价。

注意：只有B店才能得到品牌人群。

站外推广界面如图7-55所示。

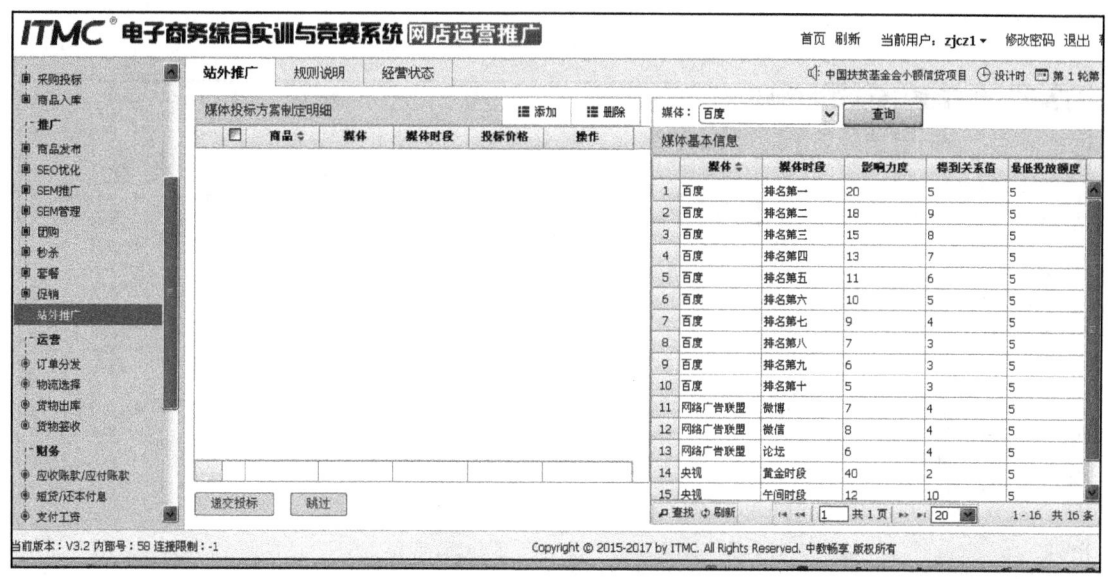

图7-55　站外推广界面

7.3.6 运营管理

1. 订单分发

订单分发分为手动分发和自动分发两种。手动分发需要选择货物出库的配送中心；自动分发按照已设定好的配送范围自动选择货物出库的配送中心。自动分发可以选择全部自动分发或者分批自动分发（见图 7-56 ~ 图 7-58）。

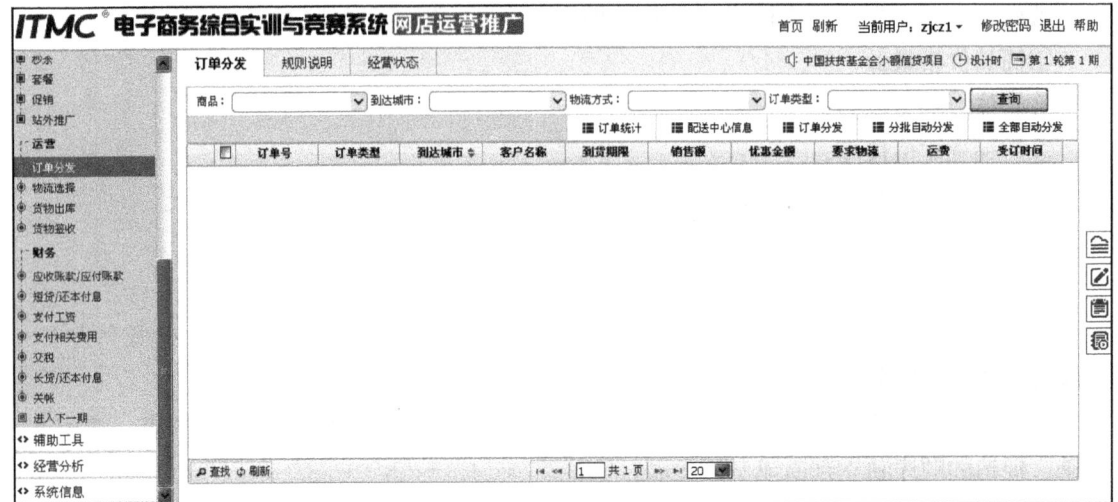

图 7-56　订单分发界面

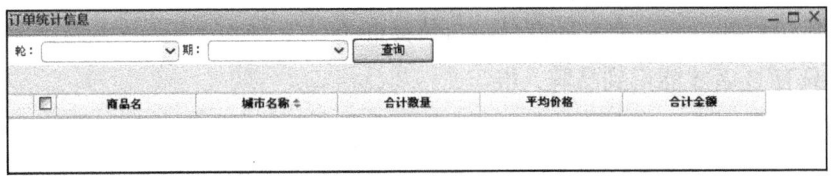

图 7-57　订单统计信息

图 7-58　订单分发示例

注意：拿不到订单的原因：

（1）商品发布时价格违规：不能高于市场平均价格 ×（1+ 不同人群价格浮动率）（低价犹豫 0.1 品牌综合 0.2）。

（2）没有做推广或推广时关键词选择不合理（SEO/SEM）导致关键词转化率为 0。

（3）商品没有上架。

（4）不满足 4 类人群成交规则（站外推广规则）。

（5）没有结束站外推广。

2. 物流选择

物流方式分为手动安排和自动安排两种。手动安排需要选择运输货物的物流方式；自动安排按照已设定好的物流方式自动安排。自动安排可以选择全部自动安排或者分批自动安排物流运输方式选择快递，则运输周期为 1 期，即当期到货；若选择 EMS，则运输周期为 2 期，即本期发货，下期到达；若选择平邮，则运输周期为 3 期，即本期发货，隔一期到达（见图 7-59、图 7-60）。

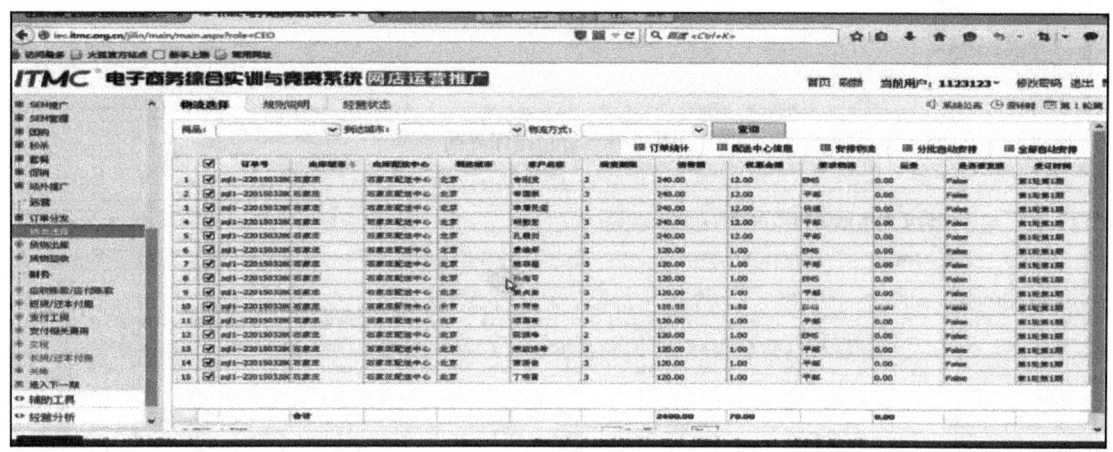

图 7-59　物流选择界面

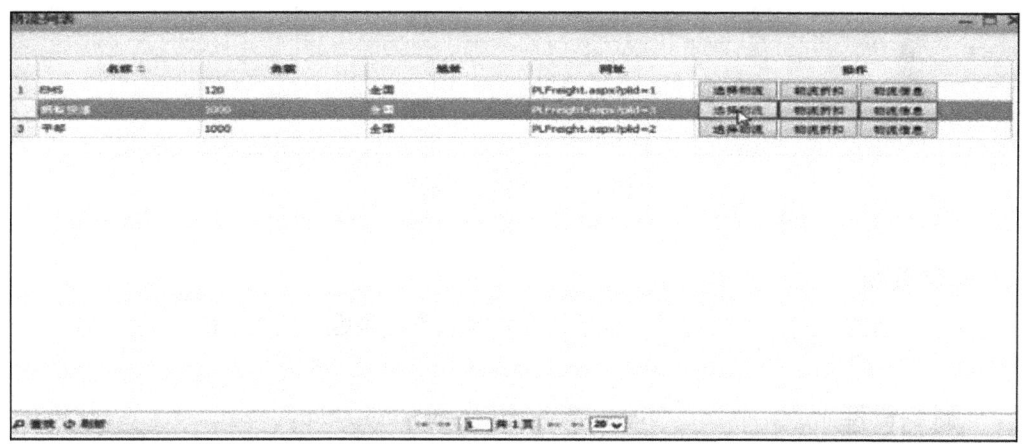

图 7-60　物流列表

注意：商品到达期跟物流方式有关系，分别对应 EMS、快递、平邮、1 期、2 期、3 期等。

3. 货物出库

根据订单的到货周期，合理安排商品出库。如果未在订单要求期限之前送到，客户将拒绝签收。系统会按照物流路线信息自动扣除实际运费（见图 7-61、图 7-62）。

图 7-61 货物出库界面

图 7-62 货物出库示例

4. 货物签收

无论任何物流方式配送的订单，货款均在签收后直接到账（见图 7-63 ~ 图 7-65）。

7.3.7 财务管理

（1）支付应付款。系统自动计算人员工资、租赁费、管理费、维修费。短贷利率：5%，民间融资利率：15%，长期贷款利率：10%。更新应收或者应付账款账期，接收或者支付本期到期的应收账款和应付账款（见图7-66）。

（2）支付工资。不同城市的工资差不同，会影响员工的工资（见图7-67、图7-68）。员工工资=基本工资×（1+工资差）×（1+工资增长率）

（3）关账。每轮经营结束关账后，系统自动提供"利润表"和"资产负债表"，自动计算各组的得分。

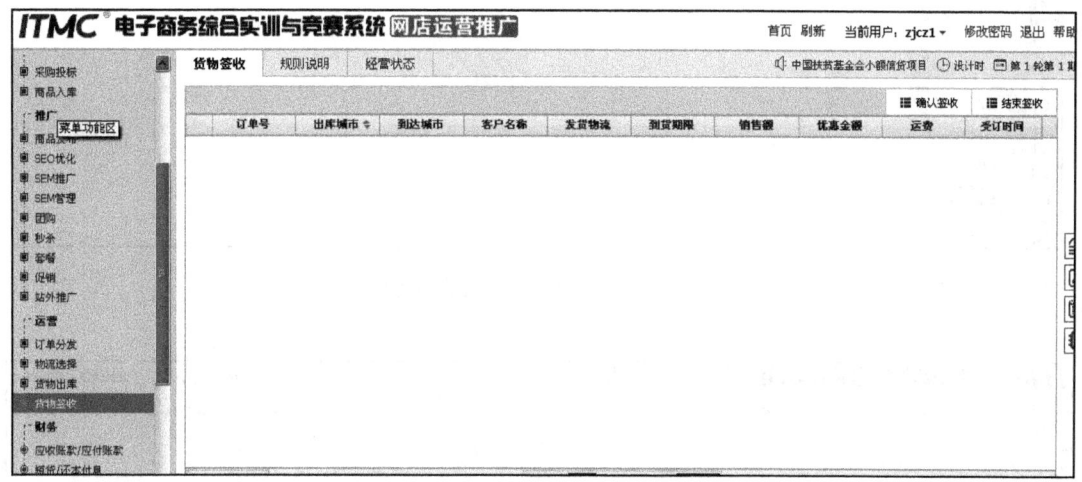

图7-63 货物签收界面

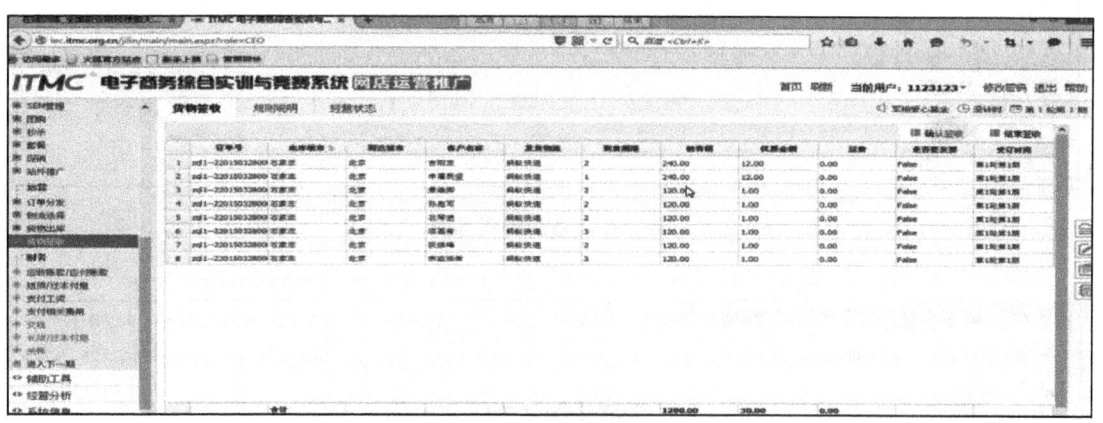

图7-64 货物签收示例

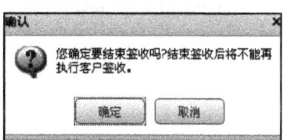

图7-65 确认结束签收

图 7-66 应收账款/应付账款界面

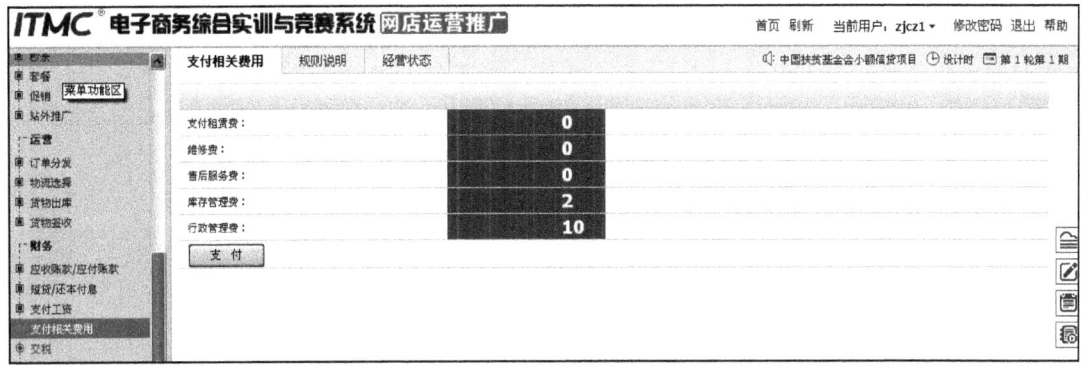

图 7-67 支付工资界面

图 7-68 支付相关费用

7.4 模拟电商企业创业的关键步骤

传统企业的类型很多，可谓林林总总，本案例将主要讲述商品品牌经营。在传统企业准备大力做电子商务之前，业内人士特别强调企业对电子商务化改造进行提前的诊断，需要诊断的地方很多，此处也是简单列举了几个重要的因素，希望对于企业的自我剖析和电子商务创业有一些参考的价值。

7.4.1 电商沙盘模拟之第一步：全面论证实行电商的可行性，确定所处行业

1. 所属行业

您的商品属于必需品还是冲动消费品？所在行业是否有很强的品牌忠诚度或依赖？是属于垄断、寡头还是自由竞争行业？如果是冲动品，即使行业忠诚度不高，但是有自由竞争，则相对更佳。

（1）品牌在行业的知名度排名如何？知名度越高，电商起点也越高，如宝洁做电商，销售额很轻松上亿。如果是知名度很低的品牌，电商起点低，则需要更多的酝酿和筹划，才有希望成为电商黑马。

（2）价格加价率：售价是生产成本的几倍？加价率越高的品牌，电商难度越高。网络很难支撑超过 3 倍加价的品牌，如果实体加价率太高，则需考虑在网络适度折扣，或开发加价率更低的网络专属商品。

2. 定位

（1）品牌的市场定位和目标客户是什么？网络的主流顾客是 20～35 岁的白领阶层，而且以女性居多，70% 倾向便宜，20% 讲究性价比，10% 追求品牌价值，所以需要分析，就是看看您的商品是否适合网络客群？

（2）品牌和商品的差异化特征是什么？品牌的核心差异是什么？是商品的琳琅满目、设计款式、特殊材质或配方、特殊工艺，还是超值功能、超高品质？网络最喜欢设计新颖、品类众多、超值功能的商品。

3. 营销

（1）是否重视营销？是否有强大的营销部门？重视营销的公司，绝非完全产品驱动。网络营销包含品牌设计与规划、形象与图片、文案与公关、营销活动与对外宣传等。网络营销功能越强大，电商越省力。

（2）实体是否有投入营销预算打造品牌的惯例？如果传统企业本来就有宽松的实体营销预算，来做广告和公关，则会更加大方地给电商输入资金。如果量入为出，谨慎投入，则电商会严重缺乏资金。

4. 渠道

（1）品牌在实体是否有自己的直营门店？直营门店占比越大，对渠道的控管能力也越强，企业的零售基因和经验也越足，切入电商会容易适应。如果门店 POS 系统与总部 ERP

打通，那更是如鱼得水。

（2）代理商或加盟商的比重是多少？是否可控？代理商越多，则渠道控管能力越弱，会增加平衡线上线下冲突的管理成本和压力。当然，这不是瓶颈，但是电商在营运中的问题和困难就比较多。

（3）品牌的商品目前在网络的销售结构如何？如果在淘宝输入您的品牌名称，发现有几百家网店在销售您的商品，那网络渠道管理将十分重要，不然，总部旗舰店大规模做广告，交易额全部漏到小店去了。

5. 上游内功

（1）是否有自己的工厂？或者是贴牌生产？有自己工厂或控股的工厂，是一件很利好的事情。如果是贴牌生产，则需要增加沟通成本，而且合作关系也需要重新商议和优化才更适合网络供给。

（2）生产规模如何？是否有规模经济和成本优势？更低的生产成本，一定是网络销售的强大后劲优势，但不管如何，至少不要高过行业平均生产成本太远，网络销售才有更好的后方支持。

（3）工厂是否可柔性改造？是否有灵活供应能力？实体企业是产品驱动，先生产商品，然后在既有实体渠道出货和销售，而网络销售则需要营销驱动，对商品的供应有灵活和柔性的需求，这个很关键。

（4）公司是否有设计研发团队？能力如何？公司如果有完善的研发团队，或者有长期合作的研发伙伴公司或工作室，则更容易根据网络消费者的特点，进行网络商品的快速优化和设计调整。

6. 基础设施

（1）是否有科学的ERP系统支撑品牌供应链？一个连ERP系统都没有的实体公司，进入电子商务会处处碰壁，不管ERP是否发达，但至少保证进销存数据的准确和及时，这是基本的需求。

（2）是否有仓储或分仓系统，确保物能畅其流？有容量足够的仓储，才能有条件划出电子商务独立仓，并进行电子商务仓储化改造，有分布全国的分仓中心，才能更好借力实体进行商品配送。

7. 企业组织

（1）公司的文化是保守或激进？官僚或民主？越是官僚化的企业，电子商务越困难，层层审批的作风，严重阻碍电商的发展；越是守成的企业，面对充满激情的电商世界，新旧管理模式的对接难度越大。

（2）公司高层的话语权、高层的权利制衡复杂度如何？股份制的公司，各大股东容易对发展电子商务出现分歧；没有绝对权威的高层支持，电子商务政策就容易发生摇摆，这个因素也不可以轻易忽视。

根据如上的情况，可以举几个例子，比如说食盐和大米，只是50%适合电子商务，因为是必需品，商品 SKU 单一，成本加价率太低，所以食盐和大米更适合去开拓包括一号店和京东等多元的网络渠道体系；又比如高端仿古红木家具，则是 10% 适合电子商务，因为和网络客户群体不吻合，而且物流是个问题；再比如童装，则是 90% 适合电子商务，客户群体吻合，重设计款式而不重品牌，品牌溢价相对容易促成等。不同企业有不同的诊断结果，不可相互替代。

7.4.2 电商沙盘模拟之第二步：确定年度电商总体销售与投入计划

如果企业经营的品牌很适合电子商务，那么这是一个良好的开端，以下的工作就是做好项目的启动了。

1. 项目计划

做项目规划是一件很困难的事情，因为项目的未来具有很强的不可预测性，但是不论困难多大，项目都需要有一个较为完备的计划，至少是务实的年度计划。最好同时参考品牌实体已有的规模，以及网络市场的潜在需求，制订可靠的 5 年计划，比如第 1 年网络占线上线下总体大盘 8%，第 2 年占大盘 13%，直至第 5 年占大盘 30%。

为何第一年是 8%？其实它等于 3%+5%，这个值得深虑，因为 3% 是实体到网络的被动转移，比如某品牌在实体年度销售是 10 个亿，那么至少有 3 000 万是轻而易举地在网络实现的，这是因为网络提供了"搜索+比价+购物"的功能，在实体购买过此品牌的顾客，一定会到网络购买（不管是在淘宝旗舰店，还是在代理商或加盟商开的淘宝集市店，还是在京东等 B2C 网站），拿李宁来做例子，李宁在实体年度可以走 60 亿，所以网络免费交易额就是 1.8 亿，所以李宁在网络上的交易额，必须超过 1.8 亿，才能算新增网络价值。当然，3% 只是市场平均，各品牌和行业都有所不同，简单的办法就是登录一淘网，根据销售排名，初步估计下，也就知道基本轮廓了。

下面，我们只谈网络增量部分的年度规划，假如某品牌实体年度经营总额 1 亿，免费网络交易额已有 300 万，而第一年期望增加网络交易额 1 000 万，则如下（第一年基本在淘宝经营情况）：

目标交易	1 000 万元 / 年
ROI（投入产出比）	1∶5
广告预算	200 万元 / 年
商品成本	50 元 /SKU
加价倍数	3 倍
网络售价	150 元 /SKU

这里有两个概念需要强调：

（1）ROI 很关键。ROI 可以粗浅认为是 1 元钱广告投入能够带来的交易金额，也有人说成是 1 元广告带来的利润，不过行家倾向于使用交易金额。如凡客 2011 年交易额是 45 亿，投入广告 15 亿，则 ROI 是 1∶3。行家的建议是：在第一年，ROI 应该努力达到 1∶5，不然电商就不算做得很好，按 1∶5 的话，相当于广告费占交易额 20%。

（2）加价率更关键。加价率就是品牌溢价，是成本的倍数。加价率当然越高越好，但是加价率太高则很难让顾客消费转化，太低则盈利很难，最终沦为低价赚吆喝的窘境。行家的建议是：至少加价 3 倍，有能力的话甚至可以加价 5 倍，有人不喜欢低价的路子，能卖出不错的网络溢价，才真正考验网络营销的功底。

这里还牵涉实体价格与网络价格的平衡问题，事实上，传统企业很担心线上线下的价格紊乱，事实上这是个难解的问题，行家的建议是：如果您的品牌溢价在实体就高达 10 倍，那么基本还是谨慎触网。目前包括 LV 和 COACH 都开始做电子商务，事实上，人们是不看好的，因为奢侈品至少在未来 5 年内，与电商并不相容，即使 LV 可以在网络做几个亿，那也是实体到网络的转移而已，作秀有余，后劲不足。至少在未来 10 年，相信一个全新的网络品牌，很难卖出高达 20 倍的奢侈品型加价率。其实，当今网络能够承受多高的溢价，是个很有意思的课题。

关于投入的补充：投入包括前期的固定投入，和后期的变动投入，本案例中更强调变动投入中的广告投入，其他的变动投入下面会详细讲解。关于固定投入，假如打算第一年在淘宝试点，则启动的固定投资为：

（1）入驻费用：16 万元，其中 10 万元是押金，6 万元是保底的佣金提前收取。
（2）办公设备：比如办公室或桌椅、电脑、传真机、打印机等。
（3）前期搭建：需要额外支付的主要是专业的商品图片拍摄等。
（4）基础设施：比如额外的电子商务仓储区域筹备和改造，必要的技术系统购买等。关于前期存货的投资，建议直接纳入每个月的变动成本之中来核算，即使是将来成为滞销品，也就当成未来的亏损吧。如果是前期就开发专属的网络商品，牵涉到厂商模具或打样的成本，则纳入固定投资来摊销。总之，要在淘宝商城像模像样地启动旗舰店，则考虑前期固定投资 50～100 万元即可。

2. 广告的投放是投入哪里？是什么形式的投放呢？

在淘宝投入广告，主要分为图片广告和商品广告。
（1）图片广告：淘宝内硬广告投放、钻石展位投放、卖霸等。
（2）商品广告：主流方式就是直通车，类似百度，直通车既可以推单品，也可以推页面。

除了广告，淘宝提供更多非直接需要一定投入的广告就可以获取流量的方式，比如聚划算、天天特价、淘宝主题活动、淘宝客、双 11 活动等，这些不纳入广告投放的范畴，因为它们是以牺牲毛利为代价的，但都可以看成是变相的 CPS，即销售抽用的方式，因为以低折扣参与活动，也就意味着淘宝"抽取"了某个百分比的销售额。

投入不可怕，就怕投入产出比太低，要达到客观的产出，就需要富有经验和能力的操盘手，我们可以采用分解的方程式，来观察广告的投入产出比的取决因素：

$$1 元钱的投入能带来的利润 = (1 元/每个点击的成本) \times 转化率 \times 客单价 \times 重复购买次数 \times 毛利率$$

从上面各个指标来看：

希望每个点击成本降低，则需要网络推广高手和专才；希望购物转化率高，则需要商品本身不错，活动策划应季和诱人，需要商品的图文美编和创意具有视觉冲击，需要客服的诱导，以及其他顾客的良好评论；希望客单价高，则需要有技巧的店内相关推荐和活动刺激；

希望重复购买次数高，则需要完善服务，以及频繁的 CRM 互动；需要毛利率高，则取决于操盘手打造较高品牌溢价的能力。

广告投放的产出是否高，完全取决于是否有一个充满激情和能力，具有造梦功能的强大专业团队！只有拥有一个智能型的 CPU 核心，才能创造奇迹。网络上的成功典范，比如阿芙精油、MR ING、一叶子、裂帛、欧莎、歌瑞尔等都是此方面的高手，值得学习。

7.4.3 电商沙盘模拟之第三步：年度电商财务盈利沙盘模拟

完成了总体的规划，则进入了逐月的沙盘推演和计划。如下有一个粗略的表格，以第一年为单位，按照 200 万元投入，产出 1 000 万元进行了推演，其中为了分析简便，启动期的固定投入就不再计入。需要备注说明的是：

（1）广告分配：本文假定 200 万元平均分配到 12 个月，真正实践中可以前期大后期小，同时需要结合商品的季节性。

（2）ROI 是递增的：虽然年度是 1：5，但是需要有耐心，需要时间来积累和增加，起点可以是 1：1，后期 ROI 酌情增长，主要源于学习经验的积累、纠错能力的增强、免费流量的提升、顾客的重复购买、淘宝免费活动的参与、分销渠道的拓展等。在团队管理中，可以将 ROI 作为 KPI 来激励队员，每个月必须达到指定的 ROI 才能获得奖励。

（3）团队费用：这里不赘述，下面有说明，不过交易额增长，意味着团队也需要扩容。

（4）淘宝佣金和运费：淘宝商城店佣金按照 5% 计算，再加上 5% 的运费估计，则此两个总计占大约 10%。

根据表 7-1 说明，第一年的净利润率是 27.9%！有人可能会质疑，真的有那么高的利润率吗？应该说网络是可以赚取合理利润率的，如果每年只赚 5%，甚至可能比农贸市场销售白菜都要低。表 7-1 分析没有考虑因为备货有误而导致的滞销品成本、税收成本、公司内部资源支持的隐形成本等，本文注重逻辑，而免去细节，敬请谅解。更加重要的是：如果外包，就需要分配利润给外包公司，至于按照什么比例，要看双方博弈的结果。

表 7-1 财务盈利模拟表

月份	广告	ROI	交易额	团队费用	淘宝佣金+运费	商品成本	厂商利润
1	17	2.0	33	5	3	11	-2
2	17	2.5	42	5	4	14	3
3	17	3.1	52	5	5	17	7
4	17	3.6	61	6	6	20	12
5	17	4.2	70	7	7	23	16
6	17	4.7	79	7	8	26	21
7	17	5.3	88	7	9	29	26
8	17	5.8	97	8	10	32	30
9	17	6.4	106	9	11	35	35
10	17	6.9	115	9	12	38	39
11	17	7.5	124	10	12	41	44
12	17	8.0	133	10	13	44	49
总计	204	60	1 000	88	100	330	280

7.4.4 电商沙盘模拟之第四步：人员、调研、选品、备货、定价、设计、策划、培训 8 个要点

这 8 个要点，在筹备阶段，可谓个个都重要，具体阐述为：

1. 人员

组建电商的团队，至少需要 4 个核心人员，一个是电商经理，经验丰富，可以独当一面，承上启下，左右逢源，善于资源整合，更善于激励团队；营销主管负责商品选择、活动策划、广告宣传、公关拓展、数据分析等；运营主管则负责库存对接、客服与仓储管理、高效服务、技术系统优化等；渠道主管则负责网络渠道紊乱管理、淘宝分销、淘宝外渠道拓展和维护等；至于每个主管要带几个人，视情况而定，但是核心功能前期就这个情况。

2. 调研 + 选品

调研和选品至关重要，如果准备 10 天之内网站就开始运营，基本是不靠谱的。

首先，需要分析品牌在实体的销售情况，提炼出最受实体顾客欢迎的主流商品，供网络参考；其次，需要深度调研品牌所属行业在网络上的表现，如品牌是卖女士内衣的，那么就需要明白：网络上哪些品牌的内衣卖得好？传统知名品牌、网络新品牌、低价杂牌各自占多少？卖得最好的前 10 个内衣网店有什么特点？卖得最好的前 100 件内衣商品又有什么特点？网络平均售价是什么情况和结构？什么色彩、设计或材质的内衣最受欢迎？在淘宝网，内衣市场属于什么结构，是垄断性的、还是自由竞争型的、还是兼而有之？……

如上的这些问题都明白了，然后结合自己的优势和商品范围，进入选品的工作。初期销售的商品数量可以走精品路线，数量不多，但都是精品，切忌全部商品上线，但都不精练。

另外，选品、广告宣传和备货计划是紧密关联的，假如准备首期做 50 个 SKU，根据我们上面的年度规划，第一个月投入 17 万元，产出 33 万元的业绩，那么选品、广告、备货的计划就如下表 7-2 所示：

表 7-2 选品、广告、备货的计划

商品属性	SKU（个）	销售量/SKU	总计销售量（件）	销售占比（%）	计划广告（万元）	交易额（万元）	备货计划
明星商品	1	1 500 件/SKU	1 500	68	17	22	提前筹备明星商品库存
重点商品	10	40 件/SKU	400	18	0	6	提前锁定重点商品库存
长尾商品	39	8 件/SKU	312	14	0	5	可不备货，随实体仓库走
汇总	50	—	—	—	17	33	—

明星商品至关重要，可以以点带面拉动大盘。所以前期需要精挑细选，一炮打响。在前期，明星商品将占据约 70% 的交易额；重点商品是当季热销而且在实体店也比较受欢迎的商品；长尾商品则是用来充实门面的高利商品。如上的表格只是第一个月的模拟，事实上，随着时间的推移，后期可以将月度明星商品的数量增加到 2～5 个，步步为营，让整个网店的商品都有很理想的销售记录，并且逐步占据淘宝免费搜索流量的制高点。

3. 定价

理论上说，如果希望大盘平均利润在 30%，那么可以考虑明星商品利润率为 10%，

重点商品为30%，长尾商品为50%，数字虽然不见得精准，但透露的规律是：明星商品价格需要更低来赚人气，确保广告流量的有效转化。而赚取利润的任务则交给重点和长尾商品，具体演算不赘述，其实和实体零售的道理雷同，品牌商可根据自己的情况去推演和定价。

传统企业最担心的是：如果明星商品定价太低，会不会和实体冲突？答案是：绝对会！要么拿出几款实体特别畅销的商品，暂时牺牲实体，或者补贴实体代理商，前期保护网络的发展；要么研发几款网络专属的商品，回避实体冲突。如果按照和实体相同的价格去做推广，很可能广告费会打水漂，原因很简单：实体价格基本都太高。

4. 设计和策划

设计从本质上讲，就是如何利用图片和文字，让成本只有10元的商品，看上去值100元。网络的独特之处就在于：你只有图片和文字去表达商品和品牌，这就考验网络表现的能力了。像MRING的鞋子、阿芙精油、裂帛服饰等，这些网络品牌深谙表现的技巧，深刻了解如何在二维的平面上，表现四维的商品价值。国内市场从来就不缺货，关键在于如何包装。也可以学学Channel、Coach等品牌的宣传功底，包装大牌是需要内功的。

广告策划也很重要，如何结合当季策划主题活动，有效将促销和品牌主题活动结合在一起，而不是明显的满减活动，赚了钱，还让消费者感觉占了便宜。

5. 培训

上述的工作都做好了，针对客服和仓储的培训也至关重要。前期需要多多训导，后期可以按照SOP流程规范化，让执行者可以高效而准确地完成任务。

如上的筹备时间，少则需要1个月，多则需要2个月，厚积而薄发，总比仓促上阵要好，如果某个外包公司说，给我1个星期，让您的电商马上启动，那基本可以判断：这个外包不可靠。

7.4.5 电商沙盘模拟之第五步：正式启动，打造可循环的智能型电子商务价值链

电子商务的核心，就是打造价值链。

前期做好了选品、表现、广告计划、备货之后，其实已经开始搭建电子商务价值链，因为选择的商品可能是顾客真正需要的，所以进入了营销驱动的境界；对重点商品进行了提前的备货，并且针对重点商品制订了周密的推广计划，所以前端有流量拉力，后端有商品供给，前后互相依存，有效互动，直接打通了供应链上游和下游的壁垒；其次，每周转一次，都会进行优化评估，将畅销的保留，不畅销的抛弃，当进入下一次循环的时候，就会做的更好。

周而复始，每周转一次，就赚了一次利润。只有打造这样一个周而复始、自我优化、柔性灵活、智能营销的价值链，电子商务才能发挥它潜在的巨大活力！而要打造这样的价值链，需要百分之百全情投入！价值链上的每一个环节，都是马拉松赛跑上的接力棒，环环相扣，每个环节上都需要敬业而充满激情的专业人员盯盘，才能有效玩转。

而实体企业进入电商最大的误区就在于：实体品牌80%是产品驱动的，实体门店80%是靠守株待兔的方式获取人流的，实体品牌的供应链对速度的要求不是即时的！而网络零售则拒绝这样的方法，网络零售80%是营销驱动的，网络门店80%是需要主动吸引有效人流的，网络的供应链则需要时刻高度关注和快速更新优化的。这里需要提出一个很重要的概念，那就是：溢出免费流量！

溢出免费流量是指：广告驱动的价值链在转动过程中，网店在不停地获得免费的流量和交易额，而且会越来越多，这主要来源于：

（1）免费搜索流量：销售量上去了，自然排名也会上去，顾客自然在淘宝更容易搜索到自己的商品。

（2）淘宝活动流量：有了不错的交易额，自然会引起淘宝小二的注意，从而通过淘宝活动审核的机会也增加，甚至小二会主动伸出淘宝活动邀请的橄榄枝。如果有幸参与淘宝"双11"主场，日销售都可望突破1 000万元。

（3）购物重复购买：如果顾客再次购买商品，那么就免去了广告费，这也是免费的流量。

（4）CPS或分销：交易额引人侧目，自然会有淘宝客主动要求来推广商品；同时，也会有更多的网店来申请来销售商品，形成四通八达、星罗棋布的分销网络，何乐而不为，而且不要广告费。

所以，广告投入在电子商务发展中，是必不可少的，缺少了主动推广的原动力，其他的衍生福利，也不会来叩门。这就像驾驶飞机，在跑道上快速奔跑的时候，是比较耗油的，因为要确保超快的速度，当速度达到某个界点的时候，飞机就起飞了，在起飞的过程中，依然也需要继续加油，直到冲入平流层，机长就轻松了，偶尔看看操作盘，同时注意下雷达，基本没大碍。所以，电子商务要步入平流层的正轨，至少需要一两年的时间。

在电商实践中，广告所带来的交易额在收入所占比重，从2年时间来看，应该从100%，下降到稳定在20%~30%比较合理。所以判断一个网店的健康程度，可以看其广告交易占大盘的比重，如果做了3年，占比还是80%，则这个网店基本不健康。由此可见，凡客虽然交易额可观，但如果长期需要广告来支撑，自己无法沉淀，则前途比较危险。

7.4.6 电商沙盘模拟之第六步：打造整合型的全网电子商务体系

有句话说得好：电商学不好，永远玩淘宝。其实不是贬低淘宝，而是传统企业做电商的终极目标不应该只是淘宝，而应该锁定整个网络世界。

按照图7-69电子商务的发展可以划分的3个阶段。如果日订单200单以下，按照客单价150元，也就是月交易90万元以下，则基本考虑在淘宝或QQ商城做，积累网络零售直销的经验。月度超过90万元，则可以开始在淘宝内部大力发展分销，或尝试性开始对接京东和当当等大型B2C平台，通过API等开放技术，打通信息沟通；月度超过200万元，则可以开始考虑大力拓展淘宝外渠道，搭建多元的电子商务大系统。这个分阶段的数据当然也是因行业而异。

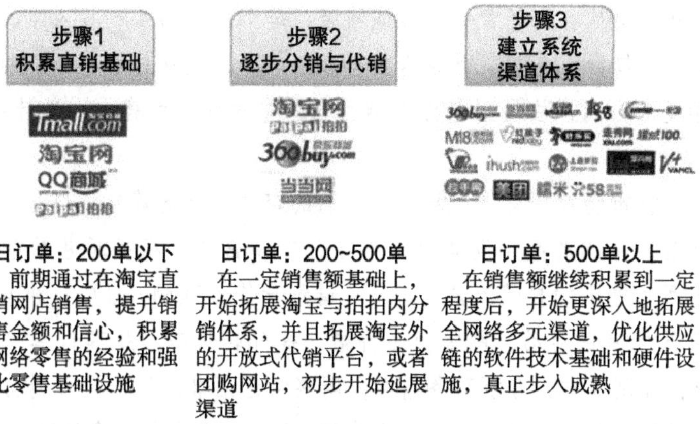

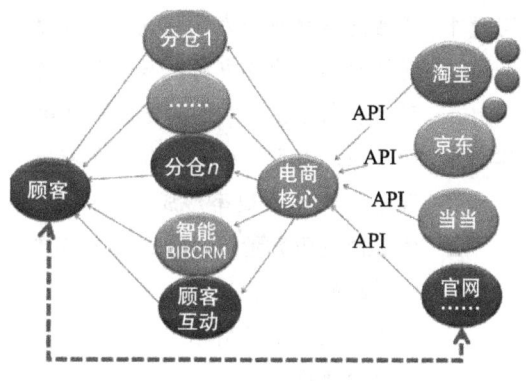

图 7-69 电子商务发展的 3 个阶段

掌控电子商务全网系统才是经营者的最终归属。在那个时候,品牌在网络上的订单,可以来自各个不同的渠道,包括旗舰店、京东、当当、新蛋等所有渠道的订单都通过 API 的管道,全部直接进入店主的电商核心,所谓百川入海流,在京东销售商品时,不再需要压货在京东仓库,而是让京东直接将顾客订单信息发送给电商核心系统,然后自己来发货。这些汇总的订单,也通过分布在全国各地的仓库,根据就近原则,进行有效的物流配送。这些分仓不仅仅是仓库,也可以由在实体的大型门店,或者大型代理商来承担分区的配送业务。甚至,只要分区的代理商愿意发货,则可以根据佣金的方式,让代理商也来分享电子商务成长的乐趣(见图 7-70)。

图 7-70 电子商务全网系统

更加重要的是,由于所有的订单和顾客数据都进入店长的核心系统,所以能够有效掌握顾客的数据,不仅可以做顾客销售分析,为商品研发和品牌战略提供数据分析参考,而且还可以统一进行 CRM 管理,通过 EDM 或其他方式,实现与顾客的有效互动,提升顾客的忠诚度。

这里说明一下官网,在关注利润的时代,大家都对流量最大的淘宝格外青睐,官网基本都是利弊参半,但是,如果真正实现了全网的整合系统,官网自然就成了百川入海的中心,其有利之处当然受到重视。无论顾客在淘宝,还是在京东购物,都可以在官网领取积分;甚至连实体的代理商,都可以开辟在官网的下单系统,从而告别通过传真和电子档下单的传统模式,也可以走整合的物流系统。真正强大的品牌电子商务,官网是不可或缺的中央系统。

本章小结

1. ITMC 电子商务综合实训与竞赛系统通过对电子商务环境下企业经营的逼真模拟,将学员分成若干个团队,每个团队各自经营一个虚拟网店,每个团队由4~6人组成,每队成员将分别担任网店中的重要职位包括:总裁、财务总监、营销总监、运营总监。每个网店都有一定启动资金,在同一市场环境下,同样的规则条件下相互竞争与发展。竞赛中,设计每一赛程经营5轮,每轮两期。

2. 每个网店将依据市场数据魔方信息决定自己的定位和市场策略。通过租赁办公场所,建立配送中心,装修网店,采购商品、设立网上商店C店和B店。根据运营数据进行搜索引擎优化(SEO)操作、获取尽可能多的自然流量,进行关键词竞价(SEM)推广,获取尽可能多的付费流量。针对消费人群开展促销活动,制定商品价格,提升转化率。处理订单,配送商品,结算资金。规划资金需求,控制成本,分析财务指标,调整经营策略,创造最大利润。

3. 模拟电商企业创业的关键步骤共分五个步骤:全面论证实行电商的可行性,确定所处行业;确定年度电商总体销售与投入计划;年度电商财务盈利沙盘模拟;有人员、调研、选品、备货、定价、设计、策划、培训8个要点;正式启动,打造可循环的智能型电子商务价值链。

习题与实训

习题 1 产品发错本身是发不出去的,邮寄方式错误可以在出库前修改物流方式如果已经出库,则修改不了物流方式,只能等待签收,由于物流有周期,所以不是所有的订单出库后就可以当期签收。以上问题怎样理解?如何避免类似问题出现?

实训 1 如果同时满足该商品折扣后价格低于其他所有市场上其他所有该商品的价格,则参团人群会与50%的概率形成购买行为;当形成购买行为的所有买家购买数量大于该卖家设置的最低成团数量时,形成团购订单。这说明团购这个环节主要问题是什么?如何保证团购活动顺利开展?
请学生根据沙盘训练的特点,画出流程图,根据自己了解的网店经营情况,设计沙盘训练核心模块。

实训 2 在配送中心设立的时候,在设配区学生没有选择快递,只选择平邮和EMS,是否表示系统不提供快递了?为什么收到的订单里还有快递类型的?

案例分析

连锁超市高效的原因[一]

十几年来,连锁超市已在我国迅速兴起,并得到了飞速发展。连锁经营方式之所以能够产生高效率、高效益,就在于连锁超市实行的是统一采购、统一配送、统一价格,并具有实现这一职能的商品配送中心,它将商品集中保管、流通加工,并按各门店的需求配货、配送,实现了"最少环节、最短距离、最低的费用、最高的效率",从而大大提高了连锁超市的经济效益。

1. 拣选。在品种繁多的库存中,根据门店的订货单,将所需品种、规格的商品,按要货量挑选出来,并集中在一起,这种作业称为拣选。商品的拣选工作在现代物流中占有重要地位。这是

[一] 资料来源:http://blog.vsharing.com/hotkee/A933736.html。

因为现代化配送中心要求迅速、及时、正确无误地把订货商品送到门店。而规模较大的配送中心往往是门店数和商品的种类十分繁多，如百货批发商的配送中心，商品品种可达十几万种，门店遍及全国，甚至世界各地；客户要货的批量又十分零星（有的甚至要开箱拆零）；要货时间十分紧迫，必须限期送到；总的配送量又很大。在这种情况下，货物的拣选已成为一项复杂而繁重的作业，商品的拣选技术也成为现在物流技术发展的一个亮点。

2. 分拣。在配送中心里，按照门店（或客户）的订货单，把库存商品拣选后分别集中待配送，这就是连锁超市配送中心分拣作用的任务。这在商品批次很多、批量极零星、客户要货时间很紧，而且物流量又很大的情况下，分拣任务十分繁重，成为不可缺少的一个环节。近二三十年来，随着市场经济的发展，已由卖方市场向买方市场转移。商品趋于"短粘轻薄"，流通趋于小批量、多品种和准时制，配送中心的商品分拣任务十分艰巨，分拣系统成为一项重要的物流设施。

3. 拆零。拆零商品配货已经电子化，近年来，连锁超市对商品的"拆零"作业需求越来越强烈，国外同行业配送中心拣货、拆零的劳动力已占整个配送中心劳力的70%；订货食品的多品种、小批量化，使得配货作业人手不足的矛盾非常突出。配送中心拆零商品的配货作业，已广泛采用电子标签拣选系统。

只要把门店的订单输入电脑，存放各种拆零商品的货架上，相应货格的货位指示灯和品种显示器，立刻显示出需拣选商品在货架上的具体位置以及所需数量，作业人员便可以从货格里取出商品，放入拣货周转箱，然后揿动按钮，货位指示灯和品种显示器熄灭，订单商品配齐后进入理货环节。

电子标签拣货系统自动引导拣货人员进行作业。任何人不需特别训练，即能立即上岗工作，大大提高了商品处理速度，减轻作业强度，大幅度降低了差错率。

问题：
1. 连锁超市采用的电子标签拣货系统对线下物流运作效率的提高主要体现在哪些方面？
2. 线上交易与线下物流契合的瓶颈在哪里？

Chapter8

第8章
第三方物流企业模拟实训

【本章要点】

1. 了解物流沙盘基本结构，熟悉 ITMC 物流管理模拟沙盘课程定位。

2. 熟知物流管理沙盘操作流程，对经营效果分析点评的要点全面理解掌握，通过运营活动了解企业经营的本质，对流程环节的指标要求给予必要的定量分析。

3. 熟知系统构成中的学员训练平台、教师指导平台、管理员控制平台三大功能模块的基本操作流程，掌握流程操作的主要规则，对规则要求的原理全面认知和掌握。

【引导案例】

南方日报讯（记者/朱伟良）距离春节不到10天，许多网店发出通知称："亲，快下单，过两天不再发货。"随着快递员陆续休假，快递企业也步入"用工荒"。8日，记者采访市内各大快递企业，申通和百世汇通已经明确表示，从9日起不再收省外件；而号称"全年无休"的顺丰则乘势涨价，省外件每票涨1元，春节假期7天内每票加收10元服务费。

网购下单要抓紧

白领吴小姐抱怨，近两天在淘宝购买年货，却被客服善意提醒："亲，快递7日停止收货，我们要年初八才发货，不急的话请年后下单。"吴小姐称，听罢突然觉得好心塞。据了解，吴小姐并非孤例。记者在淘宝网询问几家零食店铺，店小二表示，最迟要在10日前发货，过后基本找不到快递公司，除非消费者愿意加钱用顺丰发送。

记者随后采访了市内各大快递企业。负责珠江新城片区的申通快递正在收取最后一批省外快递，员工忙碌到下午2时才开始吃午饭。据介绍，申通快递从2月9日起，不再收取省外件，省内可继续收件，市内8元、省内10元的价格不变。但他们表示，收件政策不排除过几天继续调整，如果要寄件最好赶在近几日。

百世汇通快递客服表示，从9日开始不收省外件，以广州到北京为例，送一趟要三四天，但到北京已经14日，北京站工作人员都放假回老家了，没人派件。现时市内快递、省内快递仍在收件，不过配送的时效比以往慢。该客服透露，百世汇通在10日还有收派件政策调整，她提醒要提前了解最新状况。

"全年无休"也有春运模式

韵达速递官网称,该公司将继续响应国家邮政局 2011 年提出的"全年无休"号召,春节期间全网络为客户提供收寄快件服务。不过根据安排,2 月 18 日前其全网络快递服务时效保持正常;2 月 19～24 日,快递服务时效将有所调整,快件运行时效有所放缓;2 月 25 日后恢复正常。尽管说法明确,但实际上情况有变动。白云区一家韵达快递站点负责人透露,目前已经停收省外件,两天后省内件都有可能停收取。

圆通速递官网也发出公告称,将一如既往地贯彻"全年无休"理念,春节期间将提供不间断的快件收派服务,全力保障春节期间"不休网、不拒收、不积压"。圆通速递从 2 月 18～22 日(除夕到正月初四)期间进入春节运营模式,2 月 23 日(正月初五)起逐步进入正常运作及揽收派送状态。其间,圆通将实行 24 小时值班和员工轮休制,确保揽收、转运、客服等各项工作正常运行。不过,有圆通网点人士告诉记者,省外件 11 日停收,省内件还可以缓到 11 日。"即便有网点愿意收件,服务也不会好,随时快递变慢递,一个快件跨越一个农历新年不奇怪。"该人士说。

记者采访发现,并非所有快递企业都不收省外件。邮政 EMS 和顺丰速递都全年无休,不过邮政价格更高,基本超过 20 元每票。而在顺丰花城大道网点负责人告诉记者,顺丰快递收省外件现在每票加收 1 元,即省外件 23 元起,省内件价格不变,春节期间 2 月 18～24 日(除夕到正月初六)每票加收 10 元服务费。

8.1 物流管理沙盘模拟系统

我国高校物流实验室虽然建设得比较早,但是,目前一些院校在沙盘模拟系统(见图 8-1)设计上缺乏整体规划,无论何种学历层次、何种人才培养特色,学院基本上对软硬件的依赖性较强,往往都以信息设备引进为主,多则投入上千万甚至几千万元,少则也要投入几百万元,但由于在操作人才、实训课程改革、相关教材建设上滞后,巨大投入带来的收益却很小。故此,物流沙盘模拟系统始终处于不断更新和完善的过程。

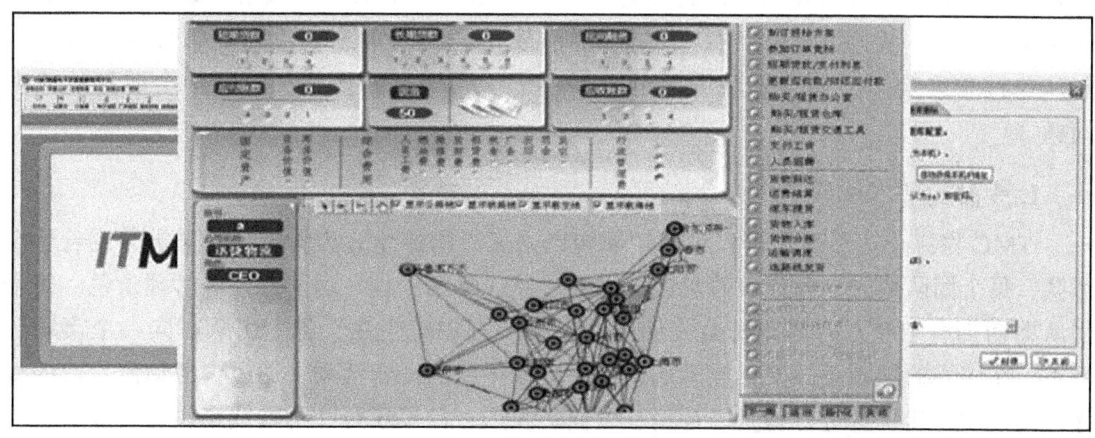

图 8-1 物流企业管理沙盘模拟系统

8.1.1 物流沙盘模拟系统的学科背景

物流学科是一门综合学科具有多学科性、交叉性、边缘性和综合性的特点。现代物流系统是个复杂的系统，是由运输、仓储、装卸、搬运、包装、配送、包装、物流信息等子系统构成的，但又不是这些子系统的简单相加，而是它们的协调与整合。

（1）模拟系统特点。针对物流学科的性质，模拟系统设计应以复合性和融合性为系统特色，其中学科知识的整合是其灵魂。同时，教学执行者的知识整合也是实训价值的关键。跨学科、跨专业的特点，决定物流沙盘实训课程实施中，对教师教学能力的要求较高。

（2）技能培养特色。物流沙盘演练改变了传统的物流管理教育在只注重传授理论知识的情况，克服了学生实用技能的培养较为薄弱的短板，服从于未来物流人才培养突出综合素质的要求。具体体现就是要让学生掌握物流管理实践的实用性技能，提高学生在实际工作中的操作能力，以增强学生的岗位适应能力。

（3）工学矛盾的化解。物流沙盘模拟一定程度上解决物流管理专业学习与专业知识脱钩的矛盾，强调未来的物流教育必须改进教学模式，增加实践课程，在实际操作中去理解理论知识，掌握实际操作技能。

实训或实习，能够深化学生对现代物流理论的理解，提高学生物流管理水平和经营能力，培育出确实能够将理论与实践相结合的现代物流专业化人才，因而，ITMC物流管理软件吸收国外先进的物流管理方法，通过模拟物流企业经营过程中的主要物流环节，来训练提高物流管理人员的分析、决策以及执行能力，研制开发了物流企业经营管理沙盘模拟系统。

8.1.2 ITMC物流沙盘模拟介绍

ITMC沙盘模拟系统是将企业置身复杂的物流网络中，通过模拟物流企业的整体运营过程，让学员进行备货、运输、仓储、物料搬运、配送、订单履行、物流网络设计、存货管理、供应/需求计划、外包管理以及客户服务水平确定等战略、战术、运营层面的决策与实施。在实训过程中，学员既能从战略高度来观察物流企业管理的全貌，也能从执行角度来亲身体验物流管理的主要环节，并学习如何解决实践中会遇到的典型问题。

1. 沙盘的基本构成

ITMC物流企业经营管理沙盘模拟系统以第三方物流企业为背景，将学员分成若干个团队，每个团队数人，各代表着总裁、财务总监、营销经理、运营总监等管理角色。每个团队期初拥有100万的创业资金，创办一家第三方物流企业，各个团队在同一个市场环境下，在同样的规则条件下，连续从事数个会计年度的经营活动，通过模拟物流企业的整体运营过程，让学员进行备货、运输、仓储、配送、订单履行、运输线路设计等战略、战术、运营层面的决策与实施。在实训过程中，学员既能从战略高度来观察物流企业管理的全貌，也能从执行角度来亲身体验物流管理的主要环节，并学习如何解决实践中会遇到的典型问题。

系统构成主要包括学员训练平台、教师指导平台、管理员控制平台三大功能模块。

2. 物流沙盘软件特色

物流企业沙盘模拟实训针对全国高等职业院校物流、连锁、经管等专业对物流企业沙盘模拟实训的需求，依据 ITMC 物流企业模拟经营电子沙盘为平台，结合教育部每年举行的全国大学生企业模拟经营大赛，突出沙盘系统的实训性、创新性和职业性的特点，做到边学边做，以赛促学，以练促学。

该沙盘结构完整，从创建第三方物流公司入手，按照企业经营规则，企业运行流程、物流电子沙盘使用说明这三方面顺序介绍基础知识，最后结合实际案例对经营情况进行四个方面的分析，并列举第三方物流公司经营的实际案例和沙盘比赛中常见问题汇总。

3. 沙盘架构及主要内容

ITMC 物流管理沙盘模拟系统通过模拟物流企业的整体运营过程，设置总经理、销售总监、运营总监、财务总监等不同的角色，让学员通过担任不同的角色竞标获得订单、派车提货、货物入库、货物分拣、车辆调度、线路选择、货物出库、货物到达、运费结算、车辆购置、仓库选址（配送中心建设）、资金筹措、人员招聘等战略、战术、运营层面的决策与实施。在实训过程中，学员既能互相合作从战略高度来观察物流企业管理的全貌，也能从执行角度来亲身体验物流管理的主要环节，并学习如何解决实践中会遇到的典型问题。

目前，各高校物流实践教学主要通过物流管理软件和物流设备模拟真实环境。通过学生在模拟真实环境中的角色扮演，使学生了解物流各个基本环节的操作与管理，掌握物流信息的基本流程，了解各物流管理岗位上需要的技能，掌握物流设备的原理与基本操作，通过与理论的结合，深化学生对现代物流理论的理解，培养学生的物流管理水平和操作能力，同时，为教师开展教学实践提供必要的环境。这种实践教学通过现场教学手段，提高学生设备认知能力，通过情景教学手段，提高学生业务操作能力，增强学生对物流企业经营过程的感性认识和理性认知。

8.2　ITMC 物流管理模拟沙盘操作

ITMC 物流管理沙盘系统包括物流管理沙盘简介、物流企业经营团队、物流企业经营规则、经营效果分析点评等方面的内容。

8.2.1　ITMC 物流管理模拟沙盘课程定位

ITMC 物流管理模拟沙盘课程定位是通过仿真教学提高学生解决问题的能力，提高学生决策能力；理实一体教学可以提高学生业务操作能力；现场教学，提高学生设备认知能力物流设备。ITMC 物流管理沙盘模拟系统，通过模拟物流企业经营过程中的主要物流环节，来训练提高物流管理人员的分析、决策以及执行能力。该沙盘主要通过竞赛模式创设，旨在通过各个训练组的竞争，来实现实训教学目标。

ITMC 物流沙盘课程同电子商务沙盘实训系统一样，具有一定的教学价值和应用价值。教学价值体现在通过严格周密科学的组织训练，提高学生综合素质。

（1）可以培养学生严谨周密的思维方式及整体运营的全局观，培养学生团队合作和协调能力，强化学生战略分析规划能力与决策能力，也为物流类专业及其他相关专业提供一个自我展示的平台。

（2）可以间接培养学员物流服务质量的持续改进能力，提高学员的运输与配送管理能力。通过物流一体化训练，提高学员仓储配送与库存管理能力，在权衡成本与服务水平的关系基础上，提升客户服务与订单处理管理能力，强化学员对企业目标认识，财务管理与成本控制能力在实训中也得到提高。

（3）学生可以获得不同于书本教学的行为体验。体验"在快乐中学习"，体验本身就是一种价值；认识"在参与中学习"，由转变认知模式到转变态度，再到改善行为；反思"在错误中学习"，发现优势和不足，及时调整方向和速度；应用"练中学，学后用"，保持培训后"长期保存效果"。

（4）为高校由研究型向应用型转型提供平台。作为检验高校素质教育和创新创业教育以及物流教育改革的重要手段，通过沙盘模拟教学，可以引导和促进高校进一步深化教育改革，创新人才培养模式，不断提高技能型人才培养质量；促进高校课程改革和建设，活跃大学生课外生活，培养大学生实践能力和创新精神。

8.2.2 ITMC 物流管理模拟沙盘简介

把学生分成若干个团队，每个团队各自经营一个虚拟物流公司，每个团队由 4～8 人组成，每队成员将分别担任公司中的重要职位：CEO、CFO、CSO、COO。每个公司以第三方物流企业经营环境为背景，每个公司拥有 100 万元的启动资金，在同一市场环境、同样规则下相互竞争与发展，连续经营数个会计年度。由于各组学生决策不一样，每年的经营结果也就不一样，有的企业越做越好，有的企业可能面临破产，老师根据学生经营的结果，每年进行点评和分析，通过物理沙盘模拟增强感性认识；通过电子沙盘控制经营过程、理性分析经营结果。

（1）ITMC 物流管理模拟沙盘实验室（见图 8-2）。

图 8-2　物流企业管理沙盘实训室

（2）学员训练平台（见图8-3）。

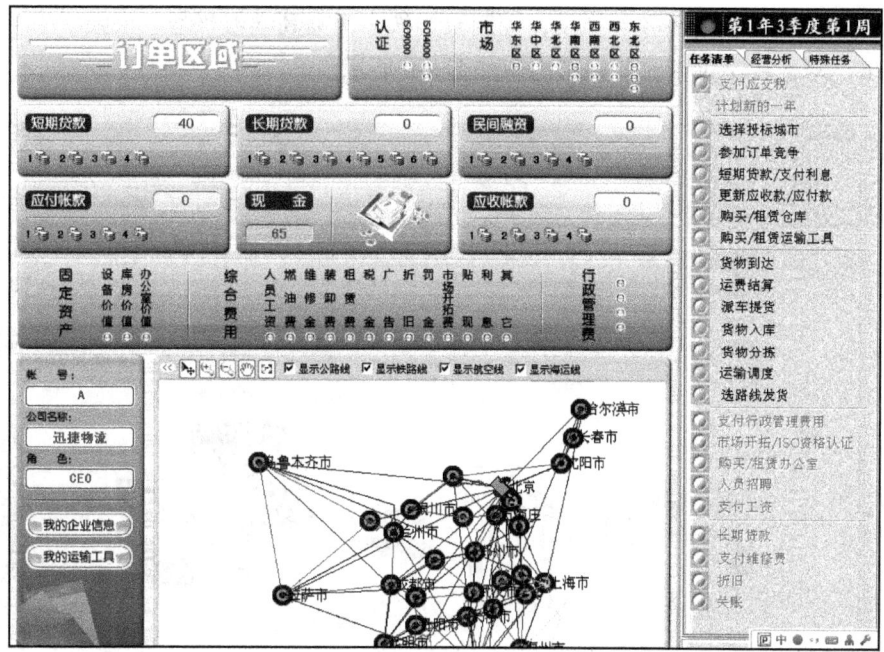

图8-3 沙盘实训学生训练平台

（3）教师指导平台（见图8-4、图8-5）。

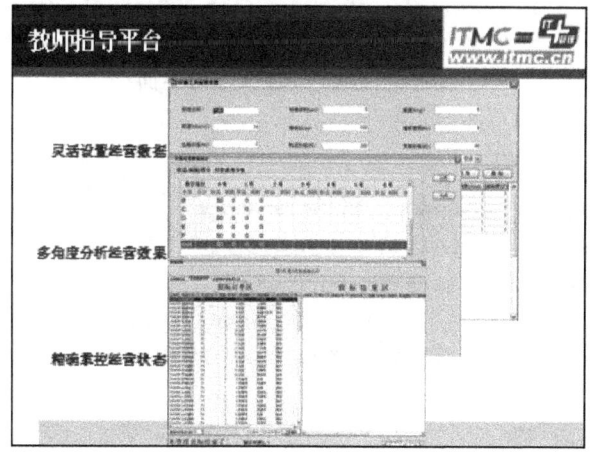

图8-4 沙盘实训教师指导平台

（4）数据库配置工具（见图8-6）。
（5）沙盘实训经营情况总览（见图8-7）。

ITMC物流沙盘是将物理沙盘和电子沙盘软件有机融为一体。教学中可采用物理沙盘和电子沙盘配合使用，参加物流沙盘比赛时只需要ITMC物流电子沙盘（见图8-8）。

8.2.3　ITMC 物流沙盘模拟课程实训内容

电子沙盘实训可以减轻教学强度，控制教学秩序，提高学习兴趣，增强学生参与感，提升学习效果，降低教学难度。其模拟内容如图 8-9 所示。

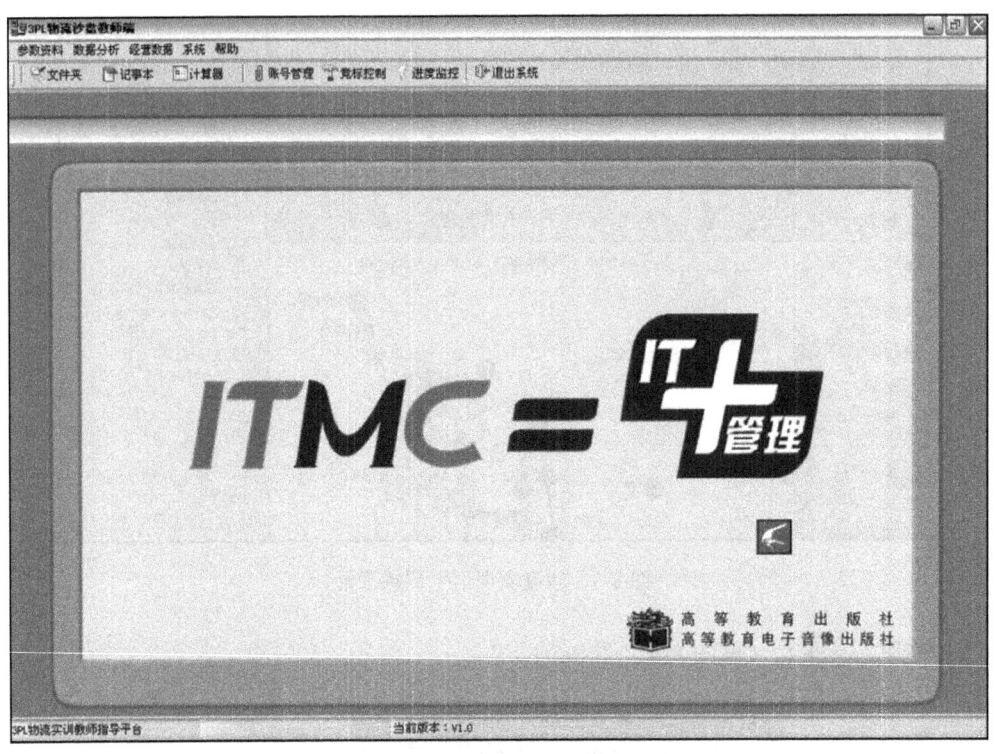

图 8-5　沙盘实训教师指导界面

图 8-6　沙盘实训数据库工具

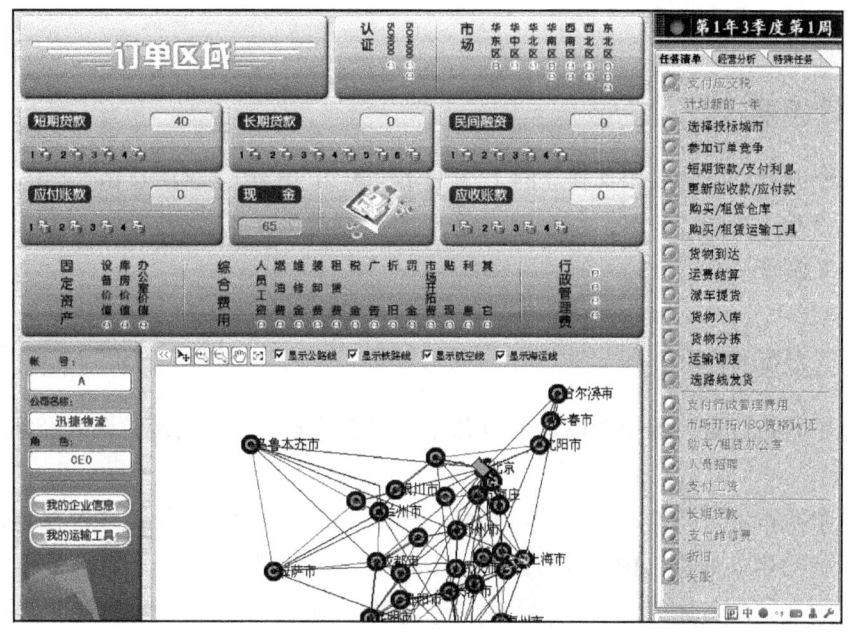

图 8-7 沙盘实训经营情况总览

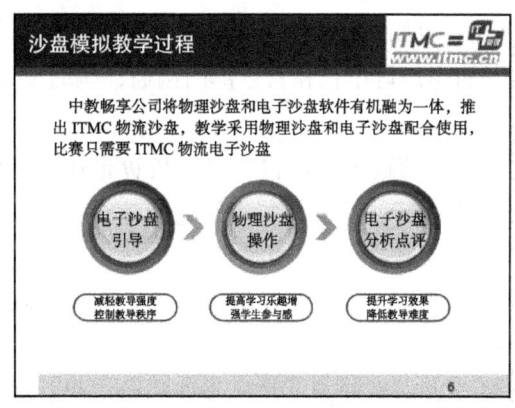

图 8-8 沙盘模拟教学过程

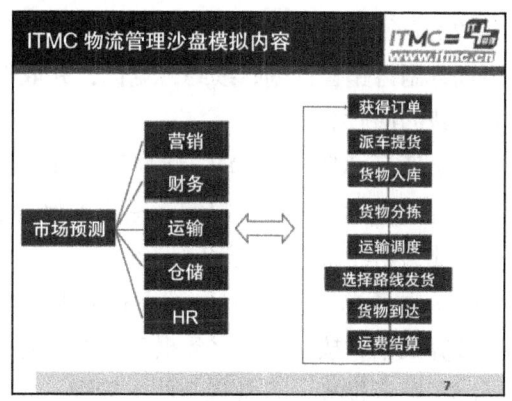

图 8-9 沙盘实训模拟内容

市场营销是物流沙盘实训的起点，通过对全国物流服务市场的分析以及经营季度内市场份额的考察，决定企业订单获取的方向和数量。各组学生利用扮演角色不同，通过财务状况分析，科学筹资活动，决定自己团队的经营策略，包括运输工具、仓库、办公室的购买与租赁，订单的合并或分拆，运输路径的选择，贷款额度与渠道等。财务管理是整个沙盘实训的结点，对三大报表的分析与指标的获取是评定团队操作过程成效的主要依据。

8.3 物流管理沙盘操作流程

物流管理沙盘操作环节包括组建物流企业经营团队、熟知物流企业经营规则、对经营效果进行分析点评三个部分。

8.3.1 公司组建

按照系统设置可以分成相互独立的12个小组，A组、B组、C组、D组、E组、F组、G组、H组、I组、J组、K组、L组，每个组的管理团队成员为4~6人。分成的12个组，都赋予独立的字母账号。

8.3.2 成员及职能定位

成员有首席执行官、营销总监、营运总监、财务总监、财务助理、调度经理、仓储经理和商业间谍。

（1）首席执行官（CEO）。公司管理团队确定，CEO任命部门经理并授权，遵循疑人不用，用人不疑的用人原则。由CEO任命公司成员职务，并宣读职务职责股东会议商讨公司明天的繁荣发展。命名你的公司，制定公司经营理念和目标："我是最优秀的企业家。"CEO制定企业发展战略规划，带领团队共同决定企业决策，审核财务状况，听取企业盈利（亏损）状况。提示：活动中如果大家意见不一致，由CEO拍板决定。

（2）营销总监（CSO）。开拓市场；稳定企业现有市场；积极拓展新市场。销售管理；预测市场，制订销售计划；续约，竞标，并取得匹配的客户订单；和营运部门沟通，按时交货；监督运费的回收。

（3）营运总监（COO）。计划的制订者和决策者，营运过程的监控者。负责企业营运管理工作；协调运输调度，控制运输成本保持运输正常运行；及时交货组织选址建仓，扩大企业运输能力组织扩充改进运输设备。

（4）财务总监（CFO）。筹集和管理资金，做好现金预算，管好用好资金，支付各项费用，核算成本，按时报送财务报表，做好财务分析。

（5）财务助理。日常现金收支管理，定期审核企业经营状况，核算企业经营成果，制定预算，对成本数据进行分类和分析。

（6）调度经理。编制并实施提货装车计划，车辆管理，合理选择并优化线路；制订合适的配货装车计划，随时跟踪监控运输过程，保证货物及时送达。

（7）仓储经理。货物的出入库管理，库存盘点管理，货物分拣，货物调拨，订单的合并、拆分。

（8）商业间谍。监控竞争对手的情况，明确竞争对手的动向。

8.4 第三方物流企业运营角色分工

物流沙盘训练起于市场预测，终于财务报表分析。在沙盘模拟实训中，必须按照现代企业管理组织构架，设计不同岗位，确定不同的管理运营角色。

8.4.1 市场营销总监

1. 选择投标城市 / 制订投标计划

根据市场预测情况，企业每个季度要决定计划投标的城市，只有设立办事处（购买或租赁办公室）的城市才能选择制订投标计划。每选择投标一个城市，需要支付1M的竞标费用（见图8-10）。

年限开放城市	北京市	华东区	华南区	华中区	华北区	西南区	西北区	东北区
第1年第1季度	北京							
第1年第2季度		上海		郑州	天津			
第1年第3季度		济南		南昌	石家庄			
第1年第4季度		杭州		长沙	太原			
第2年第1季度		南京		武汉	呼和浩特			
第2年第2季度		合肥	广州			重庆	兰州	
第2年第3季度			福州			成都	西安	
第2年第4季度			南宁			昆明	西宁	
第3年第1季度			全开放			全开放	全开放	全开放

图 8-10 沙盘实训开放城市一览表

2. 差异化经营

经营活动凸显个性化，在订单获取、资源整合、流程设计、资金运作等方面要有公司特色。

3. 参加订单竞标

物流企业可以通过两种方式获取订单。

（1）合同续签。物流企业与托运公司在前期建立了良好的合作关系，可以进行合同续约，不需要公开招标。若一家托运公司与多家物流企业合作，则物流企业与该托运公司关系值（关系值计算规则为：物流企业为某托运公司运输的订单张数）最高者获得此合同续约。若关系值相同，则看总信誉度（企业总信誉度计算规则为：根据该企业当前运输订单的总数量，每运输1张订单，信誉度加1，每违约1张订单，信誉度减2），若信誉度也相同，则比较建立合作关系的先后顺序。

（2）公开招标。根据订单的参考运费价格，各企业进行投标，价格最低者中标。投标运费价格上限不能超过参考运价的30%，相同投标价的，看该企业员工在该城市的总业务能力（总业务能力的计算规则为：业务经理人数乘以其业务能力的总和），能力高者中标，如果总业务能力相同，看企业总信誉度，若企业总信誉度也相同，看上个季度营业额，若上个季度营业额仍然相同，则谁先提交投标方案，谁优先选单。

沙盘实训模拟招投标如图 8-11 所示。

图 8-11　沙盘实训模拟招投标

（3）团队拿不到订单的原因。企业在某个城市能够竞投的订单数量，与其在该城市的综合评价分有关，企业综合评分需高于该城市订单所要求的企业综合评分。企业在某个城市综合评价得分计算规则：企业总信誉度占 40%，本企业上季度在本城市运输额占所有企业总运输额比例 ×100 取整占 30%，本企业在该城市销售人员业务能力占该城市总业务能力比例 ×100 取整占 30%。拿不到订单的原因：未选投标城市、未在该城市购买或租赁办公室、未参加认证。

4. 市场开拓

在区域开拓完毕之后，才能在该区域的城市设立办事处，才能拿单。企业通过认证后才能拿市场上要求认证的订单。

市场开拓在每季度的季度末进行，每季度只能进行一次，不能加速开拓。市场开拓不要求每季度连续投入，在资金短缺的情况下可以停止对该市场的投资，但已经付出的投入不能收回；如果在停止开拓一段时间后想继续开拓该市场，可以在以前投入的基础上继续投入。所有市场可以一次性全部开拓，也可以选择部分市场进行开拓。该市场完全开拓完成后，下一季度才能在该市场的城市里制定投标计划。

5. 品牌建设

品牌建设关系到综合评价指数的计算，这里的品牌综合评价指数就是媒体影响力。媒体影响力是指一种产品在某个媒体的影响下所获得该媒体影响力指数，而影响范围主要是该媒体需求下的消费人群。

8.4.2 营运总监

营运总监所担当的角色，主要是包括租赁必要的动产和不动产，通过设计的物流活动实现企业的营运目标。

1. 购买/租赁仓库

购买/租赁办公室的城市，才能购买或者租赁仓库，购买或者租赁仓库后，才能进行派车提货或者货物中转（见图 8-12 和图 8-13）。

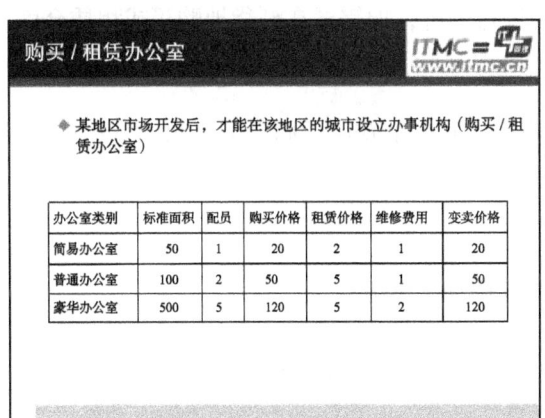

图 8-12　沙盘实训模拟租赁购买办公室　　图 8-13　沙盘实训模拟租赁购买仓库

2. 购买/租赁运输工具

根据订单产品的类型，确定购买或租赁不同的运输工具（见图 8-14）。

3. 派车提货

根据签约订单的数量和货物的体积、重量，制订提货计划，确定派车型号和数量并制订装车计划，根据装车计划提货。派车提货的车辆只限于陆运车辆，支付的费用等于车辆的装卸费用，不计燃油费；可以对提货计划区的订单进行拆分，来制订装车计划；派车提货的车辆只能对所在城市的订单提货（见图 8-15）。

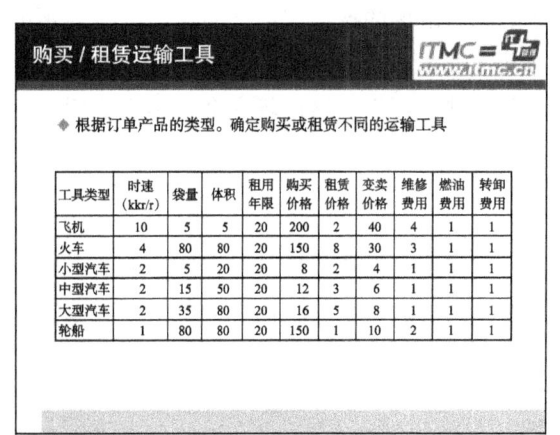

图 8-14　沙盘实训模拟租赁购买运输设备　　图 8-15　沙盘实训模拟派车提货

4. 货物入库

派车提回货物后可以先入库，方便货物分拣，进行运输调度。只有在设有仓库的城市，才可以进行入库操作，入库前可以对订单进行拆分，方便货物分拣、装车。

5. 货物分拣

为了方便货物管理和装车配货，可以对货物进行分拣，但需要在到货地购买或租赁仓库。

6. 调拨

同一个城市不同仓库之间的货物可以相互调拨，同一个仓库不同分区之间的货物也可以相互调拨，只要保证被拨入的仓库库存空间足够使用即可。

7. 拆分

同一个仓库不同分区之间的库存订单可以相互调动、拆分。

8. 合并

同一分区内的订单可以进行合并。

9. 运输调度

通过对货物进行分拣，可以制订装车计划，根据装车计划进行运输工具调度，进行装车，装车后每辆车扣 1M 的装卸费；只能调度同一城市的运输工具进行装车；根据不同的运输工具确定运输费用。

10. 选择线路发车

在最左边树形目录选择车次，在地图上按行驶的顺序进行路线选择，首先按住 Ctrl 键，然后选择出发城市周边的路线，然后根据提示顺序选择，直到选到提示的目的城市，每辆车都必须选择线路并发车后才能行使。

11. 交货给客户（货物到达）

货物如果到达目的城市，可以直接交货，如果不是目的城市，可以跳过，也可以入库后进行中转，但该城市必须设有仓库才可以入库。

12. 运费结算

每个季度结算一次运输费用。根据企业的签约订单情况进行结算，结算的范围包括：

（1）提货时付款的订单；
（2）已经交货的订单，要求回到出发地后付款的；
（3）已经交货的订单，要求货到付款的；
（4）到期未交货的订单被罚款的。

13. 人员招聘

根据购买或租赁办公室的规模，可以进行人员配置，业务人员的能力可以提升企业在该城市的拿单能力。

14. 支付工资

支付给本季度办公室人员、司机（注：租赁运输工具的司机不需要支付工资）、调度员和仓管员的工资（见图 8-16）。

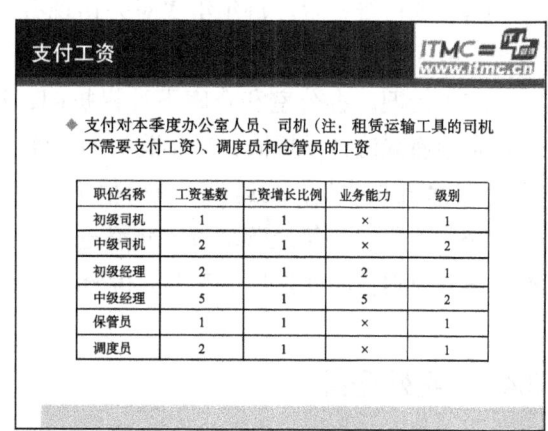

图 8-16 沙盘实训模拟支付工资

15. 支付行政管理费

行政管理费每季度末支付 1M。

8.4.3 财务总监

财务总监负责筹集和管理资金做好现金预算；管好用好资金付各项费用；核算成本，按时报送财务报表，做好财务分析。

（1）长期贷款（见图 8-17）。
（2）短期贷款与民间融资（见图 8-18）。

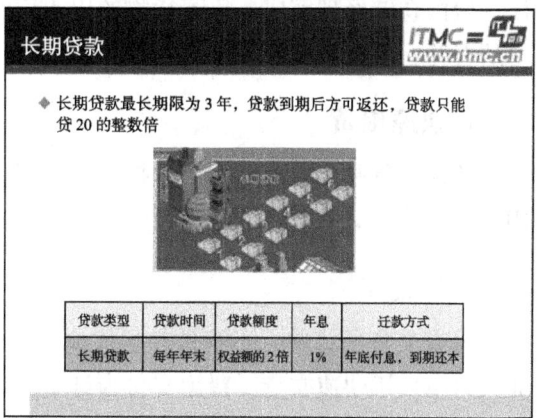

图 8-17 沙盘实训模拟长期贷款

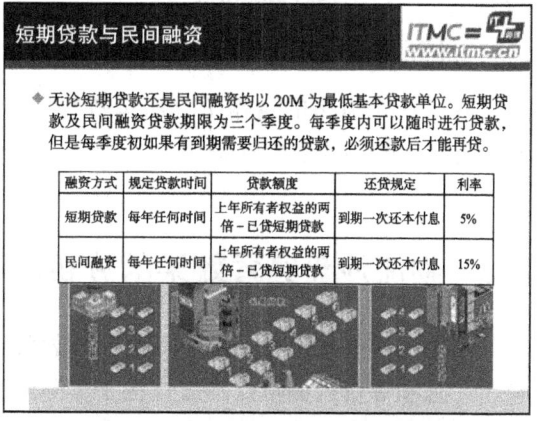

图 8-18 沙盘实训模拟短期贷款

（3）应收账款及应付账款。每季度执行本项任务一次，如果有应收账款，则应收账款账期缩短一个季度，盘面上账款位置向现金方向移动一季度，到期后，移到现金中，现金增加；如果有需要支付的应付账款，则应付账款的账期也缩短一个季度，盘面上账款位置向现金方向移动一季度，到期后从现金中支付，现金减少。

（4）支付维护费。每年年底对公司现有运输工具、办公室和仓库（必须是购买的）进行维修，根据它们每年应缴纳的相应维修费用进行支付，当年新购买的不支付维修费用。

（5）折旧。办公室和仓库不计提折旧，运输工具需要计提折旧。运输工具按单辆运输工具余额递减法计提折旧，当年购买的运输工具不计提折旧。折旧金额等于运输工具价值的1/3按四舍五入取整，当运输工具价值下降至3M时，每年折旧1M，折到0为止。

（6）关账。一年经营结束，年终进行关账，编制"损益表"和"资产负债表"。系统会根据得分规则自动计算当年各组的得分。平账后才能关账。

8.4.4 特殊任务

特殊任务不是沙盘流程的必要活动，这项活动只是在运营策略失误情况下使用。该项工作一般由仓储经理完成：负责货物的出入库管理，库存盘点管理；货物分拣，货物调拨；订单的合并、拆分。

1. 快速提货

快速提货是委托第三方快速提货的方式，其目的是为提高操作速度。每个订单的提货费用是采用陆运运输工具装卸费用中最大的费用作为提货费用，提货费用最少为1M。

2. 快速交货

没有交货的订单，不管是在运输途中还是在仓库或者是没有提货都可以采用快速交货，如果订单采用快速交货，费用支付为订单参考运价 + 参考运价 × 20%，支付费用记为额外支出，现金流量表中记为其他。订单结算方式与正常交货订单结算方式相同。快速交货不增加企业关系值，不提升企业信誉度。

3. 同城拼车

在同一个城市的运输工具所运货物可以合并运输，合并运输的时候受体积和载重的影响。合并运输不收取装卸费用。

8.5 物流沙盘经营效果的分析点评

学生的周期性操作活动结束之后，教师应当根据各团队的经营业绩进行全面认真科学的评价，这项评价的侧重点不仅仅在于实际经营成果指数分析，主要是对学生经营活动中思维方法是否科学合理进行理性分析。

8.5.1 对企业经营的理性认知

物流沙盘模拟实训的最终目的：熟悉第三方物流企业基本业务流程；了解物流行业的行业特点；产品特征与运输方式；市场战略和竞标模式。

（1）头脑风暴法的使用。考虑团队如何取得合适的订单，特别是获得可以提供有效服务的订单；能够对营销财务、市场预测、运输派车提货、货物入库、货物分拣、运输调度、选择路线、发货仓储、货物到达、运费结算、产品特征与运输方式、体积、重量不同、运输工具速度、体积、载重、运费不同全面分析，找出企业运营成功与失误的原因。

（2）市场战略和竞标。市场战略和竞标在以下活动中得到全面体现：物流市场分析与企业服务产品定位；对物流市场进行细分、目标市场的选择、地理细分等。

（3）企业机会与实力的匹配。进入与退出的依据；市场优先级的选择与规划；描述竞争对手条件。

（4）市场营销。确定 4P 策略的依据；指引销售队伍的方向；分配资源的参考标准；把握市场趋势的关键。

根据市场存在的产品信息决定产品的市场分析与定位。

8.5.2 对企业经营本质的分析

沙盘实训的企业样本是实行现代企业制度的第三方物流公司，企业的经营目标是股东收益最大化，故此，在经营成果分析中，权益金不能低于初始价值的一半，超过这个指标，企业就会面临淘汰即破产。所以企业对直接成本与间接成本、固定成本与变动成本的关注是沙盘操作人员尤为重视的。

1. 企业经营的本质

企业利用一定的经济资源，通过向社会提供产品和服务，获取利润。对产品资产资本、直接成本、固定资产、非流动负债、销售费用、折旧、银行利息、税金、净利润、流动负债、政府流动资产、股东权益、股东未分配利润等指标必须给予高度关注。

2. 努力扩大销售

节流为辅，开源为主。企业经营的主要任务扩大服务产品的销售，更多地获得订单，提供适合企业特点的物流服务。开拓市场扩大市场范围活动包括：进行品牌认证，合理广告投入，拓展运输方式，扩大运输能力，对直接成本、销售费用、直接成本、折旧、利息等指标重点关注。

3. 尽力降低成本

节流首先要考虑降低直接成本包括燃油费用、装卸费用、运输方式、广告开拓费用、租金维护费用、行政管理费用、分摊利息贴现、销售费用、折旧、利息、税金。

其次也要对间接成本给予必要的关注，积极增加经营毛利，进入收益大的市场，抢到盈利大的订单，关注净利润。

4. 研究竞争对手

通过盈亏平衡分析，掌握自身经营优势以及对手经营策略，通过优化运输线路、增加办事处、研究线路模型来与竞争对手进行差别化经营。

通过对销售费用、折旧、利息、税金、净利润、成本核算分析、量本利分析等指标的分析，找到自己与对手的差距。

8.5.3 对企业财务指标要素均衡分析

通过平衡盈亏点计算，结合联合成本分析，进行运输管理与成本控制。

1. 成本核算分析

借助于量本利曲线对收入、利润、成本的关系进行分析，利用收入曲线中的收入（元）销量（件）与成本核算分析，获得成本曲线总成本（元）以及变动成本、固定成本、销量（件）等参数，所以应当把成本核算分析与量本利分析作为沙盘定量分析的重要模型。对其中的盈利区间的收放情况，收入与总成本（元）的数量变化，总成本、变动成本、盈亏临界点以及利润等指标的变化应该重点关注

2. 亏损区固定成本产量（件）的指标含义

在订单获取前后，必须对可能产生的盈亏情况进行理性分析，对不合理的订单适当放弃，对已经获得的订单通过运输管理与成本控制，线路优化，科学运营企业，仓储管理等方式提高订单的单位产值，促进企业利润提升。

3. 提高运能降低成本

在沙盘模拟运营过程中，对选址、建仓、线路选择与优化、管理人员配称、平衡线路优化等活动进行优化分析；对季度订单以及未来订单的选择，都以成本领先战略为原则；对销售量，运输方式、业务能力、续约能力、信誉度、选址建仓等运营节点的处理都以低廉的成本价格为策略选择依据，如通过线路优化可以增加利润。

8.5.4 企业预算管理的分析

企业战略计划借鉴三大战略进行具体实施，差异化体现为提供具有个性化的服务产品，总成本领先则要求必须以量本利分析为基本模型，处理好成本、收入、利润之间的关系，适度拓展利润空间。集中化就是在有效的预算管理基础上，资金使用防止分散，选好企业的客户与订单，锁定目标市场。

1. 预算管理

调整企业的经营战略重点就要做好全面计划预算管理，进行高效益的融资管理，了解资产回报率（ROA）、权益回报率（ROE），如何对各个岗位进行业绩衡量及评估。全面预算管理的核心操作点就是预算执行与控制分析。只有经过 CEO 批准并发布的预算，才能进入预

算执行的流程。在预算执行中，预算不仅起到指导和协调作用，而且还起到控制作用，尤其是对费用和资金的控制。以预算为基准，对照实际执行的结果，考察预算差异和预算执行进度；在进行分析的过程中，考虑到异常因素，剔除异常因素后进行分析。

2. 预算管理效果与保障

沙盘实训中，借助企业管理工具，强化预算管理效果与预算执行保障，并协助管理层提高管理效率与经营效益，只有依赖于各级管理层的重视与有效执行并制定严格高效的执行控制流程与制度，才能使企业战略与策略落到实处。

3. 重视全面预算的作用与内容

预算管理可以为企业的经营者、投资者和股东描述企业未来经营发展蓝图，为企业高层领导提供快速的、可靠的和科学的辅助决策依据，实现对内部业务的快速沟通、处理和对外部市场的快速反应，有效提高工作效率和质量，增强企业经营的计划性和监管性。沙盘模拟实训中要理顺业务关系，统一数据源头，使业务流程化、规范化管理。

4. HRM 的协调与激励

人力资源管理计划也要有规划，进行控制全面预算，人员的岗位能力与相互沟通应当重视，定期对人才目标下达预算编制，在岗位设计上采取措施是：

（1）多层次——战略规划、业务计划、财务预算。综合考核评价分析岗位，调整预算编制，资源配置汇总审批，执行核算预算控制，过程管理，预算分析，结果管理。

（2）多部门——销售部、营运部、采购部、行政部。

（3）多类型——收入预算、费用预算、利润预算。

（4）全过程——预算编制、预算控制、预算分析。

8.5.5 企业管理信息化与实训收益

沙盘模拟实训是企业信息化的缩影和虚拟，在实训过程中学生可以对企业信息化的作用与实施过程有更多的理性认识，理解以下思想：科学决策需要管理信息化的支撑；提高企业运作效率需要信息，掌握信息才能控制成本，堵住企业管理漏洞实现真正的内控管理。

1. 利用数字说话

体现在经营规划的方法方面包括形成每季度经营会议上需要考虑的因素。

（1）企业想进入哪些市场？

（2）企业想购买什么样的运输工具？

（3）企业想如何规划自己的运输线路？

（4）企业是否需要进行 ISO 认证？

（5）企业的融资策略是什么？

（6）企业今年的市场投标策略是什么？

2. 学会使用数据

无论是分析服务市场，确认订单产品，量化经营目标，选择筹资方案，运作预算指标，控制财务运作，对企业目标评价都需要依靠数据全面分析权衡。

3. 信息使用获得的经验

企业经营成败关键是决策，即做正确的事；决策需要掌握理论和方法；决策需要获取各种基础数据；信息化释放人的潜能；准确、及时的基础数据来自企业整体的信息化（ERP）建设。

4. 信息化可以推动企业管理的进步

信息技术＋管理措施；规范流程，实时响应，全面分析＝企业目标信息集成；信息共享正确决策，整体优化协同运作提高管理水平，提升核心竞争力管理模式的变革，使企业管理水平有"质"的飞跃。

5. 深悟企业经营之道

通过本课程，学生应该对企业战略和关键成功因素清晰了解，用战略的眼光看待业务的决策和运营，用策略方法改进公司创造价值的能力，能找到跟踪企业运行状况的"仪表盘"，把握适时调整企业方向的"驾驶技能"。

6. 就业力

就业力可以拓展学生的知识领域和操作能力，增强了学生对企业经营的感性与理性认识，提高学生对经营活动的紧迫感与危机感，对未来学生就业实现先期的演习，显然对就业力的提升有重要意义。

本章小结

1. ITMC物流管理沙盘模拟系统是将企业置身复杂的物流网络中，通过模拟物流企业的整体运营过程，让学员进行备货、运输、仓储、物料搬运、配送、订单履行、物流网络设计、存货管理、供应/需求计划、外包管理以及客户服务水平确定等战略、战术、运营层面的决策与实施。在实训过程中，学员既能从战略高度来观察物流企业管理的全貌，也能从执行角度来亲身体验物流管理的主要环节，并学习如何解决实践中会遇到的典型问题。

2. 重点完成任务清单的23项工作，对每一个活动环节要实行有效地预算控制。特殊任务主要不是沙盘流程的的必要活动，这项活动只是在运营策略失误情况下使用。包括快速提货；快速交货；同城拼车等活动。时刻关注经营分析中关键指标的变化，以此来及时调整经营战略。

3. 重视物流沙盘经营效果的分析与点评。学生的周期性操作活动结束之后，教师应当根据各团队的经营业绩进行全面认真科学的评价，这项评价的侧重点不仅仅在于实际经营成果指数分析，主要是对学生经营活动中思维方法是否科学合理进行理性分析。包括对企业经营本质分析；通过平衡盈亏点计算，结合联合成本分析，进行运输管理与成本控制；企业预算管理的分析；企业管理信息化与实训收益。

习题与实训

习题1 请说明拿不到订单的主要原因?并适当总结订单获取的经验。

习题2 如何利用量本利模型进行成本核算分析?请画出量本利曲线,并找出盈利平衡点和盈利区间。

实训1 应收账款处理

物流企业收入获取包括到付、回付、预付三种方式,回付会产生应收账款情况,这中财务活动,每季度执行一次,如果有应收账款,则应收账款账期缩短一个季度,盘面上账款位置向现金方向移动一季度,到期后,移到现金中,现金增加。在沙盘模拟实训中,应收账款是否必然存在,在收入获取方式中如何搭配三种收款模式?你的最佳搭配比例是什么?

实训2 沙盘模拟中允许企业的融资方式有长期贷款、短期贷款、贴现及高利贷。其中长期贷款最长为五年期,每年年底支付利息,贷款的最高限额是权益额的两倍;短期贷款及高利贷期限为一年,不足一年的按一年计息,短期贷款与高利贷到期时还本付息,短期贷款贷款限额是权益的两倍,高利贷没有贷款额度的限制;资金贴现在资金出现缺口且不具备银行贷款的情况下,并且有应收款时随时可以进行,金额是七的倍数不论应收款期限长短,拿出七万元交一万元的贴现费。

假设现在企业需要融资,请根据自己的负债情况,确定可行的融资方式与数额。

案例分析

顺丰速运借助强大物流网络 旗下电商平台主打冷鲜食品[一]

顺丰速运旗下的网购平台顺丰优选经过两年的发展之后,已经成为网购领域中最被人们所关注品牌之一。其主打冷鲜食品销售牌的差异化营销策略,让其在发展的道路上更加有优势。在顺丰优选问世之前,冷鲜食品的网购一直都少有人涉及,主要原因就是物流环节。冷鲜食品的物流不仅对于时间方面提出了更高的要求,更是在配送温度等方面有着严格的要求,也正是这样苛刻的要求,让顺丰速运在全国范围内铺设的物流网络,成为顺丰优选高速发展的优势所在。

顺丰优选上线的两年时间中,通过有效的宣传营销手段,顺丰速运进军电子商务领域,已经有了可喜的成绩。与此同时,顺丰速运的海外业务也一点点地进入正轨。特别是在当地的华人,在得知国有速运企业进驻之后,也都选择了支持国有企业,这一点尤为让顺丰速运感动。这些在国外生活的华人纷纷表示,希望顺丰速运能将业务拓展到更多地区,不仅仅是当地对于中国大陆两地之间的配送服务,他们将更多地支持顺丰速运。

顺丰优选敢于选择冷鲜食品作为主打,就是其拥有过人的物流速度,顺丰速运能做到这一"快"字,是因为其有自己的航空公司。这就在产业链条上占据了主动权,顺丰快递不仅可以自己选择经济性更佳的机型,还可根据市场变化不断推出新的快递产品。早在2004年,顺丰速运的航空业务增长幅度年均高达70%,此时,顺丰速运租赁的波音737机型已经不能满足日益加大

[一] 资料来源:http://www.100ec.cn/detail—6175586.html.

的业务需求。通常讲，快递行业包机比用自己的飞机更为省心，甚至单价成本更为低廉。可谓是一举多得。

在整个电子商务行业中，顺丰优选就如同电商行业中的一匹黑马，专注于进口食品和国内外产地直采食品，致力于成为用户购买优质、安全美食及分享美食文化的首选平台，同时还将加强移动互联网布局，方便用户进行手机购物。目前顺丰优选IOS客户端已经上线、Android客户端将于近期上线。

经过了充足的准备之后，顺丰速运旗下的电商网站顺丰优选在两年之前成功的上线运营。上线之后成了快递行业与电子商务行业共同关注的焦点。顺丰优选能够在行业内高速的发展，得益于其在全国范围内20年时间所铺设的强大物流网络。以及近些年发展的空中运输能力，让其可以将冷鲜食品等对于时间有着严格要求的产品最快速度的配送到消费者的手中，确保它的新鲜度。

问题：

1. 你如何评价顺风速运电商平台主打冷鲜食品的战略？
2. 在物流沙盘实训中，运输工具的选择是经营中需要仔细斟酌的策略性问题，通常选择飞机作为运输工具的条件是什么？在经营季度和产品种类上有何要求？这种选择原则与实际情况是否吻合？

第 9 章
ITMC 市场营销沙盘模拟实战

【本章要点】

1. 了解 ITMC 市场营销沙盘基本原理与结构，熟悉 ITMC 市场营销模拟沙盘课程定位。

2. 熟知市场营销沙盘操作流程，尤其是对企业资源计划模块部分的掌握，对经营效果分析点评的理解掌握，通过企业的全程生产与运营活动分析，了解企业经营的本质，对流程环节的指标要求要给予必要的定量分析。

3. 掌握市场营销沙盘设计思想，对系统构成中的学员训练平台、教师指导平台功能模块基本操作流程，掌握流程操作的基本规则。对规则中涉及的知识点详细认知和掌握。

【引导案例】

广州市英特曼电子贸易商行渠道建设的解决方案

1. 细分市场，提高产品附加值。现阶段的 LED 照明，不仅应用于普通照明市场，还用于娱乐照明、农业照明、体育照明、商业照明、医用照明等。企业不能追求"大而全"，而要在擅长和熟悉的领域做深做细，"长袖善舞"才能引来看客的喝彩。除了在细分市场领域方面拓展业务，更努力增加产品的附加值，满足客户的需求，打造品牌，从而提高美誉度和行业竞争力。

2. 从卖产品到卖理念。在 2012 年北京照明展上，我们看到国内企业还是在展示产品，为了卖产品而卖产品，可是国际大厂则是卖"理念"，提供一种体验和享受，比如本届展会中飞利浦的展馆，展示的是智能化、艺术化的整体解决方案。GE 的特装展馆并没有展出产品，而是展示和分享了很多精彩的照明工程案例。说白了，国内的企业在贱卖"大白菜"。反之，国际企业能设计出更具美感和理念的氛围，并且能提供一整套解决方案，单个产品价格并不高，但是整体解决方案完全能提升产品的价值。

3. 多渠道拓展销售网络。虽说目前 LED 企业以工程渠道为主，但是将来必定要走卖场流通渠道，就如同之前同事到日本考察时看到的，LED 产品在超市、卖场随处可见。卖场渠道建设企业要特别重视，不仅可以进驻家居建材卖场，还可以进驻家电、商超渠道，扩大市场份额，加快产品的宣传、普及和推广。在传统照明领域渠道建设最为成功的是雷士照明和欧普照明，同样在转型做 LED 照明，雷士照明网点数量已经达到 18 000 个，欧普照明拥有 10 000 个直营店或加盟店，这两家中国优秀的照明企业用营业额诠释了何为"渠道为王"的道理。

4. 开拓电子商务渠道。电子商务对 LED 照明产品是一种崭新的渠道模式，而且根据国家半导体照明工程研发及产业联盟的调研数据显示，通过电子商务销售的产品呈现逐步上升的趋势，企业完全可以借助此平台开拓新的销售渠道，占据更多的市场份额。

5. 隐形渠道之争。随着照明设计师队伍的壮大和素质提升，光环境的健康和融合被很多的业主和建筑师所重视，从本次照明展中可以看出，设计师是一座桥梁，赋予建筑生命和灵魂，企业对于这部分群体要加大重视力度，通过这个"桥梁"来影响和说服客户，实现品牌的逐步拓展。设计师团队更可以拓展到家装设计、装饰公司等领域。

9.1 市场营销综合实训课程概述

市场营销沙盘模拟演练课程专注于构建一个竞争和协作的模拟的营销环境，并推出不断变化的宏观政策、市场资讯和市场行情等各种信息，使受训学员通过演练，寻求实现市场最大份额和实际销量的最佳平衡点，培养和提高正确分析和解决市场营销管理问题的能力。

市场营销沙盘模拟演练不同于企业 ERP 沙盘，该沙盘对企业产、供、销各环节和人、财、物等各种资源系统整合，形象而具体地演练不同区域市场营运，并进行市场分析与前期开拓，演练着力于正确的营销战略下不同市场不同时期的各种竞争策略的制定、调整和完善。

9.1.1 课程的企业及市场背景设置

本实训课程的情景设置中，既有零售市场份额的争夺，又有大客户市场订单的竞争，同时还有基于两者不同市场竞争特征下的差异化营销策略的制定和演练。课程既有基于基本的营销原理为不同的客户群提供不同的产品、在不同区域市场中建设不同类型的渠道、制定不同的促销策略和定价策略的演练内容，又有基于新的营销理念对客户进行发掘和跟踪、对不同季度的成本进行分析、提升区域内与服务设施、物流、渠道有着密切关系的获利指数以及客户沟通指数的演练内容；还有基于 4S 理论的满意指数、服务指数、速度指数和诚意指数的演练及考核内容。

通过演练，训练寻求在营销设施、宣传策略等方面的最小投入让市场份额最大，寻求营销组合的最优化；通过在不同区域市场的零售市场（消费者市场）和大客户市场（组织市场）实施不同的营销策略，深入地揭示了大客户营销与零售市场竞争的不同特点及不同的营销组合；通过演练，使学生适应市场的诸多不确定性，掌握在多变环境下完成营销目标的能力。在演练中，学生可以学习区域市场分析与预测及相关管理方法，学习制订开发区域市场的计划和实施步骤，掌握多种区域市场日常运作管理技能。通过激烈竞争，演练多种营销策略（市场攻守战术），提高对正面进攻、正面防御、迂回进攻、侧攻，以及游击战术的理解与灵活运用能力。

9.1.2 市场营销沙盘课程的专业背景

市场营销专业具有很强的综合性，是管理与经济相结合的交叉学科，具有多学科性、交叉性、边缘性和综合性的特点。现代企业市场营销系统是个复杂的系统，是由市场预测、渠道选择、人力资源管理、质量管理、促销招商、生产运营、物流配送、财务管理等子系统构成的，但又不是这些子系统的简单相加，而是它们的协调与整合。

实训活动，可以帮助学生树立全景式市场营销大局观，拓展专业边界，提升专业价值，全面增强学生的营销管理能力，以及掌握市场营销的过程实施及控制的关键技能。学生可以从市场调查、市场细分、SWOT 分析、竞争战略分析等方向，对市场的各个层次进行深入、理性分析。学生通过手操作，可以从市场营销的基础学起，包括企业战略管理、财务管理、生产运营管理等。沙盘推演中，学生不仅能体验到如何把产品销售出去，而且还能认识到哪些环节会影响到营销结果，哪些因素能够降低营销的成本，哪些活动可以降低营销的风险。

显然，市场营销是一个销售型商业企业 ERP 管理的业务重点，而一个商业企业追求利润的途径基本包括扩大销售、降低成本两大方面。做好市场营销就是扩大了销售，做好企业管理就是降低了成本，所以基于一个完整商业企业的整体考虑，市场营销与企业整体管理密不可分。在学科交叉重叠之中，学生可以更加全面考量营销行为对整个企业经营的影响。

市场营销沙盘依据普通高校市场营销专业基本教学大纲内容设计，通过各种销售市场运作，展现区域市场、国内市场和国际市场不同销售理念；通过各种营销渠道，展现直销、批发和零销，实体店与电子商务网店不用的销售形式；通过各种营销技巧，展现产品促销、市场活动与网络推广的各种效果；结合各种现实案例，提供大项目营销过程和每个阶段的策略，展现销售漏斗概念和项目穿透组织。整个课程既能动手，又能思考，每个环节均能体现现代营销和网络营销的各种理念。

9.1.3 ITMC 市场营销沙盘模拟训练系统概述

市场营销沙盘模拟实训是针对全国高等职业院校管理类或经济类等专业对营销沙盘模拟实训的需求，依据 ITMC 市场营销模拟经营以电子沙盘为平台，结合教育部每年举行的全国大学生企业模拟经营大赛，突出沙盘系统的实训性、创新性和职业性的特点，做到边学边做，以赛促学，以练促学。

市场营销沙盘演练流程如图 9-1 所示。

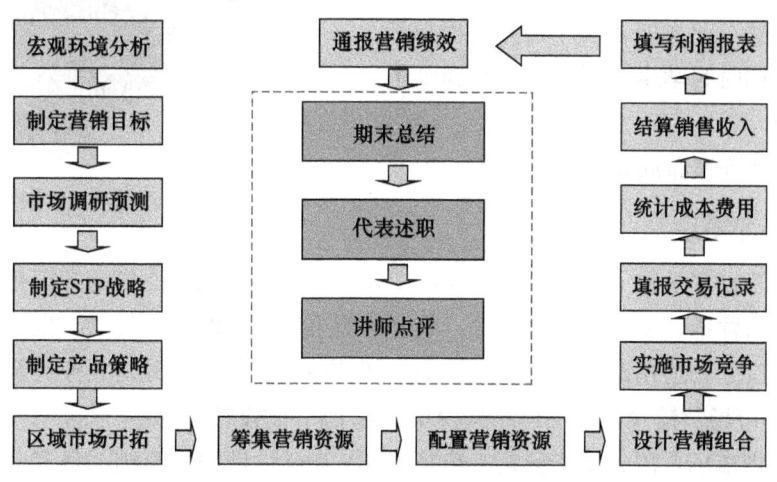

图 9-1 市场营销沙盘演练流程

1. 设计的基本理念

ITMC 沙盘系统秉承"从企业实践中来,到教育实践中去"的理念,以企业营销与策划的中国本土实践为核心,结合我国应用型高校市场营销类专业的培养目标,构建一个市场营销类专业适用的综合虚拟实训平台。学生在一个虚拟化、模拟现实的市场环境中,在相对集中的时间里,利用模拟竞争的方式演练他们所学习的营销与策划技能。这种模拟实践的方式,不需要承担在现实中可能面对的风险,有效提高学生的学习兴趣、提升教学效果、保证教学质量。

通过对企业营销与策划的模拟,将企业运营中普遍应用的营销知识、工具、模型、方法与国内外成功企业的营销策划经验融入虚拟企业的经营管理,学生在模拟经营中快速掌握营销策划这一实践性极强的学科知识,并将复杂、抽象、枯燥的营销策划理论知识趣味化、生动化和形象化,在游戏般的训练中体验完整的营销过程,感悟正确的经营思路和营销理念。

该沙盘结构完整,从详尽的市场预测入手,按照企业生产经营规则、营销与生产运行流程、营销电子沙盘使用说明这三个方面顺序介绍基础知识,最后结合实际案例和学生操作的实训报告对经营情况从四个方面做分析。

2. 考察的重点

ITMC 沙盘重点进行有目的、有选择性的市场调查,培养学员分析市场,挖掘数据的能力。主要是通过情境营销实训内容,考察学生的市场信息分析、目标市场选择、营销策略策划会计报表分析等市场营销核心技能。实训全过程展示学生团队合作精神,展示运用知识思维判断问题的创新力,展示动态运用市场需求、竞争优势、目标市场、营销策略组合、财务可行等营销基本元素的基本功,提高市场营销专业人才培养的质量和社会的认可度,引领应用型高校市场营销专业建设和教学改革,推进专业建设对接产业发展、人才培养过程与深度校企合作,同时为学生之间相互交流提供了技术交互媒介。

沙盘演练实训室布局如图 9-2 所示。

图 9-2　沙盘演练实训室布局

3. 主要功能模块

目前许多院校都设置了市场营销专业或专业培养方向。该专业横向知识拓展已经涵盖了现代营销、网络营销、国际市场营销等,结合目前第二产业的战略转型,生产经营型企业成为主流模式,ERP 的适用范围已经从纯粹的生产领域扩展的生产经营企业甚至商业企业。基于 ERP 理念的市场营销沙盘,主体结构模块符合 ERP 的设计理念。

市场部负责市场预测、市场分析、市场开拓、ISO 认证等。直销部负责开发客户、参与投标。批发部负责投放招商广告、选择批发订单等。生产部负责产品研发、产品下线入库、租赁/购买厂房、生产线购买、原料采购、投入生产、交给客户。零售部负责签约零售商、货物配送、价格制定、促销策略、媒体广告投放。财务部负责应收账款/应付账款、短贷/还本付息、管理费缴纳、应交税费缴纳、长贷/还本付息、租赁费/维修费支付、支付库存费、折旧，最后关账进入下一季度。

4. 对学生理实结合的作用

在沙盘对抗中，学生有了自己思考的时间，也具有把市场营销工作做好的内在驱动力，而不甘示弱是现代学生的共同特点，个性张扬是每个年轻人的性格，学生进了大学，就应有机会和条件去自己钻研、独立思考，沙盘实训课程恰好可以提供满足学生这一心理诉求的学习与训练平台。

沙盘实训课程对高校教学的作用在于，学生在课堂上将自己掌握的专业基础理论知识，找到把理论落地的契合点，这样就不用等学生毕业后到企业去以实际工作做试验田，学校的实训室真正成为学生可以自由发挥能力的场所。

9.2 ITMC 市场营销模拟沙盘概述

市场营销沙盘模拟实操是将市场营销专业知识与沙盘模拟形式有机地结合起来，通过模拟企业市场营销的整体运营过程，让学生在分析企业外部市场和竞争环境、内部营销运营优势与劣势的基础上，确定公司营销战略、目标市场和产品定位。进行全面的市场调研与预测以及科学统筹营销运营等各个方面的内容。市场营销沙盘模拟集情景模拟、案例分析、角色扮演和专家诊断为一体，新颖的参与式教学、真实的竞争场景设计，能够最大限度地激发学生学习的兴趣。

9.2.1 市场营销沙盘实操的企业环境

营销沙盘实操采用虚拟模拟训练的模式，对宏观环境、行业特性、消费者特征及购买行为、市场竞争的仿真模拟，构建虚拟运营的博弈环境。学生将分成若干小组，每个小组经营一家资金充裕、银行信誉良好、有一定运营基础的生产运营型企业，每个小组由 4~7 人分别担任企业各个部门的岗位负责人（包括总裁、财务部、生产部、市场部、直销部、批发部、零售部），组成企业运营的核心团队。各个小组在相同的市场环境、相同的运营规则下，连续经营数个会计年度，通过系统给出的市场环境进行市场调研与分析、确定目标市场、制定营销策略与产品策略，并以直销、批发和零售 3 种销售方式进行产品销售，最终通过模拟市场运营得到结果，各小组将看到其营销计划给企业及整个市场带来的变化，各小组需在博弈过程中进行盈亏分析，并不断进行营销策略调整，以在竞争中取得优势，为企业创造最大的价值。

ERP 思想设计的 ITMC 营销沙盘正是适应经济转型的变化而产生的。应用型人才的培养要适应形势变化的客观要求,在市场营销活动中,把生产与营销紧密结合,沙盘设置各种情景,以此来考察和锻炼实训者的应变能力,使学生在尚未入社会,对企业、销售、市场的认知还很缺乏的境况下,也能增强对广义营销方法论的科学理解,从而保证实训效果落地,为未来学生能尽快适应营销岗位,奠定坚实的基础。避免学生单纯应付专业考试的思想,使其课堂知识能够很好地和未来的工作实践紧密结合起来。

电子沙盘实训可以减轻教师教学强度,控制教学节奏,提高学习兴趣,增强学生参与感,提升学习效果,降低知识难度。

9.2.2 ITMC 市场营销模拟沙盘实操过程

1. 沙盘初始设计

把学生分成若干个团队,每个团队各自经营一个虚拟物流公司,每个团队由 4～8 人组成,每队成员将分别担任公司中的重要职位:CEO、CFO、CSO、COO。A 公司是一家新成立不久,总部设立在中国某市的生产制造型企业,该公司以设计、生产和销售 P1 产品为主营业务。公司资金充裕、银行信誉良好,拥有 4 条生产线(两条半自动生产线、一条全自动生产线和一条柔性生产线)生产 P1 产品,在南方市场有一定的销售基础,公司一直致力于倾听客户的需求,提供客户所信赖和注重的创新技术与服务。随着市场决定资源分配的宏观环境日益稳定,公司逐渐意识到营销能力已成为公司发展的瓶颈,如何建设营销队伍,如何精准地进行市场分析,如何精确地选择目标市场,紧跟市场变化,如何有效制定最佳的营销策略组合,赢得市场先机,取得市场份额,已经成为公司迫切需要解决的问题。

股东希望新的团队,通过不断分析市场变化,不断研发新型产品,在市场博弈中能够脱颖而出,为股东获取更多的利润。

沙盘演练初始状态企业财务状况见表 9-1。

表 9-1 沙盘演练初始状态企业财务情况表 (单位:万元)

利润表		资产负债表			
项　目	金　额	资　产		负债及所有者权益合计	
		项　目	金　额	项　目	金　额
营业收入	360.00				
减:营业成本	-125.00	流动资产:		流动负债:	
营业税金附加	0	货币资金	771.00	短期借款	0.00
销售费用	-26.00	其他应收款	0.00	应付账款	18.00
管理费用	-76.00	应收账款	180.00	预收账款	0.00
财务费用	-40.00	存货		应交税费	23.25
营业利润	93.00	原材料	40.00	流动负债合计	41.25
加:营业外收入	0.00	在途物资	0.00	非流动负债:	
减:营业外支出	0.00	在制品	80.00	长期借款	800

（续）

利润表			资产负债表				
项目	金额		资产			负债及所有者权益合计	
			项目	金额	项目	金额	
利润总额	93.00		库存商品	240.00	非流动负债合计	800.00	
减：所得税费用	-23.25		发出商品	0.00	负债合计	841.25	
净利润	69.75		流动资产合计	1 311.00	所有者权益：		
			非流动资产：		实收资本	1 000.00	
			固定资产原价：		未分配利润	69.75	
			土地和建筑	320.00			
			机器和设备	280.00			
			减：累计折旧	0.00			
			固定资产账面价值	600.00			
			在建工程	0.00			
			非流动资产合计	600.00	所有者权益合计	1 069.75	
			资产总计	1 911.00	负债和所有者权益总计	1 911.00	

2. 教师指导平台

操作环节包括账号控制、一键托管、裁判控制、经营控制、直销订单招标、批发订单竞标设置、批发订单竞标、媒体广告招标、进度监控、登录信息管理、清除经营数据和经营数据经营分析、经营设置、系统信息。

（1）账号控制界面见图9-3。

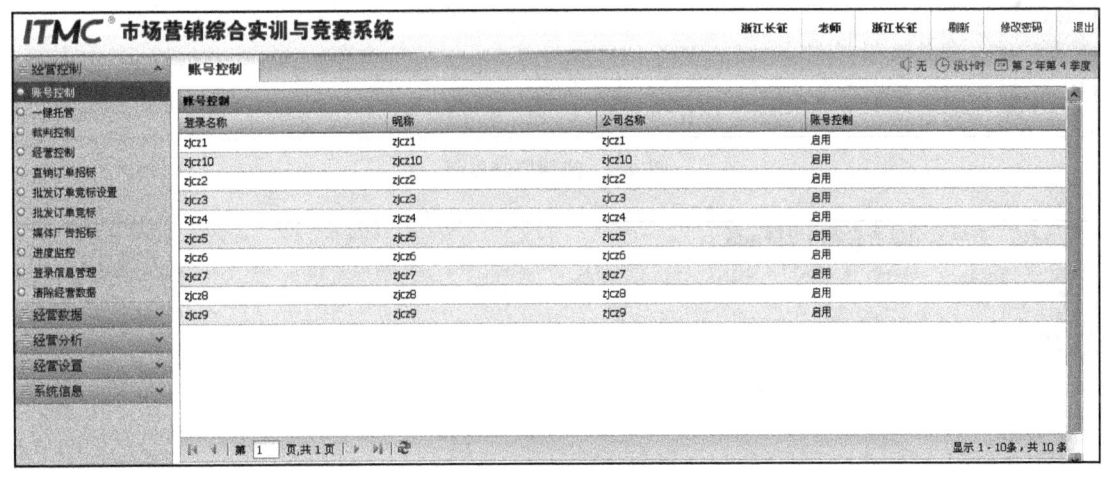

图 9-3 账号控制界面

（2）一键托管界面见图 9-4。
（3）裁判控制界面见图 9-5。
（4）经营控制界面见图 9-6。
（5）直销订单招标界面见图 9-7。
（6）批发订单竞标设置界面见图 9-8。

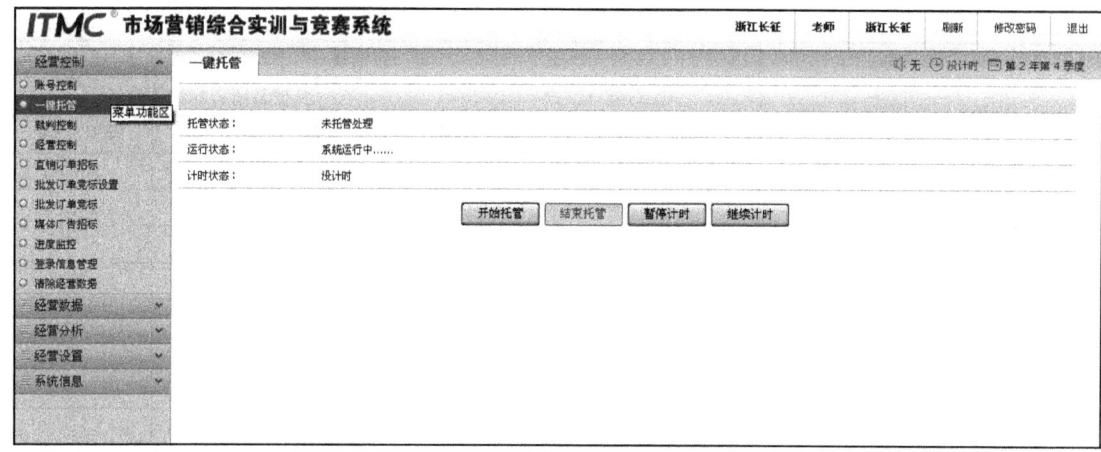

图 9-4 一键托管界面

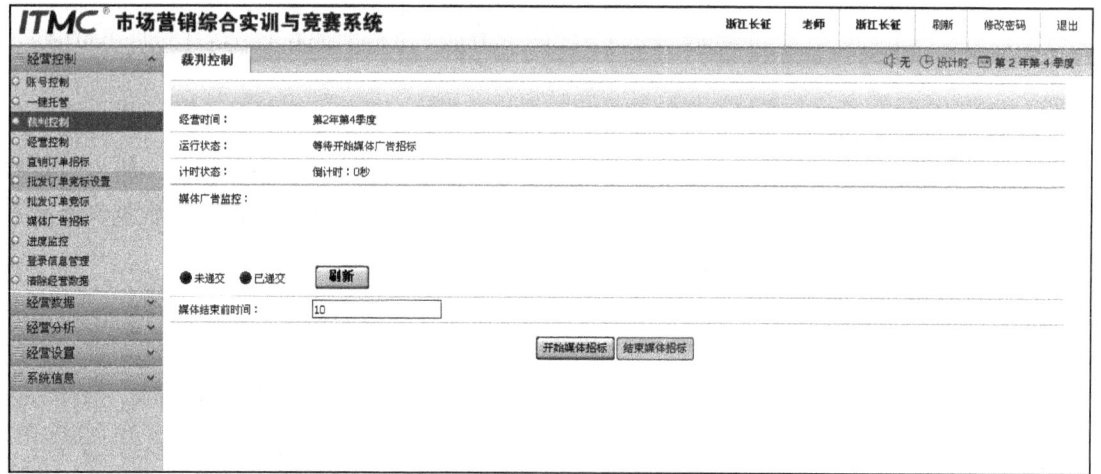

图 9-5 裁判控制界面

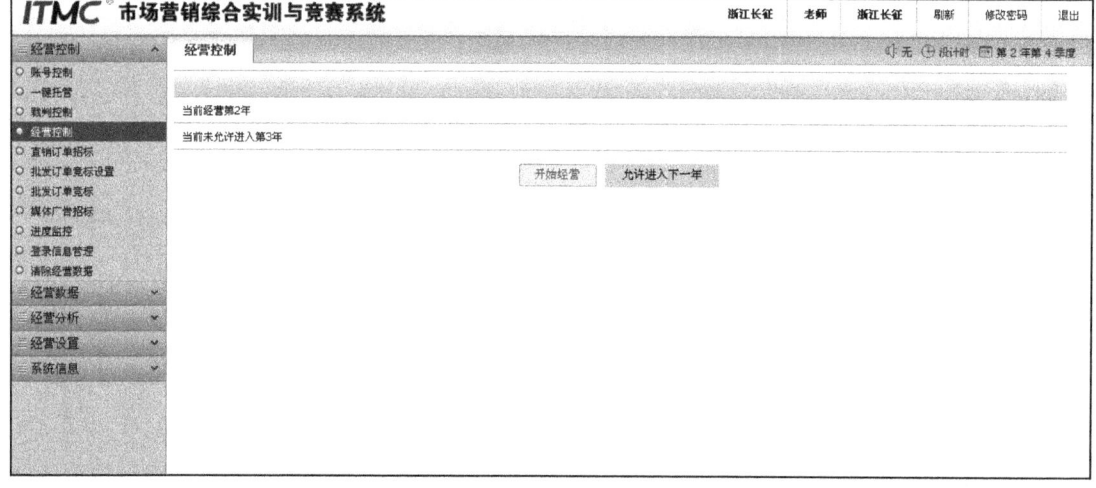

图 9-6 经营控制界面

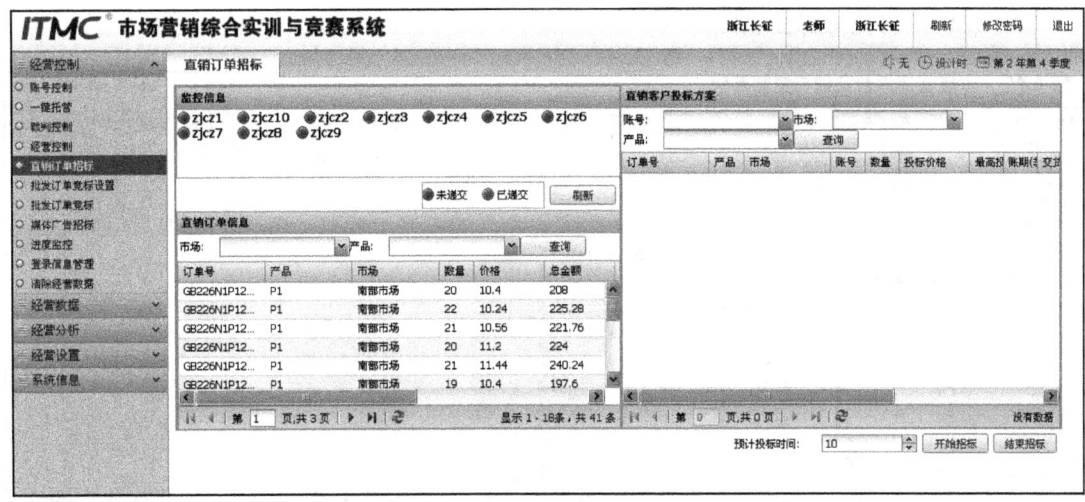

图 9-7　直销订单招标界面

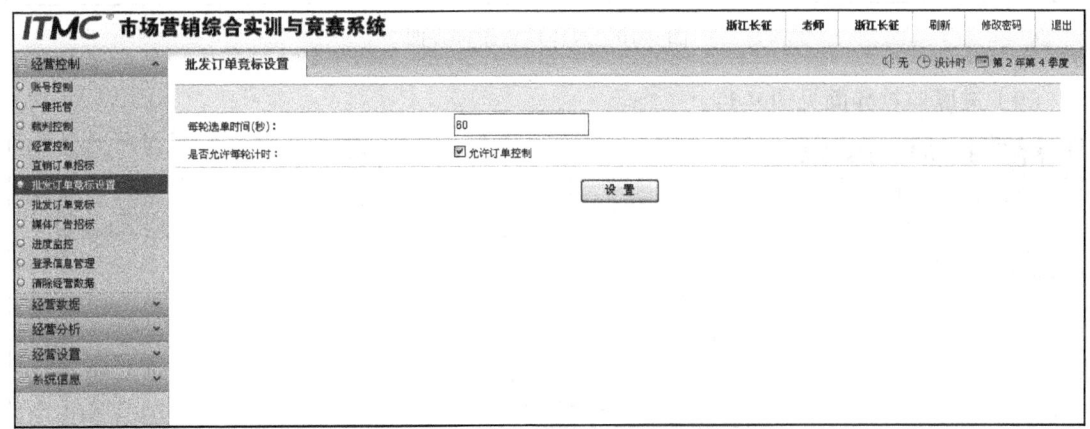

图 9-8　批发订单竞标设置界面

（7）批发订单竞标界面见图 9-9。

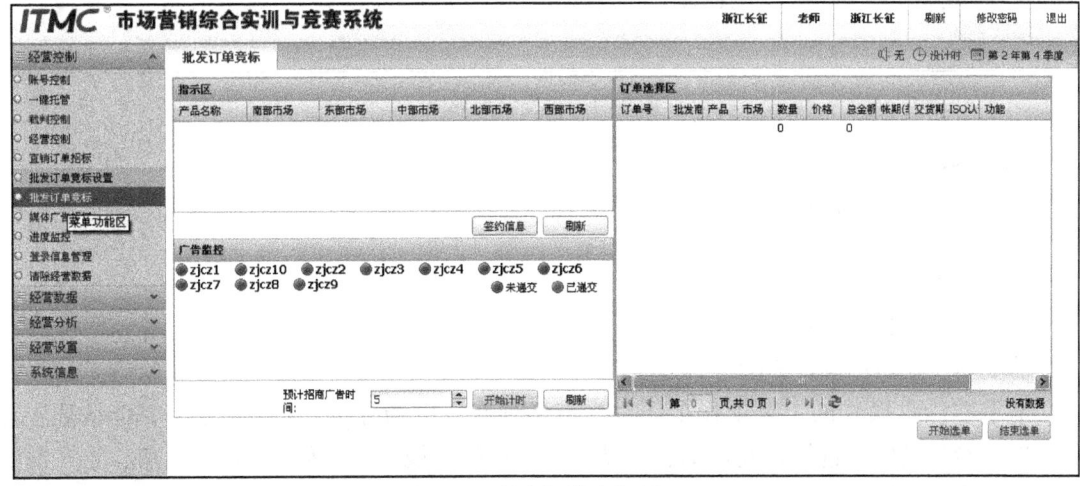

图 9-9　批发订单竞标界面

（8）媒体广告招标界面见图 9-10。

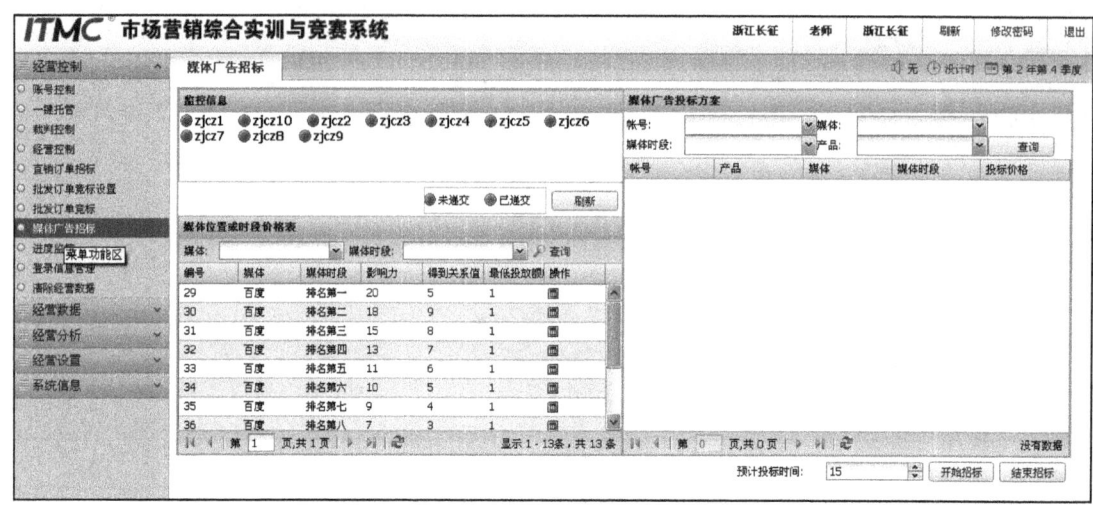

图 9-10　媒体广告招标界面

（9）进度监控界面见图 9-11。

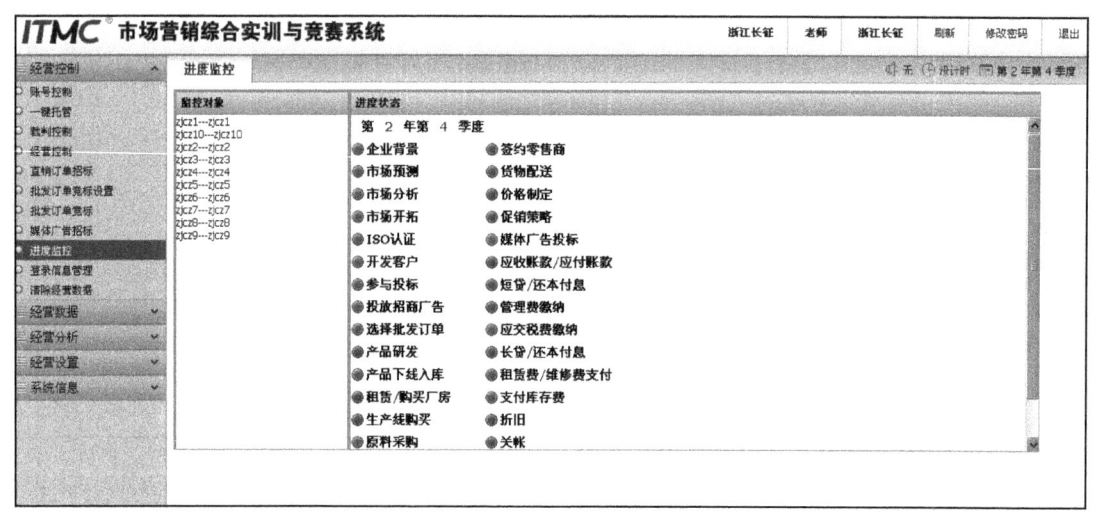

图 9-11　进度监控界面

（10）登录信息管理界面见图 9-12。
（11）清除经营数据界面见图 9-13。

3. 学员训练平台

学生端初始状态财务状况如图 9-14 所示。

学生端沙盘角色设计如图 9-15 所示。

学生端沙盘操作的主要工作工作是：市场预测、市场分析、市场开拓、ISO 认证、开发客户、参与投标、选择批发订单、产品研发、产品下线入库、租赁/购买厂房、生产线购买、原料采购、投入生产、交给客户、签约零售商、货物配送、价格制定、促销策略、媒体广告投标、收账款/应付账款、短贷/还本付息、管理费缴纳、应交税费缴纳、长贷/还本付息、租赁费/维修费支付、支付库存费、折旧、关账进入下一季度。

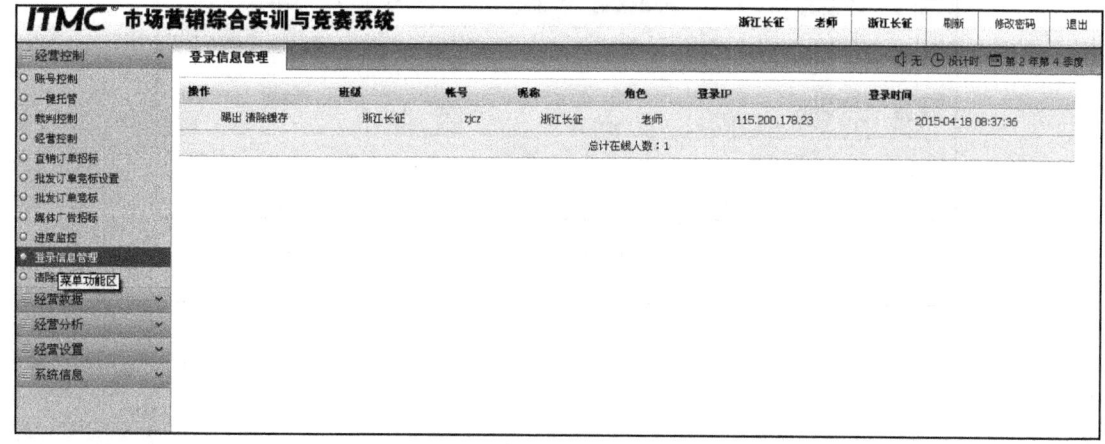

图 9-12　登录信息管理界面

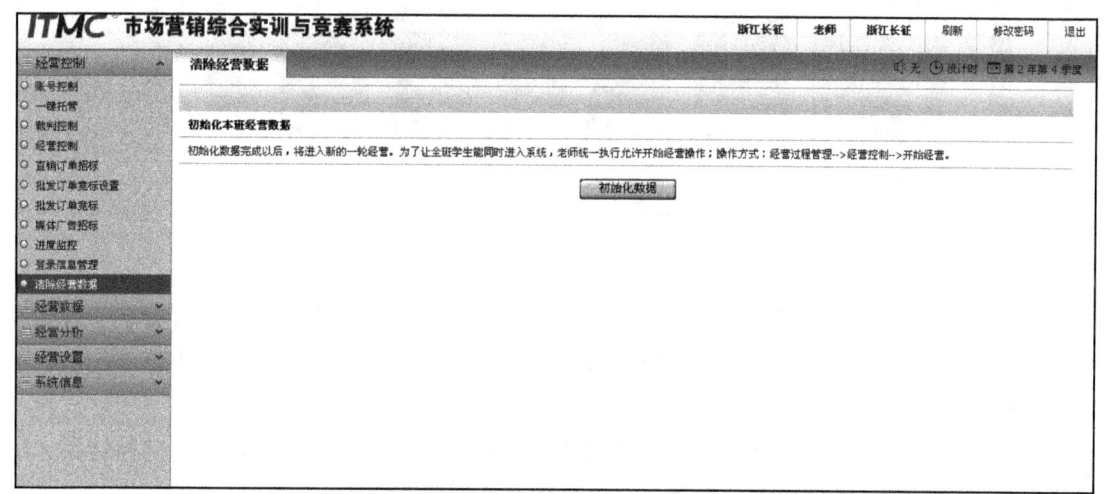

图 9-13　清除经营数据界面

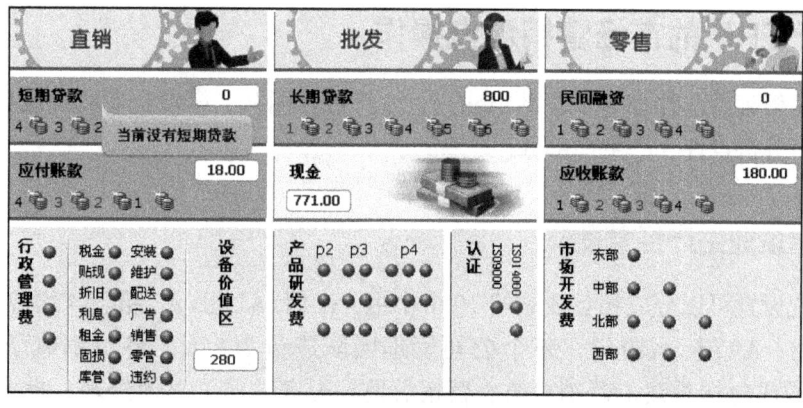

图 9-14　初始状态财务状况

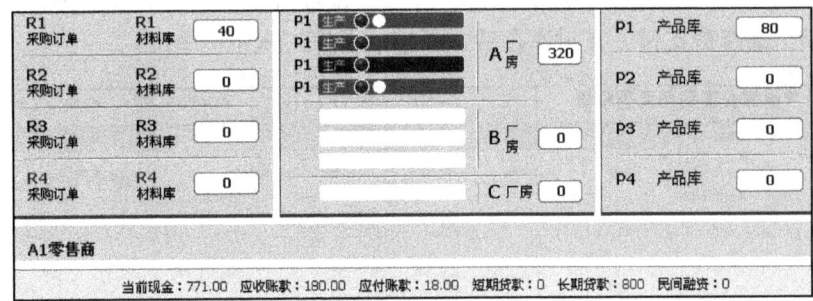

图 9-14 (续)

图 9-15 沙盘角色设计

辅助信息平台内容包括市场预测图、现金流量表、各组财务报表、市场占有率、直销中标公示、直销订单信息、招商广告信息、批发订单信息、媒体中标信息、零售订单信息、各组零售订单、产品库存信息、零售商库存信息、企业信息等。

特殊任务包括产品型号管理、生产线变卖、生产线转产、生产线搬迁、厂房租转买、厂房变卖、厂房退租、紧急采购、库存调拨、贴现、追加股东投资。

9.3 基于 ERP 的市场营销沙盘操作

市场营销管理沙盘操作环节包括组建企业生产经营团队、模拟企业经营流程及规则、对经营效果进行分析点评 3 个主要部分。

9.3.1 组建企业生产经营团队

按照系统设置可以分成相互独立的 10 个小组,A1 组、A2 组、A3 组、A4 组、A5 组、A6 组、A7 组、A8 组、A9 组、A10 组,每个公司管理团队成员为 7 人,各组都赋予独立的字母账号。成员构成包括总裁、营销总监、营运总监、财务总监、直销经理、批发经理、零售经理。

1. 总裁

CEO 制定企业发展战略规划，带领团队共同制定企业战略，审核财务状况，听取企业盈利（亏损）状况。在沙盘模拟中 CEO 应发挥其主控职能，如果所带领的团队在模拟对抗中意见向左，由 CEO 拍板决定。

2. 营销总监

营销总监负责市场预测、市场分析、市场开拓、ISO 认证。岗位职责包括开拓市场，稳定企业现有市场，积极拓展新市场。预测市场制定销售计划；合理投放广告；根据企业生产能力取得匹配的客户订单；沟通生产部门按时交货；监督货款的回收。

3. 财务总监

负责应收账款/应付账款、短贷/还本付息、管理费缴纳、应交税费缴纳、长贷/还本付息、租赁费/维修费支付、支付库存费、折旧。

4. 营运总监

负责产品下线入库、产品研发、租赁/购买厂房、生产线购买、原料采购、投入生产、交给客户。岗位职责：计划的制订者和决策者，生产过程的监控者；负责企业生产管理工作；协调完成生产计划，维持生产成本；落实生产计划和资源的调度；保持生产正常运行，及时交货；组织新产品研发，扩充改进生产设备；做好生产车间的现场管理。

5. 直销经理

直销经理负责开发直销客户、参与投标。

6. 批发经理

批发经理负责投放招商广告、选择批发订单等。

7. 零售经理

零售经理负责签约零售商、货物配送、价格制定、促销策略、媒体广告投标。

9.3.2 市场营销沙盘操作流程及规则

1. 登录"学员训练平台"

双击"学员训练平台"，选择"A1"，输入密码"123"，单击"登录"按钮，单击"CEO"按钮（见图 9-16、图 9-17）。

注：沙盘训练是将全班分成 10 个组，登录时各组选择自己的组别，相应的"字母+编号"作为账号，密码为 123。

单击桌面左边的任务栏里的"企业背景"，先查看企业背景，熟悉经营环境（见图 9-18、图 9-19）。

2. 市场部运作部分

（1）市场预测。单击桌面左边的任务栏里的"市场预测"，分别选定不同市场、产品类型、渠道类型等，查看市场走势，确定经营战略（见图 9-20）。

市场预测规则：系统以柱状图形式给出不同产品在不同市场、不同渠道、不同年度或季度的潜在销售数量、销售价格的市场预测。选手通过市场预测图进行市场分析，制定企业的营销策略、产品策略及发展策略。

建议分析内容：每种产品的价格趋势、需求趋势、每种产品的生命周期、每种产品的利润最高点、每种产品适合的销售方式等。

（2）市场分析界面见图 9-21～图 9-24。

图 9-16　学员登录系统界面

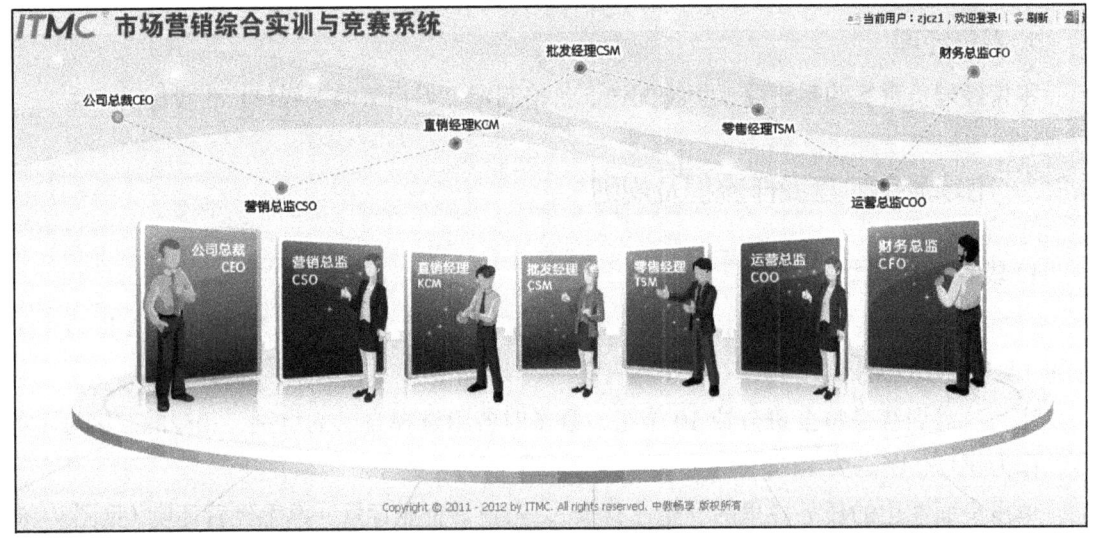

图 9-17　学员角色分工界面

第 9 章 ITMC 市场营销沙盘模拟实战 223

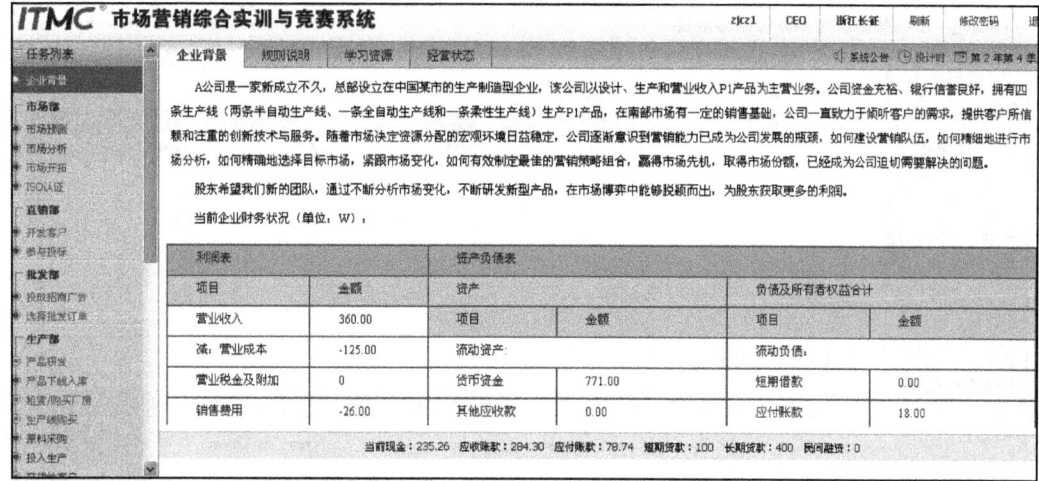

图 9-18 企业背景界面

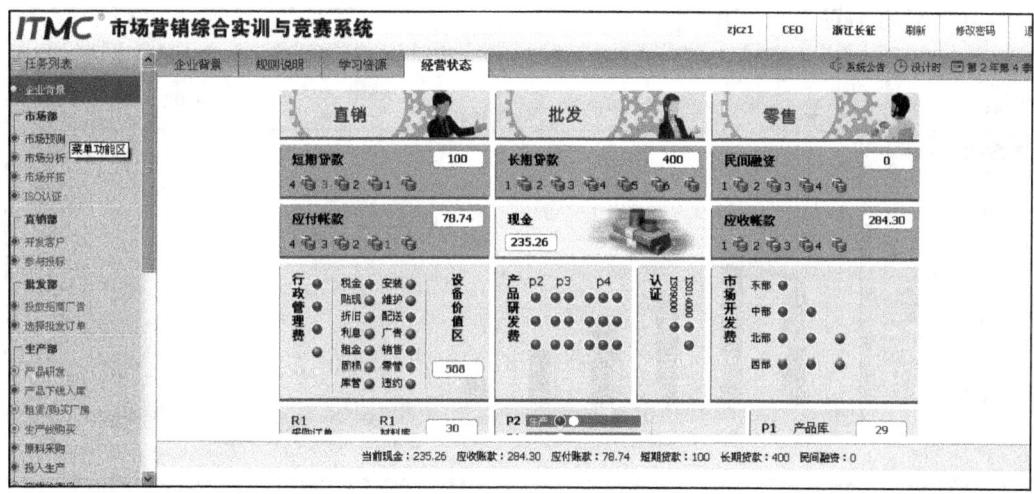

图 9-19 企业初始财务状况界面

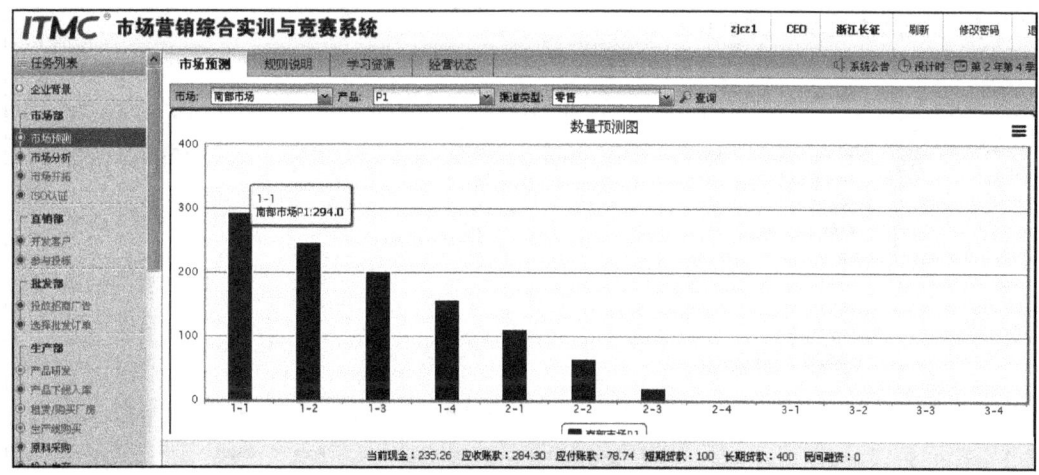

图 9-20 市场预测界面

图 9-21　市场分析界面 1

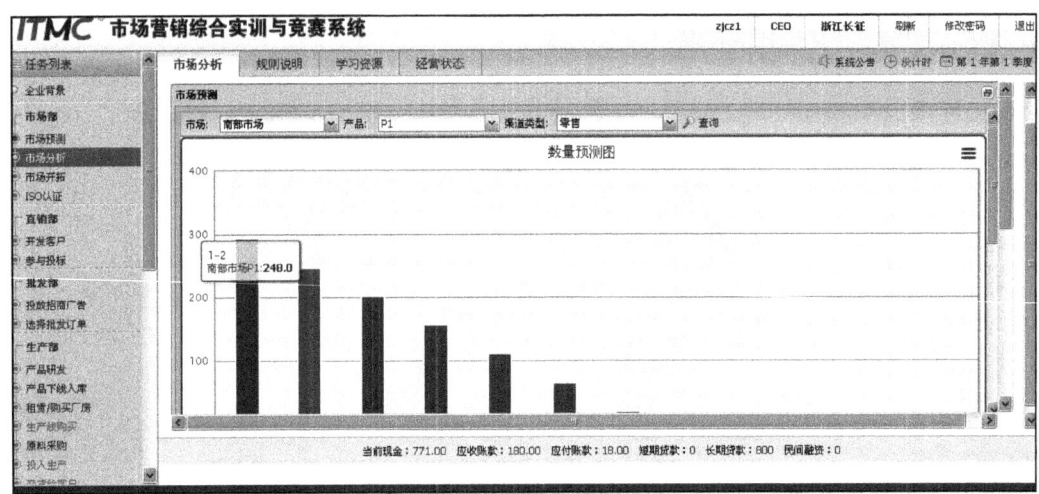

图 9-22　市场分析界面 2

图 9-23　市场分析界面 3

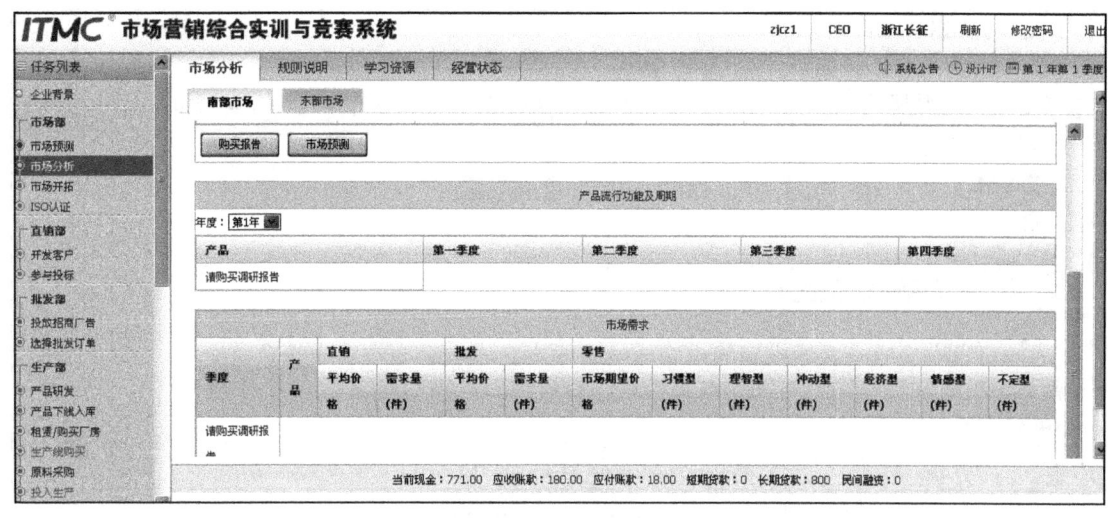

图 9-24　市场分析界面 4

市场分析：市场分析包含市场环境和调研报告两部分。市场环境是系统随机给出的，而调研报告是需要购买的，调研报告购买价格为 5 万元/份（注意：每个市场一份调研报告）。

市场部负责购买调研报告。调研报告中给出以下数据：产品流行功能和直销、批发、零售消费人群需求的数量及平均期望价格。

市场环境考察，每个季度的市场环境变化都会引起本市场本季度需求的波动，系统会自动计算出市场需求波动的数值，该数值会影响零售消费人群数量的变化。影响公式：

$$零售消费人群每个季度实际的需求数量 = 调研报告给出的6类零售消费人群需求数量 \times (1 + (-) 本季度市场需求波动率)$$

注意的问题：

①市场环境是随机变化的，在每次初始化数据重新开始训练或比赛时，数据都不会一样；

②对于在同一竞赛环境下的所有小组，市场环境是一样的；

③在购买调研报告以后，本年度 4 个季度的市场环境不会再发生变化。

调研报告：市场部购买调研报告以后，才能看到流行功能以及直销、批发、零售消费人群需求的数量及平均期望价格等信息。

产品流行功能：流行功能是零售消费人群中冲动型人群购买该产品的第一标准，产品只有在流行功能流行的时间内具备了这种功能，冲动型人群才会有可能购买该产品，并且流行功能在流行过以后，将作为产品的基本功能。如果产品不具有该功能，零售的 6 类消费人群都不会购买该产品。调研报告以表格形式提供每种产品在某个季度的流行功能，以及该流行功能持续的时间。

（3）市场开拓界面见图 9-25。

市场开拓：市场部需要根据市场预测、调研报告以及自身制定的营销策略进行市场的开拓。市场开拓需要开拓周期和费用，市场开拓完毕后，当年即可进行产品销售。

图 9-25　市场开拓界面

注意：市场开拓时，请一次性选中需要开拓的市场，再进行开拓，未选中的市场，不能进行再次开拓。市场开拓不能加速开拓，开拓完毕当年即可进行产品销售。其开发周期和开发费用见表 9-2。

表 9-2　市场开拓的开发周期和开发费用

市场	开发周期	开发费用
东部	1 年	5W/年
中部	2 年	5W/年
北部	3 年	5W/年
西部	3 年	5W/年

（4）ISO 认证界面见图 9-26、图 9-27。

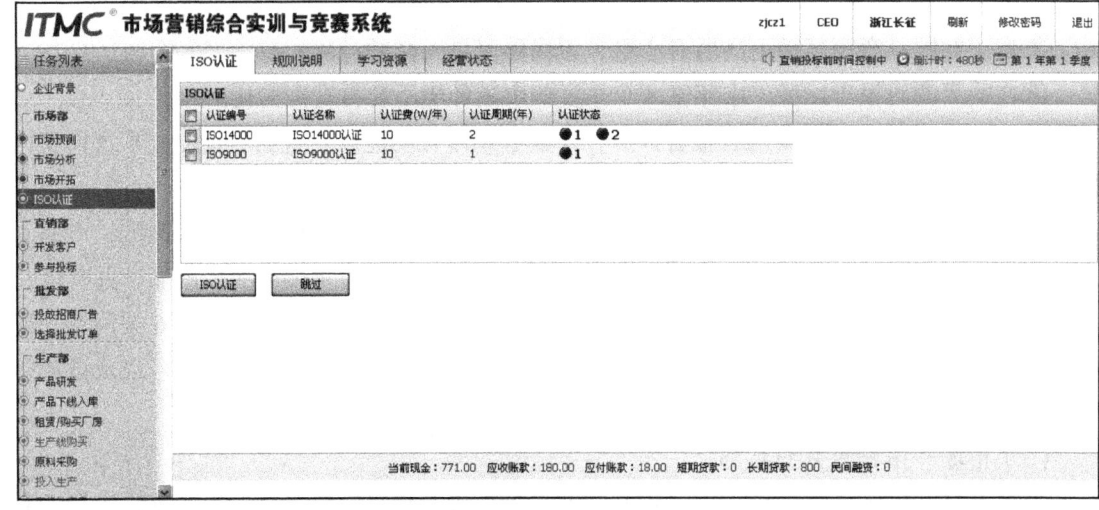

图 9-26　ISO 认证界面 1

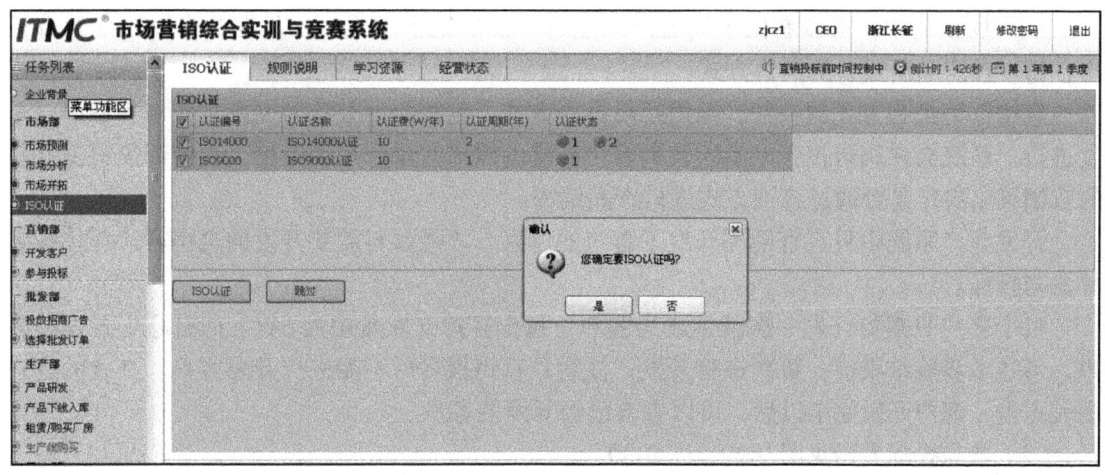

图 9-27　ISO 认证界面 2

ISO 认证规则只有当 ISO 9000，ISO 14000 认证完成后，才可以参与直销和批发带有 ISO 9000 或 ISO 14000 的订单竞单。ISO 认证会影响零售消费人群成交的优先权。

注意：ISO 认证时，请一次性选中需要的认证项目，再进行认证，未选中的认证，不能进行再次认证。ISO 认证不能加速，认证完毕当年即可影响销售。其认证周期和认证费用见表 9-3。

表 9-3　ISO 的认证周期和认证费用

认　证	认证周期	认证费用
ISO 9000	1 年	10W/ 年
ISO 14000	2 年	10W/ 年

3. 直销部运作部分

（1）开发客户界面见图 9-28。

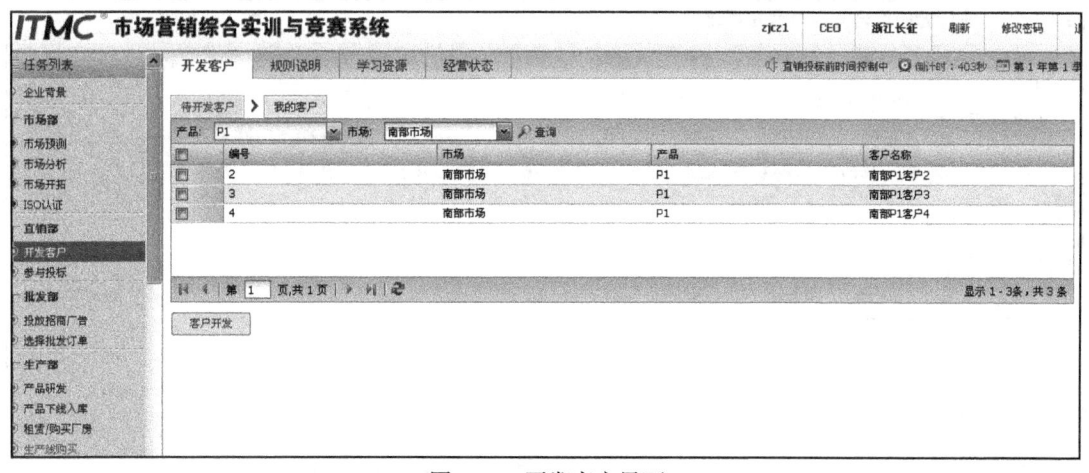

图 9-28　开发客户界面

系统中给定的销售方式有 3 种：直销、批发和零售。

从市场预测中，可以看出不同的产品适合不同的销售方式，并且据此可以精确地分析出，每一种产品所适合的销售方式。

直销作为销售方式的一种，采用招投标的方式，以综合评分法为原则，在每年的第一季度进行。系统会在调研报告中给出直销客户准确的需求数量和平均价格。直销部需根据自己的营销策略决定是否通过直销方式进行产品销售。

开发客户系统中只有直销部开发了客户的以后，才能参与需要开发的直销客户订单报名并参与投标。

每个客户只需要开发一次就会成为客户，每个客户开发费用为5W。如有忘记开发的客户，可在本步骤结束前，再次进行开发。注意：直销报名后不能进行开发客户。在我的客户图表点击，客户开发完毕以后，可以查看已经开发的客户。

（2）参与投标界面见图9-29、图9-30。

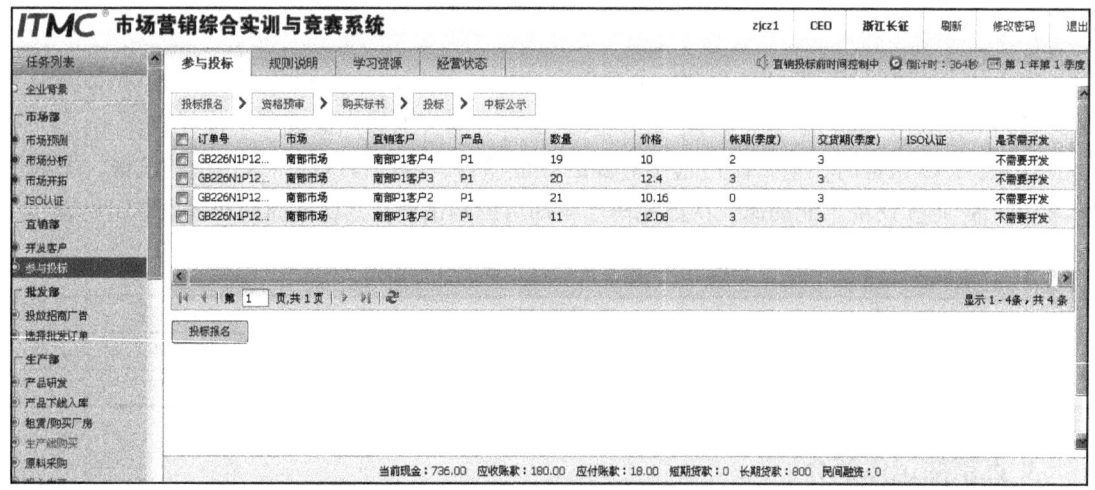

图9-29　参与投标界面1

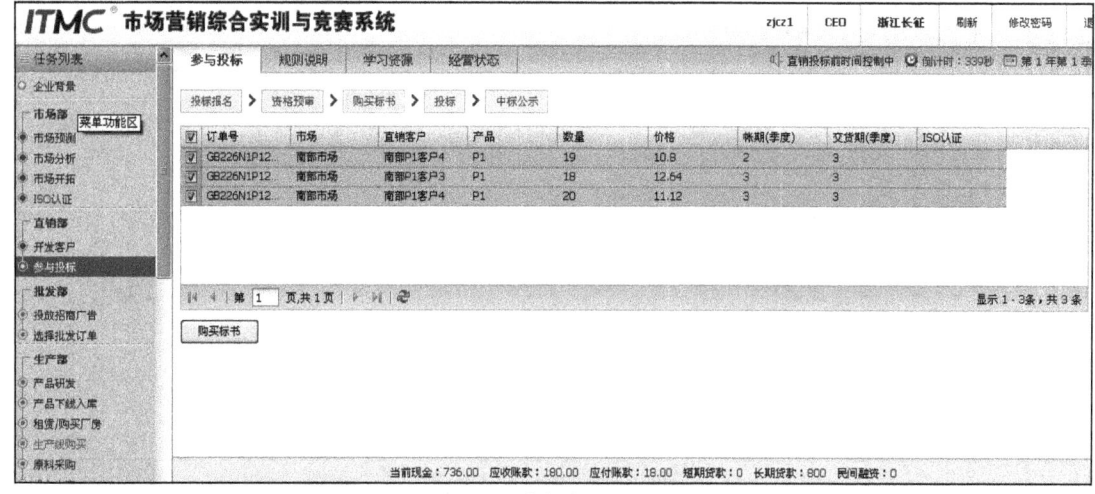

图9-30　参与投标界面2

参与投标环节是在客户开发完成以后，就可以看到市场上直销客户的订单，并可以参与投标，具体流程为：投标报名→资格预审→购买标书→投标→中标公示。

投标报名：选择需要投标的订单进行报名，取得投标资格。投标报名不收取任何费用。

资格预审：系统会按照不同订单的要求对各小组资格进行预审，资格预审的条件包括客户是否已经开发完成、是否已经进行 ISO 认证。注意：通过单击自己已报名的投标订单查看本投标订单的其他参与小组；同时投标报名后将不能开发客户，如果有要求开发客户的订单请在投标报名之前完成开发。

购买标书：购买标书并支付购买标书费。标书费用 2 万元 / 份。

投标：选手对已购买标书的订单进行投标，制定投标价格并提交，投标价格不能高于订单要求的市场最高价格，成交规则为综合评分法。

综合评分法：以每组投标价格和每组企业综合指数为评分依据，公式计算如下：

（所有小组投标最低价 / 本小组投标价格）×60+（本小组企业综合指数 / 所有有效投标小组最高企业综合指数）×40。

企业综合指数：企业综合指数计算公式如下：

[（ISO 14000 按 20 计算 +ISO 9000 按 10 计算）/ 所有小组总认证] ×20+（上季度小组销售额 / 上季度所有小组销售额）×40+（小组总媒体影响力 / 所有小组总媒体影响力）×40。

中标公示：投标结束后，可查看中标公示。

注意：直销客户订单有交货期限，如果在交货期限内不能交货的，需要扣除违约金：订单原价的 25%（四舍五入），并取消订单。每违约一张订单取消一年（下一年）的直销客户订单投标资格。

4. 批发部运作

批发作为销售的另外一种方式，需要各小组投放招商广告，并按照招商广告投放数量的多少进行依次轮流选单。批发订单竞标每年一次，在每年的第一季度进行。系统会在调研报告中给出批发客户准确的需求数量和平均价格。批发部需根据自己的营销策略决定是否通过批发进行产品销售。

（1）投放招商广告界面见图 9-31。

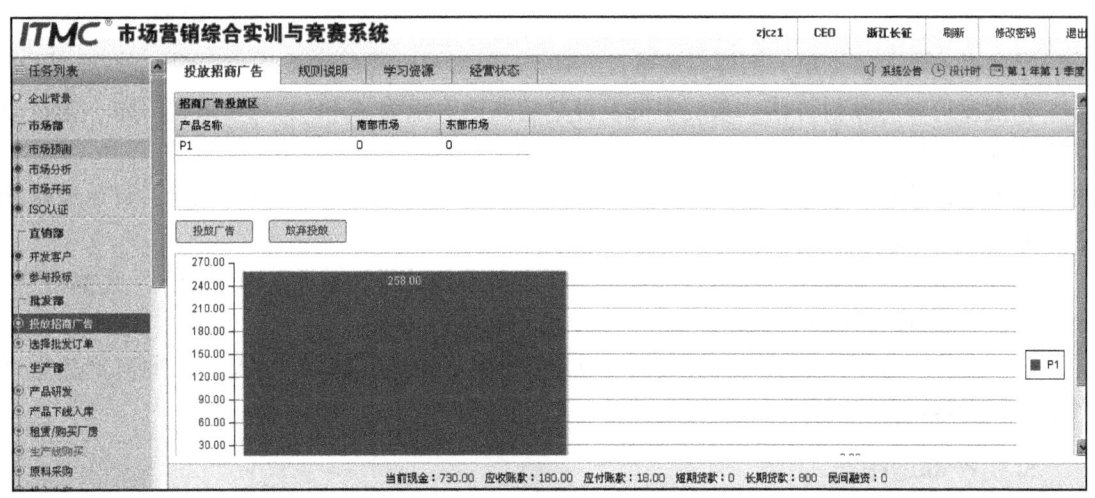

图 9-31　投放招商广告界面

各组需根据自身的营销策略，在不同市场上制定不同产品的批发招商广告的投放策略，招商广告费用最低为 1 万元，最高不限制，但必须是整数。

注意： 只有市场开拓完成以后，才能进行市场广告的投放。

（2）选择批发订单界面见图 9-32。

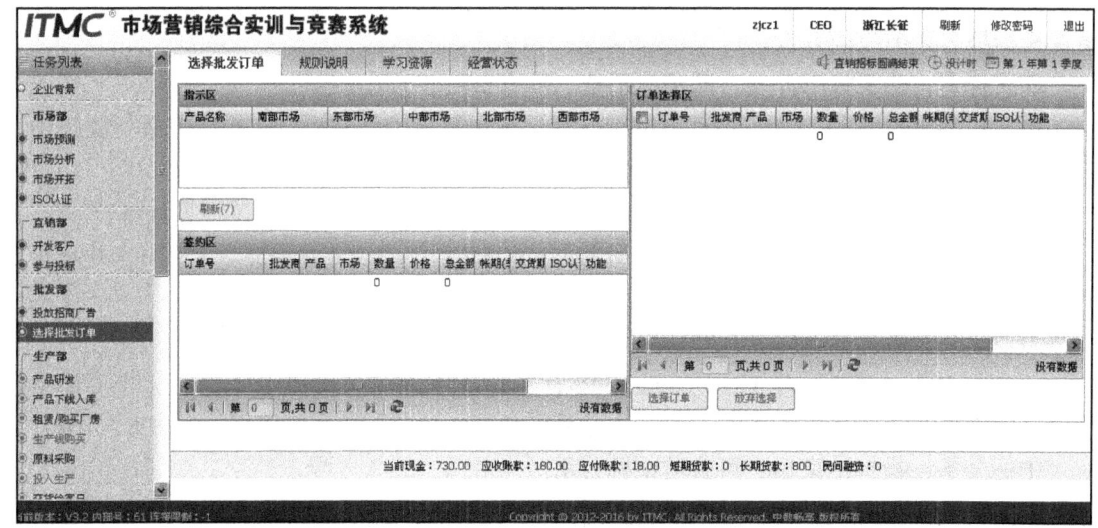

图 9-32　选择批发订单界面

招商广告投放完成后，由裁判统一控制选单。裁判允许选单后，系统会在每个产品的每个市场判断各小组投入广告费用的多少，并按照由高到低的顺序进行排序，投入广告费用最多的小组开始选单，每次只能选择一张订单，以此类推。若两组投入广告数量相同，则看两组在本产品所有市场上广告费用的投入；如果仍旧相同，则看所有产品在所有市场上广告费用的投入；如果仍旧相同，则看招商广告提交的时间，先提交者优先选单。

注意：

①选单开始后，选单是有时间限制的，如果超过时间不选择订单，则系统自动跳到下一组，本轮将失去选单机会；

②如果不需要该订单，则放弃选单；

③批发订单为预付订单，系统中批发订单的账期表示为"-1"，只要取得订单，则订单货款就会直接进入现金；

④批发订单有交货期限，如果在交货期限内不能交货的，需要扣除违约金：订单原价的 25%（四舍五入），并取消订单。

⑤订单选择需要单击"指示区"各市场显示的小组编号，从"订单选择区"选择订单，"指示区"如果没有显示本小组编号，则本小组不能进行选单。

（3）生产。选手需要根据调研报告以及自身的营销策略，制订产品研发计划和产品生产计划，并根据运营状况随时进行调整。

5. 生产部运作

（1）产品研发界面见图 9-33。

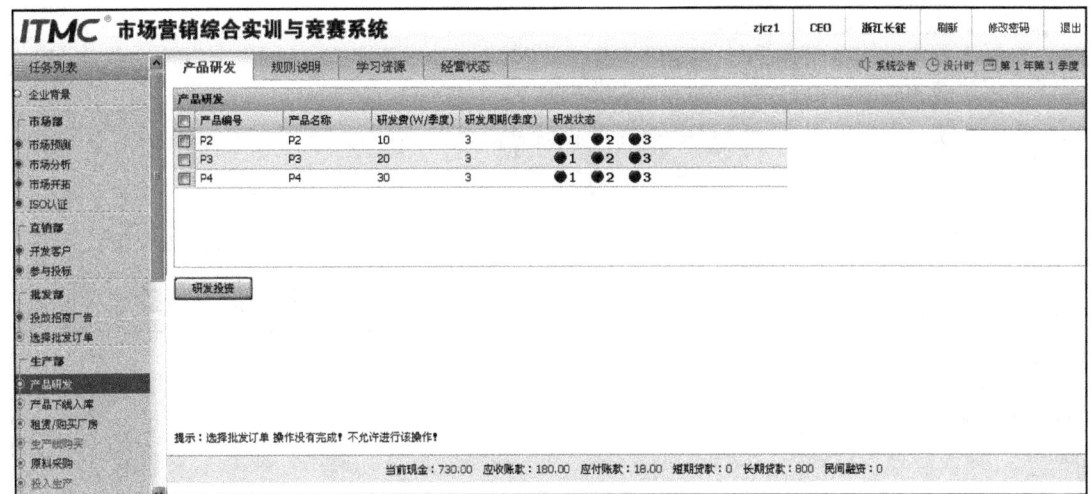

图 9-33　产品研发界面

产品研发活动只有产品研发完成后实施，只有如此才能进行该产品的生产，生产部需要根据市场预测和调研报告制定自身的产品研发计划。产品研发需要一定的周期和研发费用（见表 9-4）。

表 9-4　产品的研发周期和研发费用

产品	研发周期	研发费用
P2	3 季度	10W/ 季度
P3	3 季度	20W/ 季度
P4	3 季度	30W/ 季度

（2）产品下线入库界面见图 9-34。

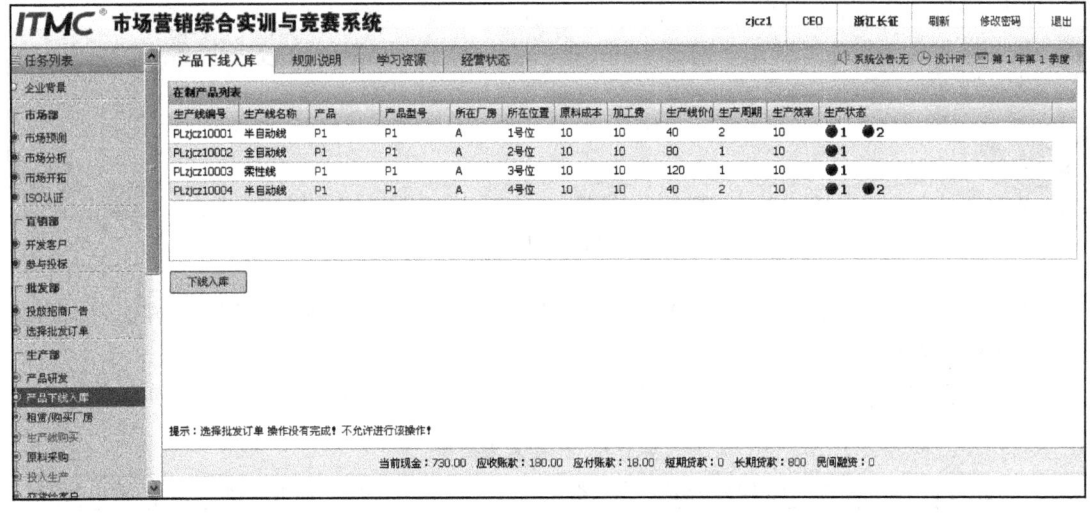

图 9-34　产品下线入库界面

（3）产品研发界面见图 9-35。

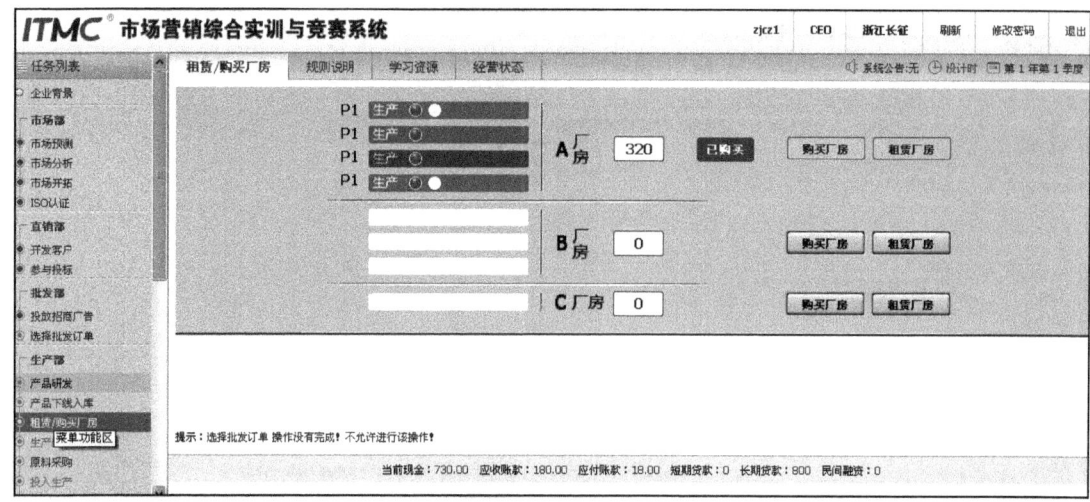

图 9-35　产品研发界面

产品下线入库在不同的生产线生产产品需要的周期也有不同,系统以季度为单位进行生产,半自动生产线需要两个季度生产一个产品,全自动和柔性生产线需要一个季度生产一个产品。生产线上的到期在制品,执行此任务后下线入库。

(4) 租赁购买厂房生产线界面见图 9-36。

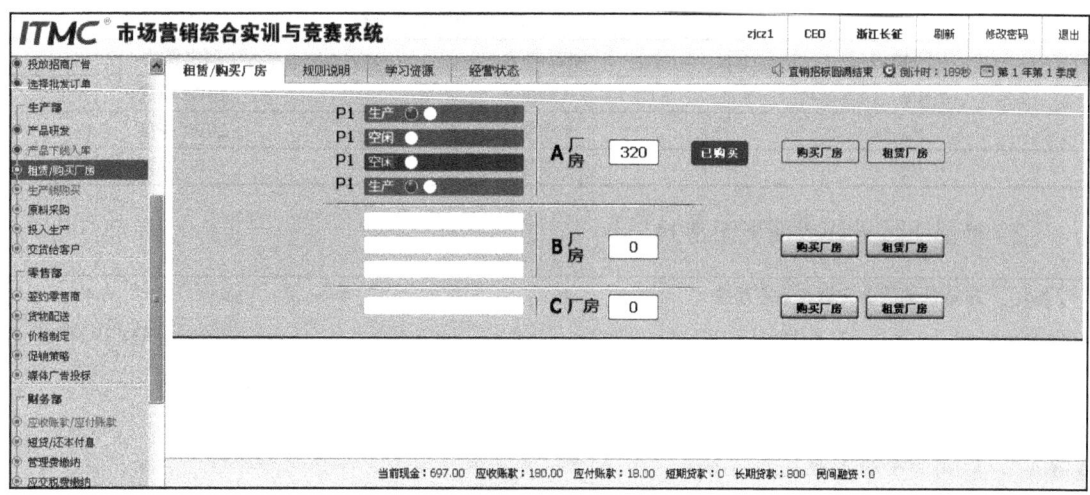

图 9-36　租赁购买厂房生产线界面

租赁/购买厂房活动只有拥有或者租赁了厂房,才能将生产线安装到厂房中,所以生产部需要提前决策厂房的租赁和购买。

注意:购买厂房可分期付款,租赁厂房不可分期付款。厂房基本信息见表 9-5。

表 9-5　厂房基本信息

厂　房	购买价格	购买分期数	租赁价格	变卖价格	维　修　费	容纳生产线
A	320W	4 季度	40W/年	320W	0W	4 条
B	240W	4 季度	30W/年	240W	0W	3 条
C	120W	4 季度	20W/年	120W	0W	1 条

（5）原料采购界面见图 9-37。

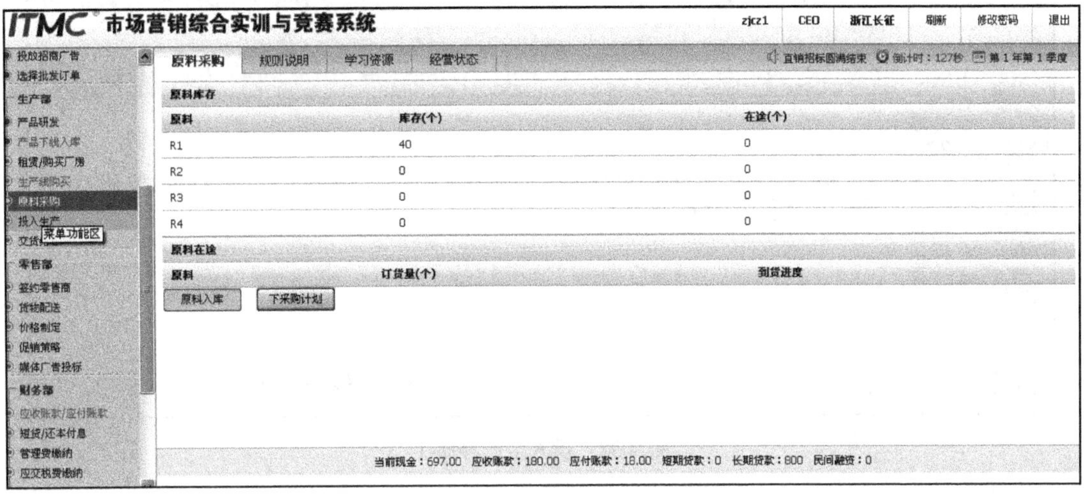

图 9-37　原料采购界面

原料的采购计划需要根据自身的产品生产计划、产品 BOM 表、原材料库存和在途原材料来制定。

原料采购都要有采购提前期，所以采购原材料必须要首先下达采购计划。采购提前期参考系统参数设定。默认为 R1、R2 是提前一个季度采购；R3、R4 是提前两个季度采购。

原料采购价格每个均为 1W。

到期的原材料采购计划，会自动入库，批量采购原材料可以压供应商的账期，如果采购数量小于等于 50 个，则需支付相应的现金；如果采购数量大于 50，小于等于 100 个，可以产生 1 个季度的应付账款的账期；如果采购数量大于 100，小于等于 150 个，可以产生 2 个季度的应付账款的账期；如果采购数量大于 150，小于等于 200 个，可以产生 3 个季度的应付账款的账期；如果采购数量大于 200 个，可以产生 4 个季度的应付款的账期。

产品 BOM 清单及加工费用如表 9-6 所示。

表 9-6　产品 BOM 清单及加工费用　　　　　　　　　　（单位：万元）

产品	BOM 清单	半自动加工费	全自动、柔性加工费
P1	R1	1	
P2	R1+2R2	1	1
P3	2R2+R3	2	1
P4	R2+R3+2R4	2	1

（6）投入生产界面见图 9-38、图 9-39。

需要根据调研报告以及自身的营销策略，制订产品研发计划和产品生产计划，并根据运营状况随时进行调整。

（7）交货给客户界面见图 9-40。

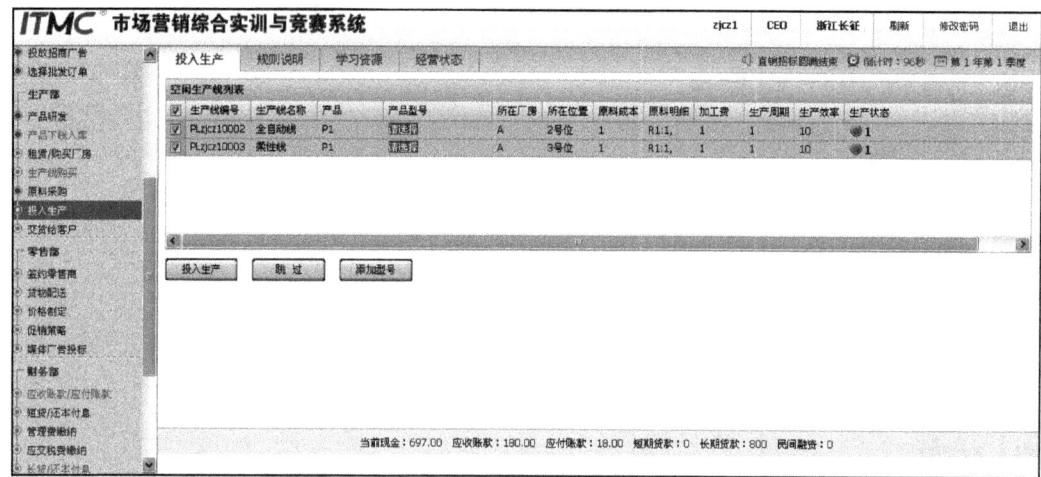

图 9-38 投入生产界面 1

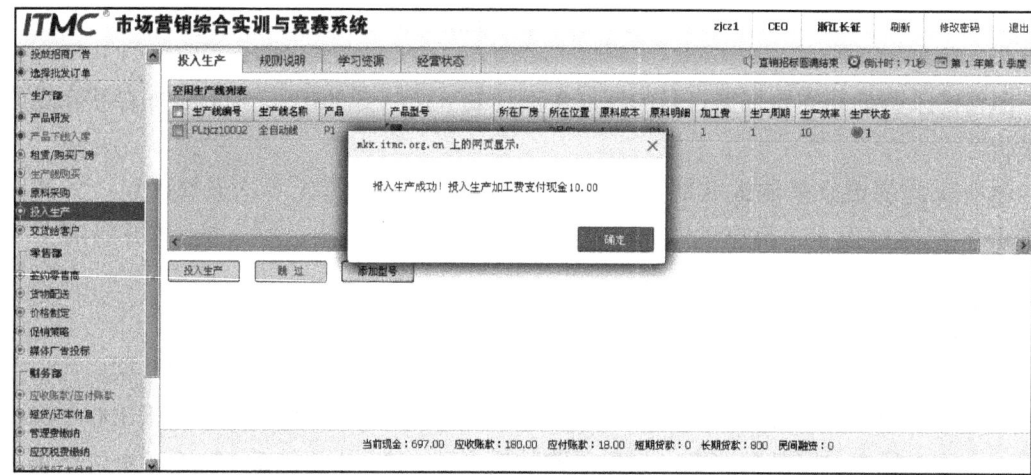

图 9-39 投入生产界面 2

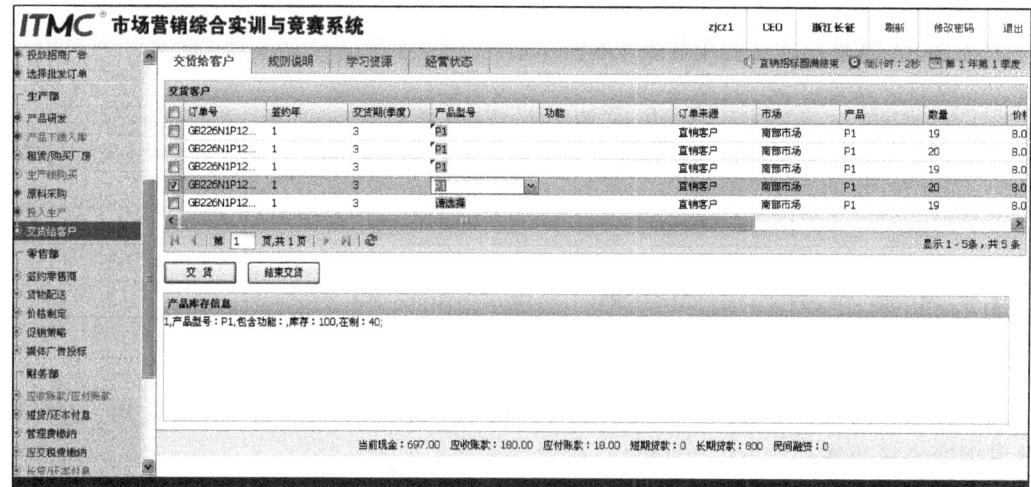

图 9-40 交货给客户界面

交货给客户：市场部获取的直销订单和批发订单在这里执行交货操作。零售消费人群通过零售商购买商品后直接结算，不需要执行交货动作。如果库存成品能够满足订单的需求，则可交货给客户。交货后，收到现金或者产生应收账款。注意：

第一，当年拿到的订单必须在规定交货期内交货，如果不能按时交货，将会被扣罚25%（四舍五入）的违约金，并取消订单。

第二，交货时，如订单对产品功能有明确需求，那么必须选择带有所要求的产品功能的产品进行交货。

6. 零售部运作

零售是一种通过零售商直接面对终端消费人群的销售方式。零售部需要选择合适的零售商签约进店，针对6类消费人群（情感型、习惯型、理智型、冲动型、经济型、不定型）的特性制定相应的价格和促销策略，并投放媒体广告，由系统模拟消费习惯撮合交易。

制定针对零售消费人群的产品销售价格时，不能超过市场期望价格的两倍，一旦超过，将不会产生任何交易。

需要注意：按照成交规则产生交易的过程中，销售价格将会影响销售的数量。公式如下：

销售数量变动率 =［(销售价格 – 市场期望价格) / 市场期望价格］× 价格需求弹性系数。

实际销售数量 = 预计销售数量 ×（1– 销售数量变动率）。

P1 价格需求弹性系数 0.8；P2 价格需求弹性系数 0.9；P3 价格需求弹性系数 1；P4 价格需求弹性系数 1.2。

（1）签约零售商界面见图 9-41、图 9-42。

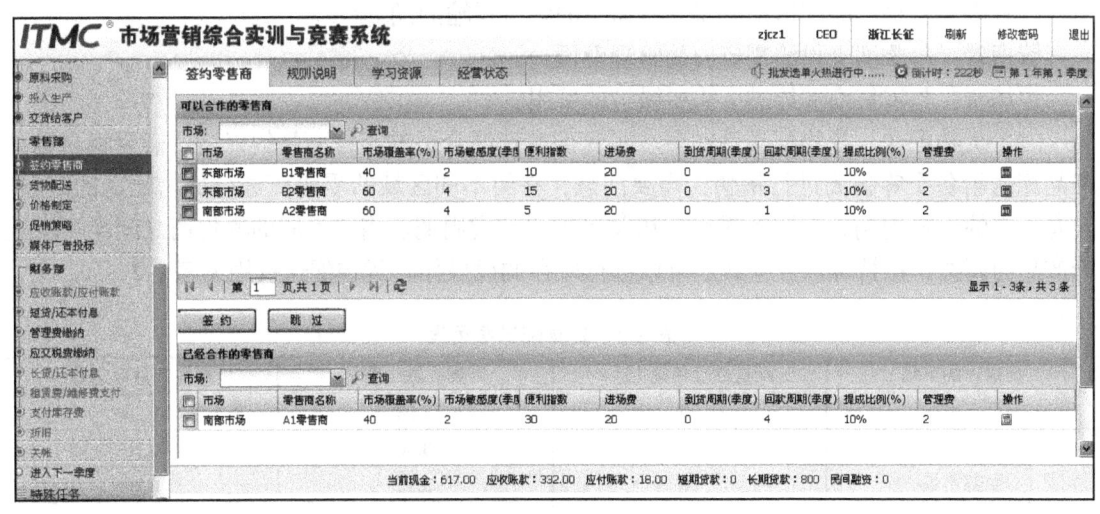

图 9-41　签约零售商界面 1

签约零售商系统初始状态是南部市场的 A1 零售商跟企业已经签约合作。为了扩大市场，提高销售额，零售部需要选择更多合适的零售商进店销售。

零售商参数包括以下几个方面：

市场覆盖率：该零售商的消费者需求数量占本市场全部 6 类消费人群总的需求数量的

百分比。

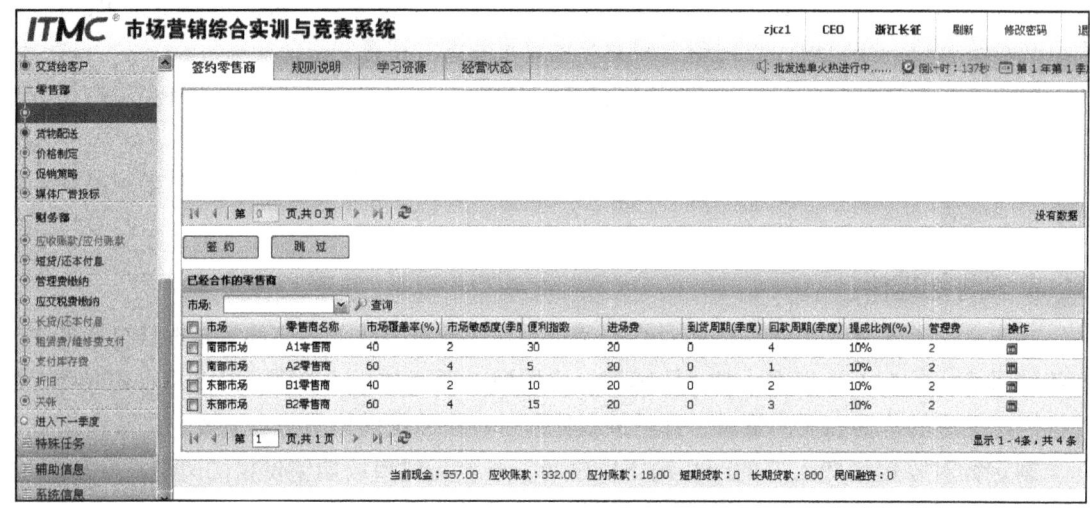

图 9-42 签约零售商界面 2

市场敏感度：该零售商的消费者针对市场调研报告中流行功能的市场预期到实现的最短周期。

回款周期：该零售商与选手企业结算的应收账款的账期。

提成比例：零售商对销售产品的提成比例，也就是企业需要给零售商结算的提成金额为零售商销售收入 × 提成比例。

到货周期：将产品配送给零售商所需要的物流运输周期。

管理费：每季度支付给零售商的管理费用。

进场费：与零售商签约进店需要缴纳的费用。

（2）货物配送。货物配送活动要求零售部在选择合适的零售商签约以后，需要将自己的产品配送给各个零售商进行销售。需要注意，在给不同区域的零售商进行货物配送的时候，会有一定的运输周期，参照各零售商相关参数的到货周期。当然不同的零售商之间也可以进行产品的调拨，在特殊任务中我们可以进行库存调拨操作。货物配送费用见表 9-7。

表 9-7 货物配送费用表

配送目的市场	配送标准数量（件）	配 送 费	每多一件配送费
南部市场	10	3.00	0.20
东部市场	10	3.00	0.20
中部市场	10	3.00	0.20
北部市场	10	3.00	0.20
西部市场	10	3.00	0.20

（3）价格制定。零售部需要对各个零售商销售的产品制定销售价格，并将制定好价格的产品进行上架操作，产品上架后才可以进行销售。

注意：

①制定的产品销售价格最高不得超过市场调研报告中给出的零售消费人群的市场期望价

格的 2 倍，否则将不会产生任何成交。

②由于价格需求弹性系数的影响。销售价格将会影响销售的数量。公式如下：

销售数量变动率＝－[（市场期望价格－销售价格）/市场期望价格]×价格需求弹性系数（P1 价格需求弹性系数 0.8；P2 价格需求弹性系数 0.9；P3 价格需求弹性系数 1；P4 价格需求弹性系数 1.2）。

（4）促销策略界面见图 9-43。

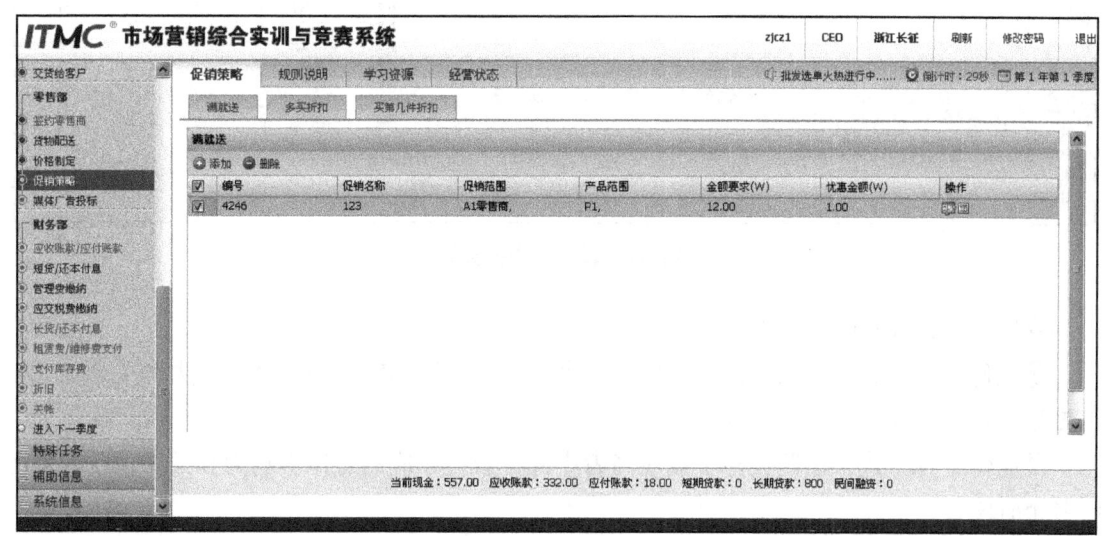

图 9-43　促销策略界面

零售部将根据自身的营销策略制定相应的促销策略，本季度促销策略将影响不定型人群的成交。需要注意的是，在制定某一个促销策略时，需要选择该促销策略针对的促销范围（零售商）和产品范围（产品），如果不选择，则默认为该促销策略对所有促销范围和产品范围生效。一旦对某个范围内的某种产品做了促销，则该范围内成交的该产品均享受促销优惠，促销策略包括：

①满就送：可以设定购买某种产品达到某个金额就可以享受返多少现金的优惠活动。其中"送"的数值不能大于"满"的数值。

②多买折扣：可以设定顾客一次性购买达到多少数量后，全部按折扣价格结算。享受折扣额填写折扣数值，比如八五折，就填写 8.5。

③买第几件折扣：可以设定一次性购买达到多少数量后，该件商品按照折扣价购买，并且如果继续购买，每逢设定数量的倍数，均可按照折扣价购买。比如第 3 件起享受 5 折，即为前两件按一口价，第 3 件打五折，第 6 件也可以打五折。

（5）媒体广告招标界面见图 9-44。

零售部需要根据自身的营销策略，对不同产品投放媒体广告。媒体广告中标后，每个小组将获得相应媒体的影响力，每个小组的媒体影响力会影响习惯型人群的成交比例。另外，媒体影响力也会影响到企业的综合指数，同时也就会影响到受综合指数因素影响交易的消费人群。

图 9-44 媒体广告招标界面

媒体广告投放有两种方式：

①竞价排名方式，按照投标金额依次排名，分别计算其获得的媒体影响力和关系值（如百度排名）。

②高价中标方式，按照投标金额最高者中标，获得相应的媒体影响力和关系值（如央视的各个时段）。

注意：关系值的作用是投标价格相同时，关系值高者优先获得。如果针对同一媒体的关系值相同，则比较媒体广告提交的先后顺序。

7. 财务管理运作

（1）应收账款与应付账款。

（2）短贷与还本付息界面见图 9-45。

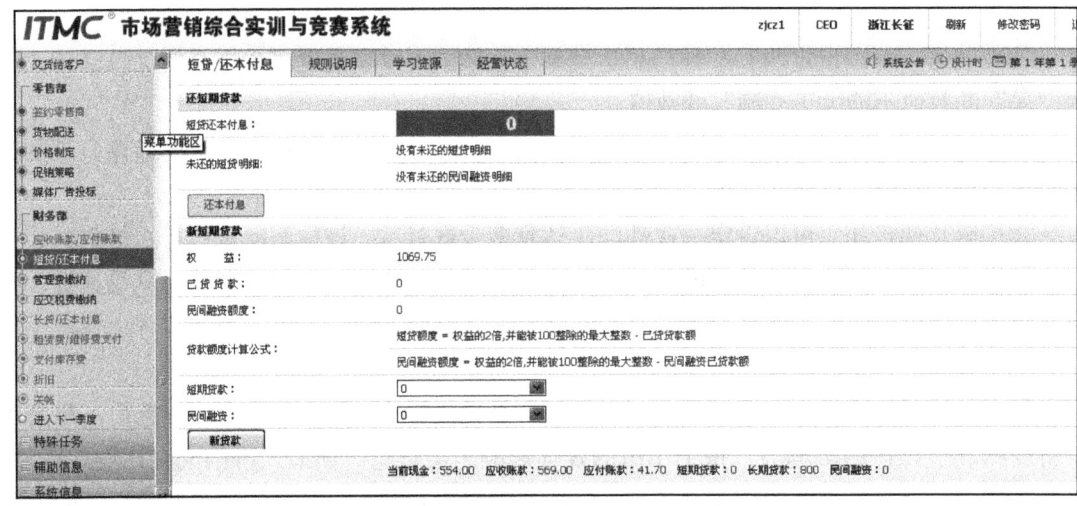

图 9-45 短贷与还本付息界面

系统中向企业运营提供了 3 种融资方式：短期贷款、民间融资和长期贷款。财务部可根据企业经营状态进行融资，其中，短期贷款和民间融资在每一季的任何时间可以随时贷款。

注意：

①如有到期还款的贷款，需要先还款，才能再次进行贷款。

②短期贷款与民间融资的贷款期限是 4 个季度，贷款到期后，需要归还本金并支付利息。贷款规则如表 9-8 所示。

表 9-8 贷款规则

融资方式	规定贷款时间	贷款额度	还贷规定	年息	期限
短期贷款	每季任何时间	上一年所有者权益的两倍－已贷短期贷款额，并能被 100 整除的最大整数	到期一次还本付息	5%	四个季度
民间融资	每季任何时间	上一年所有者权益的两倍－已贷民间融资额，并能被 100 整除的最大整数	到期一次还本付息	15%	四个季度

短贷基本信息见表 9-9。

表 9-9 短贷基本信息表

贷款基数	100
贷款权益倍数	2
短贷利息（/周期）	0.05
短贷贷款周期（季度）	4
民间融资利息（/周期）	0.15
民间融资周期（季度）	4
最大贷款额度（含已贷）	权益 × 贷款权益倍数
利息计算	贷款额度 × 利息（/周期）
还款方式	短期贷款和民间融资是到期还本付息

（3）管理费缴纳界面见图 9-46。

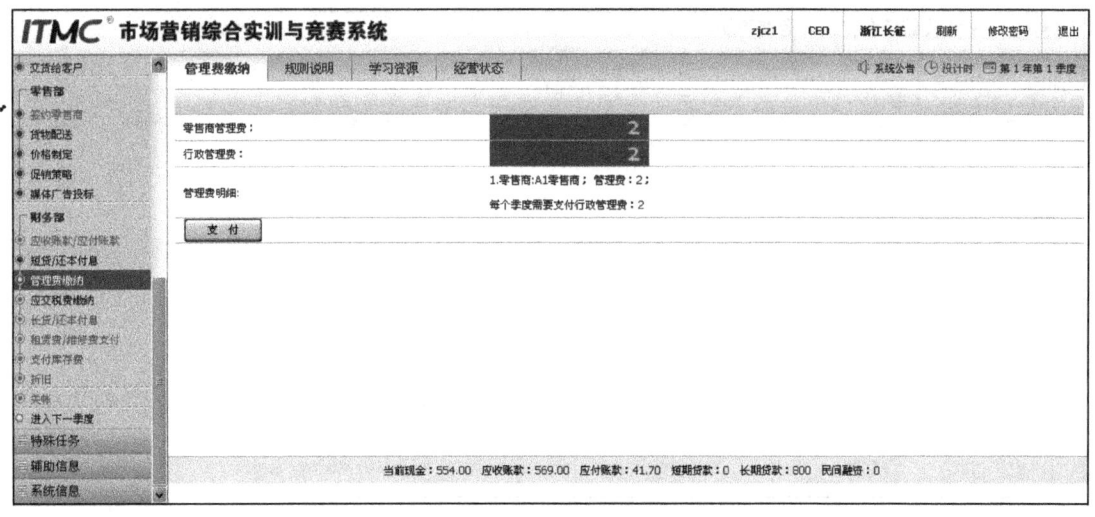

图 9-46 管理费缴纳界面

财务部每个季度必须缴纳一定的行政管理费和签约零售商的管理费，每个季度行政管理费为两万元。零售商的管理费为所有签约零售商管理费用的总和，签约当季度只交进场费，不再交管理费。

（4）应交税费缴纳界面见图9-47。

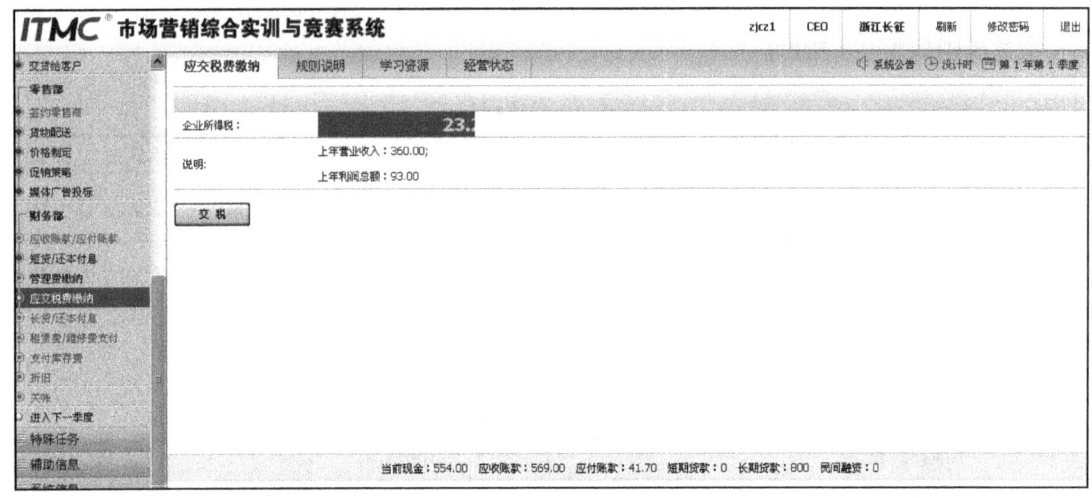

图9-47　应交税费缴纳界面

每年第一季度缴纳上年度所得税，所得税的计算公式为：

所得税额＝利润总和（先弥补前5年亏损）×25%（保留小数点后两位或按四舍五入取整）

8. 特殊任务部分

（1）生产型号管理界面见图9-48。产品生产时必须要选择产品型号，产品型号是由学生根据自己的产品功能组合自由命名的。如：生产带有F1和F4功能的P1产品，产品型号可定义为P1F1F4，然后选择F1和F4功能，这样只要看到型号就可以知道产品的功能。

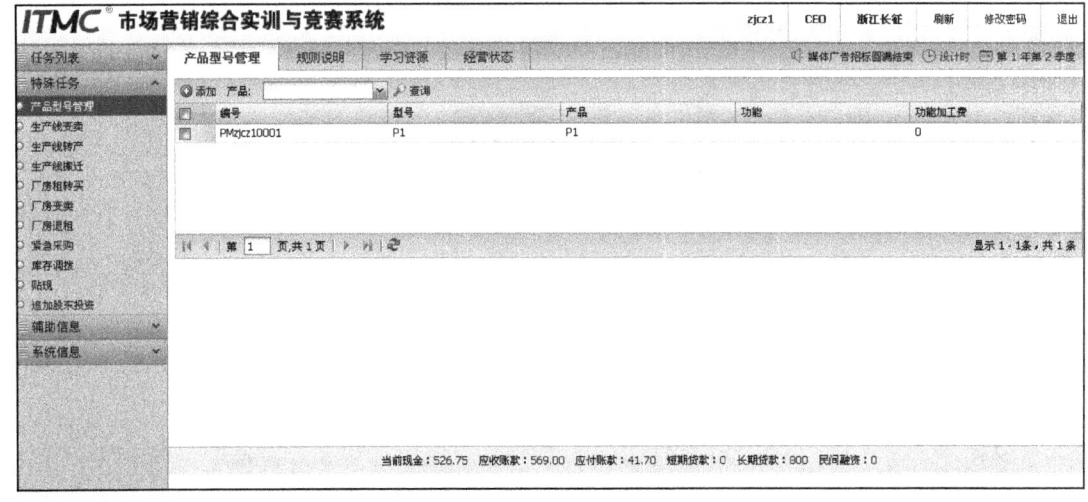

图9-48　生产型号管理界面

（2）生产线变卖界面见图 9-49。生产线可以按照变卖价格进行变卖，变卖收入属于额外收入，但是变卖前首先要计提折旧，剩余固定资产要进行固定资产清理。

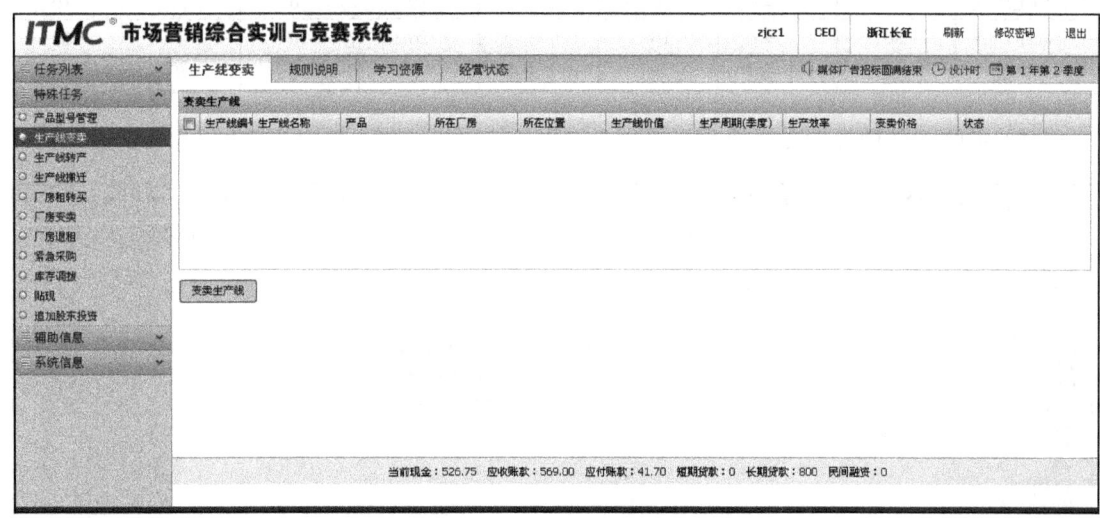

图 9-49　生产线变卖界面

生产线变卖信息见表 9-10。

表 9-10　生产线变卖信息

生产线	购买价格	生产周期	转产费用	转产周期	变卖价格	拆迁费用	维修费用	周期产量
半自动生产线	40	2 个季度	0	0 个季度	10	8	5	10
全自动生产线	80	1 个季度	10	1 个季度	20	10	4	10
柔性生产线	120	1 个季度	0	0 个季度	30	10	5	10

（3）生产线转产界面见图 9-50。空闲的生产线可以进行转产，半自动和柔性线可以直接转产，没有转产费用和转产周期；全自动生产线进行转产需要支付相应的转产费用，并需要相应的转产周期。生产线转产信息见表 9-11。

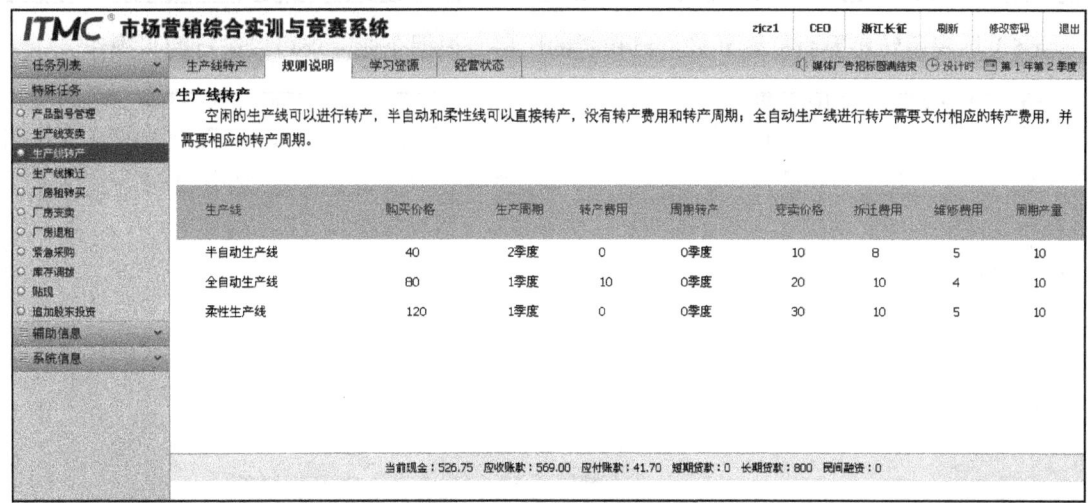

图 9-50　生产线转产界面

表 9-11 生产线转产信息

生 产 线	购买价格	生产周期	转产费用	转产周期	变卖价格	拆迁费用	维修费用	周期产量
半自动生产线	40	2个季度	0	0个季度	10	8	5	10
全自动生产线	80	1个季度	10	0个季度	20	10	4	10
柔性生产线	120	1个季度	0	0个季度	30	10	5	10

（4）生产线搬迁界面见图 9-51。

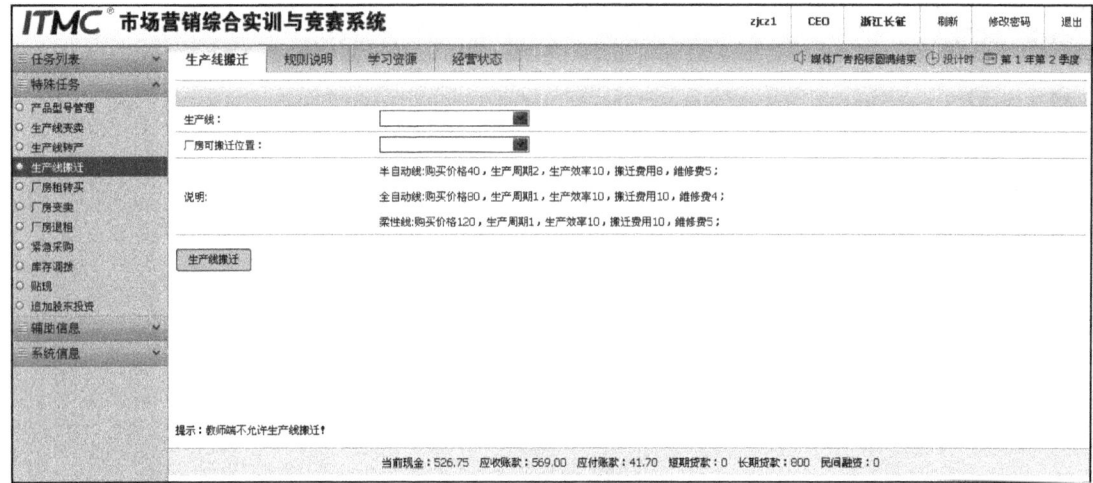

图 9-51 生产线搬迁界面

如果厂房有空闲位置，可以将空闲的生产线搬迁到该空闲位置，但需要搬迁费用（见表 9-12）。

表 9-12 生产线搬迁费用

生 产 线	搬迁费用
半自动生产线	8
全自动生产线	10
柔性生产线	10

（5）厂房租转卖界面见图 9-52。已租赁的厂房，根据企业需求可以进行购买操作。

图 9-52 厂房租转卖界面

（6）厂房变卖界面见图 9-53。空闲的厂房可以进行变卖，不计折旧。厂房变卖后产生 4 个季度的应收账款。

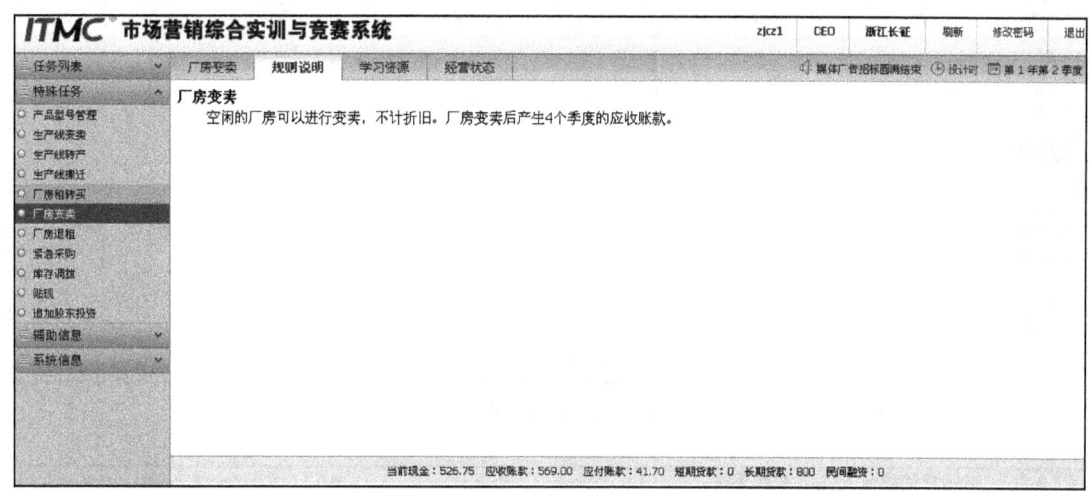

图 9-53　厂房变卖界面

（7）厂房退租界面见图 9-54。空闲的厂房可以直接退租，如果该厂房有生产线可以进行租转买，但是本年度租金不退还。

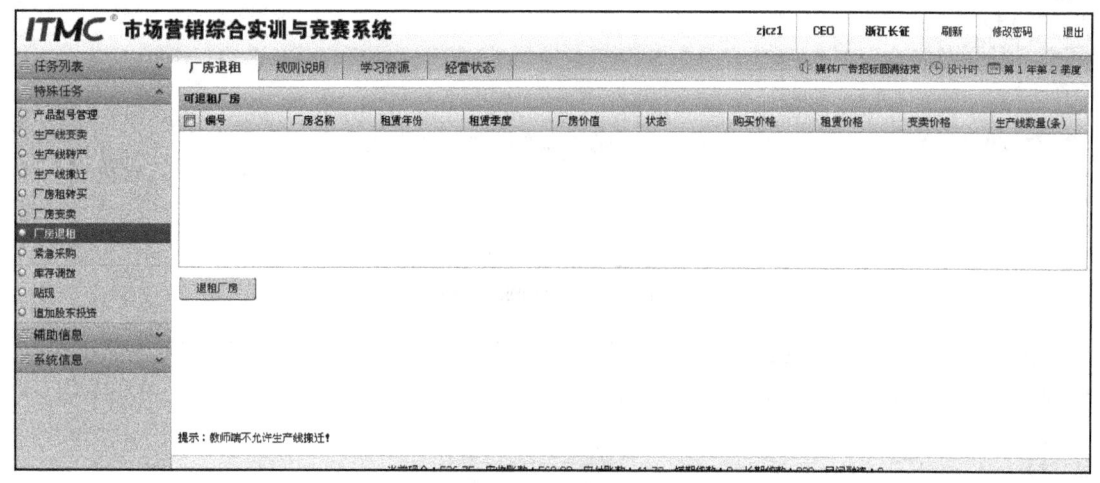

图 9-54　厂房退租界面

（8）紧急采购界面见图 9-55。原料可以进行紧急采购，紧急采购价格为采购价格的两倍。

（9）库存调配界面见图 9-56。不同的零售商之间可以进行库存调拨，库存调拨需要周期和费用。

（10）贴现界面见图 9-57。

如果现金不足可以将应收账款进行贴现。贴现规则：贴现费用等于贴现应收账款金额乘以贴现费率；贴现额度只能是 100×（1，2，3，4，…）这样的整数。

244　企业资源计划（ERP）原理与沙盘模拟：基于中小企业与ITMC软件

图 9-55　紧急采购界面

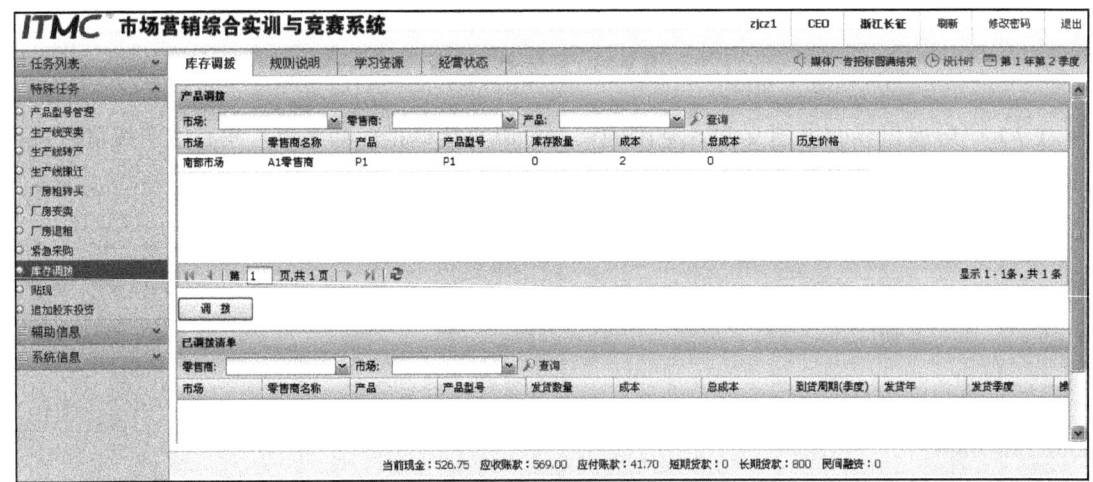

图 9-56　库存调配界面

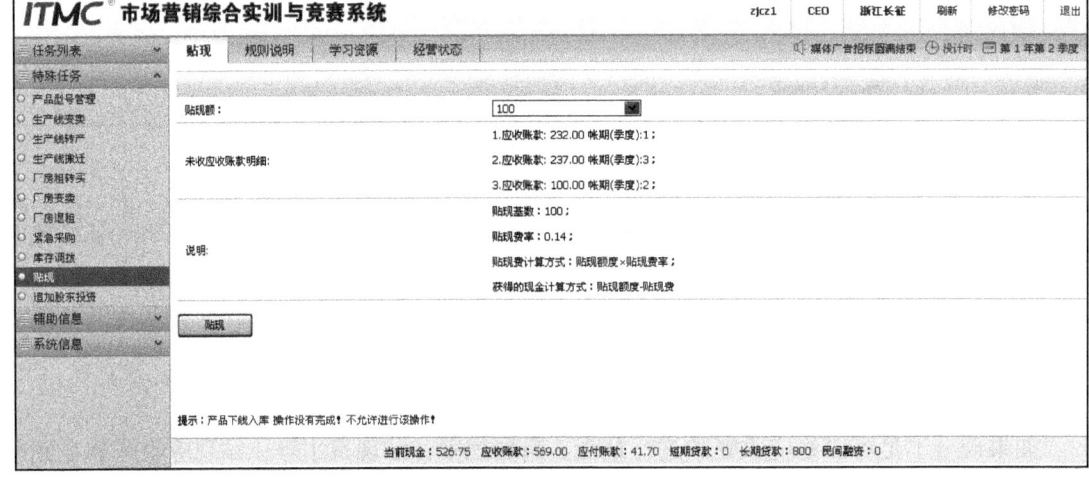

图 9-57　贴现界面

贴现基数：100

贴现费率：0.14

贴现费计算方式：贴现额度 × 贴现费率

获得的现金计算方式：贴现额度 − 贴现费

（11）追加股东投资界面见图 9-58。如果某小组经营不善可以追加股东投资，能否追加以及追加额度可以由系统控制。

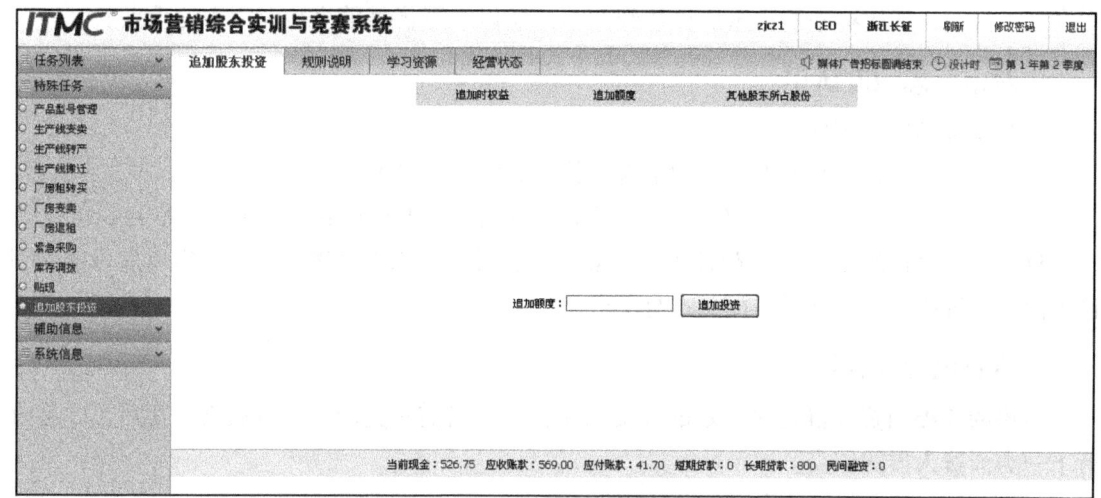

图 9-58　追加股东投资界面

9.4　经营效果的分析点评

基于 ERP 的市场营销沙盘模拟系统科学地把营销活动与企业的生产有机结合在一起，形成融合性特点较强的训练体系。训练系统的综合性和融合性，使得训练本身的难度系数有所增加，训练所涉及的知识领域也具有一定跨度。在每一次的训练结束之后，经营分析也会变得头绪繁多，异常复杂。按照 ERP 设计的思想，训练与讲评都应该基于模块，可以把训练活动切割成不同的功能模块。在分析中既要考虑模块自身的功能特点，又要格外考察模块间的逻辑关系。这样可以在宏观上把握训练思想，找到训练中存在的共性与个性问题，提高训练的质量和沙盘操作效率。

9.4.1　销售模块分析

销售分为大客户的直销、批发和零售 3 部分。对直销渠道设计的目的必须给予明确，这一渠道本身并不能给企业带来实质性的效率，只是提供企业疏解库存瓶颈，及时回笼资金的方式。同样批发也是如此，但是，相对于零售渠道而言其优势在于保证企业经营平稳，就像飞机的平衡尾翼一样，单纯靠它无法飞翔，但是没有这个功能设计，飞机就无法平稳飞行。显然，直销与批发利润都很低，收益很少，无法形成客观效益，可能只具有处理囤货快速甩货功能。很多学生对为何设计这样两个渠道原因尚不明了，在实际操作活动中，往往把这两个渠道做主要营销方式，这显然是一种策略上的错误。部分学生在练习的初期，热衷于抢大客户的订单，后来发现有点走偏，经营方向发生问题。

想要得分高必须做零售。这是经过若干次训练之后，学生慢慢感悟出来的。但是，企业零售获利很难，做零售需要考虑的问题比较复杂，投入与产出的关系始终困扰着学生。尤其是有广告、同零售商合作、对产品流行功能分析等多方面因素需要全面考虑。但零售售价能比项目投标很高，在得分上有很大的诱惑力，经营得好可以得出高分。许多学生在多次训练后发现零售在这场比赛中所占重要性达到50%。所以，零售是整个沙盘用力的重点。

1. 对市场忠诚度认识

本季度市场忠诚度计算：

$$市场忠诚度 = (1+ 促销优惠 / 销售价格 \times 0.01)$$
$$\times (本季产品平均销售价格 / 上季产品平均销售价格)$$

这个指标可以理解为，消费者在购买某个商品后，第二天突然降价，肯定以后可能会对这个商品的价值产生怀疑了，商品本身不保值。

2. 零售消费群分析

零售的6类消费人群遵循一定的成交顺序，只有当前一类消费人群成交结束后，才会进行下一类消费人群的成交。

6类消费人群优先交易顺序为：

①情感型；②习惯型；③理智型；④冲动型；⑤经济型；⑥不定型。

每类消费人群的交易规则：

第一类情感型消费人群，受该产品历史优惠额度影响，该产品历史成交优惠额度最多的，优先成交；如果该产品历史成交优惠额度相同，则比较企业综合指数；企业综合指数相同，则比较价格。

第二类习惯型消费人群，属于媒体广告主导人群。按照本组本季度获得的媒体影响力与所有小组本季获得的媒体影响力的总和的百分比分配订单。

第三类理智型消费人群，属于企业综合指数主导人群。企业综合指数高者优先交易，如果综合指数相同，则比较价格。

企业综合指数计算公式：

[(ISO 14000 按20计算 +ISO 9000 按10计算) / 所有小组总认证] ×20+ (上季度小组营业收入 / 上季度所有小组营业收入) ×40+ (小组总媒体影响力 / 所有小组总媒体影响力) ×40

第四类冲动型消费人群，属于流行功能主导人群。由于流行功能有持续周期，并且开始流行时间受到零售商的市场敏感度的影响，只有在流行功能流行持续周期内，才会产生冲动型消费人群的成交。在此期间，拥有此流行功能的优先成交；如果都拥有该流行功能，则比较该产品拥有的所有功能数量，拥有最多功能数量者优先成交；如果仍旧相同，则比较价格；价格再相同，比较企业综合指数。

第五类经济型消费人群，属于价格主导人群。价格低者优先交易。如果价格相同，则比较企业综合指数。

第六类不定型消费人群，属于促销活动主导人群，没有促销就不会产生该人群的订单，促销后价格最低的优先成交，如果促销后的价格相同，比较企业综合指数，如果综合指数相同，则比较定价，定价低者优先成交。注意：①如果制定价格超过市场期望价，不定型消费人群不会产生交易；②促销活动将会对其他5类消费人群同样有效。

用户群—影响参数—规则：

A 情感型 – 忠诚度 – 忠诚度 > 市场满意度 + 产品优先交易权重 > 综合指标。

B 习惯型 – 媒体 – 按照媒体影响力百分比系统分配订单。

C 理智型 – 综合评价 – 学生辅助菜单里我的企业信息。

D 冲动型 – 功能 – 流行功能 > 市场满意度 + 产品优先交易权重 > 综合指标。

E 经济型 – 价格 – 价格 > 市场满意度 + 产品优先交易权重 > 综合指标。

F 不定型 – 促销 – 优惠额度 > 市场满意度 + 产品优先交易权重 > 综合指标。

9.4.2 经营策略确定

第一，锁定某个市场（南部、东部、西部、北部）。可以考虑适当存储部分产品等待销售时机，等到时机差不多了，再上架，以较低的价格来销售。这样虽然收益不多，可是能来个回马枪让其他竞争对手卖不出去。但是，此种策略实施不当可能会引起存储量提高。

第二，对直销和直销渠道的合理运用。在第一年第一季度必须抢到大客户订单，尽快初期生产的产品尽快销售出去，这样可以在第一年第二季度或第三季度就能有比竞争对手有更多的资金优势，保证经营的良性运营，防止资金链断裂。

第三，生产线策略。其一是生产线侧重于上柔性生产线。这样实时跟进市场流行趋势不断转产。但是，角色分工中生产管理辅助需要计算量比较大，必须全面考虑原材料进货量及到货周期；其二是生产线定为全自动，全力主打某一产品坚持始终，只是对产品的功能进行适当改变，保证适应不同时期的销售。

9.4.3 资金管理策略

第一，贷款策略确定，贷款优先于贴现。很多学生开始的时候不敢贷款。如果深入了解规则之后，发现这种担心没有必要。经营本身就是高风险高回报。只要错开贷款时间，防止集中还贷，防止资金面吃紧。就可以开始就贷款，发展生产线。这样有实力在产能及产品功能上领先竞争对手，保证竞争优势。

第二，投放广告策略。切勿迷信广告，广告影响的人群有限。广告主要是对习惯型人群。而且有时候影响范围较广的广告很难中标，不如多花极少资金投几个低级的广告。

9.4.4 市场营销战略选择

市场导向型企业必须对市场有全面客观的了解，营销战略制定主要就是目标市场确定、进行市场细分、有效市场定位3个主要方面，同时 4P 战略组合也尤其重要。

1. 分析市场，确定产品组合

对市场精确、敏感的把握是决定一次比赛所用策略的根本，只有明白每一个市场的特点，才能让营销计划更有针对性，并在这个基础上去分析对手的思路，最终确定自己用哪一种战略。而这里的战略，指的是目标市场的选择和产品营销的选择，就是主打产品是什么，主攻市场有是哪些，市场开拓方向，最终目标是什么等。只有明确了这些才能真正做到"以销定产"。

2. 生产战略制定

生产线的规划要根据企业资金状况并结合市场预测进行，例如：前三年P1行情很好，是旺盛期，那么前三年可适度生产P1；第二、三、四年是P2的黄金销售期，那么就规划在这几年规划生产线生产P2。

如果想占取大面积市场份额必须能销售大量的产品，没有坚固的生产线根本无法与对手竞争，即使有单也未必敢接，造成了毁约更是得不偿失。手工生产线虽然灵活，但是生产率低，同样一年1M的维护费用，但是生产率远远不及其他生产线。转产灵活与折旧费低是它的优势。半自动生产线，生产率比手工生产线高，但是不及全自动与柔性线，转产周期限制了它的灵活性，相对来说，是前两年比较实用的生产线。全自动生产线，生产率是最高的，折旧费用适中，既能使生产率最大化，也让自身效益保持稳定耗损。唯一的不足就是灵活性差，转产周期长，不建议转产，可用到最后。停产所造成的损失远比转产后所取得的经济效益大。柔性线生产线，是最灵活、生产率最高的生产线。缺点是折旧率高，不建议多建设，准备一条转产备用即可。为使效益最大化和权益最优化，全自动生产线是不二之选，因为折旧率直接和权益挂钩，产率和分值和柔性线相等，实为竞争利刃。

3. 财务管理策略

长短贷不是主观臆断地去融资，而是针对相应的策略，是在经营开始就凭借较高的权益依赖大量长期贷款更早地构建自己的生产线模型；或者是小产能、短贷、缩减费用，保证所有者权益，后来抓住机会利用市场或者产品空场，迅速做大。不管走哪种路线，精确的现金预测是保证一个企业现金流不断的根本，还有要注意做好弹性预算，因为博弈的对象是不断变换的其他组员，一定要给自己留有余地，不到关键时刻，没有80%以上的把握最好不要"破釜沉舟"，稳中求胜是比较好的一种心态。然而高风险，高回报，当你吃透了规则，吃透了市场，全面了解了自己的对手，才可以把科学战略变成盈利的手段。按照任务顺序将每季度的资金支出和收入预算出来，以确定贷款节奏和贷款时间以及产品研发与质量认证、市场开拓进度和生产线更新的进度。

4. 广告投放的策略

广告费的多少可以从多角度考虑：如果观察到对方放弃大量产品的生产而在拼命攀科技树的时候，广告费不宜过大；如果发现多个企业都大量屯货时，可以避其锋芒保单即可，也可以大胆压制，消耗对方的广告费，哪怕比第2名多投5M，利润不在于所赚的毛利有多少，而在与对手拉开的差距有多远,压制是一种保本逼迫对手急躁犯错的战术。在投广告费的时候,一定要综合各个组的产能及市场老大的情况。

第一,市场老大在投广告费的时候,对与需求量相对较大的产品 P2 或 P3、P4 最好投 3M。以免有人偷袭你的市场老大地位,而且如果有第二次选单机会,你可以选取一张单价比较好的订单。第二,制定广告方案。规则:不打广告则不能接订单,各市场中投广告最多的先选单,金额相同时投广告最快者先选单。第三,市场的开拓和质量体系认证。市场开拓完毕后才能打广告,打了广告才能在该市场竞单,有认证条件的订单只有企业通过相关认证才能接该订单。市场开拓和质量体系认证在年底时进行,区域 1 年可完成需 1 个 M,国内需 2 年 2M,亚洲需 3 年 3 个 M,国际需 4 年 4 个 M,ISO 9000 需 2 年 2 个 M,ISO 14000 需 4 年 4 个 M。

5. 产品的研发战略

初始企业在生产 P1 产品,P2、P3、P4 需要研发才能生产,产品研发周期都需要 6 个季度,其中 P2 需要 1M/Q,P3 需要 2M/Q,P4 需要 3M/Q。材料的采购应该对应产品研发战略实施,R1、R2 订购必需提前一个季度,R3、R4 订购需提前两个季度。材料实行的是货到付款,如有账期则从到货时算起。如一季度定 R1 材料 6 个,则二季度到货,因 R1 材料 5 个以上 10 个以下,则账期 1 个季度,因此三季度付款。产品构成:P1 需要 1 个 R1;P2 需要 R1+R2;P3 需要 2R2+R3;P4 需要 R2+R3+2R4。

9.5 基于 ERP 的市场营销沙盘实操体会[○]

当我第一次听到"营销沙盘"这个词的时候,我的脸上挂着茫然,心里有着忐忑。虽然我一直想参加国赛,但是在之前参加过的比赛中都因为组队、团队合作诸如此类的问题,与得奖失之交臂。失败是成功之母,这让我这次在组队问题上面慎之又慎,通过明察暗访沟通交流,终于我们四人小分队成立了。因为我坚信,三个臭皮匠赛过诸葛亮,更何况我们是四个。

记得在宣讲会的第二天下午,每个队派代表在 B116 去领比赛规则。当我拿过一叠 20 页厚厚一沓《市场营销技能大赛规则》的时候,当我看到里面市场指数、生产线、产品型号、市场敏感度、反应周期、忠诚度、满意度诸如此类的名词和系数的时候,我顿时感觉压力好大、开始产生退缩的念头;但最后我还是告诉自己,我和大家都一样,站在同一起跑线上,现在我要做的就是必须在最短的时间里面记住它、熟悉它、运用它。因为我相信我能行。

放弃 or 坚持,如何抉择

不知道是幸运还是能力出众,我成为第二大组的负责人,每天晚上负责通知和组织同学 8 点 40 分在实训室练习。有些事情真的不得不承认有三分钟的热度,各个小组的积极性都很高,但越到后面,打电话来请假的人越来越多,来的小组也就一两个代表,甚至到最后一

○ 资料来源:供稿,11 届市场营销 3 班,安顺民。

个接一个的离去。而我的生活从此变成了：

"11点半了，走，一起去吃饭。"

"你们先去，我才做到第二年3季度，等会做完了再去吃！"

"走，我们下午去游泳，有很多同学一起，天气这么热，出去放松一下。"

"下次吧！你们去游爽一点，我下午还有一场沙盘网赛！"

"学习委员：我等会有一个网络培训，可能上不了上午的课了，你帮我给老师请个假！"

"儿子，今天的事到现在应该做完了吧！现在在干吗？"

"妈，我等会打给您，我现在正在网赛……"

因为比赛，因为训练，我得暂时放下正常吃饭的时间、放下去放松的机会、放下去上课的成本、放下和家人通电话……

放弃的念头反反复复在我的脑中浮现，因此我常问自己，我这样的选择是对的吗？我花了大把大把的时间去练习会后悔吗？我是决定坚持还是放弃？即使我也知道，有时候放弃也是一种明智的选择，但是我庆幸自己挺过来了，因为我相信既然选择了就要面对。

从"队友"变成"竞争对手"

好不容易熬到了校内初次选拔赛，19支队还剩下10支。能够坚持下来的队伍都不错，今天我们选择前五队，老师说。从早上9点半一直到下午6点，我们小组通过配合，终于以小组第二的成绩出线；很高兴，但又感觉压力突然再次加大，校园的几个对手下去了，全国各地的对手向你袭来。"恭喜出线的五支队伍，为了平时能更好地练习，我建议每个队拆分成两个组，最后我们的目标让每个人都能熟练操作这个软件！"老师说。这句话，顿时好像一把刀，切断了队伍原有的感情，但下来仔细想想，这样安排是对的。私底下我们是要好的朋友，赛场上又是自己的竞争对手，对于战术、策略、比赛遇到的问题和经验，这些是应该保留还是一起分享——这是一个大家纠结且困惑的问题。我想：只有自己先说出来，同学在一起才会分享得更畅快。

有"差距"，才有"动力"

全国网赛来了。当我们遇上了如黑帝、白帝、小郑、石头、纯黑等网友，顿时感觉完美无缺的策略瞬间都失效了；比赛下来，没有剩太多的现金、应收款，只有还不完的贷款、剩下满满的货和一阵抓狂，感觉完全被淘汰和颠覆，让我再次开始怀疑自己的能力，但我的理智没有让消极情绪持续太久；当晚，自己写给了自己一句话："失败"又怎么呢？我就是要越挫越勇，放在了我的QQ签名上；让我重拾信心，回到沙盘演练路上。

因为喜欢，所以参加；因为努力，所以不后悔

坚持到现在，我是真的挺享受这个过程，喜欢那被淘汰但不气馁的感觉；喜欢那全神贯注的五个小时但不头昏脑涨的感觉；也更喜欢经过几天的努力去发现自己的策略的漏洞和瑕

疵，优化方案后获得小组第一名那种小小成就感所带来的喜悦。

参加比赛直到现在，让我深深地体会到：不管做什么，只有不懈的努力和坚持，带着真正的热爱去全身投入，你才有可能脱颖而出！

本章小结

1．ITMC市场营销沙盘模拟系统是将企业置身复杂的物流网络中，通过模拟物流企业的整体运营过程，让学员进行市场预测、市场分析、市场开拓、ISO认证、开发客户、参与投标、选择批发订单、产品研发、产品下线入库、租赁/购买厂房、生产线购买、原料采购、投入生产、交给客户、签约零售商、货物配送、价格制定、促销策略、媒体广告投标、收账款/应付账款、短贷/还本付息、管理费缴纳、应交税费缴纳、长贷/还本付息、租赁费/维修费支付、支付库存费、折旧、关账进入下一季度等战略、战术、运营层面的决策与实施。在实训过程中，学员既能从战略高度来观察、企业管理的全貌，也能从执行角度来亲身体验、管理的主要环节，并学习如何解决实践中会遇到的典型问题。

2．重点完成任务清单的30项工作，对每一个活动环节要实行有效地预先控制。尤其3次招标活动中，如何有效控制标的，对企业实施战略管理，处理好近期与远期。获利与生存之间的关系。时刻关注经营分析中关键指标的变化，以此来及时调整经营战略。

3．重视沙盘经营效果的分析与点评。教师在学生周期性操作活动结束之后，应当结合各团队的经营业绩进行全面、认真、科学的评价，这项评价的侧重点不仅仅在于实际经营成果指数分析，主要是对学生经营活动中思维方法是否科学合理进行理性分析。包括对企业经营本质分析；通过平衡盈亏点计算，结合联合成本分析，进行运输管理与成本控制；企业预算管理的分析。

习题与实训

习题1 请说明直销订单与批发订单和零售订单之间的关系？并总结大额订单获取的经验。

习题2 如何不同种类消费人群特点进行分析？请列出表格，并确定不同人群需求与生产之间的关联性。

实训 贷款账期的有效处理可以保证企业在良性循环的生态条件下生存。请根据自己沙盘操作的体会，说明长期贷款、短期贷款、贴现以及民间融资之间如何有效设置账期。你的最佳搭配比例是什么？沙盘模拟中允许企业的融资方式有长期贷款、短期贷款、贴现及高利贷。其中长期贷款最长为5年期，每年年底支付利息，贷款的最高限额是权益额的2倍；短期贷款及高利贷期限为1年，不足1年的按1年计息，短期贷款与高利贷到期时还本付息，短期贷款贷款限额是权益的2倍，高利贷没有贷款额度的限制；资金贴现在资金出现缺口且不具备银行贷款的情况下，并且有应收款时随时可以进行，金额是7的倍数不论应收款期限长短，拿出7万元交1万元的贴现费。

假设现在企业需要融资，请根据自己的负债情况，确定可行的融资方式与数额。

案例分析

汽车行业生态再造中

新兴互联网企业与传统汽车厂商的联姻在近日颇为瞩目,2014年12月9日,乐视CEO贾跃亭发微博称"移动互联网时代,汽车产业面临一场巨大革命。潜行一年的SEE计划复制乐视生态垂直整合的成功模式重新定义汽车,通过完全自主研发,打造最好的互联网智能电动汽车,建立汽车互联网生态系统,使中国汽车产业弯道颠覆欧美日韩传统巨头"。此消息一经公布,各大媒体、国内外汽车制造商都给予了极大的关注。

无独有偶,2015年2月3日,易到用车联合奇瑞汽车、博泰集团共同成立合资公司易奇泰行。在合资公司基础上,三方将启动互联网智能共享汽车计划,打造全球第一款全新跨界、全新理念、全新商业模式并且"为共享而生"职能电动汽车易奇汽车。

点评: 为什么大家都热衷于跨界造车?特斯拉的流行,让联网汽车的概念成为热点,2015年的CES、奔驰等宣布与移动的链接,也带动汽车产业进入一个新的移动互联时代,因此,乐视的造车逻辑是构建以内容和服务为核心的新联网汽车生态系统,汽车对于乐视而言也是一个智能终端,可以和乐视其他的平台建立共享和关联,而易到想做的则是突破打车软件的平台限制,一步步从车辆共享、自建汽车租赁公司、向"车"这条产业链的上游移动,打造自己在汽车行业的完整生态链。

问题:

1. 你如何评价建立汽车互联网生态系统的营销战略?

2. 在市场营销沙盘实训中,广告媒介的选择是经营中需要仔细斟酌的策略性问题,这种选择方式与实际情况是否吻合?

㈠ 资料来源:http://www.a.com.cn/info/gc/2015/0210/280816.html。

第 10 章
ITMC 全国大学生沙盘模拟大赛方案（含规则）

【本章要点】

1. 熟知电子商务沙盘模拟各个环节的规则要求，并对重要的规则要熟知熟记。
2. 了解物流沙盘大赛的基本情况，熟悉不同层次大赛的相关规则，对相关数据指标要熟记。
3. 理解大赛规则设计的依据，对 ITMC 电子商务沙盘大赛和 ITMC 市场营销沙盘大赛的规则中带有共性的部分重点把握，为应对竞赛做好准备。

【引导案例】

2011 大学生全程电子商务沙盘模拟经营大赛举行[一]

（中国电子商务研究中心讯）12月24日，由教育部高等学校高职高专工商管理类专业教指委主办、山东商业职业技术学院承办的"2011年全国大学生全程电子商务沙盘模拟经营大赛"决赛在济南举行。教育部高职高专工商管理类专业教学指导委员会秘书长、东北财经大学工商管理学院书记赵宁、上海商学院管理学院教授宋文官、北京联合大学应用技术学院院长支芬和、高等教育出版社经管分社社长赵洁、搜狐邮件中心执行总监李红、中教畅享（北京）科技有限公司总经理黄学全、网易杭州研究院运营总监朱奇等电子商务业内专家出席大赛开幕式，并召开电子商务专业内涵建设研讨会。作为中国最大的新闻门户网站，搜狐企业对本次大赛给予了高度的关注和大力支持，搜狐邮件中心的执行总监李红女士在大赛启动仪式上致辞。

决赛于上午9:00 正式开始，103 支队伍将按照抽签的结果分别进入10 个比赛场地的40 个小组进行淘汰式对决。比赛由教育部电子商务职业教育教指委专家、中教畅享（北京）科技有限公司高级管理人员、山东商职院电子商务专业教师及相关专业企业家担任评委。重点考查参赛团队的电子商务经营能力，所有参赛代表队经过模拟电子商务经营过程中的商品管理、网络营销、网站设计、网站运营、客服管理、仓库管理、配送管理、支付等多个环节进行电子对抗，体现全程电子商务环境下个人的分析、决策以及执行能力。

经过一天的紧张比赛，最终60 支队伍从参赛队伍中脱颖而出，分别获得2011 年全国大学生全程电子商务沙盘模拟经营大赛一、二、三等奖。山东商业职业技术学院工商管理学院

[一] 资料来源：http://www.100ec.cn，中国电子商务研究中心。

代表队表现突出，获得一等奖的好成绩。赛后，各位领导为获奖的团队颁发证书并表示热烈的祝贺。

开展大学生企业经营管理沙盘模拟大赛活动，有利于深化高等职业教育教学改革，引领专业和课程建设方向，加强高素质高技能人才的培养，展示高职院校学生积极向上、奋发进取的精神风采和熟练的职业技能。

10.1 ITMC2015年全国职业院校技能大赛高职组"电子商务技能"赛项规程

10.1.1 赛项名称

赛项编号：XG-142
赛项名称：电子商务技能
英文翻译：Electronic Commerce Skills
赛项组别：高职
赛项归属产业：现代服务业

10.1.2 竞赛目的

电子商务技能竞赛以网店开设装修、网店运营推广、网络客户服务、网店经营分析4个关键任务完成质量以及选手职业素养作为竞赛内容，全面考察选手的商品整合能力、视觉营销能力、网络营销能力、客户服务能力、网店运营能力、团队合作能力，提高选手利用数据实现精准营销能力。对接产业前沿技术，迎接大数据时代，促进高等职业教育教学改革。

10.1.3 竞赛内容

模块	岗位	知识	技能	
开设装修	网络编辑	商品实务 商品信息采集与描述 商务网页设计与制作	商品整合能力 视觉营销能力	数据分析能力
客户服务	网络客服	客户服务与管理	客户服务能力	
运营推广 经营分析	运营经理 推广专员 店长	网络营销 网络贸易 电子商务创业	网络营销能力 店铺规划能力 创业能力	
竞赛阶段	竞赛内容	竞赛方式	时间	
第一阶段	开设装修	2人分工合作	40分钟	
	客户服务	2人独立操作	20分钟	
第二阶段	运营推广 经营分析	4人分工合作	300分钟	

10.1.4 竞赛方式

（1）本赛项为团体赛。以院校为单位组队参赛，不得跨校组队，同一学校相同项目报名参赛队不超过一支。每支参赛队由四名参赛选手、两名指导教师组成。

（2）根据《2015 年全国职业院校技能大赛参赛报名办法》的有关要求，每省每赛项参赛队原则上不超过两支。鼓励各省组织省赛，组织有相应赛项省级选拔赛的省份，经大赛执行委员会审查备案，可增加 1 个参赛名额。

10.1.5 竞赛流程

日期	时间	事项	参加人员	地点
报到日	08:00～13:00	参赛队报到，安排住宿，领取资料	工作人员，参赛队	住宿酒店
	14:30	参赛队领队集中乘车往学校		
	14:45～15:30	领队会	各参赛队领队	会议室
	15:30～16:20	熟悉赛场	赛场技术人员、各参赛队领队	竞赛场地
	16:20	回住宿宾馆		竞赛场地
竞赛日	7:30	参赛队住宿宾馆门口集合，集体乘车往赛场	各参赛队	住宿酒店
	7:45	竞赛场地前	各参赛队、工作人员	竞赛场地前
	7:50 开始	大赛检录进场 第一次抽签加密（抽序号）	参赛选手，第一次抽签裁判	一次抽签区域
	8:30 开始	第二次抽签加密（抽工位号）	参赛选手，第二次抽签裁判	二次抽签区域
	9:00	领队、指导教师入场		竞赛场地观摩区
	9:05～9:30	大赛开幕式	领导、嘉宾、裁判、各参赛队	竞赛场地
	9:30～10:30	第一阶段竞赛	参赛选手、裁判	竞赛场地
	10:40～12:00	第二阶段竞赛	参赛选手、裁判	竞赛场地
	12:00～12:30	午餐	参赛选手、裁判、工作人员	
	12:30～16:10	第二阶段竞赛	参赛选手、裁判	竞赛场地
	16:20～17:20	各参赛队晚餐	参赛选手、领队、指导教师	食堂
	17:20	各参赛队入场	各参赛队	竞赛场地
	17:30～18:30	闭幕式	领导、嘉宾、裁判长、裁判、各参赛队	竞赛场地
	18:40	各队回住宿宾馆	各参赛队	竞赛场地
返程	9:00	所有参赛队返程		

10.1.6 竞赛试题

本赛项公开试题，包括网店开设装修、网络客户服务、网店运营推广、网店经营分析。

1. 开设装修

（1）网店开设。按照系统流程开设网店，设置店铺信息，包括店主姓名、身份证号、身份证复印件、银行账号、店铺名称、店铺主营、店铺特色、营业执照、店铺分类（背景材料由赛项执委会提供）。

（2）店标设计（Logo）。设计要求：店铺 Logo 大小适宜、比例精准、没有压缩变形；能体现店铺所销售的商品；设计独特，具有一定的创新性。

制作方式：赛场制作；参赛队伍参赛之前可以先设计草稿，但是不能带入赛场；赛场提供制图软件 Photoshop 制图软件。

（3）网店（Banner）。设计要求：Banner 主题与店铺所经营的商品具有相关性；设计具有吸引力和营销向导；设计规格可以提升店铺整体风格。

制作方式：制作四张 780×428 图片，每张图片大小不能超过 15k；图片素材由赛项执委会提供，图片提供五种商品，店铺的设计是销售五种商品，详情页设计的时候只发布一种商品。

（4）商品描述。商品描述包含商品信息（图片、文本或图文混排）、商品展示（图片）、促销信息、支付与配送信息、售后信息。

商品主副图设计：每种商品选择四张不同的图片（其中一张为主图，三张为细节副图），这四张图片必须能较好地反映出该商品的功能特点，保证图片有较好的清晰度，图文结合的图片，文字不能影响图片的整体美观、不能本末倒置，并对商品的图片进行美化处理和添加水印后再上传（图片宽度≤922px，图片大小不能超过 120k）。图片素材由赛项执委会提供。

商品描述中包含该商品的适用人群，及对该类人群有何种价值与优势。

与其他同类商品相比，该商品的特点与优势。

商品描述整体美观、整洁，运用 HTML 语言与 CSS 配合对商品描述进行排版。

商品信息中可以允许以促销为目的的宣传性标语，但不允许过分的夸张。

商品描述建议用 Dreamweaver 处理成 HTML 代码后放入商品描述里添加。

2. 客户服务

（1）关于发票。

买家：可以开发票吗？

客服：亲，本店提供正规发票的，发票随货物一起发给您的（您若有需要请在拍下后在备注中写清楚发票的抬头，请放心挑选心仪的宝贝）

买家：发票可以开办公用品吗？

客服：亲，我们开具的是正规的增值税发票，按照税务部门的有关规定只能如实开具的，敬请谅解。

（2）关于物流。

买家：什么时候能发货？

客服：亲，每天下午 4 点前拍下付款的订单是当天发货的，4 点后次日发货，您的订单我们今天会尽快安排给您发货哦！

买家：发什么快递？多久能到？

客服：亲，本店商品统一发送申通快递的，正常情况下 3～5 天可到达，请耐心等待哦！

买家：可以发顺丰吗？

客服：亲，如果您有特殊要求，可以给您发顺丰的，但是需要补一下差价哦，敬请谅解。

系统提供含有以上内容的客户服务话语，买家的提问由系统随机给出，参赛选手按照客户服务话语利用竞赛平台即时通信工具应答，系统只对含有斜体字的规定用语判分。

3. 运营推广、经营分析

参赛团队以卖家角色，分析数据魔方，做好区域、商品、人群定位；租赁办公场所，建立配送中心，装修网店，采购商品；根据数据魔方进行搜索引擎优化（SEO）操作、获取尽可能多的自然流量，进行关键词竞价（SEM）推广、获取尽可能多的付费流量，引导买家进店消费；针对不同消费人群采取不同策略，制定商品价格，促成交易，提升转化率；处理订单，配送商品，结算资金；规划资金需求，控制成本，分析财务指标，调整策略，创造最大利润。

10.1.7　竞赛规则

（1）报名资格：高职组参赛选手须为高等职业院校全日制在籍学生；本科院校中高职类全日制在籍学生；五年制高职四、五年级学生可报名参加高职组比赛。高职组参赛选手年龄须不超过25周岁（即1990年7月1日及以后出生）。

（2）报名要求：参赛队员在报名获得审核确认后，原则上不再更换，如筹备过程中，队员因故不能参赛，所在省教育主管部门需出具书面说明并按相关规定补充人员并接受审核；竞赛开始后，参赛队不得更换参赛队员，允许队员缺席比赛。

（3）熟悉场地：比赛日前一天下午15:30 ~ 16:20开放赛场，熟悉场地。

（4）领队会议：比赛日前一天下午14:45 ~ 15:30召开领队会议，由各参赛队伍的领队和指导教师参加，会议讲解竞赛注意事项并进行赛前答疑。

（5）抽签仪式：比赛前1小时内举行抽签仪式，由各参赛队伍的领队或指导教师参加，通过抽签确定各参赛队伍的赛场座次。

（6）参赛队员入场：参赛选手应提前15分钟到达赛场，凭参赛证、身份证检录，按要求入场，不得迟到早退。并根据抽签结果在对应的座位入座，裁判负责核对参赛队员信息；严禁参赛选手携带与竞赛无关的电子设备、通信设备及其他相关资料与用品入场。

（7）各参赛队伍打开电脑，进入竞赛平台，并修改各自密码。

（8）由裁判长宣布比赛开始，各参赛队伍开始竞赛。

（9）竞赛过程中，如有疑问，参赛选手应持"咨询"示意牌示意，项目裁判长应按照有关要求及时予以答疑。如遇设备或软件等故障，参赛选手应持"故障"示意牌示意。项目裁判长、技术人员等应及时予以解决。确因计算机软件或硬件故障，致使操作无法继续的，经项目裁判长确认，予以启用备用计算机。如遇身体不适，参赛选手应持"医务"示意牌示意，现场医务人员按应急预案救治。

（10）比赛开始后，在运营过程中，赛场裁判负责控制招标过程，并宣布阶段性成绩。

（11）竞赛结束后，裁判公布竞赛结果，并将成绩登录在竞赛成绩单上。

（12）各参赛队伍派一名参赛代表在竞赛成绩单上签字，裁判监督所有参赛队伍签字后，裁判签字。

（13）赛场裁判将数据进行备份和保存，成绩单提交给大赛组委会备案。

（14）参赛代表队若对赛事有异议，可由领队按规程提出书面申诉。

（15）大赛组委会当场公布成绩。

10.1.8　竞赛环境

（1）竞赛场地设在体育馆内或电脑机房，场地内设置满足80个团队的竞赛环境，分成8个赛场。

（2）一个参赛队一个机位，每个机位三台电脑，其中一台电脑备用，两张桌子，四把椅子。

（3）竞赛场地内设置主席台、观众席，便于对竞赛全程的观摩和监督。

（4）竞赛场地内设置背景板、宣传横幅及壁挂图，营造竞赛氛围。

（5）竞赛场地内设置大屏幕，屏幕实时显示竞赛过程和竞赛结果。

（6）局域网络。采用星形网络拓扑结构，安装千兆交换机。网线与电源线隐蔽铺设。采用独立网络环境，不连接Internet，禁止外部电脑接入。

（7）安全保障。采用统一的杀毒软件对服务器进行防毒保护。屏蔽竞赛现场使用的电脑USB接口。部署具有网络管理、账号管理和日志管理功能的综合监控系统。

（8）采用双路供电；利用UPS防止现场因突然断电导致的系统数据丢失，额定功率：3kVA，后备时间：两个小时，电池类型：输出电压：230×（1±5%）V。

10.1.9　技术规范

参赛团队遵循《助理电子商务师国家职业标准》(国家职业资格三级)。

10.1.10　技术平台

品　　名	规格要求说明
参赛选手计算机	配置要求：酷睿I3双核3.0以上CPU；4G以上内存；100G以上硬盘；千兆网卡。预装Windows 7操作系统；预装Internet Explorer 8.0以上浏览器和火狐浏览器；预装全拼、简拼、微软拼音等中文输入法和英文输入法；预装Dreamweaver CS6和Fireworks CS6简体中文版；预装Adobe Photoshop CS6版本
网络连接设备	提供网络布线、交换机、竞赛用服务器
竞赛服务器	配置要求：英特尔至强E5系列四核以上CPU；8GB以上内存；500G以上硬盘；千兆网卡。预装Windows 2008 Server Enterprise操作系统及IIS7.5；预装Microsoft SQL Server 2005数据库
竞赛软件	中教畅享"电子商务综合实训与竞赛系统"

10.1.11　成绩评定

（1）裁判员选聘：按照《2015年全国职业院校技能大赛专家和裁判工作管理办法》建立全国职业院校技能大赛赛项裁判库，由全国职业院校技能大赛执委会在赛项裁判库中抽定赛项裁判人员。裁判长由赛项执委会向大赛执委会推荐，由大赛执委会聘任，共安排15名裁判,两名加密裁判,八名现场裁判,五名评分裁判。

(2)评分方法:网店客户服务、运营推广、经营分析的评分方式为机考评分。网店开设装修的评分方式为结果评分,由五名评分裁判对参赛队伍提交的网店装修采取主观评分。

(3)成绩复核:如监督人员在成绩复核中发现错误,裁判长需更正成绩并签字确认。如果抽检复核错误率超过5%,则认定为小概率事件,裁判长需组织裁判组对所有成绩进行复核。

(4)赛项最终得分按100分制计分,最终得分由参赛选手和裁判签字生效,现场屏幕显示并张榜公布。

(5)评分细则。

项目	内容	评分细则	分值
开设装修	网店开设申请	按照流程开设网店,设置店铺信息,包括店主姓名、身份证号、身份证复印件、银行账号、店铺名称、店铺主营、店铺特色、营业执照、店铺分类、店铺Logo(2分)	10分
	首页	推荐商品(爆款)(1分)	
		促销活动(1分)	
	详情页	填写商品基本信息(1分)	
		商品标题体现商品的属性、特点和卖点;商品标题字数不能超过30字(2分)	
		商品描述(图片、文本或图文混排)、商品展示(图片、视频等形式)、促销信息、支付与配送信息、售后信息(3分)	
客户服务	响应速度	响应时间120秒内回答正确得0.1分,超过120秒0分。(10分)	10分(两人的平均分)
	回答准确性		
运营推广经营分析		每个赛场各参赛队经营10期关账后,软件以各队"所有者权益"为主自动计算经营得分并排序,按照排序先后第一名折算得分为80分,按照名次递减5分,第二名75分,依次类推	80分

10.1.12 奖项设定

本赛项奖项设团体奖。竞赛团体奖的设定为:一等奖占比10%,二等奖占比20%,三等奖占比30%。

获得一等奖的参赛队指导教师获优秀指导教师荣誉证书。

10.1.13 赛项安全

赛事安全是电子商务技能竞赛一切工作顺利开展的先决条件,是赛事筹备和运行工作必须考虑的核心问题。赛项执委会采取切实有效措施保证大赛期间参赛选手、指导教师、工作人员及观众的人身安全。

1. 比赛环境

(1)执委会须在赛前组织专人对比赛现场、住宿场所和交通保障进行考察,并对安全工作提出明确要求。赛场的布置,赛场内的器材、设备,应符合国家有关安全规定。如有必要,也可进行赛场仿真模拟测试,以发现可能出现的问题。承办单位赛前须按照执委会要求排除安全隐患。

(2)赛场周围要设立警戒线,防止无关人员进入发生意外事件。比赛现场内应参照相关职业岗位的要求为选手提供必要的劳动保护。在具有危险性的操作环节,裁判员要严防选手出现错误操作。

(3)承办单位应提供保证应急预案实施的条件。对于比赛内容涉及高空作业、可能有坠物、大用电量、易发生火灾等情况的赛项,必须明确制度和预案,并配备急救人员与设施。

(4)执委会须同承办单位制定开放赛场和体验区的人员疏导方案。赛场环境中存在人员密集、车流人流交错的区域,除了设置齐全的指示标志外,须增加引导人员,并开辟备用通道。

(5)大赛期间,承办单位须在赛场管理的关键岗位,增加力量,建立安全管理日志。

(6)参赛选手进入赛位、赛事裁判工作人员进入工作场所,严禁携带通信、照相摄录设备,禁止携带记录用具。如确有需要,由赛场统一配置、统一管理。赛项可根据需要配置安检设备对进入赛场重要部位的人员进行安检。

2. 生活条件

(1)比赛期间,原则上由执委会统一安排参赛选手和指导教师食宿。承办单位须尊重少数民族的信仰及文化,根据国家相关的民族政策,安排好少数民族选手和教师的饮食起居。

(2)比赛期间安排的住宿地应具有宾馆/住宿经营许可资质。以学校宿舍作为住宿地的,大赛期间的住宿、卫生、饮食安全等由执委会和提供宿舍的学校共同负责。

(3)大赛期间有组织的参观和观摩活动的交通安全由执委会负责。执委会和承办单位须保证比赛期间选手、指导教师和裁判员、工作人员的交通安全。

(4)赛项的安全管理,除了可以采取必要的安全隔离措施外,应严格遵守国家相关法律法规,保护个人隐私和人身自由。

3. 组队责任

(1)各学校组织代表队时,须安排为参赛选手购买大赛期间的人身意外伤害保险。

(2)各学校代表队组成后,须制定相关管理制度,并对所有选手、指导教师进行安全教育。

(3)各参赛队伍须加强对参与比赛人员的安全管理,实现与赛场安全管理的对接。

4. 应急处理

比赛期间发生意外事故,发现者应第一时间报告执委会,同时采取措施避免事态扩大。执委会应立即启动预案予以解决并报告组委会。赛项出现重大安全问题可以停赛,是否停赛由执委会决定。事后,执委会应向组委会报告详细情况。

5. 处罚措施

(1)因参赛队伍原因造成重大安全事故的,取消其获奖资格。

(2)参赛队伍有发生重大安全事故隐患,经赛场工作人员提示、警告无效的,可取消其继续比赛的资格。

(3)赛事工作人员违规的,按照相应的制度追究责任。情节恶劣并造成重大安全事故的,由司法机关追究相应法律责任。

10.1.14 申诉与仲裁

本赛项在比赛过程中若出现有失公正或有关人员违规等现象,代表队领队可在比赛结束后2小时之内向仲裁组提出书面申诉。大赛采取两级仲裁机制。赛项设仲裁工作组,赛区设仲裁委员会。大赛执委会办公室选派人员参加赛区仲裁委员会工作。赛项仲裁工作组在接到申诉后的2小时内组织复议,并及时反馈复议结果。申诉方对复议结果仍有异议,可由省(市)领队向赛区仲裁委员会提出申诉。赛区仲裁委员会的仲裁结果为最终结果。

10.1.15 竞赛观摩

赛场内设定观摩区域和参观路线,向媒体、企业代表、院校师生及家长等社会公众开放,不允许有大声喧哗等影响参赛选手竞赛的行为发生。指导教师不能进入赛场内指导,可以观摩。赛场外设立展览展示区域,设专人接待讲解。

为保证大赛顺利进行,在观摩期间应遵循以下规则:

(1)除与竞赛直接有关工作人员、裁判员、参赛选手外,其余人员均为观摩观众。

(2)请勿在选手准备或比赛中交谈或欢呼;请勿对选手打手势,包括哑语沟通等明示、暗示行为,禁止鼓掌喝彩等发出声音的行为。

(3)请勿在观摩赛场地内使用相机、摄影机等一切对比赛正常进行造成干扰的带有闪光灯及快门音的设备。

(4)不得违反全国职业院校技能大赛规定的各项纪律。请站在规划的观摩席或者安全线以外观看比赛,并遵循赛场内工作人员和竞赛裁判人员的指挥,不得有围攻裁判员、选手或者其他工作人员的行为。

(5)请务必保持赛场清洁,将饮料食品包装、烟头及其他杂物扔进垃圾箱。

(6)为确保选手正常比赛,观摩赛上观众席内严禁携带手机及其他任何通信工具,违者将除本人被驱逐出观摩赛场地,还将视情况严重程度对所在代表队的选手的成绩进行扣分直至取消比赛资格。

(7)如果对裁判打分及观摩赛成绩有质疑的,请通过各参赛队领队向组委会仲裁委员会提出,不得在比赛现场发言。

10.1.16 竞赛视频

赛场内部署无盲点录像设备,能实时录制赛场情况;赛场外有大屏幕或投影,同步显示赛场内竞赛状况;有网上直播系统。

多机位拍摄开闭幕式,制作优秀选手采访、优秀指导教师采访、裁判专家点评和企业人士采访视频资料,突出赛项的技能重点与优势特色,为宣传、仲裁、资源转化提供全面的信息资料。

10.1.17 竞赛须知

1. 参赛队须知

（1）参赛队名称统一使用规定的地区代表队名称，不使用学校或其他组织、团体名称；不接受跨校组队报名。

（2）参赛队员在报名获得审核确认后，原则上不再更换，如筹备过程中，队员因故不能参赛，所在省教育主管部门需出具书面说明并按相关规定补充人员并接受审核；竞赛开始后，参赛队不得更换参赛队员，允许队员缺席比赛。

（3）参赛队按照大赛赛程安排，凭大赛组委会颁发的参赛证和有效身份证件参加比赛及相关活动。

（4）参赛队员需要购买保险。

2. 领队、指导教师须知

（1）各参赛代表队要发扬良好道德风尚，听从指挥，服从裁判，不弄虚作假。如发现弄虚作假者，取消参赛资格，名次无效。

（2）各代表队领队要坚决执行竞赛的各项规定，加强对参赛人员的管理，做好赛前准备工作，督促选手带好证件等竞赛相关材料。

（3）竞赛过程中，除参加当场次竞赛的选手、执行裁判员、现场工作人员和经批准的人员外，领队、指导教师及其他人员一律不得进入竞赛现场。

（4）参赛代表队若对竞赛过程有异议，在规定的时间内由领队向赛项仲裁工作组提出书面报告。

（5）对申诉的仲裁结果，领队要带头服从和执行，并做好选手工作。参赛选手不得因申诉或对处理意见不服而停止竞赛，否则以弃权处理。

（6）指导老师应及时查看大赛专用网页有关赛项的通知和内容，认真研究和掌握本赛项竞赛的规程、技术规范和赛场要求，指导选手做好赛前的一切技术准备和竞赛准备。

3. 参赛选手须知

（1）参赛选手应按有关要求如实填报个人信息，否则取消竞赛资格。

（2）参赛选手凭统一印制的参赛证和有效身份证件参加竞赛。

（3）参赛选手应认真学习领会本次竞赛相关文件，自觉遵守大赛纪律，服从指挥，听从安排，文明参赛。

（4）参赛选手请勿携带与竞赛无关的电子设备、通信设备及其他资料与用品。

（5）参赛选手应提前15分钟抵达赛场，凭参赛证、身份证件检录，按要求入场，不得迟到早退。

（6）参赛选手应按抽签结果在指定位置就座。

（7）参赛选手须在确认竞赛内容和现场设备等无误后开始竞赛。在竞赛过程中，如有疑问,参赛选手应持"咨询"示意牌示意,项目裁判长应按照有关要求及时予以答疑。如遇设备或软件等故障,参赛选手应持"故障"示意牌示意。项目裁判长、技术人员等应及时予以解决。确因计算机软件或硬件故障,致使操作无法继续的,经项目裁判长确认,予以启用备用计算机。如遇身体不适,参赛选手应持"医务"示意牌示意,现场医务人员按应急预案救治。

(8)各参赛选手必须按规范要求操作竞赛设备。一旦出现较严重的安全事故,经总裁判长批准后将立即取消其参赛资格。

(9)竞赛时间终了,选手应全体起立,结束操作。签字确认成绩后方可离开赛场。

(10)在竞赛期间,未经执委会的批准,参赛选手不得接受其他单位和个人进行的与竞赛内容相关的采访。参赛选手不得将竞赛的相关信息私自公布。

4. 工作人员须知

(1)工作人员必须统一佩戴由大赛组委会签发的相应证件,着装整齐。

(2)工作人员不得影响参赛选手比赛,不允许有影响比赛公平的行为。

(3)服从领导,听从指挥,以高度负责的精神、严肃认真的态度做好各项工作。

(4)熟悉比赛规程,认真遵守各项比赛规则和工作要求。

(5)坚守岗位,如有急事需要离开岗位时,应经领导同意,并做好工作衔接。

(6)严格遵守比赛纪律,如发现其他人员有违反比赛纪律的行为,应予以制止。情节严重的,应向竞赛组委会反映。

(7)发扬无私奉献和团结协作的精神,提供热情、优质服务。

10.1.18 资源转化

(1)本赛项资源转化工作由本赛项执委会与赛项承办校负责,于赛后30日内向大赛执委会办公室提交资源转化方案,半年内完成课程标准1套、教材1本、微课8个、动画10个。

(2)赛项资源转化的内容包括本赛项竞赛全过程的各类资源。做到赛项资源转化成果应符合行业标准、契合课程标准、突出技能特色、展现竞赛优势,形成满足职业教育教学需求、体现先进教学模式、反映职业教育先进水平的共享性职业教育教学资源。

(3)本赛项资源转化成果包含基本资源和拓展资源,充分体现本赛项技能考核特点。

(4)本赛项所有转化资源做到均符合《2015年全国职业院校技能大赛赛项资源转化工作办法》中规定的各项技术标准。

(5)制作完成本赛项资源上传:www.nvsc.com.cn 大赛网站。版权由技能大赛执委会和赛项执委会共享,由大赛执委会统一使用与管理。

10.2 省级 ITMC 电子商务沙盘大赛规则

面向商业的全程电子商务沙盘模拟大赛(以下简称"沙盘大赛")。其宗旨是增强高等职业教育培养高端技能型人才的能力,培养学生的经营能力。沙盘大赛形式新颖,让学生看得见、摸得着,历年来吸引了成千上万的经管类专业学生参加,更有学生自发自己组织校内、校际之间对抗赛,实现了从"要我学、要我赛"到"我要学、我要赛"的转变。

10.2.1 赛项指导思想与基本原则

近年来,大学生的创业热情越来越高涨,如何提高创业的成功率,如何走出创业的误区,如何在创业路上走得更远,加强创业能力的培养成为提升大学毕业生自主创业的有效途径。模拟沙盘成了大学生创业的练兵场,"沙盘大赛"已成为提升创新创业素质和能力、营造良好创新创业环境、构建创新创业人才培养平台的重大举措,成为工学结合、校企合作的一个重要平台,也已成为全国高职经管类专业教学改革、大学生创新实训实习实践教学成果交流和展示的一个重要载体。

10.2.2 竞赛目的

随着电子商务"交易量"增大,电子商务从初级阶段正在向全程电子商务发展。全程电子商务不仅能够实现 B2B、B2C 电子商务,还能帮助企业进行客户关系、采购、库存、财务等业务管理。电子商务专业定位也经历3个阶段:以技术开发为主,以商务操作为主,以经营实战为主。电子商务人才不仅要懂如何销售,还要了解如何管理,掌握电商企业经营本质。电子商务沙盘大赛让学员掌握全程电子商务运营战略、战术、作业层面的决策与实施,通过模拟电子商务经营过程中的商品管理、网络营销、网站设计、网站运营、客服管理、仓库管理、配送管理、支付等环节,来训练提高企业经营管理人员在全程电子商务环境下的分析、决策以及执行能力。

在比赛过程中,学员既能从战略高度来观察全程电子商务的全貌,也能从执行角度来亲身体验全程电子商务的主要环节,并学习如何解决实践中会遇到的典型问题。学生通过电子商务沙盘大赛可以收获:

(1)培养严谨周密的思维方式及整体运营的全局观。
(2)团队合作和协调能力。
(3)战略分析规划能力与决策能力。
(4)多种手段网络营销能力。
(5)客户服务与订单处理管理能力。
(6)物流配送管理能力。
(7)仓储与库存管理能力。
(8)采购管理能力。
(9)不同支付方式下资金管理能力。
(10)财务管理与成本控制能力。

10.2.3 比赛内容与规则

1. 比赛内容

采用全程电子商务模拟软件进行市场对抗,基础背景设定为一家初始拥有 500 万现金的虚拟电子商务企业。创办网店或者自建B2C的平台的方式，模拟全程电子商务企业的实际运行状况。企业经营活动内容涉及整体战略、产品选型与采购、平台建设与投资改造、产品定价、渠道建设、促销策略、资金需求规划、财务经济指标分析、团队沟通与建设等多个方面，各校参赛团队，每一个团队代表不同的虚拟公司，进行企业4年模拟决策经营，以全程电子商务模拟软件计算最终经营得分。

2. 比赛规则

高校在校学生均有权报名参加比赛；以团队为单位参赛，正式比赛队员4名、1或2名指导教师（含领队），一经报名，不得修改。每个参赛院校可以派1~3支队伍全程电子商务比赛。电子商务、物流管理、连锁经营管理、市场营销、会计、国贸等专业都可以组队参加全程电子商务比赛。

各参赛院校以团队为单位参赛，每队正式比赛队员4名、指导教师1或2名，一经报名，不得修改。每队4名正式参赛学生，分工如总裁、财务总监、营销总监、运营总监。

10.2.4　比赛时间安排与流程

为了更好地帮助各参赛院校系统地学习沙盘课程、了解竞赛规则、分享比赛经验，届时将在沙盘启动会上由全国沙盘大赛培训讲师为参赛学校的指导老师进行物流企业经营管理沙盘操作专业培训。

省赛第一名代表海南省高职院校参加由教育部高职高专工商管理指导委员会主办的全国大学生面向商业的全程电子商务沙盘模拟大赛总决赛。

10.2.5　评分标准制订原则、评分方法、评分细则

1. 基本规则

参照"ITMC全程电子商务模拟系统"设定的角色职责与规则，全程电子商务竞赛模拟3年。

2. 评分方法

省赛以沙盘软件计算得分为准。省赛承办院校如果设置评委，评分方法由软件评分和综合素质评分组成，具体计算方式为：软件计算得分占70%，综合素质评分占30%。

3. 特别规则

（1）每一团队中的4名参赛学生共同使用一台电脑参加比赛，与其他团队进行沙盘对抗。

（2）当企业出现下列情况时视为破产：

现金断流，不能归还贷款或者支付相关费用时，即为破产。

企业破产后，即退出比赛，破产企业所有资产不得转让。

10.2.6 裁判工作及仲裁工作流程

大赛活动设立仲裁委员会，作为本次竞赛活动最高裁决机构，聘请电子商务教学领域专家以及各省市推荐的专家负责本次竞赛活动各阶段比赛的投诉、裁决和公证事务，保障竞赛的公平竞争。大赛工作流程安排如下：

赛场指挥：负责组织调度赛场参赛队、参赛选手进行比赛。

竞赛监督：负责监督本次大赛裁判员的赛场裁判工作，解答各参赛队、选手提出的裁判质疑等工作。

总裁判长：统一裁判意见、及时处理裁判员上报的各种问题，处理竞赛工作特殊事例。

裁判长：负责裁判细则制定、组织裁判工作、对裁判工作进行分工安排。

裁判：负责对参赛选手成绩进行评判，打分。

赛场主任：负责安排、检查场地及设备、竞赛平台运行等工作。

赛务联络：负责参赛队、参赛选手参赛联络、通知、新闻动态发布等工作，审查参赛选手的参赛资格。

10.2.7 技术规范（竞赛项目专业教学要求，行业、职业技术标准）

（1）大赛体现电子商务师职业所应达到的基本标准和整体要求。

（2）大赛侧重知识和技能的综合理解与运用，强调理论与实践相结合、竞赛与生产经营相结合。

（3）大赛主要依据《电子商务师国家职业标准（2005年版）》的要求实施。

（4）省赛的竞赛地点、赛场、赛事安排由大赛组委会确定。

10.2.8 安全保障（安全操作要求和赛场安全保障）

（1）参加竞赛人员应听从指挥，按规定进入比赛场地，认真备赛；竞赛完毕立即退场，不得在场内逗留围观。

（2）各负责竞赛项目老师应负责本场地的竞赛师生安全，赛前指导选手做好准备工作，向选手们讲清比赛中应注意的安全注意事项，杜绝因主观思想麻痹大意而产生的安全事故发生；及时清理闲散围观人员，对拒不离开或与裁判员发生冲撞的事件及时上交保卫处处理；在保证安全的情况下方能进行比赛。

（3）如发生意外事故，大赛组委会、校领导、校医应立即赶到现场进行救助，如果事故严重可由老师陪同就医，并通知带队老师。

10.2.9 竞赛项目使用器材与技术平台（按大赛的相关技术要求进行科学配置）

10.2.10 实训楼机房、ITMC 全程电子商务模拟系统

10.2.11 其他

省赛承办单位负责培训教师、提供沙盘大赛模拟系统。

参加物流沙盘模拟竞赛的学生自愿申请工业和信息化部电子行业职业技能鉴定指导中心颁发"ITMC 物流管理模拟经营"专业技能证书,参加企管沙盘模拟竞赛的学生自愿申请"ITMC 企业管理模拟经营"专业技能证书。

10.3 ITMC 物流沙盘大赛方案与规则

ITMC 物流沙盘是第一次作为正式的比赛项目在 2010 年全国物流沙盘大赛。本次物流沙盘大赛与企业沙盘大赛同时进行。通过为期两天的比赛,来自全国的各大专科院校的同学们将自己的专业实力发挥得淋漓尽致,也尽自己最大的努力获得最好的成绩。

10.3.1 物流沙盘竞赛状况的分析

最近几年,物流沙盘比赛软件主要由 3 家公司提供,分别是金蝶、用友和中教畅想(以下简称 ITMC)。其中,用友和金蝶在地区性的比赛中应用较多,国赛使用的比较少。ITMC 系列模拟沙盘则多用于全国性大赛。2008 年以来已经陆续举办了 3 次全国性的竞赛,在此类模拟类的沙盘竞赛中主要制造业企业管理、财会 ERP 和物流管理等几种沙盘形式,其中,企业管理类沙盘因为起步早、规模大而被熟知;但是 ERP 沙盘因为经营模式复杂和专业的局限性而发展缓慢,但它最能锻炼参赛选手的综合能力;物流管理类沙盘起步非常晚,应用于全国性的大赛更少,目前,政府大力提倡发展物流行业,此类的模拟比赛也随之快速增多。

1. 大赛背景

2010 年 3~7 月 ITMC 公司首次联合教育部工商管理类教学指导委员会成功举办物流沙盘模拟竞赛,对高校教学以及行业人才培养模式都产生了深远的影响。目前在高职中工商管理类的学生已经是高职在校生的主体,但是用于此类的技能大赛少之甚少,因此全国性的物流沙盘大赛一直备受各大院校的关注。在此背景下,各个级别的物流沙盘竞赛从数量和规模上都有较大的提升,相信不久的将来此类的比赛在范围和规模上会有更大变化。

2. 基本情况

就物流类沙盘而言,全国的水平参差不齐,地区间差异很大,主要体现在以下几个方面:

(1)实力上的差距非常明显,小组第一名可以得到 15 000 分以上,最后一名可能只有 100 分,甚至破产。

(2)南北差距有极端,东西差距大。全国范围来看,实力较强的学校主要分布在北京、江苏、浙江、广东一带,中西部地区除四川、重庆外,少有强手,尤其是重庆的实力不可忽视。

(3)各地区优势内容有一定的差异:江苏地区综合能力比较强,各方面优势分布比较平均,少有特出的劣势或优势。浙江地区以精打细算和熟练性而著称,并且江浙地区学校对此类的比赛关注度比较大,投入比较大,选出来的选手实力也相对较强,另外浙江地区很多学校购买了这类的软件,学生对此类软件熟悉度和日常经验上面绝对占优。北京及其他地区的优势主要体现在战术和策略上面,所以这类的学校要么一鸣惊人,要么默默无闻。华南地区的学校在临场决策和操作技巧上面研究得比较深入。

(4)在提升空间这一块也有很大的差距。首先,2010年的ITMC物流沙盘大赛是首次全国性大赛,各院校都是在处于探索阶段,但是3年模式下能得到6 000分以上的院校基本已经熟知了沙盘的相关内容,目前竞争的核心点是如何在策略运用上略胜一筹,但是提升空间十分有限。而对于6 000分以下,特别是徘徊在3 000分上下的学校还有很大的提升空间,首先能在3年内得分超过1 000分就足以说明他的经营策略是没有问题的,并且对于软件和比赛本身也有了一个大致的了解。当这类的学校日后不断的训练和与实力强的学校交流之后,会在技巧、策略、理念上面得到很大的提升。

(5)目前采用的是3年经营模式,并且关于城市系数、工资增长幅度等上面的设置基本可以忽略不计,所以还是属于比较简单的模式。等这样的比赛发展成熟了,一定会把以上经营时间和城市准入系数等相关内容加进去,而在这样的模式下,战略、战术性优势的学院优势将远远高于技巧性优势的学校。

综上所述,目前ITMC处于起步快速发展时期,差异性较多,主要体现在实力差距大,地区性明显,各地优势点不一,提升空间各不相同。

10.3.2 竞赛的条件及实施方法

竞赛院校必须具有团队建设、软硬件支持、确定目标、心理素质4个参加大赛的必备条件,其中,团队建设是重中之重。

1. 团队组建

把团队建设放在首位的原因是大赛是集体项目,必须有群体凝聚力才能最终获得胜利,所以其重要性不言而喻。首先,从比赛的本身来看,这是模拟一个公司经营,既然是公司就不可能是一个人,而是一个团体,并且必须是一个团队,这既是比赛规则要求也是实际企业经营的必要条件。其次,一个人的能力可能有高低,但是4个人的能力之和比一个人的能力低的可能性几乎是少得可怜,要知道我们面对的不是一个人,而是一个团队,要想拥有足够强大的战斗力就必须组成一个良好的团队。再次,团队是否最优化直接会影响到日后的训练、比赛等,这样的比赛最可怕的不是对手多么的强大而是自身队伍的不团结,在我院历史上就出现过血淋淋的教训。最后,从软件本身来看,物流沙盘更要求团队有很好的团队协作能力。ITMC的物流沙盘软件和企业管理沙盘软件(以下简称企管沙盘)有不一样的地方,企管沙盘的财务、采购、销售只能是明确分开的,而物流沙盘是一款更注重策略和操作速度的沙盘,绝大部分的工作集中在CEO和操作者的身上。没有一个良好的团队根本不可能完成这么烦琐的工作。

在整个团队建设的过程中应该注意以下几个问题:

(1)职能分工要具体明确:在ITMC系统中团队主要分为CEO、CFO等。在实际执行中,我们发现以上4种角色的任务分工存在严重的偏差,我们根据自身经验和其他院校队伍的习惯给4个角色重新进行任务分配。

（2）团队要始终保持团结一致。在团队中，需要每个成员，至少是 CEO 得拥有足够宽广的胸怀。因为每个人的思路不一样，考虑问题的方法不一样，行动也不一样，如果这时候大家不能相互沟通或者沟通失败极有可能导致误解，影响日常训练或者比赛。

（3）团队队员要始终保持高度的热情。因为从训练到省赛再到国赛，这是一个漫长而难熬的过程，有时候为了测得一项数据，我们常常需要花一天或者更长的时间重复做同一件事情，得到的结果可能还很令人失望。另外由于比赛采用 3 年营业时间，单人单机情况下在第三年经营时压力很大，很多时候我们会选择放弃，这是很不明智而又很无奈的。因此，队员持久的积极性对竞赛的结果影响非常大。

（4）团队之间需要经常沟通，把大家的意见拿出来一起讨论得出结果，这样既有利于水平的提升，也有利于团队的和谐。

2. 软硬件的支持

这里说的支持是指硬件设备、指导支持和其他方面支持。硬件支持是我们能够正常训练的基础，包含电脑、网速、训练地点等。硬件使我们日常训练的最直接的要求，只有硬件设施足够强大才能使我们的训练提升得够快。在省赛的时候我们就是由于因为时间、机房等资源有限，导致我们没有足够的时间去训练，经验严重不足，成绩非常差。再者，我们知道对外交流可能让自己提高很多，我们最后国赛中的很多技巧、方法也是从网赛中学来的。我们之所以能举办网赛，是因为我们的机器和网速都能完全支持网赛，相反很多学校想举办可是硬件设施不允许。另外，指导支持也是一项很重要的因素，指导老师在思维和经验上面比队员要丰富很多倍，往往指导老师一个很好的经营总策略直接关系到竞赛的结果。最后其他方面的支持也很重要，例如选手的时间安排等，这些对选手心理和实际的体能等影响很大。

3. 明确目标

把目标作为一个必备条件，原因主要有以下几点：

（1）目标是我们的方向，只有树立了目前才知道往哪里努力。例如，省赛目标可以定位在出线和小组第一等几个方向，这样，大家投入度会因为目标的不同而不同。

（2）不同的目标有不同的实施方法。一般来讲，目标越低，适用的方法越保险，越没有挑战性，想把目标定的非常高，通常需要走些冒险甚至极端的路线才能达成。

（3）制定了明确的目标有助于维持团队的持久积极性。

4. 良好的心理素质

心理素质是一个必备条件，主要表现在以下几个方面：

（1）良好的心理素质有助于长期的训练和竞赛。

（2）当策略和技巧都无法再改变的时候，对手与对手之间比的就是心理素质，很多时候能否稳住、能否沉住气是取胜的关键。

（3）心理素质的好坏直接影响到比赛时候的灵活变通。一旦心理防线被击溃，那么将败得一塌糊涂。因此，在整个备战的过程中要有意识地锻炼自己的心理素质，可以制造一些比较悲观的经营局势，然后尝试着静下来去扭转严峻的局势。

10.3.3 做好竞赛后的总结

ITMC 物流沙盘第一次作为大型的比赛物流专业的同学参加，不仅是作为物流专业的同学或是老师来说都非常的关注。当然关注的同时，更为重要的是想办法如何有效地练习比赛，如何取得更大的进步。

许多学校在经过省赛和国赛之后，把不同层次的两次的比赛过程中的训练方式做了详细的总结。目的是把更多的有用的信息记录下来，取长补短，好的、不好的比赛方法都可以作为经验为以后的参赛选手做一个很好的参考，当然我们也希望对他们有很大的帮助。

10.3.4 竞赛内容和方式

1. 竞赛内容

物流沙盘竞赛通过对真实第三方物流企业创业环境的逼真模拟，帮助学生掌握在真实物流沙盘竞赛第三方物流企业创业过程中可能遇到的各种情况与经营决策，并对出现的问题和运营结果进行分析与评估，从而对第三方物流企业创业有更真实的体验与深刻的理解，帮助学生提升创业意识，掌握创业技能，增强择业就业的能力。

每个参赛队各自经营一个虚拟公司，每个虚拟公司模拟经营 3 年，每年经营 4 个季度，每个季度经营 12 周。每周的主要工作包括派车提货、货物入库、货物分拣、运输调度、线路选择、货物到达、运费结算等任务。每季度内可以进行参加订单竞争、短期贷款/支付利息、更新应收/应付账款、运输工具购买/租赁、仓库购买/租赁、支付行政管理费、市场开拓、办公室购买/租赁、支付维修费、折旧、关账等任务。每年经营结束，物流企业经营沙盘模拟系统综合各项指标计算得分，衡量企业经营效果。

2. 竞赛方式

各参赛院校以团队为单位参赛，每队正式比赛队员 4 名、指导老师 1 或 2 名，一经报名，不得修改。每队 4 名正式参赛学生，分工如下：总裁、财务总监、营销总监、运营总监。

3. 竞赛规则

（1）基本规则。参照"ITMC 物流管理沙盘模拟系统"设定的角色职责与规划，物流沙盘竞赛模拟经营 3 年。

（2）特别规则。①每一团队中的 4 名参赛学生共同使用一台电脑参加比赛，与其他团队进行沙盘对抗；②当企业出现下列情况时视为破产：现金断流，不能归还贷款或者支付相关费用时，视为破产。企业破产后，即退出比赛，破产企业所有资产不得转让。

4. 竞赛场地与设施

各承办校沙盘实训室或电脑机房。

5. 评分方法

省赛以沙盘软件计算机得分为准。省赛承办院校如果设置评委，评分方法参照国赛。国赛评分由软件评分和综合素质评分组成，具体计算：软件计算得分占 70%，综合素质评分占 30%。综合素质由专家按照下列提纲现场评判：项目内容，企业模拟经营策略，制定策略的依据，根据策略制定计划，如何贯彻执行策略，评委意见。

10.3.5 申诉与仲裁

1. 申诉

（1）参赛队对不符合竞赛规定的工具、软件和材料，有失公正的检测、评判、奖励，以及对工作人员的违规行为等，均可提出申诉。

（2）参赛队申诉均须由领队按照规定时限以书面形式向仲裁工作组提出。仲裁工作组负责受理选手申诉，并将处理意见尽快通知参赛队领队或当事人。

2. 仲裁

（1）组委会下设仲裁工作组，负责受理大赛中出现的所有申诉并进行仲裁，以保证竞赛的顺利进行和竞赛结果公平、公正。

（2）仲裁工作组的裁决为最终裁决。参赛选手不得因申诉或对处理意见不服而停止比赛，否则按弃权处理。

10.3.6 专业技能证书

凡是参加物流沙盘模拟竞赛的学生自愿申请工业和信息化部电子行业职业技能鉴定指导中心颁发"ITMC 物流管理模拟经营"专业技能证书，参加企管沙盘模拟竞赛的学生自愿申请"ITMC 企业管理模拟经营"专业技能证书，证书工本费 150 元 / 人。

10.3.7 选手须知

1. 竞赛流程

（1）环境准备。根据报名参赛对的数量配置、调试好环境，每队两台电脑，比赛采用一台，备用一台，每台电脑需重新安装操作系统，仅安装比赛软件，同时做好病毒防护工作，每台电脑同意编号，便于抽签分配电脑。

（2）裁判。省赛一般不设评委，每场比赛只设裁判一名。裁判主要职责保证比赛有序进行，比赛结果以 ITMC 竞赛软件计算的得分结果为准。省赛承办院校如果设置评委，评分方法参照国赛。国赛软件计算得分占 70%，专家评委打分占 30%。

（3）流程。

①资格确认。裁判根据大赛报名表确认参赛队资格和队员省份。

②抽签分组。各区根据抽签结果，将参赛队各分成 n 个赛场，每个赛场 12 对。

2. 比赛议程

（1）各队根据抽签结果确定赛区和使用的电脑，进入比赛场地，裁判未允许前不准操作电脑，否则后果自负；

（2）裁判宣读比赛须知，无关人员退场；

（3）裁判启动管理员控制平台，初始化第一年数据；启动教师指导平台；

（4）各队启动学生训练平台，以电脑编号为用户名，密码为三个电脑编号（如AAA）进入学生训练平台后，修改密码；

（5）裁判宣读比赛开始；

（6）模拟经营期间，由裁判控制广告投放、竞标、经营时间；

（7）各队每完成一年经营任务，裁判公布各队分数；经营结束后，裁判公布名次，登记各队比赛成绩，各队代表签名。

（8）裁判宣读比赛结果，比赛结束。

3. 竞赛须知

（1）本次比赛活动，倡导公平、和谐、合作、创新。

（2）请学校按照比赛的规定人数组织同学参加比赛。

（3）请参加比赛的同学提前到达比赛现场，比赛开始时，参赛员没有到达比赛现场的同学视为弃权。

（4）比赛现场禁止携带或使用手机等类似通信工具。

（5）比赛过程中参赛团队请不要录制或者拍摄比赛现场的录像或者图片。

（6）比赛过程中请不要影响其他学校同学的正常经营，不允许在规定的时间外随意观察别人的经营状况，不允许采取各种的方式打乱其他组别的经营现状。

（7）指导老师在比赛经营过程中不得上场知道，可以在休息时间进行指导。其他观摩人员在比赛经营过程中，请不要上场知道，不要影响学生比赛。

（8）午餐及休息时间，请同学们及时离开比赛现场。非比赛时间，不允许在比赛现场逗留。

（9）比赛规则以现场公布的比赛规则为依据，其他版本的规则不作为本次比赛的依据。

（10）本次比赛所有比赛资料由组委会统一提供，不允许携带其他可能影响比赛正常进行的资料进场。

（11）比赛过程中避免不正当竞争，有问题请及时与裁判员联系。

（12）比赛现场严禁携带任何与移动硬盘、U盘等功能相近的移动存储设备，不允许使用任何第三方辅助软件和破解工具。一旦发现影响比赛正常进行的行为，将立即取消比赛资格。

（13）退出比赛的队伍不能继续参与比赛，但是可以在观摩区观摩比赛。

10.3.8 物流沙盘竞赛一般规则

1. 支付税金

先弥补前五年的亏损，然后按照税前利润乘以25%，按四舍五入取整数计算。

2. 选择投标城市 / 制订投标计划

根据市场预测情况，每个季度企业要决定计划投标的城市，只有设立办事处（购买或租赁办公室）的城市才能选择制订投标计划。每选择投标一个城市，需要支付 1M 的竞标费用。

3. 参加订单竞标

物流企业可以通过两种方式获取订单：一是直接进行合同续约；二是公开招标的方式。

合同续约：物流企业与托运公司在前期建立了良好的合作关系，可以进行合同续约，不需要公开招标。若一家托运公司与多家物流企业合作，则物流企业与该托运公司关系值（关系值计算规则为：物流企业为某托运公司运输的订单张数）最高者获得此合同续约。若关系值相同，则看总信誉度（企业总信誉度计算规则为：根据该企业当前运输订单的总数，每运输 1 张订单，信誉度加 1，每违约 1 张订单，信誉度减 2），若信誉度也相同，则比较建立合作关系的先后顺序。

公开招标：根据订单的参考运费价格，各企业进行投标，价格最低者中标。投标运费价格上限不能超过参考运价的 30%，相同投标价的，看该企业员工在该城市总业务能力（总业务能力的计算规则为：业务经理人数乘以其他业务能力的总和），能力高者中标，如果总业务能力相同，看企业总信誉度，若企业总信誉度也相同，看上季度营业额，若上季度营业额仍然相同，谁先提交投标方案，谁优先选单。

4. 短期贷款和民间融资

短期贷款和民间融资见表 10-1。

表 10-1 短期贷款和民间融资

融资方式	规定贷款时间	贷款额度	还贷规定	利率
短期贷款	每季任何时间	上年所有者权益的两倍 - 已贷长短贷款	到期一次还本付息	5%
民间融资	每季任何时间	上年所有者权益的两倍 - 已贷长短贷款	到期一次还本付息	15%

更新短期贷款：如果企业有短期贷款，每执行一次本项任务，还贷账期缩短 1 个季度；还本付息：还本付息：如果短贷到期后，需要归还本金，并支付利息。例如，短贷 20M，到期时，需要支付 20M×5%=1M 的利息，因此，需要支付本金与利息共计 21M。

获得新贷款：短期贷款在每一季度可以随时申请。可以申请的最高额度为：上一年所有者权益 ×2- 已有短期贷款额。民间融资与短期贷款的规则类似。只是贷款的利率不同。

无论短期贷款还是民间融资均以 20M 为最低基本贷款单位。短期贷款民间融资贷款期限为 3 个季度。每季度内可以随时进行贷款，但是每季度初如果有到期需要归还的贷款，必须还款后才能再贷。

5. 更新应收 / 应付款

每季度执行本项任务一次，如有应收账款，则应收账款账期缩短一个季度，盘面上账款位置向现金方向移动一个季度，到期后，移到现金中，现金增加；如果有需要支付的应付账款，则应付账款的账期也是缩短一个季度，盘面上账款位置向现金方向移动一个季度，到期后从现金中支付，现金减少。

贴现，是将应收账款变成现金的行为，每季度可以随时进行应收款贴现，贴现时按 7 的倍数收取应收账款，其中 1/7 需要支付贴现费用，6/7 变成现金，贴现时首先取账期最长应收账款进行贴现。

6. 购买 / 租赁仓库

有办事机构（购买 / 租赁办公室）的城市，才能购买或者租赁仓库，购买或者租赁仓库后，才能进行货物中转。购买或者租赁仓库费用见表 10-2。

表 10-2 购买或者租赁仓库费用

仓库类别	标准体积	购买价格	租赁价格	维修费用	变卖价格
小型标准仓库	100	10	1	1	5
中型标准仓库	200	20	2	2	12
大型标准仓库	400	40	4	4	24

购买：购买采用分期付款方式，第一个季度首付 20%，其他的分 3 个季度付款，第二、三季度付款金额是（购买价 − 购买价 × 20%）/3 取整，最后一个季度付清剩余金额；

租赁：每个季度都必须要进行续约，并支付相应的租金；退租必须保证库存为空才能退租。退租仓库时的工资计算，第一周退租的当季度不计算工作人员工资，其他时间退租都需要支付工资。

变卖：空闲的仓库才能进行变卖。变卖后的金额有 2 个季度的应收款账期，2 个季度后才能变现。变卖仓库时的工资计算，第一周变卖的当季度不计算工作人员工资，其他时间变卖都需要支付工资。

7. 购买 / 租赁运输工具

根据订单产品的类型，确定购买或租赁不同的运输工具。

购买：购买采用分期付款方式，第一个季度首付 20%，其他的分三个季度付款，第二、三季度付款金额是（购买价 − 购买价 × 20%）/3 取整，最后一个季度付清剩余金额；

租赁：每个季度都必须要进行续约，并支付相应的租金；退租必须保证运输工具为空才能退租。租赁的交通工具不需要支付人员工资。

变卖：空闲的运输工具才能进行变卖。运输工具变卖时，如果设备剩余价值大于变卖价格，则需要将差额做固定资产清理；如果设备剩余价值小于变卖价格，则差额做额外收入处理。设备变卖后，直接放到现金中。变卖运输工具时的工资计算，每一周变卖的当季度不计算工作人员工资，其他时间变卖需要支付工资。

8. 货物到达

货物如果到达目的城市，可以直接交货，如果不是目的城市，可以跳过，也可以入库后进行中转，但该城市必须设有仓库才可以入库。

入库：车辆到达某个城市后，可以入库中转或者继续运载，如果入库中转，要求该城市必须要有仓库。

交货：交货的订单可以是库存订单，也可以是车辆运载的订单，但必须是订单的目的城市。交货订单必须是该订单所有货物全部到达后,才能交货。

9. 运费结算

每个季度结算一次运输费用。根据企业的签约订单情况进行结算,结算的范围包括:①提货时,付款的订单;②已经交货的订单,要求回到出发地后付款的;③已经交货的订单,要求货到付款;④到期未交货的订单被罚款的。

运费结算:货到付款的运费计算账期是货物到达后本周内结算;回到出发地后付款的运费计算账期是货物运达后 2 个账期(季度)内结算;提货时付款的运费结算账期是提货后一周后结算。

罚款说明:只要是到期没交货的订单,都按照订单运费金额的 20%(按四舍五入取整)进行罚款,上季度已经罚过款的订单若本季度仍未交货也要进行罚款,直到交货为止。

10. 派车提货

根据签约订单的数量和货物的体积、重量、制订提货计划,确定派车型号和数量并制订装车计划,根据装车计划提货。派车提货的车辆只限于陆运车辆,支付的费用等于车辆的装卸费用;可以对提货计划区的订单进行拆分,来制订装车计划;派车提货的车辆只能对所在城市的订单提货。

11. 货物入库

派车提回货物后可以先入库,方便货物分拣,进行运输调度。只有在设有仓库的城市,才可以进行入库操作,入库前可以对订单进行拆分,方便货物分拣、装车。

12. 货物分拣

为了方便货物管理和装车配货,可以对货物进行分拣。

调拨:同一个城市不同仓库之间的货物可以相互调拨,同一个仓库不同分区之间的货物也可以相互调拨,只要保证被拨入的仓库库存空间足够使用即可。

分拣:同一个仓库不同分区之间的库存订单可以相互调动。

合并:同一分区的订单可以进行合并。

13. 运输调度

通过对货物进行分拣,可以指定装车计划,根据装车计划进行运输工具调度,进行装车。只能调度同一城市的运输工具进行装车。根据不同的运输工具确定运输费用。

14. 选路线发货

在最左边树形目录选择车次,在地图上按行驶的顺序进行路线选择,首先选择出发城市周边的路线,然后根据提示顺序选择,直到选到提示的目的城市。

操作方式:在地图上选择路线,按住 Ctrl 键从起点开始依次单击选择路径。选择完成以后,松开 Ctrl 键,单击保存,然后单击发车。

注意:所以待发车辆必须分别单击其发车按钮才能离开城市,在途的车辆根据保存的路径行驶。

15. 购买 / 租赁办公室

在某个地区市场开发后，才能在该地区的城市设立办事机构（购买 / 租赁办公室）。

购买：购买采用分期付款方式，首付 20%，其他的分 3 个季度付款，第二第三季度付款金额是（购买价 − 购买价 ×20%）/3 取整，最后一个季度付清剩余金额。购买 / 租赁办公室的相关费用见表 10-3。

表 10-3 购买 / 租赁办公室的相关费用

办公室类别	标准面积	配员	购买价格	租赁价格	维修费用	变卖价格
简易办公室	50	1	20	2	1	10
普通办公室	100	2	50	5	1	26
豪华办公室	500	5	120	10	2	70

租赁：每个季度都必须要进行续约，并支付相应的租金；退租必须在该城市当前没有订单或者该城市有 1 个以上的办公室，则保留 1 个办公室，其余的可以退租。退租办公室时的工资计算，第一周退租的当季度不计算工作人员工资，其他时间退租都需要支付工资。

变卖：本季度在该城市没有订单，则办公室可以变卖或者本季度虽然该城市有订单，但有 1 个以上办公室，保留 1 个办公室，其余的可以变卖。变卖后的金额有 2 个季度的应收款账期。变卖办公室时的工资计算，第一周变卖的当季度不计算工作人员工资，其他时间变卖都需要支付工资。

注意：购买 / 租赁办公室时，要选择相应建设的城市和不同级别的办公人员。

16. 人员招聘与支付工资

根据购买或租赁办公室的规模，可以进行人员配置，业务人员的能力可以提升企业在该城市的拿单能力。支付工资对本季度办公室人员、司机（注：租赁运输更具的司机不需要支付工资）、调度人员和仓管员的工资。员工工资见表 10-4。

新员工工资计算方式：根据原始工资基数 + 工资基数 × 该城市的工资差。

老员工工资计算方式：上季度的工资数 + 上季度的工资数 × 工资增长比例。

表 10-4 员工工资

职业名称	工资基数	工资增长比例	业务能力	级别
初级司机	1	1	×	1
中级司机	2	1	×	2
初级经理	2	1	2	1
中级经理	5	1	5	2
保管员	1	1	×	1
调度员	2	1	×	1

17. 支付行政管理费

企业为了维持正常运营缴纳给政府或者用于管理的费用。每个季度必须缴纳 1M 的行政管理费。

18. 长期贷款

更新长期贷款：如果企业有长期贷款，每执行一次本项任务，还贷账期缩短一年。

支付利息：长期贷款的还款规则是每年付息，到期还本，年利率为10%。长期贷款到期时，财务总监从现金库中取出现金归还本金及当年的利息，并做好现金收支记录。

申请长期贷款：长期贷款只有在年末可以申请。额度为：上一年所有者权益 ×2- 已有贷款。

长期贷款也是以 20M 为基本贷款单位。长期贷款贷款期限为 2 年。每年年末，如果有到期需要归还的长期贷款，必须首先还款后才能再贷。

表 10-5　长期贷款融资表

融资方式	规定贷款时间	贷款额度	还款规定年底付息
长期贷款	每年年末	上年所有者权益的两倍 - 已贷长期贷款	带起还本利率0.1

19. 支付维修费用

每年年底对公司现有运输工具，办公室和仓库（必须是购买的）进行维修，根据它们每年应缴纳的相应维修费用进行支付，当年新购买的不支付维修费用。

20. 折旧

办公室和仓库不计提折旧，运输工具需要计提折旧。运输工具按余额递减法计提折旧，当年购买的运输更具不计提折旧。折旧金额等于运输工具价值的 1/3 按四舍五入取整，当运输更具价值下降至 3M 时，每年折旧 1M。

21. 市场开拓

市场开拓在每季度的季度末进行，每季度只能进行一次，不能加速开拓。市场开拓不要求每季度连续投入，资金短缺的情况下可以停止对该市场的投资，但已经支付的投入不能收回；如果在停止开拓一段时间后想继续开拓该市场，可以在以前投入的基础上继续投入。所有市场可以一次性全部开拓，也可以选择部分市场进行开拓。该市场完全开拓完成后，下一季度才能在该市场的城市里制订投标计划。有些市场订单要求企业必须通过相关认证才能获取。

22. 关账

一年经营结束，年终进行关账，编制利润表和资产负债表。系统会根据得分规则自动计算当年各组的得分。

10.3.9　特殊任务规则

（1）快速交货。没有交货的订单，不管是在运输途中还是在仓库或者是没有提货都可以采用快速交货，如果订单采用快速交货，运费为零。

（2）委托提货。委托提货是委托第三方快速提货的方式，每个订单的提货费用是采用陆运运输工具装卸费用的最大的费用作为提货费用，委托提货费用记入装卸费用，委托提货费用最少为1M。

（3）同城拼车。在同一个城市的运输工具所运货物可以合并运输，合并运输的时候受体积和载重的影响。合并运输不收取装卸费用。

（4）结束本季度运营。根据各个物流公司自身需求，快速跳到本季度末进行下面的任务。结束本季度运营必须的条件：

①必须是所签约的订单已经全部运输完成并且全部结算完成。

②必须是没有在途的运输工具。结束本季度运营后，运输工具将停留在结束前所在的城市。

10.3.10 软件评分规则

软件各组得分=权益×（1+总分/100）。其中总分按如下原则计算：

开发完成的市场：西北区加10分，西南区加10分，东北区加10分，华北区加10分，华南区加10分，华东区加10分，华中区加10分。

开发完成的ISO认证：ISO 9000加10分，ISO 14000加20分。期末拥有的办事处（租赁或购买办公室，当年建设不得分）：每在一个城市设立办事处加10分。在营运时间控制下没超过1分钟扣10分（每季度超时时间累计）。未借高利贷加20分，未贴现加20分。

10.3.11 物流沙盘竞赛软件初始设定

（1）企业经营过程中不允许使用交易大厅，进行财产转让或者订单转让等特殊任务；

（2）根据本赛场参赛队数设定软件参赛组数和登录账号；

（3）软件运行模式设定为自动模式。

（4）物流沙盘竞赛软件有时间控制。如表10-6所示。

表10-6 物流沙盘竞赛软件的时间控制

经营时间	续约 （分钟/季度）	竞标 （分钟/季度）	经营 （分钟/季度）	延时 （分钟/季度）	总时间（分钟）
第一年	3	7	15	5	（25+5）×4=120
第二年	3	7	20	5	（30+5）×4=140
第三年	3	7	20	5	（30+5）×4=140
总计（分钟）	36	84	220	60	400

（5）运营过程中不得追加股东投资。

10.4 ITMC2015年全国职业院校技能大赛高职组"市场营销技能"赛项规程

10.4.1 赛项名称

赛项编号：YG-071

赛项名称：市场营销技能
英文翻译：Marketing Skills
赛项组别：高职组
赛项归属产业：商业

10.4.2 竞赛目的

通过情境营销竞赛内容，考察参赛选手市场信息分析、目标市场选择、营销策略策划、会计报表分析等市场营销核心技能；通过竞赛，全方位展示参赛选手在组织管理、团队合作、创新思维等方面的职业素养，为各院校师生提供了交流借鉴的平台，引领高职院校市场营销专业建设和教学改革，推进专业建设对接产业发展、人才培养过程深度校企合作，提高市场营销高等职业人才培养质量和社会认可度与影响力。

10.4.3 竞赛内容

赛项围绕市场信息收集与分析、目标市场选择、营销策略策划、网店设计、会计报表分析等市场营销核心技能，研发了以生产厂家市场营销和商家市场营销两个经营主体的竞赛内容，建设了厂家虚拟营销和商家网络营销的两类营销资源。设计的生产厂家营销竞赛内容从商品需求信息的采集与分析、目标市场选择、营销策略组合到最后会计报表填制等典型工作任务；设计的商家营销竞赛内容从网上采集批发市场商品信息、采用电子图表分析信息、目标市场选择、设计网店店面等典型工作任务。竞赛中选手会运用到经济学基础、市场营销学、企业管理、营销策划、统计分析、财务会计、计算机运用、广告学基础、市场调查与分析、消费心理学等10多门课程综合知识。比赛内容及安排见表10-7。

表10-7 比赛内容及安排

比赛内容	比重	时间	比赛安排
情境营销：各参赛队在同一个模拟市场环境条件下，通过目标市场分析与选择、营销策略组合和财务报表分析，使企业的效益最大化	80%	300分钟	10:30～12:00 13:00～16:30

10.4.4 竞赛方式

（1）本赛项为团体赛。以院校为单位组队参赛，不得跨校组队，同一学校相同项目报名参赛队不超过1支。每支参赛队由4名参赛选手、2名指导教师组成。

（2）本赛项共设8个赛场，1个赛场有10个机位，1个参赛队1个机位，每个机位2台电脑，其中1台电脑备用。比赛前1小时举行抽签仪式，由各参赛队的领队或指导教师参加，通过抽签确定各参赛队的赛场和机位。

（3）各省（自治区、直辖市）参赛队分配数以全国大赛执委会通知为准。

10.4.5 竞赛流程

竞赛流程如表 10-8 所示。

表 10-8 竞赛流程

日期	时间	事项	参加人员	地点	备注
报到日	08:00～13:00	参赛队报到，安排住宿，领取资料	工作人员，参赛队	住宿酒店	参赛队报到
	14:30	参赛队领队集中乘车往学校			
	14:45～15:30	领队会	各参赛队领队	会议室	
	15:30～16:20	熟悉赛场	赛场技术人员、各参赛队领队	竞赛场地	
	16:20	回住宿宾馆		竞赛场地	
竞赛日	7:30	参赛队住宿宾馆门口集合，集体乘车往赛场	各参赛队	住宿酒店	
	7:45	竞赛场地前	各参赛队工作人员	竞赛场地前	
	7:50 开始	大赛检录进场 第一次抽签加密（抽序号）	参赛选手，第一次抽签裁判	一次抽签区域	选手进入门厅后按签号整队
	8:30 开始	第二次抽签加密（抽工位号）	参赛选手，第二次抽签裁判	二次抽签区域	选手进入赛场指定工位就座
	9:00	领队、指导教师入场		竞赛场地观摩区	请注意警戒线
	9:05～9:30	大赛开幕式	领导、嘉宾、裁判、各参赛队	竞赛场地	
	9:30～10:30	赛项网络营销部分	参赛选手、裁判	竞赛场地	
	10:40～12:00	赛项情境营销部分	参赛选手、裁判	竞赛场地	
	12:00～12:30	午餐	参赛选手、裁判工作人员	竞赛场地	
	12:30～16:10	赛项情境营销部分	参赛选手、裁判	竞赛场地	
	16:20～17:20	各参赛队晚餐	参赛选手、领队、指导教师	食堂	凭餐券用餐
	17:20	各参赛队入场	各参赛队	竞赛场地	闭幕式准备
	17:30～18:30	闭幕式	领导、嘉宾、裁判长、裁判、各参赛队	竞赛场地	赛况点评、宣布大赛结果；颁奖
	18:40	各队回住宿宾馆	各参赛队	竞赛场地	
返程	9:00	所有参赛队返程			

10.4.6 竞赛试题

1. 赛题背景资料

赛项提供了 P1、P2、P3、P4 产品在五个市场未来三年的销售价格、销售量的预测资料。参赛团队组成企业营销的核心团队，负责的企业是一个生产型企业，以销售 P1 产品为主营业务，资金充裕，银行信用良好，但是产品单一，只在本地市场销售，竞争越来越激烈，预计未来几年销售收入将继续下降。参赛团队通过目标市场分析与选择、营销策略组合和财务报表分析，使企业的效益最大化。

2. 目标市场分析与选择

根据软件提供 P1、P2、P3、P4 新产品在 5 个市场未来 3 年的需求预测图，获取详细的需求信息。选手通过市场预测图进行市场分析，决定是否购买调研报告，通过购买市场调研报告，了解直销客户、批发商、零售商（6 类消费人群）的需求信息，确定目标市场，制订营销计划。

熟悉市场细分的概念和意义，掌握目标市场策略选择时要考虑的主要因素，即企业的资源和能力、产品的性质和生命周期、竞争对手的市场策略。

季度	产品	功能	市场	直销客户数量	批发商数量	零售商数量	估计毛利
1	P1	F1	东部	20	30	60	20
2	P2	F1	西部	10	60	30	40

3. 价格策略

根据定价目标，确定需求，估计成本，选择定价方法，制定最终价格示意参考图表。比如：企业 P1 库存较大，直接成本是 2，零售市场平均期望价是 8，参赛选手制定合适价格。

企业 P1 产品

季度	产品	直销		批发		零售					
		平均价格	需求量（件）	平均价格	需求量（件）	市场期望价格	习惯型（件）	理智型（件）	冲动型（件）	经济型（件）	情感型（件）	不定型（件）
1	P1	10.92	62	6.28	126	8.74	15	0	0	18	0	71
2	P1	13.72		8.15		10.98	15	15	0	18	15	42
3	P1	15.54		9.36		12.43	15	15	15	20	15	26
4	P1	15.62		9.41		12.49	16	18	15	23	16	26
4	P2	12.82		7.55		10.26	6	6	6	7	6	9
4	P3	17.98		11		14.39	2	2	2	3	2	4

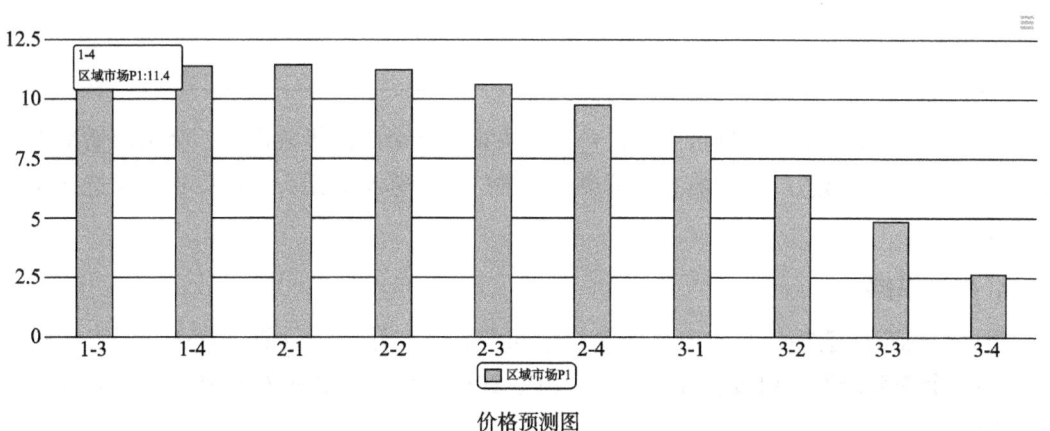

价格预测图

检验参赛选手对价格构成要素及影响、定价因素的理解和掌握情况；检验参赛选手对定价目标和原则的熟悉和掌握情况；检验参赛选手对定价程序和方法的掌握和运用情况；检验参赛选手对定价策略的掌握和运用情况。熟悉价格制定的原理和方法，灵活运用价格策略。

4. 渠道策略

根据调研报告提供4种产品、3种营销渠道的市场预测价格和数量，结合企业自身和竞争对手状况，采用多渠道组合营销手段扩大销售。

熟悉直销、批发、零售3种渠道的概念及特征，掌握影响渠道模式选择的因素：产品因素、市场因素、企业自身因素和竞争对手因素。

（1）直销：选手只有在进行了直销客户的开发以后，才有机会参与直销客户的投标。投标流程为：投标报名、资格预审、购买标书、投标、中标公示。最低价中标。每个客户开发费用为5W。

（2）批发：选手需根据自身的营销策略，在不同市场上制定不同产品的批发招商广告的投放策略，招商广告费用最低为1W，最高不限制，但必须是整数。选手在投放招商广告完成后，由裁判统一控制选单。

（3）零售：为了扩大市场，提高销售额，选手需要选择更多合适的零售商进店销售。选手在选择合适的零售商签约以后，需要将自己的产品配送给各个零售商进行销售。

5. 促销策略

（1）销售促进：选手采用满就送、多买折扣、买第几件折扣等促销活动，吸引不定型消费人群，增大销售额；熟悉销售促进的概念，掌握销售促进的活动方式。

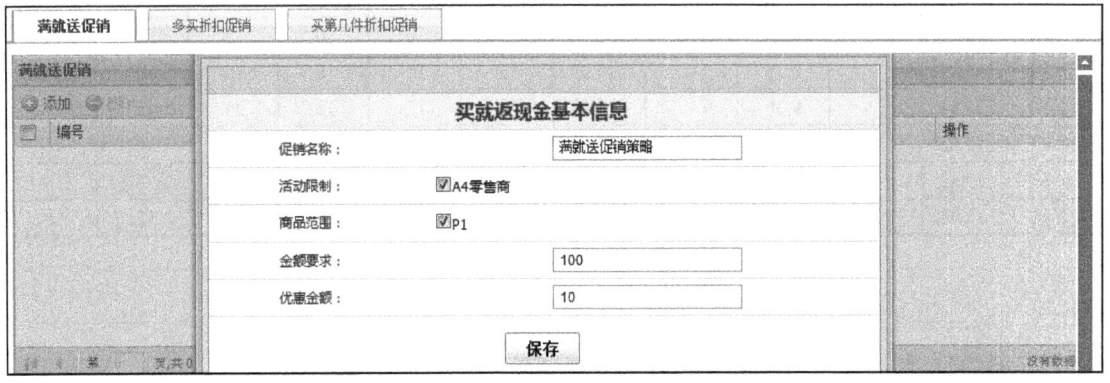

（2）广告策略：选手选择百度竞价排名和央视的多个时段投放广告，吸引习惯型消费人群，增大销售额。熟悉广告的概念、分类；掌握广告的基本原则；掌握广告媒体选择应考虑的因素。

6. 产品策略

根据目标市场选择，制定产品研发计划和产品生产计划。目前只有P1产品，P2、P3、P4需要3个季度研发，研发费用10W、20W、30W。只有产品研发完成后，才能进行该产品的生产。

熟悉产品市场生命周期的概念；掌握产品组合策略和差异化策略。

7. 财务

（1）应收应付：及时进行应收账款和应付账款的结算。

（2）融资：系统中向企业运营提供了3种融资方式：短期贷款、民间融资和长期贷款。选手可根据企业经营状态进行融资。

（3）支付费用：零售商管理费、租赁费／维修费、库存管理费。

（4）缴税：每年第一季度缴纳上年度企业所得税。

（5）根据系统自动生成的财务报表进行盈亏分析，制定下一步营销策略组合。

（6）读懂财务报表，管理应收账款，维持良好的资金流，估算成本和毛利率，进行盈亏分析。

10.4.7 竞赛规则

（1）报名资格：高职组参赛选手须为高等职业院校全日制在籍学生；本科院校中高职类全日制在籍学生；五年制高职四、五年级学生可报名参加高职组比赛。高职组参赛选手年龄须不超过25周岁（当年），即1990年7月1日后出生。

（2）报名要求：参赛队员在报名获得审核确认后，原则上不再更换，如筹备过程中，队员因故不能参赛，所在省教育主管部门需出具书面说明并按相关规定补充人员并接受审核；竞赛开始后，参赛队不得更换参赛队员，允许队员缺席比赛。

（3）熟悉场地：比赛日前一天下午15:30～16:20，开放赛场，熟悉场地。

（4）领队会议：比赛日前一天下午14:45～15:30，召开领队会议，各参赛队伍的领队和指导教师参加，会议讲解竞赛注意事项并进行赛前答疑。

（5）抽签仪式：比赛前一小时内举行抽签仪式，由各参赛队伍的领队或指导教师参加，通过抽签确定各参赛队伍的赛场座次。

（6）参赛队员入场：参赛选手应提前15分钟到达赛场，凭参赛证、身份证检录，按要求入场，不得迟到早退。并根据抽签结果在对应的座位入座，裁判负责核对参赛队员信息；严禁参赛选手携带与竞赛无关的电子设备、通信设备及其他相关资料与用品入场。

（7）各参赛队伍打开电脑，进入竞赛平台，并修改各自密码。

（8）由裁判长宣布比赛开始，各参赛队伍开始竞赛。

（9）竞赛过程中，如有疑问，参赛选手应持"咨询"示意牌示意，项目裁判长应按照有关要求及时予以答疑。如遇设备或软件等故障，参赛选手应持"故障"示意牌示意。项目裁判长、技术人员等应及时予以解决。确因计算机软件或硬件故障，致使操作无法继续的，经项目裁判长确认，予以启用备用计算机。如遇身体不适，参赛选手应持"医务"示意牌示意，现场医务人员按应急预案救治。

（10）比赛开始后，在运营过程中，赛场裁判负责控制招标过程，并宣布阶段性成绩。

（11）按照竞赛规程，在经营3个会计年度后，裁判公布竞赛结果，并将成绩登录在竞赛成绩单上。

（12）各参赛队伍派一名参赛代表在竞赛成绩单上签字，裁判监督所有参赛队伍签字后，裁判签字。

（13）赛场裁判将数据进行备份和保存，成绩单提交给大赛组委会备案。

（14）参赛代表队若对赛事有异议，可由领队按规程提出书面申诉。

（15）大赛组委会当场公布成绩。

10.4.8 竞赛环境

（1）竞赛场地设在体育馆内或电脑机房，场地内设置满足80个团队的竞赛环境，分成八个赛场；

（2）一个参赛队一个机位，每个机位两台电脑，其中一台电脑备用，两张桌子，四把椅子；

（3）竞赛场地内设置主席台、观众席，便于竞赛全程的观摩和监督；

（4）竞赛场地内设置背景板、宣传横幅及壁挂图，营造竞赛氛围；

（5）竞赛场地内设置大屏幕，屏幕实时显示竞赛过程和竞赛结果。

（6）局域网络。采用星形网络拓扑结构，安装千兆交换机。网线与电源线隐蔽铺设。采用独立网络环境，不连接Internet，禁止外部电脑接入。

（7）安全保障。采用统一的杀毒软件对服务器进行防毒保护。屏蔽竞赛现场使用的电脑USB接口。部署具有网络管理、账号管理和日志管理功能的综合监控系统。

（8）采用双路供电；利用UPS防止现场因突然断电导致的系统数据丢失，额定功率：3kVA，后备时间：两个小时，电池类型：输出电压：230×（1±5%）V。

10.4.9 技术规范

参赛团队遵循《助理营销师国家职业标准》(国家职业资格三级)。

10.4.10 技术平台

品名	规格要求说明
参赛选手计算机	CPU：酷睿I3双核3.0以上；内存：4G以上；硬盘：100G以上；网卡：千兆网卡；操作系统：Windows7操作系统，预装Internet Explorer8.0以上浏览器和火狐浏览器，预装全拼、简拼、微软拼音等中文输入法和英文输入法
网络连接设备	提供网络布线、交换机、竞赛用服务器
竞赛服务器	CPU：2颗英特尔至强E5系列；内存：8GB以上；硬盘：500G以上；网卡：千兆网卡；操作系统：Windows 2008 Server Enterprise，安装IIS7.5；数据库：Microsoft SQL Server 2005
竞赛软件	中教畅享"市场营销综合实训与竞赛系统"

10.4.11 成绩评定

（1）裁判员选聘。按照《2015年全国职业院校技能大赛专家和裁判工作管理办法》建立全国职业院校技能大赛赛项裁判库，由全国职业院校技能大赛执委会在赛项裁判库中抽定赛项裁判人员。裁判长由赛项执委会向大赛执委会推荐，由大赛执委会聘任，共安排 18 名裁判，2 名加密裁判，16 名现场裁判。

（2）评分方法。评分方式为机考评分。评分裁判依据评分方式的既定要求完成成绩评定工作，填写相应的评分表格后签字确认。记分员负责在监督人员监督下完成统分工作，统分表需由记分员、裁判长、监督组成员共同签字确认。统分后，记分员负责在监督人员监督下完成汇总计分工作，汇总计分表。成绩汇总结束后，应由加密裁判对汇总成绩进行还原，形成竞赛队最终成绩单。在正式公布比赛成绩之前，任何人员不得随意泄露过程评分和结果评分的评分结果。

（3）成绩复核。如监督人员在成绩复核中发现错误，裁判长需更正成绩并签字确认。如果抽检复核错误率超过 5%，则认定为小概率事件，裁判长需组织裁判组对所有成绩进行复核。

（4）赛项最终得分按 100 分制计分，最终得分由参赛选手和裁判签字生效。现场屏幕显示并张榜公布

（5）评分细则。

项目	内容	分值	总分
网络营销	数据采集	2 分	20 分
	数据整理与制图	4 分	
	决策题	3 分	
	网店开设及商品发布	1 分	
	商贸素养	10 分	
情境营销	市场营销核心技能：目标市场分析与选择、营销策略组合和财务报表分析的综合应用。每个赛场各队经营 3 个会计年度关账后，软件自动生成成绩，根据各队成绩排序，第一名 80 分，按照名次递减 5 分，第二名 75 分，依次类推		80 分

10.4.12 奖项设定

本赛项奖项设团体奖。竞赛团体奖的设定为：一等奖占比 10%，二等奖占比 20%，三等奖占比 30%。

获得一等奖的参赛队指导教师获优秀指导教师荣誉证书。

10.4.13 赛项安全

赛事安全是市场营销技能竞赛一切工作顺利开展的先决条件，是赛事筹备和运行工作必须考虑的核心问题。赛项执委会采取切实有效措施保证大赛期间参赛选手、指导教师、工作人员及观众的人身安全。

1. 比赛环境

（1）执委会须在赛前组织专人对比赛现场、住宿场所和交通保障进行考察，并对安全工作提出明确要求。赛场的布置，赛场内的器材、设备，应符合国家有关安全规定。如有必

要,也可进行赛场仿真模拟测试,以发现可能出现的问题。承办单位赛前须按照执委会要求排除安全隐患。

(2)赛场周围要设立警戒线,防止无关人员进入发生意外事件。比赛现场内应参照相关职业岗位的要求为选手提供必要的劳动保护。在具有危险性的操作环节,裁判员要严防选手出现错误操作。

(3)承办单位应提供保证应急预案实施的条件。对于比赛内容涉及高空作业、可能有坠物、大用电量、易发生火灾等情况的赛项,必须明确制度和预案,并配备急救人员与设施。

(4)执委会须会同承办单位制定开放赛场和体验区的人员疏导方案。赛场环境中存在人员密集、车流人流交错的区域,除了设置齐全的指示标志外,须增加引导人员,并开辟备用通道。

(5)大赛期间,承办单位须在赛场管理的关键岗位,增加力量,建立安全管理日志。

(6)参赛选手进入赛位、赛事裁判工作人员进入工作场所,严禁携带通信、照相摄录设备,禁止携带记录用具。如确有需要,由赛场统一配置、统一管理。赛项可根据需要配置安检设备对进入赛场重要部位的人员进行安检。

2. 生活条件

(1)比赛期间,原则上由执委会统一安排参赛选手和指导教师食宿。承办单位须尊重少数民族的信仰及文化,根据国家相关的民族政策,安排好少数民族选手和教师的饮食起居。

(2)比赛期间安排的住宿地应具有宾馆/住宿经营许可资质。以学校宿舍作为住宿地的,大赛期间的住宿、卫生、饮食安全等由执委会和提供宿舍的学校共同负责。

(3)大赛期间有组织的参观和观摩活动的交通安全由执委会负责。执委会和承办单位须保证比赛期间选手、指导教师和裁判员、工作人员的交通安全。

(4)赛项的安全管理,除了可以采取必要的安全隔离措施外,应严格遵守国家相关法律法规,保护个人隐私和人身自由。

3. 组队责任

(1)各学校组织代表队时,须安排为参赛选手购买大赛期间的人身意外伤害保险。

(2)各学校代表队组成后,须制定相关管理制度,并对所有选手、指导教师进行安全教育。

(3)各参赛队伍须加强对参与比赛人员的安全管理,实现与赛场安全管理的对接。

4. 应急处理

比赛期间发生意外事故,发现者应第一时间报告执委会,同时采取措施避免事态扩大。执委会应立即启动预案予以解决并报告组委会。赛项出现重大安全问题可以停赛,是否停赛由执委会决定。事后,执委会应向组委会报告详细情况。

处罚措施

(1)因参赛队伍原因造成重大安全事故的,取消其获奖资格。

(2)参赛队伍有发生重大安全事故隐患,经赛场工作人员提示、警告无效的,可取消其继续比赛的资格。

(3）赛事工作人员违规的，按照相应的制度追究责任。情节恶劣并造成重大安全事故的，由司法机关追究相应法律责任。

10.4.14 申诉与仲裁

本赛项在比赛过程中若出现有失公正或有关人员违规等现象，代表队领队可在比赛结束后2小时之内向仲裁组提出书面申诉。大赛采取两级仲裁机制。赛项设仲裁工作组，赛区设仲裁委员会。大赛执委会办公室选派人员参加赛区仲裁委员会工作。赛项仲裁工作组在接到申诉后的2小时内组织复议，并及时反馈复议结果。申诉方对复议结果仍有异议，可由省（市）领队向赛区仲裁委员会提出申诉。赛区仲裁委员会的仲裁结果为最终结果。

10.4.15 竞赛观摩

赛场内设定观摩区域和参观路线，向媒体、企业代表、院校师生及家长等社会公众开放，不允许有大声喧哗等影响参赛选手竞赛的行为发生。指导教师不能进入赛场内指导，可以观摩。赛场外设立展览展示区域，设专人接待讲解。

为保证大赛顺利进行，在观摩期间应遵循以下规则：

（1）除与竞赛直接有关工作人员、裁判员、参赛选手外，其余人员均为观摩观众。

（2）请勿在选手准备或比赛中交谈或欢呼；请勿对选手打手势，包括哑语沟通等明示、暗示行为，禁止鼓掌喝彩等发出声音的行为。

（3）请勿在观摩赛场地内使用相机、摄影机等一切对比赛正常进行造成干扰的带有闪光灯及快门音的设备。

（4）不得违反全国职业院校技能大赛规定的各项纪律。请站在规划的观摩席或者安全线以外观看比赛，并遵循赛场内工作人员和竞赛裁判人员的指挥，不得有围攻裁判员、选手或者其他工作人员的行为。

（5）请务必保持赛场清洁，将饮料食品包装、烟头及其他杂物扔进垃圾箱。

（6）为确保选手正常比赛，观摩赛上观众席内严禁携带手机及其他任何通信工具，违者将除本人被驱逐出观摩赛场地，还将视情况严重程度对所在代表队的选手的成绩进行扣分直至取消比赛资格。

（7）如果对裁判打分及观摩赛成绩有质疑的，请通过各参赛队领队向组委会仲裁委员会提出，不得在比赛现场发言。

10.4.16 竞赛视频

赛场内部署无盲点录像设备，能实时录制赛场情况；赛场外有大屏幕或投影，同步显示赛场内竞赛状况；有网上直播系统。

多机位拍摄开闭幕式，制作优秀选手采访、优秀指导教师采访、裁判专家点评和企业人士采访视频资料，突出赛项的技能重点与优势特色。为宣传、仲裁、资源转化提供全面的信息资料。

10.4.17　竞赛须知

1. 参赛队须知

（1）参赛队名称统一使用规定的地区代表队名称，不使用学校或其他组织、团体名称；不接受跨校组队报名。

（2）参赛队员在报名获得审核确认后，原则上不再更换，如筹备过程中，队员因故不能参赛，所在省教育主管部门需出具书面说明并按相关规定补充人员并接受审核；竞赛开始后，参赛队不得更换参赛队员，允许队员缺席比赛。

（3）参赛队按照大赛赛程安排，凭大赛组委会颁发的参赛证和有效身份证件参加比赛及相关活动。

（4）参赛队员需要购买保险。

2. 领队、指导教师须知

（1）各参赛代表队要发扬良好道德风尚，听从指挥，服从裁判，不弄虚作假。如发现弄虚作假者，取消参赛资格，名次无效。

（2）各代表队领队要坚决执行竞赛的各项规定，加强对参赛人员的管理，做好赛前准备工作，督促选手带好证件等竞赛相关材料。

（3）竞赛过程中，除参加当场次竞赛的选手、执行裁判员、现场工作人员和经批准的人员外，领队、指导教师及其他人员一律不得进入竞赛现场。

（4）参赛代表队若对竞赛过程有异议，在规定的时间内由领队向赛项仲裁工作组提出书面报告。

（5）对申诉的仲裁结果，领队要带头服从和执行，并做好选手工作。参赛选手不得因申诉或对处理意见不服而停止竞赛，否则以弃权处理。

（6）指导老师应及时查看大赛专用网页有关赛项的通知和内容，认真研究和掌握本赛项竞赛的规程、技术规范和赛场要求，指导选手做好赛前的一切技术准备和竞赛准备。

3. 参赛选手须知

（1）参赛选手应按有关要求如实填报个人信息，否则取消竞赛资格。

（2）参赛选手凭统一印制的参赛证和有效身份证件参加竞赛。

（3）参赛选手应认真学习领会本次竞赛相关文件，自觉遵守大赛纪律，服从指挥，听从安排，文明参赛。

（4）参赛选手请勿携带与竞赛无关的电子设备、通信设备及其他资料与用品。

（5）参赛选手应提前15分钟抵达赛场，凭参赛证、身份证件检录，按要求入场，不得迟到早退。

（6）参赛选手应按抽签结果在指定位置就座。

（7）参赛选手须在确认竞赛内容和现场设备等无误后开始竞赛。在竞赛过程中，如有疑问，参赛选手应持"咨询"示意牌示意，项目裁判长应按照有关要求及时予以答疑。如遇设备或软件等故障，参赛选手应持"故障"示意牌示意。项目裁判长、技术人员等应及时予以解决。确因计算机软件或硬件故障，致使操作无法继续的，经项目裁判长确认，予以启用备用计算机。如遇身体不适，参赛选手应持"医务"示意牌示意，现场医务人员按应急预案救治。

（8）各参赛选手必须按规范要求操作竞赛设备。一旦出现较严重的安全事故，经总裁判长批准后将立即取消其参赛资格。

（9）竞赛时间终了，选手应全体起立，结束操作。签字确认成绩后方可离开赛场。

（10）在竞赛期间，未经执委会的批准，参赛选手不得接受其他单位和个人进行的与竞赛内容相关的采访。参赛选手不得将竞赛的相关信息私自公布。

4. 工作人员须知

（1）工作人员必须统一佩戴由大赛组委会签发的相应证件，着装整齐。

（2）工作人员不得影响参赛选手比赛，不允许有影响比赛公平的行为。

（3）服从领导，听从指挥，以高度负责的精神、严肃认真的态度做好各项工作。

（4）熟悉比赛规程，认真遵守各项比赛规则和工作要求。

（5）坚守岗位，如有急事需要离开岗位时，应经领导同意，并做好工作衔接。

（6）严格遵守比赛纪律，如发现其他人员有违反比赛纪律的行为，应予以制止。情节严重的，应向竞赛组委会反映。

（7）发扬无私奉献和团结协作的精神，提供热情、优质服务。

10.4.18 资源转化

（1）本赛项资源转化工作由本赛项执委会与赛项承办校负责，于赛后30日内向大赛执委会办公室提交资源转化方案，半年内完成课程标准1套、教材1本、微课8个、动画10个。

（2）赛项资源转化的内容包括本赛项竞赛全过程的各类资源。做到赛项资源转化成果应符合行业标准、契合课程标准、突出技能特色、展现竞赛优势，形成满足职业教育教学需求、体现先进教学模式、反映职业教育先进水平的共享性职业教育教学资源。

（3）本赛项资源转化成果包含基本资源和拓展资源，充分体现本赛项技能考核特点。

（4）本赛项所有转化资源做到均符合《2015年全国职业院校技能大赛赛项资源转化工作办法》中规定的各项技术标准。

（5）制作完成本赛项资源上传：www.nvsc.com.cn 大赛网站。版权由技能大赛执委会和赛项执委会共享，由大赛执委会统一使用与管理。

本章小结

1. 电子商务沙盘模拟实训每个虚拟公司模拟经营3年，每年经营4个季度，每个季度经营12周。每周的主要工作包括：租赁办公室、建立配送中心、搭建信息系统、网络店铺装修、ISO

品牌认证、订单管理、选择物流公司、货物出库、货物到达与签收、支付行政管理费、市场开拓、办公室购买/租赁、支付维修费、折旧、关账等任务。每年经营结束，电子商务企业经营沙盘模拟系统综合各项指标计算得分，衡量企业经营效果。

2. 物流沙盘训练每个虚拟公司模拟经营3年，每年经营4个季度，每个季度经营12周。每周的主要工作包括派车提货、货物入库、货物分拣、运输调度、线路选择、货物到达、运费结算等任务。每季度内可以进行参加订单竞争、短期贷款/支付利息、更新应收/应付账款、运输工具购买/租赁、仓库购买/租赁、支付行政管理费、市场开拓、办公室购买/租赁、支付维修费、折旧、关账等任务。每年经营结束，物流企业经营沙盘模拟系统综合各项指标计算得分，衡量企业经营效果。

3. 营销比赛构建虚拟运营的博弈环境。学生将分成若干小组，每个小组经营一家资金充裕、银行信誉良好、有一定运营基础的生产制造型企业，每个小组由4～7人分别担任企业各个部门的岗位负责人（包括总裁、财务部、生产部、市场部、直销部、批发部、零售部），组成企业运营的核心团队。各个小组在相同的市场环境、相同的运营规则下，连续经营数个会计年度，通过系统给出的市场环境进行市场调研与分析、确定目标市场、制定营销策略与产品策略，并以直销、批发和零售3种销售方式进行产品销售，最终通过模拟市场运营得到结果，各小组将看见其营销计划给企业及整个市场带来的变化，各小组需在博弈过程中进行盈亏分析，并不断地进行营销策略调整，以在竞争中取得优势，为企业创造最大的价值。

4. 3种比赛评分规则包括一般规则、特殊规则和软件评分规则。财务方面的主要知识点：应收账款与应付账款、折旧、贴现、管理费、资产负债、所有者权益、利润表等。

习题与实训

习题1 电子商务沙盘模拟中"搭建信息系统和网络店铺装修"这两项运营活动的主要内容是什么？有何规则要求？

习题2 物流沙盘运营活动中"运输调度、线路选择"环节，对订单指标有何要求？
路线选择过程中面临最难以处理的问题是什么？如何化解？

习题3 市场营销沙盘在学生的营销战略规划能力培养方面设定的渠道情境是什么？如何处理好情境的渠道要素关系，实施有效的营销管理。

实训1 营运总监在运营管理过程中在完成以下活动时应该注意什么问题？

（1）进行派车提货或者货物中转之前应该完成的工作。

（2）购买或租赁不同的运输工具的主要依据。

（3）什么来确定派车型号和数量并制定装车计划和提货？

（4）派车提货的车辆有何限制，支付的费用不包括什么？派车提货的车辆可以对何种订单提货？

（5）进行入库操作的前提条件是什么？什么时候可以对订单进行拆分，以方便货物分拣、装车。

（6）通过对货物进行分拣，可以制定装车计划，根据装车计划进行运输工具调度，进行装车，装车后每辆车扣1M的装卸费。

（7）只能对何种运输工具进行装车，确定运输费用确定的依据是什么？

实训 2　如何搭建 B 店的电子商务经营平台

　　在搭建 B 店电子商务经营平台模式下，客户不再像开 C 店那样采取传统模式，而只需要支出一定的租赁服务费用，通过互联网便可以享受到相应的硬件、软件和维护服务，享有软件使用权和不断升级。而是花费大量投资用于硬件、软件、人员，但是从规模效益上看，这是网络应用最具效益的营运模式。

　　请根据电商 B 店网店的实际情况，确定有自己特色的搭建模式。

实训 3　如何使生产与营销有效结合起来

　　目前企业都是市场拉动型的，在产品设计、生产、配送整个过程中，都要时时考察市场需求的变化，处理好产品生产与销售之间的关系，各条生产线周期性替换，各种渠道的设计，都要以市场需求结合起来。请根据自己市场营销实训中的体会。能否总结出来产品销售与产品生产的对应性，不同需求的产品对应生产线类型的关系。

Chapter 11

第 11 章

ITMC 电商营销物流企业实训报告与测试题

11.1 ITMC 第三方物流企业沙盘模拟实训报告[一]

第一部分：实训准备

企业经营实战演练以一套沙盘教具为载体，模拟一家企业的主要职能部门和企业运营的关键环节，包括战略规划、资金筹集、市场营销、订单获取、运营策划、运输组织、工具设备投资、运输规划设计、财务核算与管理等。训练中把物流企业运营所处的环境抽象为一系列的流程和规则，由学生所组成的六个团队将分别经营六家相互竞争的模拟企业。通过模拟企业数年的经营，学生能充分理解管理的职能，认识第三方物流企业运营的基本环节。

（1）将所有的同学分成六组，每组八个人为宜。每个成员根据自己的兴趣、特点和能力，选择一个适合自己的职务。每组 CEO 带领全体队员上台做简单的自我介绍。确定本组的使命和宗旨，设计自己小组的口号。

（2）指导老师给同学们讲解物流沙盘演练规则，教同学们掌握沙盘演练技巧。指导老师带同学们做初始年的沙盘演练，并帮助同学们学会分析三大财务报表。

第二部分：实训要求

1. 职业定位、团队合作

训练中每位参与者将扮演一家企业中的一个管理人员角色，每位学生可以结合自己的兴趣选择扮演角色。设计完职业定位以后，在企业运营中，每位学员对应自己扮演的角色履职尽能、相互协作。当然，在企业运营过程中，由于工作职能和角色之间的差异，往往会出现意见不一致的情形，此时，参与者必须拥有全局观念，所有的工作都要以企业整体利益最大为原则，充分沟通，并最终达成共识。如果相互意见分歧较大，难以达成共识，则由 CEO 最后裁决。

[一] 资料来源：http://www.chinadmd.com/file/az3trpop3ecivuwtrvww6os3_5.html，内容有删改。

2. 讲求诚信、严守规则

沙盘训练毕竟是一种模拟体验,但面对这种"游戏"形式,学员不能抱着"游戏"的心态参与训练,必须遵守"游戏规则",讲求诚信。如在市场竞争规则、运输价格规则、办公室购置及各项费用支付等具体业务的处理上,容易出现违规情况,训练中虽有一些监控措施,但学员应自觉遵守规则。

第三部分:实训内容

(1)进行公司注册,为新公司命名。

(2)了解沙盘的经营规则:在"经营分析"中有得分规则,"现金流量表""历年交货订单列表",其中"得分规则""利润表/资产负债表"都是帮助性的文件;"利润表/资产负债表"是时时体现本小组的经营状况和财务成果的竞赛指标;"现金流量表"展现了经营状况和财务成果,也体现本小组现金流入和流出情况。

(3)新一年的来临,本小组的订单情况进行查询。既给我们带来了希望和挑战,但同时公司的任务仍然相当艰巨。因此需要我们团队负责人认真思索,勇挑重任,脚踏实地,切实做好每一项工作。企业管理团队要制订和调整好每一项工作。企业管理团队要制订和调整企业发展战略,制定运营计划、固定资产投资规划,营销策划方案等。

(4)支付所得税,财务总监按照上一年度利润支付所得税表中的"所得税"。

(5)制定广告方案,对不同年度、不同产品不同地域制定广告方案需求情况进行预测,根据预测再向准备提供物流服务的区域投放广告。为防止拿不到订单,要注意市场开拓、广告投放、经营地办公室租赁或购买等环节。

(6)参加竞单,根据计划进行订单选择。选择订单时要结合自己的投资情况和经营能力。

(7)更新短期贷并支付利息之后,若有需要可更新短期贷款并申请短期贷款和民间融资。融资额度要掌控好,在权益金两倍以内的贷款。

(8)更新应收/归还应付款,如果急需现金,需要将应收款变为现金,选择"贴限额"获得现金,贴现随时都可以进行。但是贴现率较高,资金成本高,最好不要盲目贴现。

(9)根据市场预测情况,确定本季度要决定计划投标的城市,在投标城市设立办事处,购买或租赁办公室,防止拿不到订单。选择制订投标计划,支付1M的竞标费用。

(10)先行做好市场开拓。区域市场开拓完毕之后,在该区域的城市设立办事处,争取拿单。重视品牌建设,企业通过认证后提高拿单能力。

市场开拓在每季度的季度末进行,争取在每季度进行一次加速开拓。如果在停止开拓一段时间后想继续开拓该市场,可以在以前投入的基础上继续投入。所有市场可以一次性全部开拓,市场完全开拓完成后,下一季度才能在该市场的城市里制订投标计划。

(11)购买/租赁运输工具和办公室。只有先购买办公室,之后才能购买或者租赁仓库,购买或者租赁仓库后,进行派车提货或者货物中转。

根据订单产品的类型,确定购买或租赁不同的运输工具。按照汽车、火车、轮船、飞机的顺序来购买。我们根据公司的经营策略和物流服务等市场需求情况,决定购买中型货车,因为购买与租赁的差额不大，购买比较划算。

根据签约订单的数量和货物的体积、重量，制订提货计划，确定派车型号和数量并制订装车计划，根据装车计划提货。为防止小马拉大车或大马拉小车的情况，我们对每一个运输订单都进行分析，进行订单与车辆的匹配，杜绝浪费资源的情况存在。

因派车提货的车辆限于陆运车辆，所以我们租赁或购买汽车。支付的费用等于车辆的装卸费用，不计燃油费；派车提回货物后可以先入库，方便货物分拣，进行运输调度。入库前可以对订单进行拆分，方便货物分拣、装车。

（12）通过对货物进行分拣，制订装车计划，根据装车计划进行运输工具调度，进行装车，装车后每辆车扣 1M 的装卸费。因为只有城市有仓库才能订单拆分，所以，我们决定购买仓库。这样可以对提货计划区的大订单进行拆分，来制订装车计划，避免因订单大小问题受到营运限制。派车提货的车辆只能对所在城市的订单提货。因为只能调度同一城市的运输工具进行装车。应该选定到达地是第二季度开发城市，这样就可以根据不同的运输工具确定运输费用。

（13）因为无论短期贷款还是民间融资均以 20M 为最低基本贷款单位。所以我们按照短期贷款——长期贷款——贴现——民间贷款的顺序进行贷款。

短期贷款及民间融资贷款期限为三个季度，因为支付方式包括：到付、回付、预付。最好是到付，可以避免资金紧张和风险，所以我们注意尽量获取这样的单子。每季度执行预付任务一次，如果有应收账款，则应收账款账期缩短一个季度。

（14）每季度末交行政管理费。行政管理费用属于固定费用支出，每个季度开始都要把这个成本充分考虑进去，防止预算不足，导致利润流失。

（15）更新长期贷款：为防止某年份集中还贷，造成资金紧张甚至资金链条断裂，我们必须在有长期贷款时，每年末支付利息并归还长贷后再考虑继续借贷，根据需要再申请长期贷款。因每季度内可以随时进行贷款，所以，每季度初我们也有到期需要归还的贷款，应先把上个季度贷款还款后再贷。

（16）支付设备维护费。每年年底对公司现有运输工具、办公室和购买的仓库进行维修，根据它们每年应缴纳的相应维修费用进行支付，在本年度新购买的不支付维修费用。

（17）市场开拓／ISO 认证投资。这项认证是提高拿单能力的重要举措，也是现代企业经营必须完成的一项重要工作。

（18）一年经营结束，年终进行关账，系统自动生成利润表、资产负债表和现金流量表，这是分析本组经营成败的依据，我们组会在每个季度，集中分析报表，为下一个季度经营设计新的方案。在系统根据得分规则自动计算当年各组的得分后，我们小组成员对自己的实力会有一个更加直观的了解。

第四部分：实训结果

沙盘训练是一种体验式的教学形式，它与传统教学与案例教学有着很大的区别。学校将模拟市场引进教室，把虚拟企业交给同学。训练中每位学生将充当一家企业不同管理岗位的角色，各个角色组成的管理团队将要共同管理和经营一家模拟的企业。

沙盘训练是一种模拟体验，尽管面对的是"游戏"这种形式，但是，我们应态度始终端正,动作严谨,没有抱着"游戏"的心态参与训练,遵守"游戏规则,讲求诚信。通过沙盘实战演练我们知道了各个部门之间的配合是十分重要的,虽然大家在训练过程中有时候意见相左,但由于经营得当,最后由最初的负利润转亏为平,预计以后效益会更好。

第五部分:心得体会

一周的沙盘演练让我认识到以下几点:

(1)沙盘演练是我第一次参加的模拟经济活动。虽然只是演练,一切都是虚拟的,但物流企业的经营过程不是虚拟的,是真实的存在,而且每位同学都有不甘人后、争取胜出之心,我想这就是沙盘的目的。

(2)沙盘演练让我意识到做人做事是目光要长远。要想公司日益强大,就必须步步为营稳扎稳打,考虑长远,才能生存的长久。但遗憾的是我没有足够的时间,只做到第三年。因为受到时间条件制约,经营时间过短,这样大家觉得做长远的打算是徒劳,浪费资源和精力。其实,这种想法是有偏颇的,倘若你真的要执掌一家公司,绝对不会只经营三年。沙盘演练的过程是一个学习的过程,更是锻炼我们意志的过程。虽然大家都是竞争对手,但也许通过相互了解,你们会成为生意上的伙伴,所以要给自己留条后路,哪怕是在最激烈的竞争中。

沙盘演练让我意识到不要贪多,在接单时要正视自己的实力,衡量好自己的经营能力,要量力而行。订单很多,但不是个个都要。这是要不得的,要权衡得失,善于取舍,沙盘演练让我认识到了这点。投广告费时更要看准市场,不要盲目投放,导致广告费不能得到充分合理的利用。

(3)团队合作最重要。一个人无论你有多能干,始终不可能事无巨细、事必躬亲。一个团队的领导者最重要的能力就是要协调,协调并有效地利用资源,调动团队的积极性和队友的热情。整个ITMC物流管理沙盘训练的组织中,需要CEO、CFO、COO、CSO四个角色。CEO需要沉着冷静,充分授权,掌管人员调度,监管进度,统领全局;CFO以及财务助理需要头脑清醒,遵守章程,财务能力强,严把资产的出入;COO需要全程掌握市场动态,运输工具、仓库、办公室的数量,市场容量的预测;CSO需要有胆识,敏锐的触角,市场分析能力强,预测能力强。如果CSO没有对市场进行详细的分析,就不知道应该开发什么样的产品和开拓什么市场;不知道开拓什么服务产品和市场,COO就无法排出正确的运输量、路径及分拆方式,也无法判断是否应该更新运输工具、办公室、仓库;不知道订单和市场容量的具体情况,物流总监就无法正确地更新订单;订单计算的不精准,又直接关系到CFO的现金预算状况,而这一切都需要CEO的统筹安排和规划。

由此可见,四个角色是环环相扣的,缺一不可,只有一起为了共同的战略目标而努力,才能达到最大的效用。而如何才能达到效用的最大,就必须做好各个角色之间的沟通和信任。需要沟通彼此的计划,沟通彼此的决策,沟通彼此的看法。一旦出现问题,首先想到的是如何解决目前面临的困境,尽快从恶性循环中解脱出来,为确保以后能够良好运行赢得宝贵的时间,然后是都要从自身找原因,敢于承认自己的错误,确保在以后工作中尽量不出现犯过的错误。其他成员要以一颗宽容的心去对待同伴,也要考虑到别人出现错误自己也有责任,因为工作过程中彼此行为是有关联的,应该将同伴可能出现的错误消灭在萌芽状态。

11.2 ITMC 电子商务企业沙盘模拟实训报告

全程电子商务沙盘模拟是传统教学方法的一次创新,一次完全由我们自主学习的课程,训练中,老师只是解答我们的疑难问题,绝大多数情况都需要我们自己根据掌握的电商理论知识来有针对性解决。为期一学期的电子商务沙盘模拟结束了,而我也对电子商务企业的经营过程有所了解,我们小组的五个成员,各司其职,各尽其能,完成自己的本职工作,共同为企业的发展努力。合力完成企业的经营任务,虽然我们小组的经营业绩并不理想。但正是因为不理想我们才会各有经历,各有体会,获益匪浅,也深刻感受到了书本上的知识与实际运用是有很大区别。

我们被分成是十个小组,一组代表一个模拟公司,一个小组 4 个成员,我们要担任不同的工作职位。各代表着沙盘模拟活动中设置了财务部、营销部、运营部、采购部四大部门。各个公司的初始状态是相同的,三年后再比较十个组的盈利能力、偿债能力、可支配现金有多少,高的那组或负债少的那组获胜,特别是权益金数量不能低于初期一半。通过模拟训练,我们知道,电商企业沙盘模拟的实际运营状况内容涉及:企业的整体战略、广告、网站管理、营销理论、物流管理、财务管理、团队协作、人力资源管理等,涉及的面很广,经营难度很大。在模拟实训过程中,深刻感悟电子商务企业的经营过程、经营思路和管理理念。

一、实训起始阶段

(1)选址。选址关系到企业生存环境的优劣以及线下物流成本降低,所以引起我们的高度重视,同时也对物流市场容量考量,应该在沿海经济发达地区设立办公室。在这样的决策下,我们在沿海地区租赁办公室。希望依靠这个因素,扩大公司影响力,为下一步扩张发展做好准备。有的同学倾向在内陆地区选址,但因为可能抢不到货物或者利润基本没有,所以否定了这个策略。

(2)办公室人员配备。根据经验一般办公室可以配备人员 20 人左右,而对刚起步的公司而言必须最大限度降低人力成本,所以,我们采取"两高两中两低"配备原则,配置人员,希望公司未来效益提升后,可以招聘更多人才。

(3)市场调研。调研是进行营销的第一步,所有产品均调研一次,充分调研有利于企业平衡发展,通过淘宝魔方,运用 SEM 和 SEO。考察不同产品以及同一产品不同售价时人们的购买意向,我们应该采购何种商品才能盈利。这也是下一步仓库选址、媒体广告工作的前期活动。

二、实际经营阶段

(1)商品策略。我们知道商品的搭配可以形成利润互补,虽然,我们对某一种商品感兴趣。但是为组合式销售,也逐步关注其他商品。有的同学认为关注一种商品目标性强,有利于在比赛中做专一商品生意,比赛为 10 组,能垄断一种商品可以为经营胜利开辟险路,但这种极端做法不可取。

(2)资金策略。无论是购买销售产品还是广告费用支出,以及 B 店的开发,店面装修,都需要资金支持,如何有效使用资金是竞赛中要考虑的问题,我们在经营中,专门指派组员关注资金使用情况,发现问题及时纠正。贷款时在第一季度短期贷款 1000,民间贷款 600。谨慎的原因是为了在第一季度做专一商品专属经营时,争取采购到大部分商品,这些商品准备在下一轮中销售,形成利润制高点。在第二季度短期贷款 500,没有民间贷款。原因是第一季度往往竞争白热化,第二季度减少贷款,可以避免来年第三季度因还不起贷款而倒闭,还可以将精力集中在第二季度,在第二季度全贷款,高价位掌控利润较高的产品,可以规避第一季度的伤亡,保证企业能够生存下来。

(3)物流管理策略。在选择仓库方面,我们先租赁 500 的容量的仓库,希望随着时间的推移,经营规模的扩大,可以不断扩建仓库。

在采购方面,严重关注招标活动,我认为这个活动很重要,采购不到商品,企业无货可卖就会陷入困境或甚至倒闭。在第四轮时,B 店开始经营后,我们根据市场调研去进行广告招标,分别在下面三个渠道投放广告:百度、八卦、网络。我们知道选择的广告投放方向,一定要符合自己的商品所需,如 B1 想卖到天津和北京,而不想卖到其他地方,投标时候就投百度和八卦新闻杂志,这是根据因为调研时收集的信息得到结论。

如上例,B1 可以在天津、北京、南京出售,调研后,建立仓库假设在天津,则可以卖到的城市为天津、北京,销售到南京则可以考虑放弃,因为从天津运到南京运费较高。在招标价格设定时,价格至少在成本承受区间里。

(4)定价策略。定价包括促销、运输等环节的最终定价,以 B1 产品为例,如果想销售到天津和北京,而不销售到南京,定在可以在 18 元。按照规则,市场平均可接受价格和进货价格之间科学权衡定价,也要考察上下浮动多少会有购买行为出现,如上浮到 16 元时人们可以接受,再高可能难以接受,这样可以兼顾不同销售地、不同消费群体的购买能力。

(5)线下物流管理。订单商品确定出库的时候是决定物流策略的开始,由于我们都采取自动搭配物流形式的模式,所以,订单都可以比较顺利完成配送。在这个过程中,我们发现一个重要问题,就是客户要求的物流形式与我们提供的物流方式之间不能错位,尤其是不能低于客户的要求,如对方要 EMS,而你却提供其他快递,这样收货期满足不了客户需要,现实中就会产生退货行为,导致企业经营损失。

(6)报表分析。尽管 BZC 店规模较小,但必要的财务分析是应该要实施的,小店经营为何成功,又为何失败,财务报表会告诉我们其中的原因。我们小组在竞争中生存时间较长,并获得理想的分数,得益于对报表的关注和不断分析。尤其对资金使用情况的全程掌控,对特殊阶段资金用量以及贷款额度的控制,防止了资金链断裂的情况。

三、沙盘实训体会

作为本公司的 CEO,我对整个经营活动全程负责,而且先要了解市场,第一次做沙盘,因为我做得太快,没跟老师的脚步,而是凭自己的感觉走,结果货物签收没有分批,就直接结束签收了，最后导致我们小组亏了。第二次，我吸取上次的教训，我一步一步，小心翼翼地做，做完 1 个季度后，我感觉，虽然有订单，但订单很少，原因是我对资金使用方面过于谨慎，不善于积极投资。第三次，我成功地做了一年，卖出去的东西不少，我还算满意，但我对顾客需求考虑还不够周到，没有从全方位考虑这个产品是哪些顾客需要的，他们的价格定位在哪儿，我的促销手段一直没有大的变化，我觉得这样可以吸引新老顾客前来购买，然而，第一年经营比较理想，但是第二年就有了麻烦和矛盾，如果我一味地继续着第一年的操作，那我肯定破产，所以我重新调整了策略，小组采购的产品太少，导致顾客有订单没货的有好多，最多的一次有 50 多个，所以我在不断地贷款和加货，挣得多了，利息也就高了，贷款不能及时到账。最后经营不善，导致破产。

这次的沙盘告诉我们的不仅仅是模拟公司的一个经营，而是你在经营公司的一个过程，你要用心，一步一步，有计划有策略的经营，那么公司应该会越营业越好的，而不是不断地破产。要保证零库存，贷款要考虑清楚，看看那个比较合适，还有就是要清晰地处理每一个步骤。

四、成员一的沙盘感悟

（1）企业沙盘模拟给我们提供了一个实战平台。在上过相关的专业课程以后当真正地进入沙盘模拟的实验才发现自己学习的不足以在实际操作中使用。

（2）在实训中，深刻感受与领悟了公司的经营理念，体会到了公司经营的艰辛。制定合理目标是取得长远发展的起点。强化了我们的市场竞争意识，培养控制企业风险的能力。在模拟经营中，做到随机应对所处环境的变化。

（3）市场营销是企业实现利润最直接的渠道。掌握了较实际的营销知识，提高了我们的受挫折能力、耐力、心理承受能力。增强个人的全局观念和竞争意识、成本意识。

（4）学习了更多财务知识，掌握财务分析工具，增强预算制订和控制水平，控制好资金流的运用。知道了怎样处理财务部门与其他部门的沟通障碍。

（5）能力的提升是价值所在。团队合作和协调能力，战略分析规划能力与决策能力，采购与广告管理能力，定价与推广管理能力，物流服务质量的持续改进能力，财务管理与成本控制能力。

（6）在决策的失败与成功中，领会管理的技巧，提升了我们的管理素质，同时也知道了团队协作沟通的乐趣，一个良好的团队能完善企业的管理。

（7）可以发现自己知识结构的缺陷，为以后的学习指明方向。

在这次模拟实训中，我由初时的懵懂，到最后的熟悉，最后熟练掌握，还有助于提高我的分析与思考问题的能力。我觉得这也是一个很大的进步。体验团队协作精神，团队中个人的成功并不代表你是成功的，但团队的成功却意味着你是成功的。每个人都是团队的一分子，与团队共生存，共荣辱。

五、成员二的感悟

沙盘演练是我第一次参加的经济活动，虽然是虚拟的，但是我们的心不是虚拟的，每一位同学都有着争胜之心，运用自己所学到的知识经营好自己的企业。本次的实训有 12 个小组，可见竞争是相当激烈的，每个组有 4 个人，分别担任总裁 CEO、营销总监 CSO、采购总监 CPO、财务总监 CFO 的角色，而我担任我们小组的总裁 CEO。

沙盘模拟一年 4 个季度的生产运营情况，在老师的带领下大家的热情都很高涨，逐渐了解和操作整个过程。我们组在整个演练过程中每个成员都能积极参与进来，出谋划策，这让我感到非常的欣慰。为了提高企业的运营效率，作为为企业的 CEO，必须对各个管理者做好明确的分工，不能乱成一团糟。我们的营销总监负责市场调研，价格策略，创意促销，销售渠道（媒体）；采购总监负责市场调研，采购投标，商品入库；财务总监负责交税，更新应付款，更新应收款，支付租赁和维修费用，更新短期贷款，更新长期贷款，支付工资，支付行政管理费，关账等；我负责建立办公场所，建立配送中心，搭建信息平台，市场调研，店铺装修，订单管理，货物出库，货物到达签收等。

在前几节课程的模拟中，我们组出现了很多问题，比如采购投标定价不当拿不到商品，促销策略过时拿不到订单，资金断流、广告投放太大、对竞争对手的了解不够等，导致我们平时的演练并不理想，企业总资产出现负值。后来老师说企业经营得好坏主要看第一和第二个季度。我们意识到我们第一季度每次都拿不到货，第二季度开始拿得到货，但是订单确实少了，很多产品都无法卖出去，这主要是我们的第一季度采购投标的价格比其他企业都低，还有在创意促销这块做得不好，在选择媒体销售渠道是有点盲目，投放的价格也不是很适当。于是作为前车之鉴，在正式考试前，我们吸取教训，明确分工，在细节上充分把握，争取在正式竞争中拿个优异的成绩。

经过讨论，我们选取了最优方案，租赁办公场所，建立配送中心，搭建信息平台，支付税金等方面我们没出现什么问题，在贷款方面一年只能贷款 2 000，我们第一、第二季度分别贷 900，第三、第四季度不贷款，还有 200 是为了最后不够支付工资和管理费而未贷款的。我们的主打产品是 E1 和 D1，在市场调研的分析下我们第一季度决定以高价，以价格梯度的方式进行投标，争取拿到商品，然后以高价卖出。我们都做好了准备争取在正式考试的时候取得好成绩。结果还是出乎意料，总体来说失策了，第一季度我们短期贷款 900，所投的产品都中标了，我们很高兴，但是可能是商品出价太高了，其实降低点价格也同样能拿到货的。

为了能够盈利，我们决定以采购价的两倍出售，高出了市场的平均价很多，但我们忽略了这个问题，而且促销活动并不多，也不够吸引客户，结果第一季度都没有一个订单，我们有些失望。因为资金不足，我们第二季度没有打算拿到产品，价格策略上我们做了调整，把价格降低到市场平均价以下，增加多一些的促销活动，并对 P1、D1 继续投放广告，这使我们有了一些订单，但几乎都是 D1 的订单，D1 产品比较少些，能够全部卖完，E1 的产品还有很多。第三季度资金回笼一点了，因为 D1 产品还有订单我们民间融资贷款购买了少量 D1 产品，同时对 E1 产品降价促销，继续投放广告，到第四季度的时候商品还剩一些，为了能够全部卖得出去，我们 E1 定的价格几乎接近成本价，虽然有很多订单，但是我们却没有能够全部出货，因为已经没有足够的产品了。最后由我们的财务总监关账，结果分数让我们都失望了，真不明白其他小组怎么能够做得那么好，我们都应该向他们学习啊。觉得自己真的还要学习得更多，还要花更多的心思去琢磨。

企业在整个经营的过程中要支付很多的费用，而我们的产品几乎都是以高价买进以低价卖出的，企业根本无盈利可言，最后公司的总资产出现负值，我们在经营的过程中还有很多做得不好的地方，没有充分研究市场和正确的决策，再有对竞争对手不了解，对市场的预测很乐观，所有的决策都是自己的一意孤行，导致出现开始意想不到的结果。作为一个 CEO，应该要纵观全局，要有周密的心思和计划，有自己的经营战略，一定要充分和成员沟通交流，听取其他成员意见，团队力量是最强大的。

虽然成绩并不好，但自己能够在当中学到很多，只有经历过失败才能够吸取教训，找出成功的方法。这次的沙盘实训，不仅提高我们的技能，还提高我们的综合能力，它促使我们积极地思考，了解了企业的运作，提高了学习知识能力和对自身的认识，对企业的管理和经营能够加深理解。

11.3 ITMC 市场营销沙盘模拟实训报告

我们知道全程的营销沙盘训练就是对课堂所学的市场营销知识的运用和市场策略的检验，尤其是对市场细分的概念有了更加现实的意义，同时我们也深刻感受到目标市场策略选择需要考虑的主要因素众多，包括企业的资源和能力、产品的性质和生命周期、竞争对手的市场策略等。在经营的各个阶段都要审时度势，不断理清经营思路，不放弃每一次机会，也不去做自身能力难以实现的目标。

11.3.1 实训准备阶段

（1）对沙盘盘面初始情况全面了解

沙盘提供了 P1、P2、P3、P4 四类产品，以及这四种产品在五个市场未来三年的销售价格、销售量的预测资料，这个信息十分重要，我们小组所有成员对此都铭记在心，在制定决策时候给充分考量。

（2）组建队伍，明确责任。

团队企业营销的核心，我们负责的企业是一个生产经营型企业，既负责生产产品，又负责销售市场，一身兼二任。全程都是以销售 P1 产品为主营业务，逐渐 P2、P3、P4，资金较为充裕，银行信用良好。但是如果我们一直维持现状，必然出现：产品单一，本地市场销售空间狭窄，竞争越来越激烈，未来几年销售收入将继续下降。所以，为防止产品过于单一，市场开拓受限等情况出现，我们团队通过目标市场分析与选择、营销策略组合和财务报表分析，争取使企业的效益最大化。

（3）市场战略抉择。

根据软件系统提供 P1、P2、P3、P4 四类新产品在五个市场未来三年的需求预测图（见图 11-1），我们有理由决定自己未来三年的经营战略和目标。在获取详细的需求信息后。CEO 带领小组成员通过市场预测图进行市场分析，决定购买调研报告（见图 11-2），对第三方提供的研究报告进行更加详尽分析，以此了解直销客户、批发商、零售商和六类消费人群的详细需求信息，确定未来的目标市场，制订细致的营销计划（见表 11-1）。

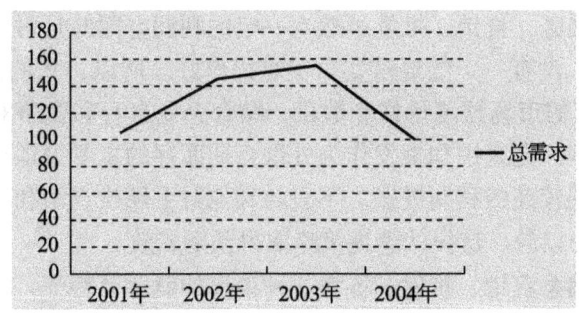

图 11-1　M1 市场产品趋势图

季度	产品	直销		批发		市场需求 零售						
		平均价格	需求量（件）	平均价格	需求量（件）	市场期望价格	习惯型（件）	理智型（件）	冲动型（件）	经济型（件）	情感型（件）	不定型（件）
1	P1	10.92	62	6.28	126	8.74	15	0	0	18	0	71
2	P1	13.72		8.15		10.98	15	15	0	18	15	42
3	P1	15.54		9.36		12.43	15	15	15	20	15	26
4	P1	15.62		9.41		12.49	15	18	15	23	16	26
4	P2	12.82		7.55		10.26	6	6	6	7	6	9
4	P3	17.98		11		14.39	2	2	2	3	2	4

图 11-2　调研报告

表　11-1

季度	产品	功能	市场	直销客户数量	批发商数量	零售商数量	估计毛利
1	P1	F1	东部	20	30	60	20
2	P2	F1	西部	10	60	30	40
3	P3	F1	南部	30	20	50	30
4	P4	F2	北部	20	50	40	30

11.3.2　沙盘实训实质性阶段

这一阶段，我们是在充分调研和预测市场的基础上运作的，我们根据定价目标、确定需求、估计成本、选择定价方法、制定最终价格。比如，企业 P1 库存较大，直接成本是 2，零售市场平均期望价是 8，制定合适价格是实现有效销售的第一步。

（1）价格策略的运用。我们对价格构成要素及影响十分关注。通过购买调研报告，确定未来产品定价；严格按照系统的定价目标和原则；熟知定价程序和方法；灵活运用定价策略进行合理竞争。定价中，我们发现，有些和现实销售活动不相符合的问题，对此我们采取积极应变策略，适应沙盘演练的基本要求，在不违反规则的前提下，灵活制定具有竞争性的价格。比如，抬高原材料价格；适当储存部分商品形成滞后期的价格垄断；在资金允许的情况下对部分商品实现独占式经营，以获取高额利润，实现小组营销目标。

（2）渠道策略运用。初次运作营销沙盘时，我们按照盘面上的逻辑顺序安排销售渠道，其实这个做法有一定误区，直销、批发虽然有一定的利润空间并且可以实现货款预付，但是利润太少，投入太大，没有一定的经济实力很难操作好。所以，我们根据调研报告提供的 4 种产品、3 种营销渠道的市场预测价格和数量，结合企业自身和竞争对手状况，采用多渠道组合营销手段扩大销售。把直销和批发作为处理当期库存的主要渠道选择，而把营销的重点放在零售上面，以实现较高的利润进账。不去与其他对手硬拼直销和批发订单。而对零售订单招标高度重视，全力以赴。这样的渠道策略取得预期成效。

所以，我们觉得熟悉直销、批发、零售 3 种渠道的概念及特征，掌握影响渠道模式选择的因素：产品因素、市场因素、企业自身因素和竞争对手因素十分重要，这是确定自己渠道策略的基础和前提。

到企业有一定资金实力的时候，再回来采用直销渠道比较合理。在进行直销客户开发以后，可以有机会参与直销客户的投标。熟悉掌握投标流程：投标报名、资格预审、购买标书、投标、中标公示，开发费用为 5W。

批发则需根据自身的营销策略，在不同市场上制定不同产品的批发招商广告的投放策略，招商广告费用最低为 1W，最高不限制，但必须是整数。我们在投放招商广告完成后，在裁判统一控制选单。

（3）零售经营策略。零售是我们渠道策略用力之处，为了扩大市场，提高销售额，我们选择更多合适的零售商进店销售。在选择合适的零售商签约以后，将自己的产品及时配送给各个零售商进行销售。零售活动需要促销策略进行配合，销售促进可以采用满就送、多买折扣、买第几件折扣等促销活动，来吸引不确定型消费人群，增大销售额。掌握销售促进的活动方式十分重要（见图 11-3）。

图 11-3 零售经营策略

零售广告策略的跟进也体现出企业的适应能力、应变能力，我们选择百度竞价排名和央视的多个时段投放广告，来吸引习惯型消费人群，增大销售额。在选择广告媒体时候，我们不过于贪图影响力，而是根据产品的特点决定广告投放的方向（见图 11-4）。

（4）产品生产策略。

我们根据订单情况以及目标市场选择，制定产品研发计划和产品生产计划。首先以 P1 产

图 11-4

品为基础，按照市场需求周期变化，逐渐进行 P2、P3、P4 的开发和生产，因为这些产品通常需要 3 个季度的研发周期，所以制订经营计划时候，需要有前瞻性，对未来市场需求有预见性才能保证这些产品在未来销售顺利实现利润。财务总监，合理安排资金，将研发费用 P2 的 10W、P3 的 20W、P4 的 30W 预留。观察产品研发周期推进，及时进行该产品的生产，以保证市场需求。这一个阶段我们感觉熟悉产品市场生命周期的重要性，同时按照系统提供的研究报告，对未来产品组合策略进行合理运作，并且适时进行差异化策略，提供特色产品。

由于在本阶段生产周期安排，材料采购提前期设计，由于不同产品对原材料种类搭配要求不同，生产线类型的选择，库存产品处理方式等问题较多，我们群策群力，每一个人都在自己负责的环节高度关注，尤其是材料提前购进时候，需要资金支持以及产品库存处理时候的果断。这都是经营智慧的体现。

11.3.3 经营收尾阶段

财务报表是衡量企业经营状况的尺度和标准，我们注意及时进行应收账款和应付账款的结算。不轻易采取民间融资模式，防止新旧债务重叠，造成资金链断裂。由于每一个环节都要有一定费用支出，所以留足费用，防止盲目乐观是需要注意的，费用包括零售商管理费、租赁费/维修费、库存管理费。由于每一个经营周期结束之后系统会自动生成的财务报表，对这些报表进行盈亏分析，是制定下一步营销策略组合的关键。所以我们做到不仅读懂财务报表，知道管理应收账款（见图 11-5 ~ 图 11-7），维持良好的资金流，而且要重点估算成本和毛利率，进行盈亏分析（见图 11-5 ~ 图 11-7），真正使沙盘实训实现培养复合型人才目标。

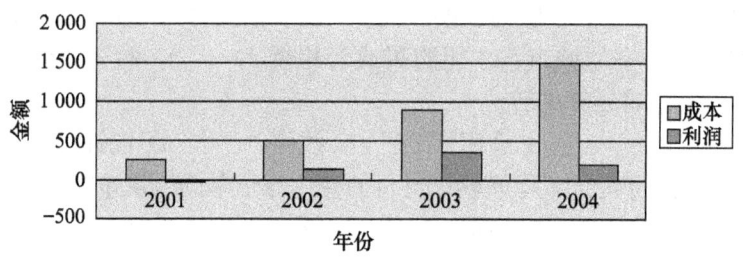

图 11-5 （四年经营的成本和利润柱状图）

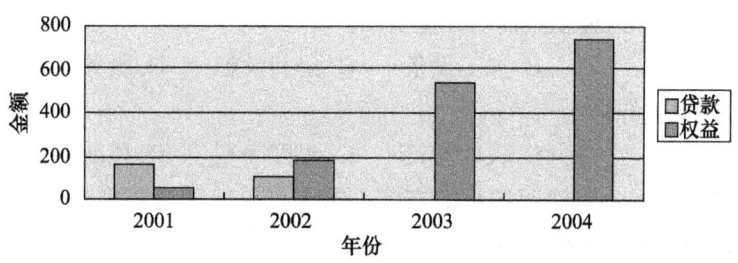

图 11-6 四年贷款和权益柱状图

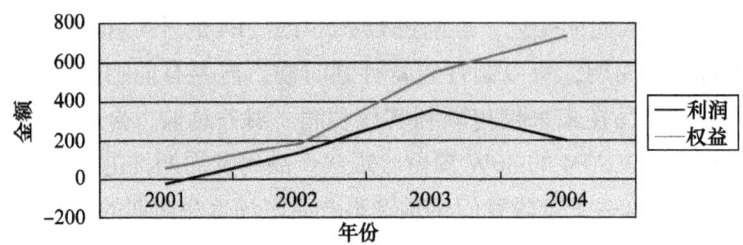

图 11-7　四年利润和权益折线图

11.4　ITMC 物流企业沙盘模拟测试题

11.4.1　ITMC 物流沙盘模拟实训测试题 A

一、选择题（每题 2 分，计 20 分）

1. 公开招标时根据订单的参考运费价格，各企业进行投标，价格最低者中标。投标运费价格上限不能超过参考运价的（　　）。
   A. 15%　　　　　　　B. 30%　　　　　　C. 20%　　　　　D. 10%

2. 营销沙盘企业起初权益为 100M，尚未有短期贷款或民间融资，则企业短期贷款或民间融资的最大额度是（　　）。
   A. 100M　　　　　　B. 150M　　　　　　C. 200M　　　　　D. 300M

3. 提前支付订单运费的结算方式是（　　）。
   A. 预付运费　　　　B. 到付运费　　　　C. 到期运费　　　D. 回付运费

4. 每年年底对公司现有运输工具、办公室和仓库（必须是购买的）进行维修，根据它们每年应缴纳的相应维修费用进行支付，（　　）的不支付维修费用。
   A. 当年新购买　　　B. 过去购买的　　　C. 已经报废的　　D. 准备购买的

5. 只有购买/租赁办公室的城市，才能购买或者租赁（　　），购买或者租赁（　　）后，才能进行派车提货或者货物中转。
   A. 厂房　　　　　　B. 仓库　　　　　　C. 线路　　　　　D. 商铺

6. 派车提货的车辆只限于（　　）车辆，支付的费用等于车辆的装卸费用，不计燃油费。
   A. 空运　　　　　　B. 海运　　　　　　C. 陆运　　　　　D. 航运

7. 货物如果到达目的城市，可以直接交货，如果不是目的城市，可以（　　）。
   A. 跳过　　　　　　B. 删掉　　　　　　C. 取消　　　　　D. 卸货

8. （　　）不计提折旧，运输工具需要计提折旧。
   A. 办公室和仓库　　B. 加工设备　　　　C. 公共设施　　　D. 服务设施

9. 以下属于所有者权益的是（　　）。
   A. 股东资本　　　　B. 民间融资　　　　C. 年度净利　　　D. 税前利润

10. 快速提货是委托（　　）快速提货的方式，每个订单的提货费用是采用陆运运输工具装卸费用的最大的费用作为提货费用。
    A. 客户　　　　　　B. 第三方　　　　　C. 厂家　　　　　D. 商家

二、是非判断题，对的打√，错的打 X（每题 2 分，计 20 分）

1.（   ）必须购买或租赁办公室，否则无法进入该城市投标。
2.（   ）企业为托运公司运输完成订单，企业信誉度会增加，违约订单，企业信誉度没有影响。
3.（   ）教师端开始公开招标后，学生依然可以选择投标城市参与竞标。
4.（   ）投标运费价格由模拟经营者自己制定，不受限制。
5.（   ）每季度内可以随时进行短期贷款或民间融资。
6.（   ）企业可以在任何城市购买或租赁仓库，用以进行货物的中转。
7.（   ）购买运输工具在购买当期即成为企业的费用计入利润表。
8.（   ）仓库可以购买、租赁、续租、退租、变卖等。
9.（   ）订单中的部分货物到达目的城市可以先交货给客户。
10.（   ）派车提货时可以对提货计划区内的大订单进行拆分。

三、名词解释（每题 5 分，计 20 分）

1. 物流市场开拓
2. 所有者权益
3. 折旧
4. 贴现

四、简答题（每题 10 分，计 20 分）

1. 物流企业模拟经营沙盘的融资包括哪些途径？试简要阐述。
2. 物流企业订单情况如下表所示，企业可调配车辆载重分别为 5T、15T、35T，试问企业该如何安排运输方案？

订单号	发货城市	到达城市	产品	总重量（T）
101020P1-1	北京	沈阳	P1	12
101020P1-2	北京	沈阳	P1	8
101020P1-3	北京	长春	P1	10
101020P2-1	北京	石家庄	P2	20
101020P2-2	北京	石家庄	P2	15

五、论述题（每题 20 分，计 20 分）

请从以下几个方面谈谈在营销沙盘实训课程中自己的体会：

1. 在模拟经营中自己所担任的角色、所起的作用。
2. 通过模拟经营对哪些理论知识有了进一步的体会。
3. 自己在专业学习中存在的不足及努力的方向。

11.4.2 ITMC 物流沙盘模拟实训试卷 B

一、选择题（每题 2 分，计 20 分）

1. 媒体影响力是指一种产品在某个媒体的影响下所获得该媒体影响力指数，而影响范围主要是该媒体需求下的（   ）。

A. 消费人群　　　　B. 生产厂家　　　　C. 批发商　　　　D. 零售商

2. 物流沙盘企业权益为150M，短期贷款为50M，尚未有民间融资，则企业短期贷款的最大额度是（　　）。

A. 100M　　　　B. 150M　　　　C. 300M　　　　D. 250M

3. 市场开拓在区域开拓完毕之后，才能在该区域的城市设立办事处，才能（　　）。

A. 收货　　　　B. 取货　　　　C. 拿单　　　　D. 送货

4. 公开招标是根据订单的参考运费价格各企业进行投标，价格最（　　）者中标。

A. 适合　　　　B. 低　　　　C. 高　　　　D. 平

5. （　　）运输工具的司机不需要支付工资。

A. 租赁　　　　B. 购买　　　　C. 借用　　　　D. 抵押

6. 公开招标时根据订单的参考运费价格，各企业进行投标，价格最低者中标。投标运费价格上限不能超过参考运价的（　　）。

A. 15%　　　　B. 30%　　　　C. 20%　　　　D. 10%

7. 营销沙盘企业起初权益为100M，尚未有短期贷款或民间融资，则企业短期贷款或民间融资的最大额度是（　　）。

A. 100M　　　　B. 150M　　　　C. 200M　　　　D. 300M

8. 提前支付订单运费的结算方式是（　　）。

A. 预付运费　　　　B. 到付运费　　　　C. 到期运费　　　　D. 回付运费

9. 每年年底对公司现有运输工具、办公室和仓库（必须是购买的）进行维修，根据它们每年应缴纳的相应维修费用进行支付，（　　）的不支付维修费用。

A. 当年新购买　　　　B. 过去购买的　　　　C. 已经报废的　　　　D. 准备购买的

10. 只有购买/租赁办公室的城市，才能购买或者租赁（　　），购买或者租赁（　　）后，才能进行派车提货或者货物中转。

A. 厂房　　　　B. 仓库　　　　C. 线路　　　　D. 商铺

二、是非判断题，对的打√，错的打×（每题2分，计20分）

1. （　　）选择投标城市，不需要支付竞标费用。
2. （　　）企业获取订单的方式有合同续约和公开招标两种方式。
3. （　　）投标方案中投标价即参考价。
4. （　　）投标运费价格由模拟经营者自己制定，不受限制。
5. （　　）短期贷款到期时需支付5%的利息。
6. （　　）每季度可以随时进行应收账款的贴现。
7. （　　）购买仓库或办公室在购买当期即成为企业的费用计入利润表。
8. （　　）运输工具可以购买、租赁、续租、退租、变卖等。
9. （　　）货物到达企业有仓库的城市可以入库中转。
10. （　　）同一仓库分区、同一订单号的订单可以进行合并。

三、名词解释（每题5分，计20分）

1. 运输调度
2. 资产

3. 支付
4. 固定资产

四、简答题（每题 10 分，计 20 分）

1. 营销沙盘中有那几个角色？简要阐述每个角色的职责。
2. 物流企业订单情况如下表所示，企业可调配车辆载重分别为 5kkg、15kkg、35kkg，试问企业该如何安排运输方案？

订单号	发货城市	到达城市	产品	总重量 kkg
101020P1-1	北京	沈阳	P1	12
101020P1-2	北京	沈阳	P1	8
101020P1-3	北京	长春	P1	10
101020P2-1	北京	石家庄	P2	20
101020P2-2	北京	石家庄	P2	15

五、论述题（每题 20 分，计 20 分）

请从以下几方面谈谈在物流沙盘实训课程中自己的体会：
1. 在模拟经营中自己所担任的角色、所起的作用。
2. 通过模拟经营对哪些理论知识有了进一步的体会。
3. 自己在专业学习中存在的不足及努力的方向。

ITMC 物流沙盘模拟实训试卷 A 答案

一、单选题（每题 2 分，计 20 分）

1. B　　2. C　　3. A　　4. A　　5. B　　6. C　　7. A　　8. A　　9. A　　10. B

二、是非判断题（每题 2 分，计 10 分）

1. 正确　　2. 错误　　3. 错误　　4. 错误　　5. 正确
6. 错误　　7. 错误　　8. 正确　　9. 错误　　10. 正确

三、名词解释（每题 5 分，计 20 分）

1. 市场开拓在区域开拓完毕之后，才能在该区域的城市设立办事处，才能拿单。企业通过认证后才能拿市场上要求认证的订单。市场开拓在每季度的季度末进行，每季度只能进行一次，不能加速开拓。市场开拓不要求每季度连续投入，在资金短缺的情况下可以停止对该市场的投资，但已经付出的投入不能收回；如果在停止开拓一段时间后想继续开拓该市场，可以在以前投入的基础上继续投入。所有市场可以一次性全部开拓，也可以选择部分市场进行开拓。该市场完全开拓完成后，下一季度才能在该市场的城市里制定投标计划。
2. 所有者权益又称净资产，指企业资产扣除负债后由所有者享有的剩余权益，代表企业投资者对企业资产的所有权。
3. 折旧指固定资产出于损耗而转移到生产经营管理成果中去的那部分以货币表现的价值，以折旧费用按期计入生产经营管理成本费用。
4. 贴现指持票人在需要资金时，将其持有的商业汇票，经过背书转让给银行，银行从票面金额中扣除贴现利息后，将余款支付给申请贴现人的票据行为。

四、简答题（每题10分，计20分）

1. 答案要点：①短期贷款；②长期贷款；③民间融资。
2. 答案要点：① 101020P1-2 拆分为两个子订单，重量 3kkg、5kkg，3kkg 的子订单与 101020P1-1 合并运输，运输车辆载重 15kkg；5kkg 的子订单与 101020P1-3 合并运输，运输车辆载重 15kkg；② 101020P2-1、2 合并运输，运输车辆载重 35kkg。

五、略

ITMC 物流沙盘模拟实训试卷 B 答案

一、单选题（题2分，计30分）

1. A　2. C　3. C　4. B　5. A　6. B　7. C　8. A　9. A　10. B

二、是非判断题（每题1分，计10分）

1. 错误　2. 正确　3. 错误　4. 错误　5. 正确
6. 正确　7. 错误　8. 正确　9. 正确　10. 正确

三、名词解释（每题5分，计30分）

1. 通过对货物进行分拣，可以制订装车计划，根据装车计划进行运输工具调度，进行装车，装车后每辆车扣 1M 的装卸费。只能调度同一城市的运输工具进行装车。根据不同的运输工具确定运输费用。
2. 资产指过去的交易或事项形成并由企业拥有或控制的资源，该资源预期会给企业带来经济利润，分为固定资产和流动资产。
3. 支付指持票人在需要资金时，将其持有的商业汇票，经过背书转让给银行，银行从票面金额中扣除贴现利息后，将余款支付给申请贴现人的票据行为。
4. 固定资产指使用期限较长、单位价值较高，并且在使用过程中保持原有实物形态的资产，包括房屋、建筑物、机器设备和运输设备。

四、简答题（每题15分，计15分）

1. 答案要点：①总裁 CEO；②运营总监 COO；③营销总监 CSO；④财务总监 CFO
2. 答案要点：① 101020P1-2 拆分为两个子订单，重量 3kkg、5kkg，3kkg 的子订单与 101020P1-1 合并运输，运输车辆载重 15kkg；5kkg 的子订单与 101020P1-3 合并运输，运输车辆载重 15kkg；② 101020P2-1、2 合并运输，运输车辆载重 35kkg。

五、论述题

略。

11.5 ITMC 电子商务沙盘模拟测试题

11.5.1 ITMC 电子商务沙盘模拟实训测试题 A

一、选择题（每题2分，计20分）

1. 一种通过 Internet 提供软件的模式，厂商将应用软件统一部署在自己的服务器上，客户可以根据自己实际需求,通过互联网向厂商定购所需的应用软件服务模式称为(   )。
   A. SaaS 模式   B. 自建模式   C. SabS 模式   D. SbaS 模式
2. 电子商务企业采购必须满足企业即时化的需要,缩短采购周期,使电商由"为库存而采购"转变为(   )。
   A. 为销售而采购   B. 为订单而采购   C. 为生产而采购   D. 为渠道而采购
3. 同种商品一次性采购数量达到(   )要求,可以享受价格和账期上的优惠。
   A. 厂家   B. 社区   C. 商家   D. 客户
4. 掌握大批量的市场信息,货源信息和供应商信息,并且有效组织一些货源,满足各种消费者不同的需求,这种人称为(   )。
   A. 卖手   B. 买手   C. 中介   D. 代理
5. 套餐的物流运费不能高于选择购买套餐中某类商品运费的(   )倍。
   A. 1.5   B. 1.2   C. 1.3   D. 1
6. (   )是指在低于当地市场价的情况下,谁的价格低购买谁家产品的人群需求。
   A. 高价价需求指数 B. 低价需求指数   C. 议价需求指数   D. 中价需求指数
7. (   )是网上经营特有的,而且随着传统企业在今年继续大量涌入淘宝平台,获取流量的成本只会越来越高。
   A. 网页成本   B. 网站成本   C. 访问成本   D. 流量成本
8. 成交价格的计算公式是:(   )+ 物流运费 – 店铺优惠。
   A. 店铺一口价   B. 厂家一口价   C. 客户一口价   D. 卖家一口价
9. IEC 平台的应收款没有账期,SaaS 平台的应收款为(   )账期。
   A. 2 个   B. 3 个   C. 1 个   D. 5 个
10. 对店铺进行装修来增加人气。店铺的(   )每个季度都会有所下降是(   )。
    A. 商品值   B. 人气值   C. 视觉值   D. 品牌值

二、是非判断题,对的打√,错的打 X(每题 2 分,计 20 分)

1. (   ) 如果竞标价格相同,信誉度也相同,按照投标提交的先后顺序来供货。
2. (   ) 犹豫不定需求人群是指促销高价格需求人群,没有促销和低价该人群不会购买。
3. (   ) 教师端开始托管时,学生同时可以投标商品或广告参与竞标。
4. (   ) 投标商品价格由模拟经营者自己制定,不受限制。
5. (   ) 每季度内可以随时进行短期贷款或民间融资。
6. (   ) 物流支持客户的要求,则客户会参考购买,若物流不支持,则顾客也会会选择购买。
7. (   ) 即使购买的总量接近"多买更优惠"的总量,顾客也会判断"多买更优惠"优惠多,则随机进入套餐购买。
8. (   ) 每个市场调研报告需要购买才能看到。每份市场调研报告的价格是 5 金币。
9. (   ) 采购规则:按照采购竞标要求,按照信誉度优先、价格优先、时间优先、数量优先的次序和原则操作。
10. (   ) 满多少件合格购物商品后,在符合一定的时间限制后,客户可以得到一定金额的礼券,这些礼券对购买商品也是可以做限制的。

三、名词解释（每题 5 分，计 20 分）
1. SEM 推广
2. 网站流量
3. 品牌指数
4. 网站运营成本

四、简答题（每题 10 分，计 20 分）
1. 电子商务模拟经营沙盘的融资包括哪些途径？试简要阐述。
2. 团购操作的主要规则是什么？

五、论述题（每题 20 分，计 20 分）
请从以下几方面谈谈在电子商务沙盘实训课程中自己的体会：
1. 在模拟经营中自己所担任的角色、所起的作用。
2. 通过模拟经营对哪些理论知识有了进一步的体会。
3. 自己在专业学习中存在的不足及努力的方向。

11.5.2 ITMC 电子商务沙盘模拟实训测试题 B

一、选择题（每题 2 分，计 20 分）
1. 如果没有在客户要求的日期之前发货，会被（　　），邮费由（　　）承担，还会影响信誉度。
   A. 退货　卖方　　　B. 接货　买房　　　C. 接货　卖方　　　D. 退货　买房
2. 以实际销售产品数量来换算广告刊登金额，属于何种广告形式（　　）。
   A. CPM　　　　　　B. CPA　　　　　　C. CPC　　　　　　D. CPS
3. 下列方式中，不是电子商务沙盘融资方式的是（　　）。
   A. 短期贷款　　　　B. 民间融资　　　　C. 应收款　　　　　D. 长期贷款
4. 办公室只能在全国范围内建立（　　）。
   A. 1 个　　　　　　B. 2 个　　　　　　C. 3 个　　　　　　D. 4 个
5. 搭建 IEC 平台，建立属于自己的（　　）平台。
   A. 电子商务　　　　B. 物流交易　　　　C. 资金交易　　　　D. 货物交易
6. 下列哪一项任务不是年末需执行的？（　　）。
   A. 长期贷款　　　　B. 短期贷款　　　　C. 支付维修费　　　D. 计提折旧
7. ISO9000 质量认证时间是两年，认证费用是（　　）金币。
   A. 15　　　　　　　B. 20　　　　　　　C. 10　　　　　　　D. 8
8. 以下不属于所有者权益的是（　　）。
   A. 股东资本　　　　B. 民间融资　　　　C. 年度净利　　　　D. 利润留存
9. 如果未在订单要求期限之前发货，客户将（　　）签收。
   A. 有条件　　　　　B. 同意　　　　　　C. 协议　　　　　　D. 拒绝
10. 若（店铺一口价 + 物流运费）大于市场参考价 ×（1+ 价格浮动率），则为（　　）价格，价格浮动率在教师平台设置。
    A. 点击交货　　　　B. 违规　　　　　　C. 点击跳过　　　　D. 点击返回

二、是非判断题，对的打√，错的打X（每题2分，计20分）

1. （　）最终是否购入某批商品，由卖手进行采购预测，之后的决定权通常由评选小组来决定。
2. （　）采购竞标时，对同一种商品，竞标价格高的优先供货，直到商品供完为止。
3. （　）套餐商品价格高于当地市场价格。
4. （　）调研报告的分析有助于作出正确决策，有效地防止投资风险。
5. （　）短期贷款到期时需支付5%的利息。
6. （　）每季度可以随时进行应收账款的贴现。
7. （　）对店铺进行装修来增加人气，店铺的视觉值每个季度都会有所提高。
8. （　）运输工具可以购买、租赁、续租、退租、变卖等。
9. （　）搭建SaaS平台，建立自己的小店，店内的商品信息会在SaaS平台上显示出来。
10. （　）流量是网站一切盈利的前提。

三、名词解释（每题5分，计20分）

1. 网站折价策略
2. 网站SEO
3. 订单处理
4. 论坛营销

四、简答题（每题10分，计20分）

1. 电子商务沙盘模拟活动中设置了几个大部门，每个部门配备负责人，简要阐述每个角色的职责。
2. 配送中心建立的规则有哪些？结合沙盘实训活动具体情况，按照网店目前的资金情况，应当选择哪种配送中心设置方案？

配送中心类型	小型配送中心	中型配送中心	大型配送中心	超级大型配送中心
租赁费	10金币	15金币	25金币	60金币
维修费	2金币	3金币	5金币	8金币
搬迁费	1金币	1金币	4金币	7金币

五、论述题（每题20分，计20分）

谈谈网站运营的主要内容以及相关技巧与方法。

ITMC电子商务沙盘A卷答案

一、单选题（每题2分，计20分）

1. A　2. B　3. C　4. B　5. A　6. B　7. D　8. A　9. A　10. C

二、是非判断题（每题2分，计10分）

1. 正确　2. 错误　3. 错误　4. 错误　5. 正确
6. 错误　7. 错误　8. 正确　9. 错误　10. 正确

三、名词解释（每题5分，计20分）

1. 通过对自己所销售商品相关的关键词出具一定的竞价价格，在买家搜索其中某词时，展示与该关键词相关的商品，并取得靠前的搜索排名。

   SEM 排名得分 = 质量分 × 竞价价格。

   质量分 = 关键词搜索相关性 ×0.4+ 商品绩效 ×0.06。

2. 通常说的网站流量是指网站的访问量，是用来描述访问一个网站的用户数量以及用户所浏览的网页数量等指标，常用的统计指标包括网站的独立用户数量、总用户数量（含重复访问者）、网页浏览数量、每个用户的页面浏览数量、用户在网站的平均停留时间等。

3. 这里的品牌指数就是媒体影响力。媒体影响力是指一种产品在某个媒体的影响下所获得该媒体影响力指数。影响范围：该媒体需求下的人群。

4. 网站运营成本包括很多方面：客服、仓库、平面、推广策划、摄影、渠道、技术等，运营成本是一个动态的变量，随着销量的递增而发生变化，通常是成正比例的。

四、简答题（每题10分，计20分）

1. 答案要点：①短期贷款；②长期贷款；③民间融资。

2. 若（店铺一口价 + 物流运费）大于 [当地市场价 ×（1+ 团购价格浮动）]，则为违规价格。成交价格的计算公式是：店铺一口价 × 团购折扣 + 物流运费。物流运费按照正常购买计算。

五、论述题

略

ITMC 电子商务沙盘 B 卷答案

一、单选题（题2分，计30分）

1. A　　2. D　　3. C　　4. A　　5. A　　6. B　　7. B　　8. B　　9. D　　10. B

二、是非判断题（每题1分，计10分）

1. 错误　　2. 正确　　3. 错误　　4. 错误　　5. 正确
6. 错误　　7. 错误　　8. 正确　　9. 正确　　10. 正确

三、名词解释（每题5分，计30分）

1. 网站折价策略主要有直接折价、附加赠送和套餐式折扣三种。

   采取折价策略的优点非常明显，就是生效快，在短期内可以快速拉动销售，增加消费者的购买量，对消费者最具有冲击力和诱惑力，经销商很感兴趣，本企业的业务员也非常乐意。同时，采取折价策略可以快速反应，令竞争对手措手不及，可以使自己处于比较主动的竞争地位。

2. 网站 SEO 是指在了解搜索引擎自然排名机制的基础上，对网站进行内部及外部的调整优化，改进网站在搜索引擎中关键词的自然排名，获得更多流量，从而达成网站销售及品牌建设的目标。

3. 订单处理是电子商务网站的核心业务之一，即重点中的重点。其处理结果的好坏，在经营上直接关系到客户体验，即关系到用户下单。顾客回头率，在企业内部同样对企业资金运用、周转和仓储物流都有着极为重要的作用。
4. 论坛营销就是"企业利用论坛这种网络交流的平台，通过文字、图片、视频等方式发布企业的产品和服务的信息，从而让目标客户更加深刻地了解企业的产品和服务。"

四、简答题（每题 15 分，计 15 分）

1. 答案要点：①总裁定期组织企业部门负责人开讨论会，重要决策由大家共同决定，如果大家意见产生分歧，由总裁最终决定。
   ②营销总监所担负的责任是，市场预测，制定价格，建立销售渠道，制定促销策略。
   ③运营总监所担负的责任是，建立办公场所，建立配送中心，搭建信息系统，店铺装修，品牌认证，订单管理，运输调度，货物出库，货物到达签收。
   ④采购总监所担负的责任是，编制并实施采购供应计划，确保在合适的时间，采购合适的品种及一定数量的物资，为企业生产做好后勤保障。
   ⑤财务总监的责任是，财务核算，财务分析与控制，资金管理。核算产品成本，按时报送财务报表。做好财务分析，有效地控制生产成本和资金成本。进行现金预算，支付各项费用，采用经济有效的方式筹集资金，将资金成本控制到较低水平。

2. 答案要点：配送中心租金＝租金 ×（1+ 租金差）。
   人员工资 = 基础工资 ×（1+ 工资差）。每个城市只能建立一个配送中心。配送中心扩建之后自动扣除租金的差价。设配区可以设置配送中心的配送范围以及物流方式

五、论述题

企业的网站运营包括很多内容，如网站宣传推广，网络营销管理，网站的完善变化，网站后期更新维护，网站的企业化操作等，其中最重要的就是网站的维护和推广以及在模拟经营中，自己所担任的角色和所起的作用。

11.6 ITMC 市场营销沙盘模拟实训测试题

11.6.1 ITMC 市场营销沙盘模拟实训测试题 A

一、选择题（每题 2 分，计 20 分）

1. 市场分析包含市场环境和调研报告两部分。市场环境是（　　）给出的，而调研报告是需要购买的，调研报告购买价格为 5W/ 份（注意：每个市场一份调研报告）。
   A. 系统随机　　　　B. 后台设置　　　　C. 学员自定　　　　D. 现场设置
2. 系统中只有直销部开发了客户的以后，才能参与需要开发的直销客户订单报名并参与（　　）。
   A. CPM　　　　　　B. 投标　　　　　　C. CPC　　　　　　D. CPS
3. 直销客户订单有交货期限，如果在交货期限内不能交货的，需要扣除（　　）。
   A. 短期贷款　　　　B. 民间融资　　　　C. 应收款　　　　　D. 违约金
4. 批发订单竞标每年（　　），在每年的第一季度进行（　　）。
   A. 四次　　　　　　B. 两次　　　　　　C. 一次　　　　　　D. 三次

5. 直销作为销售方式的一种，采用招投标的方式，以（   ）为原则，在每年的第一季度进行。
   A. 电子商务　　　　B. 物流交易　　　　C. 综合评分法　　　　D. 货物交易
6. 生产线可以按照变卖价格进行变卖，变卖收入属于额外收入，但是变卖前首先要（   ），剩余固定资产要进行固定资产清理。
   A. 长期贷款　　　　B. 入库　　　　C. 支付维修费　　　　D. 计提折旧
7. 媒体广告中标后，每个小组将获得相应媒体的影响力，每个小组的媒体影响力会影响（   ）人群的成交比例。
   A. 习惯型　　　　B. 经济型　　　　C. 冲动型　　　　D. 情感型
8. 以下属于所有者权益的是（   ）。
   A. 股东资本　　　　B. 民间融资　　　　C. 年度净利　　　　D. 利润留存
9. 空闲的厂房可以进行变卖，不计折旧。厂房变卖后产生 4 个季度的（   ）。
   A. 到付　　　　B. 应收账款　　　　C. 应付账款　　　　D. 预付
10. 如果经营不善可以追加股东投资，能否追加以及追加额度可以由（   ）控制。
    A. 学生　　　　B. 小组　　　　C. 系统　　　　D. 教师

二、是非判断题，对的打√，错的打 X（每题 2 分，计 20 分）

1.（   ）最终是否购入某批商品，由买手进行采购预测，之后的决定权通常由评选小组来决定。
2.（   ）只有拥有或者租赁了厂房，才能将生产线安装到厂房中。所以生产部需要提前决策厂房的租赁和购买。
3.（   ）直销作为销售的另外一种方式，需要各小组投放招商广告，并按照招商广告投放数量的多少进行依次轮流选单。
4.（   ）调研报告的分析有助于做出正确决策，有效地防止投资风险。
5.（   ）沙盘系统会按照不同订单的要求对各小组资格进行预审，资格预审的条件包括客户是否已经开发完成、不包括是否已经进行 ISO 认证。
6.（   ）客户开发完毕以后，看不到已经开发的客户。
7.（   ）流行功能是零售消费人群中冲动型人群购买该产品的第一标准，产品只有在流行功能流行的时间内具备了这种功能。
8.（   ）高价中标方式，按照投标金额最高者中标，获得相应的媒体影响力和关系值。
9.（   ）如果厂房有空闲位置，可以将空闲的生产线搬迁到该空闲位置，但需要搬迁费用。
10.（   ）财务部每个季度必须缴纳一定的行政管理费和签约零售商的管理费，每个季度行政管理费为 2W。

三、名词解释（每题 5 分，计 20 分）

1. 市场敏感度
2. 投放招商广告
3. 原料采购提前期
4. 贴现

四、简答题（每题 10 分，计 20 分）

1. 电子商务沙盘模拟活动中设置了几个大部门，每个部门配备有负责人，简要阐述每个角色的职责。
2. 零售在营销中的地位如何？零售这对哪些类人群实施？如何有效实施零售活动。

五、论述题（每题 20 分，计 20 分）

沙盘设置的零售促销策略主要有哪些？具体促销过程如何？

11.6.2　ITMC 市场营销沙盘模拟实训测试题 B

一、选择题（每题 2 分，计 20 分）

1. 市场部购买调研报告以后，才能看到流行功能以及直销、批发、零售消费人群需求的数量及（　　）等信息。
   A. 最高市场价格　　B. 平均期望价格　　C. 最低市场价格　　D. 协议市场价格
2. 市场开拓时，应一次性选中需要开拓的市场，再进行开拓，未选中的市场，不能进行再次开拓。市场开拓不能加速开拓，开拓完毕（　　）即可进行产品销售。
   A. 第二年　　B. 第三年　　C. 当年　　D. 第四年
3. （　　）会影响零售消费人群成交的优先权。
   A. ISO 认证　　B. 增资活动　　C. 及时还款　　D. 长期贷款
4. 只有（　　）完以后，才能进行市场广告的投放。
   A. 一个　　B. 市场开拓　　C. 三个　　D. 四个
5. 购买厂房可（　　），租赁厂房不可（　　）。
   A. 电子商务　　B. 物流交易　　C. 分期付款　　D. 货物交易
6. 原料采购都要有采购（　　），所以采购原材料必须要首先下达采购计划。采购（　　）参考系统参数设定。
   A. 长期贷款　　B. 短期贷款　　C. 提前期　　D. 滞纳金
7. 零售的六类消费人群遵循一定的成交顺序，只有当前一类消费人群成交结束后，才会进行下一类消费人群的成交。首先成交的是（　　）。
   A. 情感型　　B. 习惯型　　C. 理智型　　D. 冲动型
8. 以下属于所有者权益的是（　　）。
   A. 股东资本　　B. 民间融资　　C. 年度净利　　D. 利润留存
9. 制定的产品销售价格最高不得超过市场调研报告中给出的零售消费人群的市场期望价格的（　　），否则将不会产生任何成交。
   A. 有条件　　B. 同意　　C. 2 倍　　D. 拒绝
10. 空闲的厂房可以直接退租，如果该厂房有生产线可以进行租转买，但是本年度租金（　　）。
    A. 不退还　　B. 可以退还　　C. 现金支付　　D. 取消

二、是非判断题，对的打√，错的打 X（每题 2 分，计 20 分）

1. （　　）最终是否购入某批商品，由卖手进行采购预测，之后的决定权通常由评选小组来决定。

2.（　）原料的采购计划需要根据自身的产品销售计划、产品 BOM 表、原材料库存和在途原材料来制定。

3.（　）理智型消费人群，属于企业综合指数主导人群。企业综合指数高者优先交易，如果综合指数相同，则比较价格。

4.（　）调研报告的分析有助于作出正确决策，有效地防止投资风险。

5.（　）在制定某一个促销策略时，需要选择该促销策略针对的促销范围（零售商）和产品范围（产品）。

6.（　）只有产品研发完成后，才能进行该产品的生产，生产部需要根据市场预测和调研报告制定自身的产品研发计划。

7.（　）产品生产时必须要选择产品型号，产品型号是由选手根据自己的产品功能组合自由命名的。

8.（　）空闲的生产线可以进行转产，半自动和柔性线可以直接转产，有转产费用和转产周期。

9.（　）不定型消费人群，属于促销活动主导人群，没有促销就不会产生该人群的订单。

10.（　）原料可以进行紧急采购，紧急采购价格为采购价格的一倍。

三、名词解释（每题 5 分，计 20 分）

1. 市场覆盖率
2. 买第几件折扣
3. 库存调拨
4. 竞价排名中标方式

四、简答题（每题 10 分，计 20 分）

1. 市场营销沙盘模拟活动中设置了几个功能部门，简要阐述每个功能的工作职责。
2. 零售部在选择合适的零售商签约以后，需要将自己的产品配送给各个零售商进行销售。在配送中需要注意什么问题。

货物配送费用表			
配送目的市场	配送标准数量（件）	配送费	每多一件配送费
南部市场	10	3.00	0.20
东部市场	10	3.00	0.20
中部市场	10	3.00	0.20
北部市场	10	3.00	0.20
西部市场	10	3.00	0.20

五、论述题（每题 20 分，计 20 分）

请结合沙盘运营实际谈谈调研报告的作用，尤其是分析一下对产品流行功能分析的重要性。

ITMC 市场营销沙盘 A 卷答案

一、单选题（题 2 分，计 30 分）

1. A　2. B　3. D　4. C　5. C　6. D　7. A　8. A　9. B　10. C

二、是非判断题（每题 1 分，计 10 分）

1. 错误　　2. 正确　　3. 错误　　4. 正确　　5. 错误
6. 错误　　7. 正确　　8. 正确　　9. 正确　　10. 正确

三、名词解释（每题 5 分，计 30 分）

1. 该零售商的消费者针对市场调研报告中流行功能的市场预期到实现的最短周期。
2. 各组需根据自身的营销策略，在不同市场上制定不同产品的批发招商广告的投放策略，招商广告费最低为 1W，最高不限制，但必须是整数。注意：只有市场开拓完以后，才能进行市场广告的投放。
3. 原料采购都要有采购提前期，所以采购原材料必须要首先下达采购计划。采购提前期参考系统参数设定。默认为 R1、R2 是提前一个季度采购；R3、R4 提前两个季度采购。
4. 如果现金不足可以将应收账款进行贴现。贴现的规则是，贴现费用等于贴现应收账款金额乘以贴现费率。

四、简答题（每题 10 分，计 20 分）

1. 参考答案：

   成员构成包括：总裁（CEO）、营销总监（CSO）、营运总监（COO）、财务总监（CFO）、直销经理、批发经理、零售经理。

   ① 总裁。负责制定企业发展战略规划，带领团队共同决定企业决策，审核财务状况，听取企业盈利（亏损）状况。在沙盘模拟中 CEO 发挥最大职能，如果所带领的团队在模拟对抗中意见向左，由 CEO 拍板决定。

   ② 营销总监。负责市场预测、市场分析、市场开拓、ISO 认证。岗位职责包括：开拓市场；稳定企业现有市场；积极拓展新市场。预测市场制定销售计划；合理投放广告；根据企业生产能力取得匹配的客户订单；沟通生产部门按时交货；监督货款的回收。

   ③ 财务总监。负责应收账款/应付账款、短贷/还本付息、管理费缴纳、应交税费缴纳、长贷/还本付息、租赁费/维修费支付、支付库存费、折旧。

   ④ 营运总监。负责产品下线入库、产品研发、租赁/购买厂房、生产线购买、原料采购、投入生产、交给客户。岗位职责：计划的制订者和决策者，生产过程的监控者；负责企业生产管理工作；协调完成生产计划，维持生产成本；落实生产计划和能源的调度；保持生产正常运行，及时交货；组织新产品研发，扩充改进生产设备；做好生产车间的现场管理。

   ⑤ 直销经理。负责开发客户，参与投标。

   ⑥ 批发部经理负责投放招商广告、选择批发订单等。

   ⑦ 零售经理负责签约零售商、货物配送、价格制定、促销策略、媒体广告投标。

2. 参考答案：① 零售部在选择合适的零售商签约以后，需要将自己的产品配送给各个零售商进行销售。在配送中需要注意什么问题。需要注意，在给不同区域的零售商进行货物配送的时候，会有一定的运输周期，参照各零售商相关参数的到货周期。当然不同的零售商之间也可以进行产品的调拨，在特殊任务中我们可以进行库存调拨操作。

   ② 零售是一种通过零售商直接面对终端消费人群的销售方式。零售部需要选择合适的零售

商签约进店,针对六类消费人群(情感型、习惯型、理智型、冲动型、经济型、不定型)的特性制定相应的价格和促销策略,并投放媒体广告,由系统模拟消费习惯撮合交易。

③制定针对零售消费人群的产品销售价格时,不能超过市场期望价格的两倍,一旦超过,将不会产生任何交易。

五、论述题(每题20分,计20分)

参考答案:

零售部将根据自身的营销策略制定相应的促销策略,本季度促销策略将影响不定型人群的成交。需要注意的是,在制定某一个促销策略时,需要选择该促销策略针对的促销范围(零售商)和产品范围(产品),如果不选择,则默认为该促销策略对所有促销范围和产品范围生效。一旦对某个范围内的某种产品做了促销,则该范围内成交的该产品均享受促销优惠,促销策略包括:

①满就送。可以设定购买某种产品达到某个金额就可以享受返多少现金的优惠活动。其中"送"的数值不能大于"满"的数值。

②多买折扣。可以设定顾客一次性购买达到多少数量后,全部按折扣价格结算。享受折扣额填写折扣数值,比如八五折,就填写8.5。

③买第几件折扣。可以设定一次性购买达到多少数量后,该件商品按照折扣价购买,并且如果继续购买,每逢设定数量的倍数,均可按照折扣价购买。比如第3件起享受5折,即为前2件按一口价,第3件打五折,第6件也可以打五折。

ITMC 市场营销沙盘 B 卷答案

一、单选题(题2分,计30分)

1. B 2. C 3. A 4. B 5. C 6. C 7. A 8. A 9. C 10. A

二、是非判断题(每题1分,计10分)

1. 正确   2. 错误   3. 正确   4. 正确   5. 正确
6. 正确   7. 正确   8. 错误   9. 正确   10. 错误

三、名词解释(每题5分,计20分)

1. 该零售商的消费者需求数量占本市场全部六类消费人群总的需求数量的百分比。

2. 可以设定一次性购买达到多少数量后,该件商品按照折扣价购买,并且如果继续购买,每逢设定数量的倍数,均可按照折扣价购买。

3. 不同的零售商之间可以进行库存调拨,库存调拨需要周期和费用。

4. 按照投标金额依次排名,分别计算其获得的媒体影响力和关系值,如百度排名。

四、简答题(每题10分,计20分)

1. 参考答案:成员构成包括总裁(CEO)、营销总监(CSO)、营运总监(COO)、财务总监(CFO)、直销经理、批发经理、零售经理。

①总裁。制定企业发展战略规划,带领团队共同决定企业决策,审核财务状况,听取企业盈利(亏损)状况。在沙盘模拟中CEO发挥最大职能,如果所带领的团队在模拟对抗中

意见向左，由 CEO 拍板决定。

②营销总监。负责市场预测、市场分析、市场开拓、ISO 认证。岗位职责包括：开拓市场；稳定企业现有市场；积极拓展新市场。预测市场制定销售计划；合理投放广告；根据企业生产能力取得匹配的客户订单；沟通生产部门按时交货；监督货款的回收。

③财务总监负责应收账款 / 应付账款、短贷 / 还本付息、管理费缴纳、应交税费缴纳、长贷 / 还本付息、租赁费 / 维修费支付、支付库存费、折旧。

④营运总监。负责产品下线入库，产品研发，租赁 / 购买厂房，生产线购买，原料采购，投入生产，交给客户。岗位职责：计划的制订者和决策者，生产过程的监控者；负责企业生产管理工作；协调完成生产计划，维持生产成本；落实生产计划和能源的调度；保持生产正常运行，及时交货；组织新产品研发，扩充改进生产设备；做好生产车间的现场管理。

⑤直销经理。负责开发客户、参与投标。

⑥批发部经理负责投放招商广告、选择批发订单等。

⑦零售经理负责签约零售商、货物配送、价格制定、促销策略、媒体广告投标。

2. 参考答案：在配送中需要注意，在给不同区域的零售商进行货物配送的时候，会有一定的运输周期，参照各零售商相关参数的到货周期。当然不同的零售商之间也可以进行产品的调拨，在特殊任务中我们可以进行库存调拨操作。

五、论述题（每题 20 分，计 20 分）

参考答案：市场部购买调研报告以后，才能看到流行功能以及直销、批发、零售消费人群需求的数量及平均期望价格等信息。

重点分析产品流行功能：流行功能是零售消费人群中冲动型人群购买该产品的第一标准，产品只有在流行功能流行的时间内具备了这种功能，冲动型人群才会有可能购买该产品。并且流行功能在流行过以后，将作为产品的基本功能，如果产品不具有该功能，零售的六类消费人群将都不会购买该产品。调研报告以表格形式提供每种产品在某个季度的流行功能，以及该流行功能持续的时间。

参考文献

［1］ 刘常宝.企业战略管理［M］.北京：科学出版社，2010.
［2］ 刘常宝.品牌管理［M］.北京：机械工业出版社，2014.
［3］ 刘常宝.财务管理［M］.西安：西北农林大学出版社，2010.
［4］ 靳永军.企业经营管理沙盘课程在教学中的应用［J］.西安航空技术高等专科学校学报，2010（11）.
［5］ 谭耀辉.ERP沙盘模拟教学探析［J］.湖南工业职业技术学院报，2009（9）.
［6］ 刘岳兰.全程电子商务沙盘软件在高职电商专业教学中的应用［J］.商情，2013（12）.
［7］ 胡雪松.高校ERP沙盘模拟教学模式探讨［J］.中国商界（上半月），2010（9）.
［8］ 盘宏华.高校经贸类专业ERP沙盘模拟实训方案探析［J］.考试周刊，2007（10）.
［9］ 马世华.生产运作管理［M］.4版.北京：机械工业出版社，2013.
［10］ 刘常宝.市场营销［M］.西安：西北农林大学出版社，2011.